Nichtparametrische Analyse von Bildungsertragsraten

# Hohenheimer Volkswirtschaftliche Schriften

Herausgegeben von
Prof. Dr. Michael Ahlheim, Prof. Dr. Ansgar Belke,
Prof. Dr. Rolf Caesar, Prof. Dr. Harald Hagemann, Prof. Dr. Klaus Herdzina,
Prof. Dr. Walter Piesch, Prof. Dr. Ingo Schmidt, Prof. Dr. Ulrich Schwalbe,
Prof. Dr. Peter Spahn, Prof. Dr. Gerhard Wagenhals,
Prof. Dr. Helmut Walter

Band 44

PETER LANG
Frankfurt am Main · Berlin · Bern · Bruxelles · New York · Oxford · Wien

Steffen Wirth

# Nichtparametrische Analyse von Bildungsertragsraten

## Neuere Entwicklungen und Anwendungen

PETER LANG
Frankfurt am Main · Berlin · Bern · Bruxelles · New York · Oxford · Wien

**Bibliografische Information Der Deutschen Bibliothek**
Die Deutsche Bibliothek verzeichnet diese Publikation in der Deutschen Nationalbibliografie; detaillierte bibliografische Daten sind im Internet über <http://dnb.ddb.de> abrufbar.

Zugl.: Hohenheim, Univ., Diss., 2002

Gedruckt mit Unterstützung der
Stiftung Landesbank Baden-Württemberg.

D 100
ISSN 0721-3085
ISBN 3-631-50874-3



www.peterlang.de

**Vorwort**

Die vorliegende Arbeit wurde von der Fakultät Wirtschafts- und Sozialwissenschaften der Universität Hohenheim im Wintersemester 2002/2003 als Dissertation angenommen.

Meinem Doktorvater Prof. Dr. Gerhard Wagenhals und meinem Zweitgutachter Prof. Dr. Walter Piesch möchte ich an dieser Stelle zuallererst herzlichst danken. Ohne das durch verschiedenste theoretische Ausrichtungen geprägte Forschungsklima und den mir gewährtem Forschungsfreiraum hätte diese Arbeit nicht gelingen können. Ebenso offen war auch der persönliche Umgang am Lehrstuhl. Ich empfand dies immer als etwas ganz Besonderes. Herrn Prof. Dr. Harald Hagemann danke ich herzlich für die Bereitschaft, trotz schwerer Grippe am Promotionsverfahren teilzunehmen.

Bevor ich zur eigentlichen Promotionszeit komme, möchte ich mich bei denen bedanken, die mich für die Statistik begeistert haben. In chronologischer Reihenfolge muss ich als „Schuldige" nennen: Prof. Dr. Walter Piesch, Dr. Andreas Maurer, Dr. Frauke Wolf und Dr. Ulrich Scheurle.

Frau Karin Bartel, mit Maja und mit Lieschen, wusste sehr gut zu verhindern, dass sich am Lehrstuhl alles um Statistik und Fußball dreht. Es war eine schöne gemeinsame Zeit und so möchte ich meinen Kolleginnen und Kollegen Martina Rabe, Prof. Dr. Gerhard Gröner, Katja Hölsch, Dr. Margit Kraus, Dr. Thomas Loetzner, Sebastian Moll, Andrea Reichelt, Dr. Harald Strotmann, Meinrad Wahl und Manfred Wolz herzlich danken. Der intensive gegenseitige Austausch und die Zusammenarbeit an „Projekten" mit Andrea, Harald, Manfred und Uli sorgte jederzeit für Spannung. Doch nicht nur das Klima am eigenen Lehrstuhl war außergewöhnlich, insbesondere auch die Kollegen des VWL-Instituts und darunter die Kollegen der Lehrstühle für Finanzwissenschaft und für Mikroökonomik sorgten für viele interessante Diskussionen und Geschichten, nicht nur bei den legendären Lehrstuhlvergleichen auf unglaublich hohem fußballerischem Niveau. Insbesondere Dr. Hans Pitlik, Günther Schmid und Dr. Oliver Letzgus möchte ich für viele unvergessliche Augenblicke danken.

Vor allem in den letzten Jahren gab es immer mehr gute Geister am Lehrstuhl, die ihren Teil zum Gelingen der Arbeit beigetragen haben, und sei es auch nur durch nahezu phantomartiges Arbeiten, Kommen und Gehen – nicht wahr Katja? Nicht nur phantomartig sondern Sherlock Holmes-verdächtig war die

Arbeit von Stephan Bechtel, dem ich hier stellvertretend für alle studentischen Hilfskräfte meinen großen Dank aussprechen möchte. Ohne sie hätte meine Familie noch mehr unter mir zu leiden gehabt.

Nichts direkt mit meiner wissenschaftlichen Arbeit zu tun hatten Gisela Midwer, Joachim Kopp, Sonja Menne und Kirsten Wengert. Ihr habt trotzdem auf eure ganz eigene Art und Weise die Dissertation nicht nur begleitet, sondern auch wesentlich unterstützt.

Meine Fernschach-, Schach- und Volleyballfreunde, die in der letzten Phase nicht nur einmal und auch nicht nur im Training auf mich verzichten mussten, haben für wertvolle und manchmal auch nötige Abwechslung und Ablenkung gesorgt.

Ein herzliches Dankeschön geht an die Stiftung Landesbank Baden-Württemberg – Ausbildung, Fort- und Weiterbildung, welche die Veröffentlichung dieser Arbeit durch einen großzügigen Zuschuss gefördert hat.

Der bedingungslose Rückhalt und das grenzenlose Vertrauen meiner Eltern in meine Ziele waren wesentliche Grundlage für das Durchhalten in den zahllosen schwierigen Phasen einer in dieser Hinsicht nicht ungewöhnlichen Promotion. Am meisten geplagt war jedoch meine Frau Annette, der ich zutiefst zu Dank dafür verpflichtet bin, mit meinen „Ausnahmezuständen“ so geschickt umgegangen zu sein. Von der Diplomarbeit an „begleitet“ hat mich unsere Tochter Larissa und während der Promotion „dazugekommen“ ist unser Sohn Christian. Sie sind eine unerschöpfliche Quelle der Freude und des Lernens. Larissa und Christian, Danke.

Unterensingen, im Frühjahr 2003 — Steffen Wirth

# INHALTSÜBERSICHT

# INHALTSVERZEICHNIS

**Abbildungsverzeichnis**

**Tabellenverzeichnis**

**Verzeichnis der wichtigsten Symbole**

| | |
|---|---|
| $b_t$ | Begabung der t-ten Person |
| $D(\lambda)$ | Differenz der Intervallbreiten in Abhängigkeit von der Fehlerwahrscheinlichkeit $\lambda$ |
| $\Delta_{t_1,t_2}$ | Differenz der D-Parameter bei Werten der Treatmentvariablen von $t_2$ bzw. $t_1$ |
| $e_t$ | Störvariable der t-ten Beobachtung |
| $ex_t$ | (potenzielle) Berufserfahrung der t-ten Person in Jahren |
| E | Erwartungswertoperator |
| $K_0$ | größte untere Schranke |
| $K_1$ | kleinste obere Schranke |
| $P[y(\cdot)]$ | Verteilung der Responsefunktionen |
| $q_\alpha$ | $\alpha$-Quantil |
| $s_t$ | Anzahl an Bildungsjahren der t-ten Person |
| T | Vektor von Treatmentvariablen |
| V | Vektor von Instrumentalvariablen |
| W | Vektor von Kovariaten |
| x(F) | Quantilfunktion |
| $y_j(\cdot)$ | Responsefunktion der j-ten Person |
| $y_j(t)$ | latentes Ergebnis der j-ten Person |
| $y_j(z_j)$ | realisiertes Ergebnis der j-ten Person |
| $z_j$ | realisiertes Treatment der j-ten Person |

**Abkürzungsverzeichnis**

| | |
|---|---|
| ATE | Durchschnittlicher Treatmenteffekt (Average Treatment Effect) |
| BAföG | Bundesausbildungsförderungsgesetz |
| CMTR | Konkav-monotone Responsefunktion (Concave-Monotone Treatment Response) |
| CMTR-ETS | Kombination von CMTR und ETS |
| CPS | Current Population Survey |
| DIW | Deutsches Institut für Wirtschaftsforschung |
| ETS | Exogene Treatmentselektion (Exogenous Treatment Selection) |
| IAB | Institut für Arbeitsmarkt- und Berufsforschung |
| ISSP | International Social Survey Programme |
| IV | Instrumentalvariablen |
| IV-MTR | Kombination von IV und MTR |
| LATE | Lokaler durchschnittlicher Treatmenteffekt (Local Average Treatment Effect) |
| MIV | Monotone Instrumentalvariablen |
| MIV-MTR | Kombination von MIV und MTR |
| MTE | Marginal Treatment Effect |
| MTR | Monotone Responsefunktion (Monotone Treatment Response) |
| MTS | Monotone Treatmentselektion (Monotone Treatment Selection) |

| | |
|---|---|
| MTS-MTR | Kombination von MTS und MTR |
| MTS-MTR-CMTR | Kombination von MTS, MTR und CMTR |
| OECD | Organisation für wirtschaftliche Zusammenarbeit und Entwicklung (Organisation for Economic Co-operation and Development) |
| OLS | Gewöhnliche Kleinstquadratschätzung (Ordinary Least Squares) |
| PISA | Programme for International Student Assessment |
| PURE | Public Funding and Private Returns to Education |
| SF | Stilisiertes Faktum |
| SMTR | Semi-monotone Responsefunktion (Semi-Monotone Treatment Response) |
| SOEP | Sozio-oekonomisches Panel |
| SUTVA | Stable Unit-Treatment Value Assumption |
| TIMSS | Third International Mathematics and Science Study |
| TT | Treatment on the Treated |

> „One of the most important "facts" about the labor market is that individuals with more education earn higher wages. ... Despite this evidence most economists are reluctant to interpret the earnings gap between more and less educated workers as an estimate of the causal effect of schooling. Education is not randomly assigned across the population; rather individuals make their own schooling choices."
>
> David Card (1995)

## 1. Problemstellung und Gang der Untersuchung

Seit Beginn der 90er Jahre steht das Thema Bildung in Deutschland verstärkt im Blickpunkt der Öffentlichkeit. Themen wie Lebenslanges Lernen, Lehrermangel, die Einführung von Studiengebühren, die Reform des BAföG und Maßnahmen zur Reduzierung der Studiendauer, um nur eine kleine Auswahl zu nennen, stehen regelmäßig in der öffentlichen Diskussion. Dies darf nicht verwundern, hängen doch im Zeitalter der Globalisierung die Entwicklung eines Landes, seine technologische Leistungs- und seine Wettbewerbsfähigkeit in hohem Maße von dem Faktor Humankapital ab.

> „Bildung und Fortschritt ergänzen sich in hohem Maße und bilden die Grundbausteine von Prosperität und Wettbewerbsfähigkeit im Zeitalter der Automatisierung"[1]

Seit den 60er Jahren nimmt der Anteil der Hochqualifizierten an allen Erwerbstätigen in den OECD-Ländern beständig zu.[2] Zahlreiche Studien zum Zusammenhang zwischen der Entwicklung des Bildungsniveaus und dem Wirtschaftswachstum eines Landes wurden angefertigt, die jedoch den theoretisch abgeleiteten positiven Einfluss des Humankapitals nicht in dem Maße empirisch belegen konnten, wie allgemein erwartet worden ist[3]. Dennoch zeigen sowohl die durch zahlreiche international vergleichende Studien ausgelöste Diskussion um die Zukunft der Bildungssystems als auch der vielerorts beklagte Akademikermangel in Deutschland die Befürchtungen einer Verschlechterung der relativen Position des eigenen Bildungssystems im internationalen Vergleich.

---

1 Pfeiffer/Falk (1999), S. 5.

2 Vgl. beispielsweise de la Fuente/Donénech (2000), S. 49ff.

3 Als mögliche Ursache dafür werden häufig die speziell mit der Definition und Messung von Humankapital und technischem Fortschritt verbundenen Probleme genannt. Vgl. de la Fuente/Donénech (2000), S. 20ff.

Die Ergebnisse des deutschen Bildungssystems werden nun nicht nur dank der PISA-Studie[4] der OECD in der aktuellen bildungs- und arbeitsmarktpolitischen Diskussion zunehmend kritisch betrachtet. Schon die TIMSS-Studie[5] der OECD bescheinigte deutschen Schülern im Vergleich zu anderen OECD-Ländern schwache Leistungen in Mathematik und den Naturwissenschaften.

Im scheinbaren Widerspruch hierzu entnimmt man den Zahlen der OECD, dass der Anstieg der Reallöhne in Westdeutschland um 9,9 Prozent von 1989 auf 1994 und um 21 Prozent von 1985 auf 1994 von nur sehr wenigen OECD-Ländern erreicht wurde.[6] Geht man davon aus, dass hohes Wachstum der Reallöhne über einen so langen Zeitraum nur durch eine entsprechend hohe Produktivität möglich wird und diese wiederum ein entsprechend hohes Qualifikationsniveau der Beschäftigten voraussetzt, legt dies die Folgerung nahe, dass es um das deutsche Bildungssystem doch nicht so schlecht bestellt sein kann. Bekräftigt wird dies durch das Ergebnis des PURE-Projektes, dass die Rendite eines zusätzlichen Schuljahres in Deutschland mit durchschnittlich etwa 8 Prozent im internationalen Vergleich mit an der Spitze steht.[7]

Ein der wissenschaftlichen Diskussion vorbehaltenes Problem ist jedoch, wie diese Rendite eines zusätzlichen Schuljahres gemessen wird und welche Probleme damit verbunden sind. In Teil I der Arbeit wird diese Problematik aufgegriffen und der Zusammenhang zwischen Bildung und Löhnen in der Humankapitaltheorie beschrieben. Durch die Arbeiten von Jacob Mincer (1958 und 1974), Theodore Schultz (1960) und Gary Becker (1962), hat sich ein Standardansatz zur Schätzung von Bildungsrenditen herauskristallisiert, der den meisten empirischen Anwendungen auf diesem Gebiet zugrunde liegt. Kapitel 2 stellt zunächst kurz die Erfolgsgeschichte dieses Ansatzes dar und geht auf die wichtigsten mit ihm verbundenen Probleme ein. Darauf aufbauend wird in gebotener Kürze ein Überblick über ökonomische und ökonometrische Modellerweiterungen gegeben. Trotz all dieser Erweiterungen liefern sämtliche auf diesen traditionellen Modellen basierende Schätzungen lediglich eine durchschnittliche Bildungsren-

---

4 Vgl. Baumert et al. (2001).

5 Vgl. zu einer Kritik an der TIMSS-Studie, insbesondere auch zur Konsistenz der Ergebnisse von TIMSS/I-TIMSS/III, Baumert et al. (2000).

6 Vgl. OECD (1997), S. 7. Die Wachstumsraten wurden für Bruttomonatslöhne vollzeiterwerbstätiger Männer unter Berücksichtigung jährlicher Sonderzahlungen mit den auch in der vorliegenden Arbeit verwendeten Daten des Sozio-oekonomischen Panels (SOEP) ermittelt.

7 Vgl. Harmon et al. (2001), S. 9.

dite[8], unabhängig davon, ob man Investitionen in 9 bzw. 10 Bildungsjahre oder in 12 bzw. 13 Bildungsjahre miteinander vergleicht. Daran ändert auch die Verwendung von Quantilregressionen nichts, die erstmals in Arbeiten von Powell (1984 und 1986), Chamberlain (1994) und Buchinsky (1994) zur Schätzung von Bildungsrenditen eingesetzt wurden. Die Darstellung dieser gebräuchlichsten traditionellen Verfahren zur parametrischen und semiparametrischen Schätzung der Bildungsrenditen in Kapitel 2 ist nötig, um die in Kapitel 3, dem zentralen theoretischen Teil der Arbeit, beschriebenen nichtparametrischen Verfahren zur Schätzung von Obergrenzen der Bildungsrenditen im Vergleich zu den bisherigen empirischen Arbeiten besser einordnen zu können.

Die vorliegende Arbeit übt in diesem dritten Kapitel in Abschnitt 3.1 Kritik an verschiedenen Annahmen des Standardmodells und seiner Erweiterungen. Diese Kritik wird im Rahmen einer umfangreichen Diskussion und Darstellung des Identifikationsproblems bei der Schätzung von so genannten Treatmenteffekten geführt. Bildung wird im Rahmen dieser Schätzungen als Treatment aufgefasst und es werden in Abschnitt 3.2 verschiedenste alternative Annahmen eingeführt, die ökonomisch wesentlich plausibler erscheinen und in ihrer ökonometrischen Umsetzung zu Vorteilen gegenüber den traditionellen Schätzungen führen. Allerdings bedingen alle diese Annahmen, dass lediglich die nichtparametrische Schätzung einer Unter- bzw. einer Obergrenze der Bildungsrenditen möglich ist. Diese nichtparametrische Schätzung von Grenzen wurde bisher nur vereinzelt, z.B. in Ginther (2000) und Manski/Pepper (2000), und auch dort nicht systematisch auf die Schätzung von Obergrenzen für Bildungsrenditen angewendet. Sie werden deshalb in der vorliegendenden Arbeit in dieser Breite erstmals ausführlich theoretisch dargestellt, diskutiert und empirisch evaluiert. Als zentrales Ergebnis dieses dritten Kapitels zur Schätzung der Obergrenzen von Bildungsrenditen kann festgehalten werden, dass sich bei Annahme monotoner Selektion in Bildungsniveaus und gleichzeitiger Annahme monotoner Lohnfunktionen, MTS-MTR genannt, die niedrigst möglichen Obergrenzen ergeben. Für Instrumentenschätzungen werden nichtparametrische Obergrenzen dargestellt, die anstelle der üblichen Annahme der Unabhängigkeit im Mittelwert (Mean-Independence) lediglich Monotonie im Mittelwert (Mean-Monotonicity) voraussetzen. Abschnitt 3.3 beschäftigt sich mit der Bedeutung von Fehlern in den Datensätzen. Zwei Fehlermodelle werden verwendet, um zu untersuchen, inwieweit die Identifikation von Wahrscheinlichkeiten, Mittelwerten und Quantilen dadurch beeinflusst wird. Es wird gezeigt, dass trotz Datenfehlern in Analogie zur Be-

---

[8] Von der inzwischen kaum noch verwendeten „Reverse Regression" einmal abgesehen. Vgl. Greene (1984).

stimmung von Grenzen für Treatmenteffekte Grenzen für diese Parameter angegeben werden können. Dies wird anhand von Daten des Sozio-oekonomischen Panels (SOEP)[9] am Beispiel der Angaben zum Haushaltsnettoeinkommen des Jahres 1999 erstmals für Deutschland durchgeführt und mit Daten des Current Population Surveys (CPS) für die USA verglichen. Dabei werden für beide Fallbeispiele erstmals auch Bootstrap-Konfidenzintervalle für die geschätzten Grenzen ermittelt. Kapitel 3 schließt mit einem Vorschlag zur Anwendung nichtparametrisch geschätzter Obergrenzen für die Messung der Lohndiskriminierung.

Der empirische Teil II beginnt in Kapitel 4 im ersten Abschnitt mit einem Überblick über ausgewählte Studien zur Entwicklung der Bildungsrenditen im internationalen Vergleich. Der Studie von Psacharopoulos (1994) werden zwei makroökonomische und zwei mikroökonomische stilisierte Fakten der Bildungsforschung entnommen. Die bei Psacharopoulos aufgeführten makroökonomischen Fakten zum negativen Zusammenhang zwischen dem Pro-Kopf-Einkommen und der durchschnittlichen Bildungsrendite eines Landes und dem negativen Zusammenhang des durchschnittlichen Bildungsniveaus und der durchschnittlichen Bildungsrendite eines Landes werden in Abschnitt 4.2 anhand von Sekundärliteratur überprüft. Es wird sich zeigen, dass hauptsächlich aufgrund von Definitions- und Messproblemen die Ergebnisse der empirischen Studien zu beiden Zusammenhängen sehr uneinheitlich ausfallen und von stilisierten Fakten eigentlich keine Rede sein kann.

Nach der Beschreibung der Datenbasis und der Stichprobenselektion in Abschnitt 5.1 wird in Abschnitt 5.2 die Entwicklung der Lohnstruktur in Deutschland von 1984 bis 2000 anhand der Entwicklung der durchschnittlichen realen Bruttostundenlöhne und ausgewählter Quantile sowie Quantilsdifferenzen, differenziert nach Geschlecht, Kohorten und Bildungsjahren, untersucht. Es zeigt sich, dass die Lohnverteilung der Männer, unabhängig von der Differenzierung nach Kohorten oder Bildungsjahren deutlich stärker gespreizt ist als die der Frauen. Während die Spreizung bei den Männern, gemessen durch verschiedene Quantilsdifferenzen, im unteren Bereich der Lohnverteilung mit jahresdurchschnittlich 2,5-3 Prozent im Vergleich zu den Frauen mit etwa 0,7 Prozent und zum oberen Bereich mit rund 1,4 Prozent deutlich stärker zugenommen hat, vergrößerte sich die Spreizung bei den Frauen gerade im oberen Bereich um circa zwei Prozent. Als weiterer signifikanter Unterschied der Lohnstrukturen ist festzuhalten, dass sich die Verteilung der realen Bruttostundenlöhne der Frauen

[9] Der Autor dankt dem Deutschen Institut für Wirtschaftsforschung (DIW) für die Bereitstellung der Daten.

wesentlich symmetrischer darstellt als die der Männer. In Abschnitt 5.3 werden die in Kapitel 3 eingeführten Annahmen zur Schätzung der Obergrenzen systematisch untereinander und mit OLS-Schätzungen verglichen. Es wird sich zeigen, dass man lediglich mit der bereits erwähnten Annahme von MTS-MTR durchweg ökonomisch sinnvolle Obergrenzen für die Bildungsrenditen erhält. In Abschnitt 5.4 werden die beiden mikroökonomischen stilisierten Fakten, einerseits die Tendenz zu im Zeitablauf sinkenden Bildungsrenditen und andererseits die für Frauen im Vergleich zu Männern höheren Renditen erstmals für Deutschland über die Periode 1984 bis 2000 mit Daten des SOEP anhand Obergrenzen bei Annahme von MTS-MTR evaluiert. Zum Vergleich werden dabei die entsprechenden Schätzergebnisse der traditionellen Verfahren herangezogen.

Ebenso wie die beiden makroökonomischen Thesen müssen auch die beiden mikroökonomischen stilisierten Fakten verworfen bzw. zumindest differenzierter betrachtet werden. Während sich in Deutschland bis zum Jahr 1997 ein leichter, aber nicht signifikanter Trend zu sinkenden Bildungsrenditen bei den Männern und ein deutlicherer Abwärtstrend bei den Frauen feststellen ließ, stiegen die Renditen bei Männern und Frauen von 1998 auf 2000 jeweils um knapp einen Prozentpunkt. Ob dies eine Trendwende darstellt, muss die Entwicklung der nächsten Jahre zeigen. Für vollzeiterwerbstätige Frauen ergeben die Schätzungen nur vereinzelt höhere, zwischen 1988 und 1993 dagegen um einen halben Prozentpunkt niedrigere Bildungsrenditen. Zusätzlich zu diesen beiden, in Anlehnung an Psacharopoulos durchgeführten Untersuchungen, wird eine Kohortenanalyse durchgeführt, um zu testen, ob die Bildungsrenditen jüngerer Kohorten, insbesondere bei den Frauen, im Zeitablauf gesunken sind. Die hierzu durchgeführten Schätzungen ergeben für die jüngste Kohorte der Frauen eindeutig gesunkene Bildungsrenditen. Abschließend wird der im theoretischen Teil entwickelte Vorschlag der Anwendung nichtparametrischer Obergrenzen zur Messung der Lohndiskriminierung einem empirischen Test unterzogen. Die Ergebnisse hierzu sprechen allerdings eindeutig für das traditionelle Verfahren nach Oaxaca/Blinder.

Letztlich bekräftigen die Erkenntnisse, die durch die nichtparametrische Schätzung von Obergrenzen der Bildungsrenditen gewonnen wurden, aus einer neuen Blickrichtung, dass es sehr fragwürdig ist, sich bei der Analyse der Lohnstruktur und ihrer Entwicklung auf eine einzige Kenngröße, die durchschnittliche Bildungsrendite, zu konzentrieren. Einige Schlussbemerkungen hierzu sowie ein Ausblick auf angrenzenden Forschungsbedarf beschließen die Arbeit in Kapitel 6.

## Teil I: Bildung und Löhne in der Humankapitaltheorie

Die Humankapitaltheorie geht wie bereits erwähnt zurück auf die Arbeiten von Mincer (1958), Schultz (1960) und Becker (1962). Ziel der Humankapitaltheorie ist es zu erklären, warum und wieviel Zeit und Sachgüter Individuen in Abhängigkeit von ihren Fähigkeiten und Präferenzen in Bildung und somit ihr Humankapital investieren. Unter Humankapital versteht man dabei – in weitgehender Analogie zum Sachkapital – den akkumulierten Bestand an Wissen und Fertigkeiten eines Individuums, Kapital, das ebenso wie Sachkapital beispielsweise durch Vergessen teilweise abgeschrieben werden muss. Neben dieser Analyse des individuellen Entscheidungskalküls finden sich humankapitaltheoretische Überlegungen auch im Bereich der personellen Einkommensverteilung[10] und der älteren und neueren Wachstumstheorie. Während in der älteren Wachstumstheorie die gesamtwirtschaftliche Produktion als Funktion der beiden Inputfaktoren Arbeit und Kapital modelliert wurde, steht in der neueren Wachstumstheorie zunehmend die Humankapitalbildung im Vordergrund. Humankapital wird als entscheidender Input für den Forschungs- und Entwicklungssektor betrachtet, durch den technischer Fortschritt in Form neuer Güter und Prozesse endogenisiert wird.[11] Die vorliegende Arbeit beschäftigt sich intensiv mit der Problematik der Schätzung von Bildungsrenditen unterschiedlicher Bildungsinvestitionen anhand von Mikrodatensätzen, so dass die Problematik des makroökonomischen Zusammenhangs von Bildung und Einkommensverteilung gänzlich ausgeklammert wird. Der Einfluss der Bildung auf das Wachstum oder das Pro-Kopf-Einkommen wird in Kapitel 4 anhand von Sekundärliteratur in die Diskussion einbezogen.

## 2. Traditionelle Ansätze zur Messung von Bildungsrenditen

In Kapitel 2 sollen in der gebotenen Kürze die für den theoretischen und empirischen Teil der Arbeit wichtigsten ökonomischen und ökonometrischen Aspekte der Humankapitaltheorie dargestellt werden. In Abschnitt 2.1 wird kurz geschildert, warum sich ein im Vergleich zu anderen mikroökonometrischen Ansätzen sehr einfacher Ansatz trotz verschiedenster Weiterentwicklungen nun schon fast 30 Jahre in der empirischen Forschung behaupten konnte. Abschnitt 2.2 gibt dann einen Überblick über die wichtigsten traditionellen Ansätze zur Messung von Bildungsrenditen.

---

[10] Vgl. etwa Ramser (1987).

[11] Vgl. Lucas (1988) und Romer (1990).

## 2.1 Die Erfolgsgeschichte der Mincer'schen Lohnfunktion

Nachdem die Arbeiten von Mincer (1958) und Becker (1962) noch überwiegend den Zusammenhang zwischen Investitionen in das Humankapital und der personellen Einkommensverteilung behandelt haben, entwickelte Mincer (1974) das theoretische Fundament der Einkommensfunktion[12] und deren Umsetzung in die folgende ökonometrisch schätzbare Gleichung[13]

$$(2.1) \qquad \ln y_t = \beta_1 + \beta_2 s_t + \beta_3 ex_t + \beta_4 ex_t^2 + e_t \qquad t = 1,\ldots,n \ .$$

Der semi-logarithmische Ansatz ergibt sich dabei aus der theoretischen Ableitung dieser Gleichung bei Annahme einer im Lebenszyklus konstanten Ertragsrate der Bildungsinvestitionen und eines im Erwerbsverlauf abnehmenden Anteils an Investitionen in weiteres Humankapital. $y_t$ steht für das Einkommen, $s_t$ für die Anzahl an Bildungsjahren, $ex_t$ für die potenzielle Berufserfahrung, $ex_t^2$ für die quadrierte potenzielle Berufserfahrung des t-ten Individuums und $e_t$ für den üblichen Störterm, der alle sonstigen Faktoren enthält, die Löhne beeinflussen und die nicht bereits durch die Bildungs- und Berufserfahrungsvariable erfasst sind. Als Einkommens- bzw. als Lohnvariable wird normalerweise entweder der Bruttostundenlohn oder der Bruttomonatslohn verwendet.[14] Die tatsächliche Anzahl an Bildungsjahren, die den Bestand an formal erworbenem Humankapital messen soll, steht in der Regel nicht direkt zur Verfügung. Die Variable „Anzahl an Bildungsjahren" wird daher in der Regel über die Information zum höchsten erworbenen Bildungsabschluss durch Standardausbildungszeiten generiert. Durch den semi-logarithmischen Ansatz kann der Koeffizient $\beta_2$ direkt als Rendite eines zusätzlichen Schuljahres interpretiert werden. Exakt ist die Rendite r eines zusätzlichen Bildungsjahres durch den semi-logarithmischen Ansatz gegeben als $r = (\exp(\beta_2) - 1) \cdot 100$. Für betragsmäßig kleine Werte des Koeffizientens $\beta_2$, etwa $|\beta_2| < 0{,}1$, entspricht dies ziemlich genau dem Wert des Koeffizienten. Ebenso wie die tatsächliche Bildungszeit ist auch die tatsächliche Berufserfahrung in der Regel nicht direkt als Variable verfügbar. Da ihre Verwendung zu Endogenitätsproblemen führt, wird die tatsächliche, selbst wenn sie ermittelt werden könnte, in der Regel durch die potenzielle Berufserfahrung ersetzt. Diese ist als Alter minus Anzahl an

---

12 Auch Lohnfunktion oder Verdienstfunktion genannt. Vgl. Franz (1999), S. 92.

13 Zur Herleitung der Einkommensfunktion vergleiche man beispielsweise Franz (1999), S. 90-92.

14 Je nach Datensatz bereichert um Informationen zu Überstunden, Sondervergütungen usw..

Bildungsjahren minus Schulanfangsalter (meistens wird hierfür 6 Jahre angesetzt) definiert.[15] Der quadratische Term der potenziellen Berufserfahrung ergibt sich aus der theoretischen Ableitung der Schätzgleichung, da mit zunehmender Berufserfahrung die Restarbeitszeit eines Individuums sinkt, dieses wie bereits erwähnt immer weniger in Bildung investiert und der Lohn daher nur mit abnehmender Rate steigt. Für diese Regressionskoeffizienten ist daher $\beta_3 > 0$ und $\beta_4 < 0$ zu erwarten.

Diese Standardversion der Einkommensfunktion liegt seit nun fast 30 Jahren unzähligen empirischen Untersuchungen zugrunde und bildet – wie in Kapitel 4 geschildert wird – den Ausgangspunkt der Renditeschätzungen in einem europaweiten Projekt, der eingangs erwähnten PURE-Studie. Willis (1986) bezeichnete diese nach Jacob Mincer benannte Mincer'sche Lohnfunktion dann auch als

> „... one of the great success stories of modern labor economics."[16]

Dabei war die Mincer'sche Lohnfunktion schon von Anfang an keineswegs unumstritten. Griliches stellte bereits 1977 eine Liste von sieben kritischen Fragen zu dieser Standardeinkommensfunktion auf, unter anderem zur sinnvollen Interpretation dieser Gleichung und des Regressionskoeffizienten der Bildungsvariablen.[17] Inzwischen ist man sich zumindest in Bezug auf diese beiden Fragen weitestgehend einig. Die gängige Interpretation sei kurz geschildert. Der Erwerb von formaler Bildung wird als Investition betrachtet, die Kosten in Form von entgangenen Einkommen und direkten Kosten der Ausbildung verursacht, später aber zu einer höheren Produktivität und folglich zu höheren Löhnen führt, so dass die entstandenen Kosten zumindest amortisiert werden. Dabei wird unterstellt, dass Individuen gemäß ihrer Produktivität entlohnt werden.

Eine alternative Interpretation der Bildungsinvestitionen besteht darin, dass diese nicht der Produktivitätserhöhung dienen, sondern von den Unternehmen überwiegend als Indikator zur Auslese von Arbeitskräften verwendet werden.[18] Hierbei wird unterstellt, dass erfolgte Bildungsabschlüsse lediglich eine bereits vorhandene Produktivität signalisieren, die Unternehmen ansonsten nicht beo-

---

[15] Sensitivitätsanalysen mit unterschiedlichen Definitionen der Berufserfahrung haben gezeigt, dass die Schätzungen des Koeffizienten der Bildungsvariablen davon kaum beeinflusst werden. Vgl. Lauer/Steiner (2000), S. 13, und Harmon et al. (2001), S. 11.

[16] Willis (1986), S. 526.

[17] Vgl. Griliches (1977), S. 4.

[18] Vgl. Weiss (1995) und Spence (1973).

bachten könnten. Deswegen werden diese Modelle oft auch als Screening- und Signaling-Modelle bezeichnet.

Da Humankapital eine multidimensionale Größe ist, war es naheliegend, die Standardlohnfunktion ökonomisch weiterzuentwickeln. Als Beispiel sei die Unterscheidung von allgemeinem, zwischen Sektoren, Firmen und Berufen transferierbarem und spezifischem, nicht transferierbarem Humankapital genannt.

Neben der Vielfalt an Interpretations- und Erweiterungsmöglichkeiten besteht ein wesentlicher Grund für den Erfolg der Standardlohnfunktion darin, dass man durch die Schätzung z.B. mit der OLS-Regression genau eine Bildungsrendite erhält, deren Entwicklung im Zeitablauf gegebenenfalls sehr einfach illustriert und z.B. mit der Entwicklung in anderen Ländern verglichen werden kann. Dazu kommt, dass die Schätzgleichung (2.1) je nach verwendetem Datensatz relativ einfach um zusätzliche exogene und/oder endogene Variablen erweitert werden kann. Des Weiteren spielen diese Lohnfunktionen zum Beispiel auch bei der Messung der Lohndiskriminierung von Frauen[19] und der Schätzung von Arbeitsangebotsfunktionen[20] eine große Rolle, ein Bereich dem unter anderem bei Steuersimulationen eine zunehmende Bedeutung beigemessen wird.

Bevor in Kapitel 3 dieser Standardansatz in mehrfacher Hinsicht kritisiert wird und mehrere Annahmen vorgestellt werden, die zur Messung der Bildungsrenditen beispielsweise auf die Linearität der Lohnfunktion verzichten, stellt Abschnitt 2.2 zunächst die wichtigsten und gebräuchlichsten Verfahren zur Schätzung der Bildungsrenditen dar.

## 2.2 Ein kurzer Überblick über die wichtigsten traditionellen Verfahren zur Schätzung von Bildungsrenditen

Im vorigen Abschnitt wurde der Standardansatz zur Schätzung der Bildungsrenditen beschrieben als

$$(2.1) \qquad \ln y_t = \beta_1 + \beta_2 s_t + \beta_3 ex_t + \beta_4 ex_t^2 + e_t \qquad t = 1,\ldots,n \ .$$

Die Standardschätzung dieser Lohnfunktion erfolgt mittels OLS-Regression. Es wird angenommen, dass die erklärenden Variablen als exogen betrachtet werden

[19] Vgl. Oaxaca (1973) und Blinder (1973).
[20] Vgl. Wagenhals (2000).

können. Meistens werden auch noch normalverteilte Störterme angenommen. Die Lohnfunktion wird bei der Standardschätzung getrennt nach Geschlecht und nach Jahren geschätzt, um zeitliche Änderungen der geschlechtsspezifischen Bildungsrenditen und Änderungen der Bildungsrenditen im Zeitablauf berücksichtigen zu können.

Da die Standard-OLS-Schätzung lediglich die Schätzung der durchschnittlichen Bildungsrendite erlaubt, stellt das Verfahren der Quantilregression[21] eine sinnvolle Ergänzung dar. Durch Quantilregressionen können anstelle von bedingten Mittelwerten bedingte Quantile der Lohnverteilung und damit Bildungsrenditen für unterschiedliche Bereiche der Lohnverteilung geschätzt werden.

Unabhängig davon, ob die Gleichung (2.1) mit OLS oder Quantilregressionen geschätzt wird, stellt sich die Frage, ob mit der Bildungsvariable und der potenziellen Berufserfahrung bereits alle relevanten Einflussgrößen berücksichtigt werden. Schon bald nach der Einführung der Lohnfunktion durch Mincer wurde daher Kritik an dieser Spezifikation geübt. Es wurde z.B. argumentiert, dass die mit OLS[22] geschätzte Gleichung (2.1) die wahre Bildungsrendite systematisch überschätzt, da sie keine Variable enthält, mit der die Begabung eines Individuums gemessen wird.

$$(2.2) \qquad \ln y_t = \beta_1 + \beta_2 s_t + \beta_3 ex_t + \beta_4 ex_t^2 + \beta_5 b_t + e_t \qquad t = 1,\ldots,n \quad .$$

Nimmt man an, dass die Begabung, gemessen mit $b_t$, positiv mit den Löhnen und der verwendeten Bildungsvariable korreliert ist sowie die einzige ausgelassene Variable darstellt, folgt daraus unmittelbar die Überschätzung des wahren Einflusses der Rendite eines zusätzlichen Schuljahres.[23] In unzähligen Studien wurden z.B. die Ergebnisse von IQ-Tests aufgenommen, um für die Begabung zu kontrollieren. Je nach verwendeter Variable und Spezifikation sank die Bildungsrendite mehr oder weniger stark. In einer von Denny/Harmon (2001) für das PURE-Projekt durchgeführten Studie für Irland sank die Bildungsrendite bei Verwendung von Testergebnissen zur Lese- und Schreibfähigkeit beispielsweise von 8,2 auf 7 Prozent.[24] Da in den wenigsten international vergleichbaren Paneldatensätzen eine Variable enthalten ist, die für die Begabung eines Indivi-

---

21 Vgl. Koenker/Bassett (1978).

22 Vor den 80er Jahren wurde die Quantilregression vor allem aus rechentechnischen Gründen noch nicht zur Schätzung von Bildungsrenditen verwendet.

23 Vgl. Griliches (1977), S. 4.

24 Vgl. Denny/Harmon (2001), S. 154.

duums in die Schätzgleichung aufgenommen werden könnte, muss des Öfteren auf die Verwendung eines solchen Maßes verzichtet werden. Auf die Untersuchung der zeitlichen Entwicklung der Bildungsrenditen hat dies jedoch insoweit keinen Einfluss, als angenommen werden kann, dass diese Verzerrung im Zeitablauf konstant bleibt. Geht man weiter davon aus, dass die Verzerrung im internationalen Vergleich ungefähr gleich ist, wird auch der Vergleich der Bildungsrenditen zwischen den Ländern hierdurch nicht beeinträchtigt. Aufgrund der hohen Korrelation zwischen der Bildung der Eltern und der Bildung der Kinder werden anstelle eines Maßes für die Begabung zunehmend Variablen für den familiären Hintergrund berücksichtigt und als Instrument verwendet, um im Rahmen einer Instrumentalvariablenschätzung die Exogenität der Bildungsvariablen testen zu können. Oft werden dafür die Anzahl der Bildungsjahre des Vaters und oder der Mutter verwendet. Dabei wird unterstellt, dass diese Instrumenten mit den Bildungsvariablen korreliert, gleichzeitig jedoch mit den Löhnen unkorreliert sind. Untersuchungen, die für die Endogenität der Bildungsvariablen kontrollieren, kommen je nach verwendetem Instrument im Vergleich zu OLS teilweise zu dramatisch höheren (bis zu 100%) Bildungsrenditen, teilweise jedoch auch wie beispielsweise die Studie von Lauer/Steiner (2000) zu insignifikant höheren und manchmal sogar niedrigeren Bildungsrenditen.[25] Eine fundierte Diskussion des Endogenitätsproblems sowie ein Überblick über die wichtigsten IV-Schätzungen findet sich z.B. in Card (2001).

Diese teilweise drastisch höheren Bildungsrenditen bei IV-Schätzungen stehen nun in scheinbarem Widerspruch zu der eingangs festgestellten Überschätzung der wahren kausalen Rendite eines zusätzlichen Bildungsjahres aufgrund der Nichtberücksichtigung der Begabung. Griliches (1977) und Angrist/Krueger (1991) erklären dies damit, dass die Überschätzung der Renditen durch das Fehlen einer Variablen für Begabung sehr gering ausfalle und die große Differenz zwischen IV- und OLS-Schätzungen eher die Unterschätzung der Renditen durch OLS-Regressionen aufgrund von Messfehlern bezüglich der Bildungsvariablen widerspiegle. Card (2001) führt als einen gewichtigen Grund an, dass die Differenz zwischen OLS- und IV-Schätzungen in der Heterogenität der Renditen begründet ist.[26] Die hohen Renditen bei IV-Schätzungen resultierten dem-

---

[25] Bound et al. (1995) raten daher zur Vorsicht beim Gebrauch von IV-Schätzern, da der Gebrauch eines Instrumentes zu großen Inkonsistenzen führen kann, falls die Korrelation zwischen dem Instrument und der Bildungsvariablen niedrig ist.

[26] Griliches zeigte schon 1977, dass die Berücksichtigung der Begabung bei der Ableitung des semi-logarithmischen Ansatzes dazu führt, dass begabtere Individuen modellbedingt über eine höhere Bildungsrendite verfügen müssten als unbegabte. Card (2001), S. 1156, führt als weiteren Grund die Tendenz zur Spezifikationssuche an. Darunter ist zu

nach aus der Verwendung von Instrumenten, die jedoch nur für eine Untergruppe der Stichprobe relevant sind, die im Vergleich zum Rest der Stichprobe hohe Renditen aufweisen. Als illustratives Beispiel führt er die Schulpflicht an. Die Schulpflicht für sich allein genommen beeinflusst vermutlich vor allem die Bildung der Individuen, die ansonsten ein niedrigeres Bildungsniveau wählen würden. Wählen nun diese Individuen ohne Schulpflicht dieses niedrigere Bildungsniveau beispielsweise aufgrund höherer Schulkosten und nicht weil sie im Vergleich zu den anderen niedrige Bildungsrenditen haben, wird das Instrument Schulpflicht zu höheren Schätzungen für die Bildungsrendite führen als die OLS-Regressionen.[27] Diese plausible und für viele Studien, die hohe Bildungsrenditen bei IV-Schätzungen erhalten, zutreffende Interpretation scheint inzwischen in Verbindung mit so genannten LATE-Schätzern (Local Average Treatment Effect) vermehrt Anhänger zu gewinnen.[28]

Ein weiteres Forschungsgebiet betrifft die Berücksichtigung der Stichprobenselektion von Frauen. Aufgrund der im Vergleich zu Männern geringen und im Zeitablauf stark gestiegenen Erwerbsbeteiligung von Frauen kann nicht davon ausgegangen werden, dass die Stichprobe der Frauen, für die Löhne beobachtet werden, repräsentativ ist. Dies kann z.B. mittels der zweistufigen Heckman'schen Selektionskorrektur berücksichtigt werden. Dabei wird in der ersten Stufe mit einem geordneten Probit-Modell eine Selektionsgleichung geschätzt. Dabei wird der Erwerbsstatus einer Person erklärt und jeweils ein Selektionskorrekturterm geschätzt, z.B. für Teilzeit- und Vollzeiterwerbstätigkeit. Diese Terme werden auf der zweiten Stufe als Regressoren in die OLS-Schätzung der Lohnfunktion aufgenommen.[29] Obwohl diese Korrekturterme häufig signifikant sind, ist die Veränderung der Bildungsrendite größenordnungsmäßig selten bedeutend.[30]

Aufgrund der in den letzten Jahren stark gestiegenen Zahl von Paneldatensätzen bieten sich natürlich auch Random-Effects- und Fixed-Effects-Schätzer sowie dynamische Paneldatenschätzer zur Schätzung von Lohnfunktionen an. Hausman-Tests kommen fast durchgehend zu dem Ergebnis, dass Fixed-Effects-Schätzer verwendet werden sollten. Diese und auch dynamische Paneldatenschätzer haben jedoch den Nachteil, dass aufgrund der Zeitinvarianz der

---

verstehen, dass Forscher beim Vergleich alternativer IV-Spezifikationen diejenigen bevorzugen, die einen günstigeren t-Wert für die Bildungsrendite liefern.

[27] Vgl. Card (2001), S. 1156.

[28] Vgl. Becker/Siebern-Thomas (2001) und Ichino/Winter-Ebmer (1999).

[29] Vgl. Puhani (2000).

[30] Vgl. Lauer/Steiner (2001), S.123.

Bildungsvariablen diese durch die Differenzierung herausfällt und gerade die Bildungsrendite nicht geschätzt werden kann.[31]

Nachdem nun die wichtigsten traditionellen Ansätze zur Schätzung der Lohnfunktionen kurz dargestellt wurden, wird im nächsten Kapitel, aufbauend auf einer Darstellung des Identifikationsproblems bei der Schätzung von Treatmenteffekten, Kritik an diesen traditionellen Verfahren geübt. Es werden alternative und weniger restriktive Annahmen eingeführt, die unter anderem die Schätzung nichtparametrischer Grenzen von Bildungsrenditen ermöglichen.

---

[31] Eine Möglichkeit bietet die Verwendung des Hausman-Taylor-Schätzers. Es ist jedoch häufig nicht möglich geeignete Instrumente zu finden. Vgl. Hausman/Taylor (1981). Eine weitere Möglichkeit besteht in der Verwendung von GMM-Schätzern, die jedoch weitere Probleme mit sich bringen. Vgl. Lee (2002).

## 3. Nichtparametrische Ansätze zur Messung von Bildungsrenditen

Die in Abschnitt 2.2 dargestellten traditionellen Verfahren zur Schätzung der Mincer'schen Lohnfunktion (2.1) ermöglichen durchweg die Punktschätzung der Bildungsrenditen. Unabhängig davon, ob OLS-Regressionen, Quantilregressionen oder IV-Schätzungen verwendet werden, unterstellt man dabei jeweils, dass die Rendite eines zusätzlichen Bildungsjahres für alle Individuen gleich und, noch wichtiger, unabhängig vom Bildungsniveau ist. Obwohl sich diese Spezifikation in der überwiegenden Mehrzahl der Studien durchsetzte, gab und gibt es durchaus Studien, die alternative Spezifikationen verwenden. So werden beispielsweise anstelle der Zahl der Bildungsjahre als Indikator für das Bildungsniveau Dummyvariablen für Bildungsabschlüsse in die Modelle aufgenommen. Als Ergebnis dieser alternativen Spezifikation erhält man in der Regel selbst nach Umrechnung der Dummykoeffizienten in jährliche Renditen große Unterschiede zwischen den Renditen der Bildungsabschlüsse.[1] Bei der Verwendung von Instrumenten für die Bildungsvariable zeigen sich je nach verwendetem Instrument teilweise noch größere Unterschiede, nicht selten bis zu 10 Prozentpunkten, zwischen den geschätzten Bildungsrenditen. Das Vertrauen in diese Punktschätzungen hängt dabei sehr stark von der Gültigkeit der Annahmen bezüglich der verwendeten Instrumente ab.

Angesichts dieser so unterschiedlichen Schätzungen der Bildungsrenditen stellt sich die Frage, ob es nicht möglich ist, Obergrenzen für die Bildungsrenditen zu schätzen. In diesem dritten Kapitel sollen nun alternative Schätzverfahren dargestellt und diskutiert werden, die bislang vor allem in Evaluationsstudien zur Schätzung so genannter Treatmenteffekte verwendet wurden. Im Gegensatz zu den im zweiten Kapitel besprochenen Schätzern erfordern diese Verfahren in der Regel wesentlich weniger restriktive Annahmen und ermöglichen eine nichtparametrische Analyse der Bildungsertragsraten. Wie sich zeigen wird, führen diese weniger restriktiven Annahmen lediglich zu Punktschätzungen von Ober- und Untergrenzen für die Bildungsrenditen. Punktschätzungen der Bildungsrenditen sind mit diesen nichtparametrischen Verfahren nicht mehr identifizierbar.

Identifizierbarkeit und Identifikationsanalyse im Allgemeinen stehen im Mittelpunkt von Abschnitt 3.1, in dem auch der im Folgenden verwendete und sich von den traditionellen Modellen unterscheidende Modellrahmen eingeführt wird. (Abschnitte 3.1.1 und 3.1.2) In Abschnitt 3.1.3 wird die Bedeutung der exogenen Treatmentselektion (ETS) im Rahmen der Identifikationsanalyse und

---

[1] Vgl. Lauer/Steiner (2001), S. 114.

der durchschnittliche Treatmenteffekt besprochen. Um einen Eindruck von der Vielfalt der im Rahmen von Evaluationsstudien verwendeten Treatmenteffekte zu vermitteln, werden dabei auch Varianten dieses durchschnittlichen Treatmenteffekts in Abschnitt 3.1.4 vorgestellt. Abschließend werden in Abschnitt 3.1.5 die wichtigsten der im Rahmen der mikroökonometrischen Evaluationsstudien verwendeten Ansätze zur Lösung des Identifikationsproblems kurz dargestellt.

Abschnitt 3.2 stellt den umfangreichsten Teil der Arbeit dar. In ihm werden die später im empirischen Teil evaluierten nichtparametrischen Ansätze ausführlich vorgestellt und diskutiert. Sie unterscheiden sich grundlegend von den in Abschnitt 3.1.5 dargestellten Verfahren. In Abschnitt 3.2.1 werden deshalb Struktur, Gemeinsamkeiten und Unterschiede dieser nichtparametrischen Lösungsansätze herausgearbeitet. In den Abschnitten 3.2.2 bis 3.2.7 werden dann die Ansätze, die sich insbesondere zur nichtparametrischen Analyse von Bildungsrenditen eignen, ausführlich diskutiert. Dabei werden in Abschnitt 3.2.2 mit den Worst-Case-Grenzen insofern Referenzgrenzen bestimmt als dabei auf jedwede Annahme über die nicht identifizierten Größen verzichtet und für diese jeweils die schlechtest möglichen Werte verwendet werden. Die darauf folgenden Ansätze benützen zum einen Annahmen, die aus dem Bereich der Produktionstheorie entlehnt werden – Abschnitt 3.2.3 – und beispielsweise unterstellen, dass bei einem zusätzlich investierten Bildungsjahr das Einkommen einer Person zumindest nicht sinken kann. Zum anderen werden Annahmen – Abschnitt 3.2.4 – verwendet, die bei der Analyse der Bildungsjahre den Selektionsprozess in die Treatments, hier die Bildungsjahre, berücksichtigen. In Abschnitt 3.2.5 werden dann der Produktions- und der Selektionsaspekt durch die Annahme monotoner Instrumentalvariablen und monotoner Responsefunktionen kombiniert und mit der vielen Interpretationen von Schätzungen der Lohnfunktionen zugrundeliegenden Annahme exogener Treatmentselektion (ETS) verglichen.[2] Abschnitt 3.2.6 greift auf das Roy-Modell zurück, in dem die Individuen sich für die Ausbildung mit dem größten erwarteten Lebenseinkommen entscheiden. Insoweit wird im Roy-Modell wie in Abschnitt 3.2.4 und 3.2.5 der Selektionsprozess berücksichtigt. Abschließend werden in Abschnitt 3.2.7 die Grenzen für Erwartungswerte und Treatmenteffekte der wichtigsten Ansätze ausführlich miteinander verglichen.

[2] In Manski (1995), S. 143, wird ausführlich gezeigt, warum die Verwendung solcher Regressionen zur Bestimmung von Treatmenteffekten die Annahme von ETS impliziert. In Abschnitt 3.1.3 wird näher auf die Annahme von ETS eingegangen.

Ein allgegenwärtiges Problem empirischen Arbeitens in vielen Varianten stellen fehlerhafte und unvollständige Daten dar. In Abschnitt 3.3 wird die Identifikationsanalyse daher auf zwei im Bereich der robusten Verfahren verwendete Datenfehlermodelle angewandt. Entsprechend der Vorgehensweise aus Abschnitt 3.2 wird untersucht, welche Grenzen auf der Grundlage der Datenfehlermodelle beispielsweise für die Quantile und den Erwartungswert angegeben werden können. Es zeigt sich, dass die robusten Verfahren insoweit zu konservativ sind, als sie auf ex ante Inferenz ausgerichtet sind und deshalb im Gegensatz zu der auf ex post Inferenz basierenden Identifikationsanalyse Stichprobeninformationen verschenken. Durch die Berücksichtigung von Stichprobeninformationen kann mit der hier verwendeten Identifikationsanalyse im Gegensatz zu den robusten Verfahren eine Unter- und Obergrenze für den Erwartungswert angegeben werden.

Bildungsertragsraten werden nicht nur zur Analyse von Lohnstrukturen, sondern schon seit längerem auch zur Messung von Lohndiskriminierung verwendet. Dies geschieht traditionell auf der Grundlage der so genannten Oaxaca/Blinder-Zerlegung[3], die üblicherweise OLS-Regressionen oder Quantilregressionen verwendet. In Abschnitt 3.4 wird in Ergänzung zur bisherigen Methodik erstmals überprüft, ob und in welchem Maße die dargestellten Verfahren neue Einsichten in die Messung der Lohndiskriminierung erlauben.

## 3.1 Das Identifikationsproblem

### 3.1.1 Identifikation und Inferenz

Seit mehr als einem Jahrhundert nützt die empirische Forschung in den Sozialwissenschaften Methoden der Statistik.[4] In der Regel werden dabei Stichprobendaten verwendet, um auf der Grundlage von Annahmen über die Grundgesamtheit und eines datengenerierenden Prozesses mit Hilfe der Inferenzstatistik Aussagen über ausgewählte Parameter der Grundgesamtheit treffen zu können. Bei diesen Verfahren treten neben statistischen Problemen häufig auch so genannte Identifikationsprobleme auf. Da alle in diesem Kapitel noch vorzustellenden Annahmen zu Identifikationsproblemen führen, soll im Folgenden zuerst der Begriff des Identifikationsproblems definiert und dann der Unterschied zu Problemen der statistischen Inferenz herausgearbeitet werden.[5]

---

[3] Vgl. Oaxaca (1973) und Blinder (1973).
[4] Vgl. Stigler (1986).
[5] Vgl. Manski (1995), S. 4.

Die Trennung von Identifikations- und Inferenzproblemen geht zurück auf Koopmans[6], der 1949 die Begriffe der Identifikation und der Identifizierbarkeit einführte. Er beschäftigte sich fundierter als bis dahin üblich mit der Frage, welche Probleme bei der Bestimmung eines Parameters aufgrund einer ausreichenden Anzahl an Beobachtungen auftreten, und charakterisierte Identifikationsanalyse und Inferenzstatistik folgendermaßen:

- Im Rahmen der Identifikationsanalyse untersucht man die Schlussfolgerungen, die möglich wären, wenn ein gegebener datengenerierender Prozess eine unbegrenzte Anzahl an Beobachtungen erzeugen könnte.
- Im Rahmen der Inferenzstatistik dagegen werden die im Allgemeinen schwächeren Schlussfolgerungen untersucht, die bei einer endlichen Anzahl an Beobachtungen möglich sind.

Die Abbildungen 3.1 und 3.2 sollen diese Unterscheidung verdeutlichen. Den Abbildungen liegen hypothetische Stichproben $(y, x)$ vom Umfang 100 bzw. 1000 aus einer Grundgesamtheit zugrunde, in der die Variable x Werte aus den Intervallen [0,4] und [6,8] und y aus dem Intervall [0,8] annimmt.[7] Anhand dieser Stichproben wurden Konfidenzintervalle für die bedingten Erwartungswerte $E(y|x)$ ermittelt und in den Abbildungen durch die Punkte gekennzeichnet.

Abbildung 3.1: Konfidenzintervalle, 100 Beobachtungen

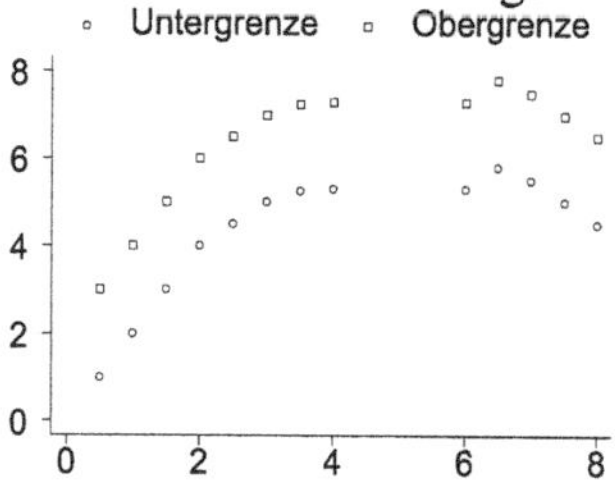


Abbildung 3.2: Konfidenzintervalle, 1000 Beobachtungen

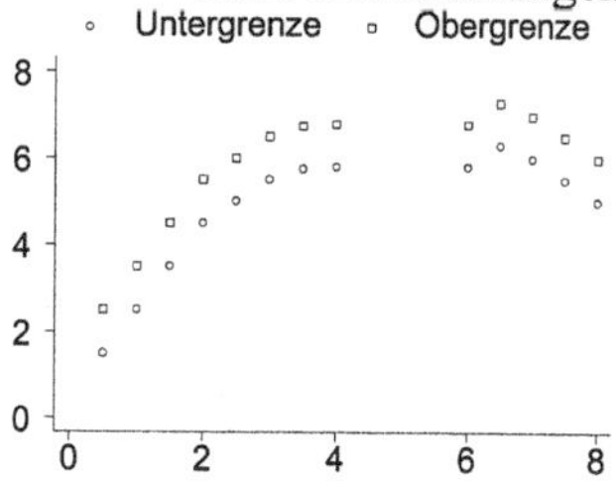


Die Länge der Konfidenzintervalle stellt nun das Inferenzproblem dar. Durch Erhöhen des Stichprobenumfangs kann das Intervall für y im Bereich [0,4] und [6,8] immer weiter verringert werden. Das Erhöhen des Stichprobenumfangs ändert an der Informationslage im Bereich (4,6) dagegen nichts. Unabhängig

[6] Vgl. Koopmans (1949), S. 132.
[7] Vgl. Manski (1995), S. 7.

davon, wie viele Beobachtungen vorliegen, kann allein aufgrund des datengenerierenden Prozesses und ohne weitere Annahmen nichts über die Verteilung der Zufallsvariablen y in diesem Bereich ausgesagt werden. Im Bereich (4,6) liegt somit ein Identifikationsproblem vor. Verführerisch und in der Praxis nicht unüblich ist es, in diesem Bereich einfach zu extrapolieren und die Grenzen der Konfidenzintervalle an den Stellen 4 und 6 linear miteinander zu verbinden. Dies beruht dann aber auf der Annahme, dass der bedingte Erwartungswert in diesem Bereich linear verläuft.

Ein häufig verwendetes Beispiel für das Identifikationsproblem in der Ökonometrie geht zurück auf Working (1927) und betrifft die Bestimmung der strukturellen Form von Angebot und Nachfrage anhand der Beobachtung von Preisen und Mengen in Verbindung mit einer Gleichgewichtsbedingung. Das mit Angebots- und Nachfragefunktionen sowie einer Gleichgewichtsbedingung gebildete simultane Gleichungssystem wird dahingehend untersucht, welche der Gleichungen exakt, über- oder unteridentifiziert sind. Weitere bekannte Identifikationsprobleme treten in der Soziologie bei der Unterscheidung so genannter endogener und korrelierter Effekte auf, die beispielsweise in Manski (1993a) ausführlich besprochen werden.

In den folgenden Abschnitten gilt es nun nicht, ein simultanes Gleichungssystem zu lösen. Wenn man die Bildungsrendite einer Person als Frage "Welchen (zusätzlichen) Lohn könnte eine bestimmte Person erwarten, wenn sie ein Jahr mehr in Bildung investiert hätte?" formuliert, steht man vor dem unlösbaren Problem, dass die dafür nötige Vergleichssituation nie beobachtet werden kann. Dieses unlösbare Problem wird auch als fundamentales Evaluierungsproblem bezeichnet.[8]

Das Identifikationsproblem im Hinblick auf diese Fragestellung "Was wäre wenn?" stellt sich damit besonders deutlich als Problem der bedingten Prognose dar.[9] Wenn man die gestellte Frage beantworten möchte, muss man Annahmen treffen und diese mit Informationen aus der Stichprobe kombinieren. Wie schon angedeutet, erlauben die dazu im Folgenden dargestellten Annahmen lediglich Punktschätzungen der Unter- bzw. Obergrenzen, und damit nur eine Antwort auf die Frage "Welchen (zusätzlichen) Lohn kann eine Person mindestens bzw. höchstens erwarten, wenn sie ein Jahr mehr in Bildung investiert?". Dass man anstelle von Punktschätzungen von Parametern Punktschätzungen von Grenzen

---

8 Vgl. Schmidt (2000), S. 429.

9 Vgl. Manski (1995), S. 7.

erhält, ergibt sich beispielweise auch im Fall der umgekehrten Regression ("Reverse Regression"). Hier ermittelt man durch Hilfsregressionen, bei denen abhängige und erklärende Variablen vertauscht werden, ebenfalls Unter- und Obergrenzen für die Bildungsertragsraten. In diesem Zusammenhang wurde auch der Begriff partiell identifizierter Parameter eingeführt.[10]

Im nächsten Abschnitt wird der im folgenden verwendete Modellrahmen eingeführt. Auf dieser Grundlage wird dann in Abschnitt 3.1.3 herausgearbeitet, welche Annahme der traditionellen Verfahren restriktiv bzw. stark genug war, um eine Punktschätzung der Rendite zu ermöglichen.[11]

### 3.1.2 Modellrahmen und Notation

Warum konnten die Modelle im zweiten Kapitel die Bildungsertragsraten identifizieren? Innerhalb des Modellrahmens, der nun eingeführt wird, ist dies darauf zurückzuführen, dass bei den traditionellen Modellen implizit Unabhängigkeit der Wahl des Bildungsabschlusses und der Durchschnittslohnfunktion einer Person unterstellt wird. Sehr selten wird im Rahmen dieser Modelle und Analysen deutlich gemacht, dass damit für Personen mit unterschiedlichen Bildungsabschlüssen dieselbe Durchschnittslohnfunktion und damit auch dieselbe Bildungsertragsrate angenommen wird. Personen, die zwölf Jahre in Bildung investiert haben, können demnach denselben Lohn erwarten wie Personen, die dreizehn Jahre in Bildung investiert haben, vorausgesetzt, sie hätten anstelle von zwölf Jahren ebenfalls dreizehn investiert. Wie im Folgenden gezeigt wird, lässt sich damit die Differenz der Erwartungswerte bei dreizehn und bei zwölf Jahren bzw. die Differenz bei allen anderen Vergleichen von Bildungsjahren als jeweilige Bildungsertragsrate interpretieren, die entsprechendes Normieren in die durchschnittliche jährliche Rendite umgerechnet werden kann. Wird diese Annahme der Unabhängigkeit von Bildungsabschluss und Durchschnittslohnfunktion dann noch wie in den meisten Untersuchungen mit der Annahme kombiniert, dass der Ertrag eines zusätzlichen Bildungsjahres – wieder für jedes Individuum – konstant bzw. unabhängig vom realisierten Bildungsniveau ist, wird für eine gegebene Stichprobe genau eine einzige Bildungsrendite geschätzt.

---

[10] Vgl. Leamer (1981), S. 327.

[11] Vgl. Manski (1995), S. 3, zum Zusammenhang der "Produktion" erwünschter Ergebnisse und der Verwendung immer strengerer Annahmen.

Welche Implikationen haben diese beiden Annahmen für die Identifikation von Bildungsertragsraten, wenn sie isoliert oder in Verbindung mit anderen Annahmen verwendet werden? Welche Konsequenzen folgen aus alternativen Modellierungen, die von dieser angesichts der Debatten um den Einfluss von Fähigkeiten und sonstigen individuellen Effekten sehr gewagten Annahmenkombination abweichen?

Um diese Fragen und die weiteren Annahmen formal beschreiben zu können, wird der nachstehende Modellrahmen eingeführt.

Jede Person j einer Grundgesamtheit J habe

- beobachtbare Kovariaten $x_j \in X$,
- eine spezifische Responsefunktion $y_j(\cdot): T \rightarrow Y$, die sich gegenseitig ausschließende und erschöpfende Treatments $t \in T$ in Ergebnisse $y_j(t) \in Y$ abbildet,
- ein realisiertes Treatment $z_j \in T$ und
- ein realisiertes Ergebnis $y_j := y_j(z_j)$.

Das Ergebnis der Responsefunktion $y_j(t)$, $t \neq z_j$, ist im Gegensatz zu dem realisierten Ergebnis $y_j := y_j(z_j)$ nicht beobachtbar und wird deshalb als latentes Ergebnis bezeichnet.

Grundlage zur Bestimmung von Bildungsertragsraten innerhalb dieses Modellrahmens ist die Verteilung der Responsefunktionen, $P[y(\cdot)|x]$. Mit Hilfe einer Zufallsstichprobe aus der Grundgesamtheit soll diese Verteilung analysiert werden. Die beobachtbaren Kovariaten x werden in zwei Gruppen, $x = (w, v)$, $X = W \times V$ und $v \in V$[12] unterteilt, da in Abschnitt 3.2.4 Instrumentalvariablen eingeführt werden. Die Variablen in w stellen Kovariaten und die Variablen in v Instrumentalvariablen dar.

Angewendet auf die Lohnfunktionen entspricht dann

- die Lohnfunktion der Responsefunktion $y(\cdot)$,
- die Anzahl der Bildungsjahre den Treatments $t \in T$,

---

[12] Vgl. Manski/Pepper (2000), S. 997ff.

- die Anzahl der realisierten Bildungsjahre der j-ten Person dem realisierten Treatment $z_j \in T$,
- der beobachtete Lohn der j-ten Person bei $z_j$ realisierten Bildungsjahren dem realisierten Ergebnis $y_j$,
- der nicht beobachtbare Lohn $y_j(t)$, den die j-te Person bei t anstelle von $z_j$ Bildungsjahren erhalten würde, dem latenten Ergebnis $y_j(t)$, $t \neq z_j$,
- die Verteilung der Löhne bei Variation der Bildungsjahre der Verteilung $P[y(\cdot)|w]$ der Responsefunktionen,
- w zum Beispiel den Charakteristika "nichtselbständige, vollzeiterwerbstätige Männer" und $v$ den verwendeten Instrumentalvariablen, z.B. das Anfangsgehalt der Lehrer oder ob beide Eltern bis zum achtzehnten Lebensjahr im Haushalt lebten.[13]

Die Kovariaten in w werden innerhalb dieses Modellrahmens im Sinne der Definition einer interessierenden Gruppe von Personen verwendet. Der Gebrauch dieser Variablen unterscheidet sich damit von dem Gebrauch in den Regressionsmodellen aus dem zweiten Kapitel, die aufgrund der Annahme der Unabhängigkeit von Bildungsabschluss und Durchschnittslohnfunktion z.B. lineare bedingte Erwartungswerte schätzen und dabei für den Einfluss dieser Kovariaten kontrollieren.[14]

Werden in den folgenden Abschnitten Grenzen für Treatmenteffekte, bedingt auf die Kovariaten, ermittelt, wird dabei implizit versucht, folgende Frage zu beantworten:

> "Among persons with the specified covariates, what would be the difference ... if all such persons were assigned one treatment rather than the other?"[15]

Die Frage nach den für die Kontrolle "richtigen" Kovariaten bzw. daraus folgend nach dem "Omitted Variable Bias" stellt sich demzufolge hier nicht.

---

[13] Vgl. Ginther (2000), S. 111.
[14] Vgl. Manski (2000), S. 431, und Lechner (1998), S. 16.
[15] Vgl. Manski/Nagin (1998), S. 107. Das Zitat bezieht sich auf die Rückfallrate von Jugendstraftätern, die in diesem Artikel analysiert wird, gilt aber allgemein für die Verwendung von Kovariaten in den folgenden Kapiteln zur Untersuchung von Bildungsertragsraten.

Die Aufgabe besteht nun darin, Annahmen über die nicht identifizierbaren Größen zu treffen, um dann, zusammen mit den beobachtbaren Größen, Rückschlüsse über interessierende Kenngrößen der Verteilung der nichtbeobachtbaren Responsefunktionen $P[y(\cdot)]$ ziehen zu können. Die Betrachtung wird sich auf die Analyse des Erwartungswertes und der Quantile, insbesondere des Medians, konzentrieren. Diese Kenngrößen folgen stochastischer Dominanz, weshalb Manski (1997a) für diese Größen den Begriff der D-Parameter einführte.[16] Für einen Parameter, der stochastischer Dominanz folgt, gilt:

F und G seien zwei Verteilungen einer Zufallsvariablen Y. Man sagt, dass die Verteilung F die Verteilung G stochastisch dominiert, wenn $F[-\infty, t] \geq G[-\infty, t]$. Ein Parameter $\tau(\cdot)$ folgt dann stochastischer Dominanz, wenn $\tau(F) \geq \tau(G)$ und die Verteilung F die Verteilung G stochastisch dominiert.

Zu der Klasse dieser D-Parameter gehören unter anderem eben der Erwartungswert der Responsefunktion, $E[y(t)]$, an dem bereits die Grundproblematik skizziert wurde, und die Quantile der Responsefunktion, $q[y(t)]$, die zusätzlich einbezogen werden, um die Verteilung der Löhne und damit auch die Treatmenteffekte differenzierter analysieren zu können. Parameter, die nicht stochastischer Dominanz folgen, sind beispielsweise die Varianz und der Interquartilsabstand. Diese D-Parameter werden dann dazu verwendet, um Grenzen für die entsprechenden D-Treatmenteffekte, beispielsweise die durchschnittliche Bildungsertragsrate, zu ermitteln.

Einen weiteren formalen Rahmen zur Analyse von Bildungsertragsraten, der sich vor allem in der Literatur zur Evaluierung staatlicher Eingriffe herausgebildet hat, bietet das Neyman-Fisher-Cox-Rubin-Modell potentieller Ergebnisse.[17] Bezeichnet man mit $D_i = 1$ das Erhalten eines Treatments, mit $D_i = 0$ das Nichterhalten und mit $Y_i$ das potentielle Ergebnis der i-ten Person, so gilt:

(3.1) $$Y_i = D_i Y_i + (1 - D_i) Y_i \quad .$$

Üblicherweise wird die Indikatorvariable $D_i$ dann durch ein so genanntes latentes Variablen Modell erklärt. Man nimmt dabei an, dass die Zuordnung oder die Entscheidung für $D_i$ durch eine latente Variable $D_i^*$ bestimmt wird:

---

[16] Vgl. Horowitz/Manski (1995), S. 290.

[17] Vgl. Heckman/Vytlacil (2001a), S. 6, Heckman/Vytlacil (2001b) und Schmidt (2000), S. 430.

$$
(3.2) \qquad \begin{aligned} D_i^* &= \mu_D(Z_i) - U_{D_i} \\ D_i &= \begin{cases} 1 \text{ für } D_i^* \geq 0 \\ 0 \quad \text{sonst} \end{cases} . \end{aligned}
$$

$Z_i$ ist ein Vektor beobachteter Zufallsvariablen, $U_{D_i}$ eine unbeobachtete Zufallsvariable und $D_i^*$ der Nettonutzen, der sich aus der Wahl des Treatments ergibt. Damit kann das potentielle Ergebnis bei Treatment, $Y_{1i}$, und das potentielle Ergebnis bei Nicht-Treatment, $Y_{0i}$, in Abhängigkeit beobachtbarer Zufallsvariablen $X_i$ formuliert werden:

$$
(3.3) \qquad Y_i = \begin{cases} Y_{1i} = \mu_1(X_i, U_{1i}) \\ Y_{0i} = \mu_0(X_i, U_{0i}) \end{cases} .
$$

Damit kann der Treatmenteffekt $\Delta_i$ geschrieben werden als

$$
(3.4) \qquad \Delta_i = Y_{1i} - Y_{0i} .
$$

Obwohl dieser Rahmen inzwischen weit verbreitet ist, wird er im Folgenden nicht weiterverwendet. Erstens erscheint das eingangs dargestellte Modell zur nichtparametrischen Analyse der Treatmenteffekte, dem Hauptthema der vorliegenden Arbeit, besser geeignet und zweitens erlaubt es eine deutlichere Trennung zwischen Annahmen, die Selektion in Treatments betreffend, und Annahmen in Bezug auf den Zusammenhang zwischen Ergebnis- und Treatmentvariable.

### 3.1.3 Identifikation von Treatmenteffekten

In Abschnitt 3.1.3.1 wird formal dargestellt, warum die Annahme der Unabhängigkeit der Wahl des Bildungsabschlusses und der Durchschnittslohnfunktion in Kombination mit linearen Responsefunktionen zur Identifikation der Bildungsertragsrate führt. In Abschnitt 3.1.3.2 wird stellvertretend für die Vielzahl der Treatmenteffekte, die auch in Abschnitt 3.1.4 angesprochen werden, der in der Literatur bisher am häufigsten verwendete und eng mit der Durchschnittslohnfunktion verbundene durchschnittliche Treatmenteffekt (ATE) behandelt. Restriktionen des Modellrahmens und die Strategie zur Auswahl von Annahmen werden in Abschnitt 3.1.3.3 vorgestellt.

### 3.1.3.1 Exogene Treatmentselektion (ETS)

Mit der eingeführten Notation lässt sich nun die erste Annahme, dass Personen mit sonst gleichen Charakteristika w trotz unterschiedlichen Bildungsabschlüssen dieselbe Durchschnittslohnfunktion aufweisen, folgendermaßen schreiben.

Für jeden Bildungsabschluss, also jedes Treatment $t \in T$, gilt:

(3.5) $$E[y(t)|w, z = u_1] = E[y(t)|w, z = u_2] \ .$$

Der Erwartungswert des Lohnsatzes der Personen, die $u_1 = 12$ Bildungsjahre realisiert haben, entspricht bei t Bildungsjahren annahmegemäß dem Erwartungswert der Personen bei t Bildungsjahren, die $u_2 = 13$ Bildungsjahre realisiert haben.

Diese Annahme bezeichnet man als "Exogenous Treatment Selection (ETS)"[18], da unterstellt wird, dass die Wahl des Bildungsabschlusses von der Durchschnittslohnfunktion $E[y(t)|w]$ unabhängig ist.[19] Dass diese Annahme zur Identifikation der Bildungsertragsrate führt, muss nicht verwundern. Anhand der Definition in (3.5) wird deutlich, dass durch die Annahme von ETS das Problem der Vergleichssituation im Hinblick auf die Identifikation des Treatmenteffekts gelöst ist. Man braucht demnach beispielsweise für die Personen mit $u_1 = 12$ Bildungsjahren keine Vergleichssituation, denn wegen der Unabhängigkeit des Bildungsabschlusses von der Durchschnittslohnfunktion kann man stattdessen die Löhne der Personen mit $u_2 = 13$ Bildungsjahren verwenden. Führt man nun zusätzlich die Annahme konstanter jährlicher, für jedes Individuum gleicher, Bildungsrenditen ein, lässt sich dies als lineare individuelle Responsefunktion formulieren:

(3.6) $$y_j(t) = \beta \cdot t + \varepsilon_j \ .$$

---

[18] Alternative Bezeichnungen sind: "ignorable selection" (Manski (1995)), und in anderem Zusammenhang "exogenous switching" (Maddala (1983)) und "ignorable treatment assignment" (Rosenbaum/Rubin (1983)). Vgl. Manski (1995), S. 31 ff.

[19] Manski (1995), S. 31, führt als Beispiel zur Verwendung der ETS Annahme aus der "Praxis" die Vorgehensweise des U.S. Bureau of Census an, die bei der Behandlung des Nonresponse-Problems annehmen, dass die Verteilung der nicht angegebenen Einkommen der Verteilung der berichteten Einkommen entspricht. In Abschnitt 3.3 wird gezeigt, dass es sich dabei um ein spezielles Datenfehlermodell handelt.

Die Kombination der Annahme (3.6) mit der Annahme der Unabhängigkeit von Bildungsabschluss und Durchschnittslohnfunktion (3.5) ermöglichte – siehe zweites Kapitel – die Identifikation bzw. die Punktschätzung der Bildungsertragsrate $\beta$.

Bevor auf mögliche Abwandlungen dieser Annahme und damit auf die ausführliche Darstellung von Alternativen eingegangen wird, sollen zunächst das Identifikationsproblem und die daraus resultierenden Konsequenzen für die Bestimmung von Treatmenteffekten, bzw. Bildungsertragsraten beschrieben werden.

### 3.1.3.2 Der durchschnittliche Treatmenteffekt (ATE)

Die nichtparametrischen Arbeiten zum Identifikationsproblem in den Sozialwissenschaften haben ihren Ursprung in der Analyse des Selektionsproblems. Dabei wurde und wird untersucht, wie bedingte Wahrscheinlichkeitsverteilungen $P(y|x)$ aus Stichproben identifiziert werden können, bei denen die Realisationen der bedingenden Variablen (x) immer, die Realisationen der bedingten Variablen (y) jedoch nur teilweise beobachtbar und damit zensiert sind. Unser Identifikationsproblem bei der Bestimmung von Bildungsertragsraten stellt sich so dar, dass für eine bestimmte Person der Lohn immer, aber dafür nur bei gegebenem, nicht aber bei höherem oder niedrigerem Ausbildungsniveau beobachtbar ist. Das Identifikationsproblem unterscheidet sich damit von dem Selektionsproblem bei zensierten Stichproben dadurch, dass– von Abschnitt 3.3 abgesehen – für alle Personen Beobachtungswerte sowohl für die bedingende als auch für die bedingte Variable vorliegen. Mit der eingeführten Notation lassen sich beide Fälle wie folgt schreiben. Im Fall zensierter Stichproben, dargestellt am Beispiel von Löhnen (y) und der Erwerbsbeteiligung ($z = 1$ Erwerbsbeteiligung, $z = 0$ keine Erwerbsbeteiligung), setzt sich die Verteilung der Löhne $P(y|x)$ zusammen als:

$$(3.7) \qquad P(y|x) = \underbrace{P(y|x, z=1)}_{\text{beobachtbar}} \cdot \underbrace{P(z=1|x)}_{\text{beobachtbar}} + \underbrace{P(y|x, z=0)}_{\substack{\text{nicht}\\\text{beobachtbar}}} \cdot \underbrace{P(z=0|x)}_{\text{beobachtbar}} \; .$$

Der Lohn kann nur für die Personen beobachtet werden, die am Erwerbsleben teilnehmen ($z = 1$). Um die Verteilung $P(y|x)$ schätzen zu können, müssen deshalb Annahmen über die nichtbeobachtbaren Löhne der Personen getroffen werden, die nicht am Erwerbsleben teilnehmen ($z = 0$).

Dagegen setzt sich in unserem Fall die Verteilung der Löhne bei einem bestimmten Wert t der Treatmentvariablen, $P[y(t)|w]$, aus folgenden Teilen zusammen:

$$P[y(t)|w] = \underbrace{P[y(t)|w, z = t]}_{\text{beobachtbar}} \cdot \underbrace{P(z = t|w)}_{\text{beobachtbar}} + \underbrace{P[y(t)|w, z \neq t]}_{\substack{\text{nicht} \\ \text{beobachtbar}}} \cdot \underbrace{P(z \neq t|w)}_{\text{beobachtbar}} \quad . \tag{3.8}$$

Für die Personen, die ein anderes Treatment als t, $z \neq t$, realisiert haben, ist zwar $P[y(t)|w]$ nicht beobachtbar, es ist jedoch im Unterschied zum vorangegangenen Beispiel für diese Personen die Verteilung $P[y(z \neq t)|w]$ beobachtbar. Diese Zusatzinformation bietet den Ansatzpunkt für die in den folgenden Abschnitten dargestellten Lösungsansätze.

Das Identifikationsproblem, das bei der Bestimmung der Verteilung $P[y(t)|w]$ auftritt, überträgt sich auf die Bestimmung von Treatmenteffekten. Beispielsweise müssen zur Schätzung der Änderung des Durchschnittslohnsatzes $\Delta_{12,13}$, in (3.9) die Erwartungswerte $E[y(12)|w]$ und $E[y(13)|w]$ identifiziert werden, die sich auf die hypothetische Situation beziehen, dass – wie in unserem Eingangsbeispiel – alle Personen dieser Stichprobe bei sonst gleichen Charakteristika $t_1 = 12$ Jahre bzw. $t_2 = 13$ Jahre in Bildung investieren würden:

$$\Delta_{12,13} = E[y(13)|w] - E[y(12)|w] \quad . \tag{3.9}$$

Diese Differenz der Erwartungswerte wird in der Literatur als "Average Treatment Effect (ATE)" oder auch als Kausaleffekt bezeichnet.[20]

Die beiden Erwartungswerte der Responsefunktion $E[y(13)|w]$ und $E[y(12)|w]$ lassen sich unter Verwendung bedingter Erwartungswerte schreiben als:[21]

$$\begin{aligned} E[y(13)] &= E[y(13)|z = 13] \cdot P(z = 13) + E[y(13)|z = 12] \cdot P(z = 12) \\ E[y(12)] &= E[y(12)|z = 12] \cdot P(z = 12) + E[y(12)|z = 13] \cdot P(z = 13) \end{aligned} \tag{3.10}$$

[20] Vgl. Lechner (1998), S. 15.

[21] Der Übersichtlichkeit halber wird in Formeln auf die Konditionierung auf w verzichtet, falls dies das Verständnis nicht erschwert.

Der durchschnittliche Treatmenteffekt $\Delta_{12,13} = E[y(13)|w] - E[y(12)|w]$ in unserem Beispiel ergibt sich dann als:

$$\begin{aligned} \Delta_{12,13} &= E[y(13)] - E[y(12)] \\ &= E[y(13)|z=13] \cdot P(z=13) + E[y(13)|z=12] \cdot P(z=12) \\ &- E[y(12)|z=12] \cdot P(z=12) + E[y(12)|z=13] \cdot P(z=13) \end{aligned} \tag{3.11}$$

Von den zur Bestimmung dieses Effektes benötigten Größen können aber aus einer Zufallsstichprobe von Individuen lediglich die bedingten Erwartungswerte $E[y(13)|w,z=13]$ und $E[y(12)|w,z=12]$ sowie $P(z=13|w)$ und $P(z=12|w)$ geschätzt werden. Die latenten, bedingten Erwartungswerte $E[y(13)|w,z=12]$ und $E[y(12)|w,z=13]$ werden üblicherweise als "counter-factual outcome"[22] bezeichnet. Da diese nicht identifiziert werden können, ist auch der durchschnittliche Treatmenteffekt $\Delta_{12,13}$ – wie eingangs schon diskutiert – wegen dem fundamentalen Evaluierungsproblem selbst aus einer unendlich großen Stichprobe nicht bestimmbar. Das Identifikationsproblem wird deshalb manchmal als Problem fehlender Daten bezeichnet.[23]

Im zweiten Kapitel wurde dieses Identifikationsproblem innerhalb der dort beschriebenen Regressionsmodelle nicht explizit formuliert, aber implizit unter Akzeptanz bzw. Verwendung der Annahme von ETS gelöst.[24] Dies soll hier exemplarisch wieder am durchschnittlichen Treatmenteffekt gezeigt werden.

Nun wurde die bei den Standardlohnfunktionen implizit verwendete Annahme von ETS in (3.5) bereits als Identität der bedingten Erwartungswerte $E[y(t)|w,z=u_1] = E[y(t)|w,z=u_2]$ formuliert. Auf das Beispiel angewandt, folgt daraus für die bedingten Erwartungswerte der latenten Ergebnisse:

$$\begin{aligned} E[y(12)|w,z=13] &= E[y(12)|w,z=12] \\ E[y(13)|w,z=12] &= E[y(13)|w,z=13] \end{aligned} \tag{3.12}$$

---

[22] Schmidt (2000) übersetzt counter-factual als kontrafaktisch.

[23] Vgl. Blundell/Costa Dias (2002), S. 1.

[24] Vgl. Manski (2000), S. 431. Im Bereich der "Classical Randomized Experiments" ist die ETS Annahme wohlbegründet, jedoch nicht bei Experimenten, deren Design davon abweicht.

Der Erwartungswert der Löhne derjenigen, die eine Bildungsinvestition von 12 Jahren aufweisen, wäre also, wenn sie stattdessen eine Bildungsinvestition von 13 Jahren getätigt hätten, identisch mit dem Erwartungswert derer, die 13 Jahre in die Bildung investiert haben. Die Annahme von ETS lässt sich ökonomisch so interpretieren, dass bei vollkommenen Kapitalmärkten die Individuen indifferent zwischen verschiedenen Bildungsniveaus sind, da die höheren Löhne lediglich die Schulkosten und den Verdienstausfall aufgrund der zusätzlich investierten Zeit kompensieren.

Nun kann der durchschnittliche Treatmenteffekt (ATE) identifiziert werden, indem die Erwartungswerte der latenten bedingten Erwartungswerte in (3.11) durch die entsprechenden Werte aus (3.12) ersetzt werden:[25]

(3.13)
$$\begin{aligned}\Delta_{12,13} &= E[y(13)] - E[y(12)] \\ &= E[y(13)|z=13]\cdot P(z=13) + E[y(13)|z=13]\cdot P(z=12) \\ &\quad - E[y(12)|z=12]\cdot P(z=12) + E[y(12)|z=12]\cdot P(z=13) \\ &= E[y(13)|z=13] - E[y(12)|z=12]\end{aligned}.$$

Bei Gültigkeit der Annahme von ETS entspricht der ATE somit der Differenz der beobachtbaren, bedingten Erwartungswerte

(3.14)
$$\Delta_{t_1,t_2} = E[y(t_2)|w, z=t_2] - E[y(t_1)|w, z=t_1] \ .$$

Im Rahmen der Analysen von Lohnfunktionen im zweiten Kapitel wurde die Annahme von ETS mit einer log-linearen Funktionsform für die Responsefunktionen verknüpft. Als Ergebnis erhielt man eine für alle Personen identische und für alle Bildungsjahre konstante Bildungsertragsrate.

Zu diesem Spezifikationsproblem kommt jedoch hinzu, dass die Annahme exogener Treatmentselektion empirisch nicht testbar ist. Grundlage eines solchen Tests müsste der bedingte Erwartungswert $E[y(t)|w, t \neq z_j]$ sein.

---

[25] Es gibt noch eine Reihe weiterer Effekte, auf die hier nicht näher eingegangen werden soll, z.B. den "Classical Treatment Effect (CTE)", den "Status Quo Treatment Effect (STE)", vgl. Manski/Nagin (1998), sowie den "Intention to Treatment Effect", Manski (1996), S. 711.

Da dieser nicht identifizierbar ist, gibt es keine Grundlage, um die Hypothese

$$(3.15) \qquad E[y(t)|w, z = u_1] = E[y(t)|w, z = u_2]$$

zu verwerfen.[26]

### 3.1.3.3 Restriktionen und Annahmenselektion

Die bisher verwendete Betrachtungsweise geht zurück auf das im Rahmen mikroökonometrischer Evaluationsstudien entwickelte Modell potenzieller Ergebnisse.[27] Hier vergleicht man das Ergebnis eines Individuums bei Teilnahme an einer Maßnahme mit dem Ergebnis bei Nichtteilnahme, wobei dann der kausale Effekt als Differenz der potenziellen Ergebnisse definiert wird. Zusätzlich zu dem bereits dargestellten Identifikationsproblem muss hier angenommen werden, dass die potenziellen Ergebnisse für jedes Individuum unabhängig vom Treatmentstatus anderer Individuen der betrachteten Grundgesamtheit sind. Diese Annahme nennt Rubin (1974) "Stable Unit-Treatment Value Assumption (SUTVA)".[28] Sie ist bei groß angelegten Programmen nicht unproblematisch, da zum Beispiel bei Arbeitsmarktmaßnahmen der Umfang des Programms durchaus die Angebots-Nachfrage-Relation beeinflussen kann. SUTVA stellt somit eine wichtige Einschränkung der Gültigkeit von Evaluationsstudien dar.[29] In der Regel wird bei der Interpretation der Ergebnisse jedoch implizit von der Zulässigkeit dieser Annahme ausgegangen.[30]

Aus zwei Gründen wird diese Problematik auch im Folgenden nicht weiter berücksichtigt. Erstens werden im vierten Kapitel die empirischen Resultate der Annahmen dieses Kapitels mit den empirischen Ergebnissen der Modelle aus dem zweiten Kapitel verglichen, bei denen SUTVA nicht angenommen und auch nicht diskutiert wurde. Zweitens soll im Folgenden im Unterschied zu den

---

26 Vgl. Manski (2000), S. 431.

27 Vgl. Roy (1951) und Rubin (1974).

28 Synonym gebraucht werden die Begriffe "Abwesenheit von makroökonomischen Effekten", Garfinkel et al. (1992) und "Individualistic Treatment Effect", Manski/Nagin (1998).

29 Vgl. Angrist et al. (1996), S. 446.

30 Vgl. Lechner (1998), S. 15ff., zu den vereinzelten Hinweisen, dass SUTVA durch andere Annahmen ersetzt werden könnte.

Studien zur Evaluation von Maßnahmen hauptsächlich ein Status-quo-Zustand bzw. eine zeitliche Folge von Status-quo-Zuständen, die Entwicklung der Lohnstruktur, analysiert werden. Man stellt dabei zwar implizit die Frage, was Personen mit $z_j = t_1$ Bildungsjahren verdienen könnten, wenn sie stattdessen $z_j = t_2$ Bildungsjahre investiert hätten. Daraus sollen jedoch keine Schlussfolgerungen im Sinne der Empfehlung oder Evaluation von Bildungsmaßnahmen oder Bildungsreformen gezogen werden.

Im Unterschied zu der in vielen empirischen Untersuchungen verwendeten Annahme der statistischen Unabhängigkeit der Responsefunktionen von den Treatments (ETS) untersucht vor allem Manski[31] schwächere Annahmen und die damit verbundenen Möglichkeiten, besagte Kenngrößen der Responsefunktionen zu identifizieren. Das Ziel besteht darin, die Glaubwürdigkeit der Analysen durch eine Lockerung der getroffenen Annahmen zu erhöhen, auch wenn dadurch keine exakte Identifikation der interessierenden Parameter mehr möglich ist, sondern nur noch ein entsprechender Korridor angegeben werden kann.[32] Manski unterscheidet drei in der Literatur vorzufindende Vorgehensweisen:[33]

1) Man wählt einen Treatmenteffekt und verwendet Annahmen, die stark genug sind, um diesen Effekt zu identifizieren.

2) Man verwendet Annahmen, die ausreichend schwach sind, um weitläufig glaubwürdig zu sein. Dann untersucht man, welche Treatmenteffekte bzw. Parameter unter diesen Annahmen identifiziert werden können.

3) Man wählt einen Treatmenteffekt und Annahmen, die ausreichend schwach sind, um weitläufig glaubwürdig zu sein, und untersucht, was aufgrund dieser Annahmen über den Treatmenteffekt gelernt werden kann.

Gemäß dieser Klassifikation der Strategien wird im Weiteren der dritten Vorgehensweise gefolgt. Im Folgenden sollen die Auswirkungen verschiedener Bildungsniveaus auf die Verteilung der Löhne bzw. den D-Parametern untersucht werden und dabei in diesem Kapitel Annahmen verwendet werden, die ausreichend schwach sind, um weitläufig glaubwürdig zu sein. Dies soll auch dazu

---

[31] Vgl. Manski (1989, 1990, 1993b, 1994b, 1995, 1996, 1997a, 1997b, 2000, 2001).

[32] Vgl. Hübler (1998), S. 115, der dies als Plädoyer Manskis für die Ermittlung eines Korridors interpretiert.

[33] Vgl. Manski (1996), S. 712.

dienen, die im zweiten Kapitel durch die Verwendung verschiedener Modelle festgestellten Unterschiede in den Bildungsertragsraten relativieren zu können.[34] Obwohl der dritten Vorgehensweise gefolgt wird und bereits der interessierende Treatmenteffekt sowie Annahmen ausgewählt wurden, werden in nächsten Abschnitt vier weitere Treatmenteffekte kurz dargestellt, um einen Eindruck zu vermitteln, welche weiteren Treatmenteffekte in der Literatur untersucht werden.

### 3.1.4 Variationen des Treatmenteffekts

Neben dem gerade behandelten durchschnittlichen Treatmenteffekt (ATE) werden in Evaluationsstudien häufig auch die beiden folgenden Effekte analysiert:

$$(3.16) \qquad \Delta_{t_1,t_2} = E[y(t_2)|w, z_j = t_2] - E[y(t_1)|w, z_j = t_2] \quad ,$$

$$(3.17) \qquad \Delta_{t_1,t_2} = E[y(t_2)|w, z_j = t_1] - E[y(t_1)|w, z_j = t_1] \quad .$$

(3.16) und (3.17) stehen für den Effekt einer Maßnahme auf ein zufällig aus der Gruppe der Teilnehmer $z_j = t_2$ bzw. der Nichtteilnehmer $z_j = t_1$ ausgewähltes Individuum. Der Treatmenteffekt (3.16) steht in vielen Evaluationsstudien im Vordergrund, da er den Maßnahmeerfolg für Personen angibt, die tatsächlich an dem Programm teilgenommen haben, und daher als Erfolgsindikator des Programms Verwendung findet.[35] (3.16) wird auch als "Treatment on the Treated (TT)", (3.17) als "Treatment on the Nontreated" bezeichnet. Außer diesen beiden Treatmenteffekten können noch weitere untersucht werden. Im Rahmen der schon mehrfach angesprochenen Instrumentalvariablenansätze werden beispielsweise "Local Average Treatment Effects (LATE)" bestimmt. Hierbei misst man den durchschnittlichen Effekt (ATE) einer Maßnahme auf diejenigen Personen, die durch eine Änderung der Instrumentalvariablen zu einer Teilnahme bewogen wurden. Der so genannte "Marginal Treatment Effect (MTE)" untersucht ebenfalls den durchschnittlichen Effekt einer Maßnahme, beschränkt die

---

[34] Vgl. Manski/Nagin (1998). Hier wird schon im Titel "Bounding disagreement ..." die Absicht offenkundig, die Unterschiede bezüglich Treatmenteffekten aufzuklären. Auch Manski/Pepper (2000) verwenden die Grenzen, um eine Referenzgröße zur Beurteilung von Bildungsertragsraten zu erhalten.

[35] Vgl. Lechner (1998), S. 17.

Betrachtung allerdings auf die Personen, deren Wahrscheinlichkeit für eine Teilnahme am geringsten oder am größten ist.[36]

Diese Effekte wurden lediglich zu Vergleichszwecken herangezogen, da sie sich jeweils auf Teilpopulationen beziehen. Dagegen konzentriert sich die vorliegende Arbeit wegen der Vergleichbarkeit mit den Ergebnissen der vorangegangenen Kapitel auf die Analyse des durchschnittlichen Treatmenteffekts.[37] Zudem ist die Übertragung der in Kapitel 3.2.4 vorgestellten Annahmen auf diese vier Effekte ohne größere Probleme möglich.[38]

### 3.1.5 Einordnung in die Literatur der mikroökonometrischen Evaluationsstudien

Wie im zweiten Kapitel bereits gezeigt wurde, gibt es bei der Bestimmung von Bildungsertragsraten auf der Basis der Humankapitaltheorie in der Praxis einige Problembereiche. Zum Beispiel treten Identifikationsprobleme, resultierend aus fehlenden Informationen zu den Fähigkeiten oder anderen Charakteristika eines Individuums, und das Problem der Modellierung der Selbstselektion von Individuen in Bezug auf den Bildungsabschluss auf. Korreliert beispielsweise die Fähigkeit von Personen mit der Wahl des Bildungsabschlusses und den Löhnen, sind Schätzungen, die diese Korrelation nicht berücksichtigen, verzerrt. Um dann die Bildungsertragsraten identifizieren zu können, müssen Annahmen bezüglich dieses Selektionsprozesses getroffen werden. Dies kann wie im zweiten Kapitel im Rahmen von parametrischen oder semiparametrischen Modellen unter Verwendung relativ starker, zum Teil unplausibler und nicht testbarer Annahmen[39] oder durch die Anwendung wesentlich schwächerer, dafür aber plausiblerer Annahmen im Rahmen von Modellen aus der Literatur zu mikroökonometrischen Evaluationsstudien erfolgen, in denen die Wirkungen beispielsweise einer Weiterbildungsmaßnahme aus der Sicht der Teilnehmer und/oder Nichtteilnehmer empirisch untersucht werden. In der Regel hat dies– wie bereits angedeutet – jedoch die Konsequenz, dass die Bildungsertragsraten nicht mehr exakt identifiziert, sondern nur noch Unter- bzw. Obergrenzen und damit ein Korridor angegeben werden können.[40]

---

[36] Vgl. Heckman et al. (2000), S. 6ff.

[37] Vgl. Ginther (2000), S. 104, und Lechner (1998), S. 29.

[38] Vgl. Heckman/Vytlacil (2001a), S. 3, Fußnote 3, zu der Übertragung der Ergebnisse aus Abschnitt 3.2.4.

[39] Vgl. Manski/Pepper (2000), S. 997.

[40] Vgl. Hübler (1998), S. 115.

Im Folgenden werden daher verschiedene Annahmen dargestellt, die im Rahmen dieser Modelle verwendet werden können, um nichtparametrische Unter- und Obergrenzen für Wahrscheinlichkeiten, Erwartungswerte und Quantile von Treatmenteffekten zu identifizieren. Die Annahmen, die dann im empirischen Teil zur Identifikation von Obergrenzen für Bildungsertragsraten verwendet werden, gehen zurück auf Manski (1989, 1990, 1994b, 1995, 1997a, 2000) und wurden bisher empirisch nur von Manski/Pepper (2000) und Ginther (2000) auf die Ermittlung von Bildungsertragsraten angewandt.

Bevor in den nächsten Abschnitten im einzelnen auf diese Annahmen eingegangen wird, soll dargestellt werden, wie diese in die Literatur zu Evaluationsstudien einzuordnen sind. Dazu genügt es, diese Annahmen vorläufig zwei Gruppen zuzuordnen. Die erste Gruppe, Abschnitt 3.2.3, setzt an der Modellierung der Responsefunktion an und hebt die Annahme auf, dass diese für alle Personen identisch ist. Die zweite Gruppe von Annahmen, Abschnitt 3.2.4, verwendet zusätzlich Instrumentalvariablen, um Selektionseffekte einbeziehen zu können.

Blundell/Costa Dias (2002)[41] unterscheiden im Bereich der Evaluationsstudien die in Übersicht 3.1 angegebenen fünf Forschungsrichtungen.[42]
Übersicht 3.1: Unterscheidung von Forschungsrichtungen

| (1) "Soziale" Experimente | (2) "Natürliche" Experimente | (3) Matching-Verfahren | (4) Selektions-modelle | (5) Strukturelle Simu-lationsmodelle |
|---|---|---|---|---|

(1) **"Soziale" Experimente:** Man versucht bei dieser Methode das Identifikationsproblem, dass zu einem Zeitpunkt nur ein Zustand für eine Person beobachtet werden kann, dadurch zu lösen, dass eine zusätzliche Zufallsstichprobe der betrachteten Grundgesamtheit gezogen und als Vergleichs- bzw. Kontrollgruppe verwendet wird. Card/Robins (1998) beschreiben das kanadische "Self-Sufficiency"-Projekt, in dem das Arbeitsangebotsverhalten alleinerziehender Mütter untersucht wird und bei dem die Hälfte der in Frage kommenden Mütter per Zufall von einem bestimmten Programm ausgeschlossen wurden. In der Realität gibt es jedoch nur selten solche Experimente, da – neben ethischen Bedenken – diese vergleichsweise teuer sind und zudem sichergestellt werden müsste, dass die Kontrollgruppe von dem Programm nicht beeinflusst wird, Spill-over- bzw. Substitutions- und Gleichgewichtseffekte also nicht auftreten können.

---

41 Vgl. Blundell/Costa Dias (2002), S. 1.

42 Vgl. Fitzenberger/Prey (1998), S. 49, zu einer ähnlichen Einteilung.

(2) **"Natürliche" Experimente:** Bei dieser Methode betrachtet man das Programm als solches als Experiment und versucht, unter den Nichtteilnehmern eine Vergleichsgruppe im Sinne der Methode (1) zu finden. Eine Selektionsverzerrung, die auf zeitinvarianten beobachtbaren oder unbeobachtbaren Charakteristika beruht, kann dann durch Differenzenbildung bei den bereits im zweiten Kapitel erwähnten Fixed-Effects-Modellen beseitigt werden[43]. Dies wird deshalb auch als Methode der Differenz-von-Differenzen (DvD) bezeichnet. Ein Nachteil[44] ist die dabei zu treffende Annahme, dass es keine gemeinsamen Zeiteffekte für beide Gruppen und keine Änderungen in der Zusammensetzung der Gruppen gibt.[45]

(3) **Matching-Verfahren:** Beim Matching-Ansatz versucht man das Identifikationsproblem dadurch zu lösen, dass man das beobachtbare Ergebnis eines Individuums bei Teilnahme an einem bestimmten Programm mit dem beobachtbaren Ergebnis eines in Bezug auf bestimmte Charakteristika annähernd gleichen Individuums vergleicht, das nicht an diesem Programm teilnimmt.[46] Ein Vorteil des Matching-Verfahrens ist, dass sich die Schätzung der Varianz – je nach Matching-Verfahren mehr oder weniger stark – vereinfacht. Zudem kann man Matching dazu verwenden, aus der Untergruppe der Nichtteilnehmer eine Stichprobe zu erhalten, die der Kontrollgruppe aus dem Evaluationsansatz (1) entspricht. Die Problematik besteht unter anderem darin, die für das Matching entscheidenden Variablen zu finden (Problem der richtigen Variablen) bzw. überhaupt eine vergleichbare Person zu finden (Problem der fehlenden Überlappung).[47] Diesen Matching-Verfahren ist die erste Gruppe der von Manski vorgeschlagenen Annahmen zuzuordnen, da auch sie sich im Gegensatz zu den in (4) verwendeten Selektionsmodellen lediglich auf beobachtbare Charakteristika beziehen ("Selection on Observables").

---

[43] Vgl. Fitzenberger/Prey (1998), S. 49.

[44] Zu weiteren möglichen Nachteilen der Methode vgl. Ashenfelter/Krueger (1994).

[45] Vgl. Blundell et al. (1998).

[46] Vgl. Lechner (1998), S. 27ff., zu den verschiedenen Möglichkeiten der Bestimmung dieses Vergleichswertes.

[47] Vgl. Manski (2000), S. 431. Wie im Folgenden auch noch genauer beschrieben wird, ist der Begriff einer Kovariaten und damit einer "richtigen" Kovariaten mit Sorgfalt zu gebrauchen. Vgl. auch Lechner (1998), S. 16.

(4) **Selektionsmodelle:** Diese Modelle gehen zurück auf die Arbeiten von Heckman (1979) bzw. Heckman/Robb (1985, 1986) und wurden seither vielfältig erweitert.[48] Diesen Ansätzen liegt die Idee zugrunde, über die Berücksichtigung von Variablen, die zwar die Teilnahme an einer Maßnahme bestimmen, jedoch mit dem Ergebnis der Maßnahme unkorreliert sind, die Selektionsverzerrung zu beseitigen und damit die exakte Identifikation der Effekte von Maßnahmen zu ermöglichen.[49] Die Teilnahme an einer Qualifizierungsmaßnahme wird simultan mit der Ergebnisvariablen bestimmt.[50] Dabei wird die Teilnahmegleichung entweder parametrisch oder nichtparametrisch spezifiziert.[51] Ein anderer Ansatz besteht darin, den Maßnahmeneffekt im Rahmen von Instrumentalvariablenansätzen[52] durch Verwenden von Ausschlussrestriktionen zu ermitteln.[53] Diesem Ansatz ist die zweite Gruppe der Annahmen von Manski zuzuordnen, die Ausschlussrestriktionen in Verbindung mit Funktionsformrestriktionen verwendet. In der Evaluationsliteratur werden zunehmend lokale Instrumentalvariablenschätzer verwendet, um die bereits erwähnten "Local Average Treatment Effects (LATE)" zu schätzen. Sie haben den Vorteil, im Vergleich zu den parametrischen Modellen weniger Annahmen zu erfordern und deswegen robustere Ergebnisse zu liefern. Da diese "Local Average Treatment Effects" sich jedoch immer nur auf spezielle Gruppen beziehen, z.B. die Personen, die durch eine Änderung der Instrumentalvariablen zur Teilnahme bewogen werden, sind die Ergebnisse somit nicht auf die Grundgesamtheit übertragbar. Deshalb werden diese Modelle im Folgenden nicht weiter theoretisch betrachtet.

(5) **Strukturelle Simulationsmodelle:** Diese Modelle sind eng verbunden mit den Selektionsmodellen und werden zum Beispiel im Rahmen der Analyse des Arbeitsangebotsverhaltens von Frauen eingesetzt. Sie ermöglichen zusätzlich zu der Berücksichtigung der Partizipationsentschei-

---

48 Vgl. Heckman/Vytlacil (1999).

49 Dies wird auch als Verwenden einer Ausschlussrestriktion bezeichnet, vgl. Manski (1995), S. 37. Im Prinzip werden durch diese Selektionsmodelle auch nichtbeobachtbare Charakteristika berücksichtigt, jedoch nicht immer in ausreichendem Maße, vgl. Fitzenberger/Prey (1998), S. 51.

50 Vgl. Heckman/Hotz (1989).

51 Vgl. Manski (1994b), S. 156ff. Manski verwendet in seinen Analysen der Selektionseffekte ebenfalls Ausschlussrestriktionen. Insofern besteht eine Gemeinsamkeit mit den Selektionsmodellen in (4).

52 Vgl. Angrist et al. (1996).

53 Vgl. Blundell/Costa Dias (2002), S. 2.

dung, Präferenzen von Restriktionen zu trennen und werden daher zum Beispiel in Modellen verwendet, die Steuerreformen simulieren, bei denen Restriktionen verändert werden, die Präferenzen der Frauen jedoch unverändert bleiben.[54]

Der nun folgende Abschnitt 3.2 stellt den Kern des theoretischen Teils dieser Arbeit zur Schätzung von Bildungsertragsraten dar. Zuerst wird in Abschnitt 3.2.1 die Struktur der Lösungsansätze dargestellt. Dann werden nach und nach in den Abschnitten 3.2.2 bis 3.2.6 Annahmen eingeführt, mit denen das Intervall für die Bildungsrenditen zunehmend verringert werden soll. Jede Annahme wird ausführlich hinsichtlich ihrer Eigenschaften und ihrer ökonomischen Bedeutung diskutiert. Abschließend wird in Abschnitt 3.2.7 ein systematischer Vergleich der verschiedenen Grenzen vorgenommen.

## 3.2 Lösungsansätze im Rahmen der Analyse von Bildungsertragsraten

Welcher Weg soll – oder besser – kann beschritten werden, wenn man nicht gewillt ist, exogene Treatmentselektion (ETS) zur Lösung des Identifikationsproblems zu verwenden? In Abschnitt 3.2.1 werden die Lösungsansätze, die sich aufgrund ihrer Annahmen zur nichtparametrischen Analyse von Bildungsertragsraten eignen, skizziert und in drei Strategien unterteilt.

Der Strategie folgend, ausreichend schwache Annahmen zu verwenden, um hinreichend glaubwürdig zu sein, wird als Ausgangspunkt in Abschnitt 3.2.2 das so genannte Worst-Case-Grenzen gewählt. Bei diesem Lösungsansatz verzichtet man vollständig auf Annahmen über die nicht identifizierbaren Größen des in (3.8) dargestellten Identifikationsproblems und verwendet ausschließlich anhand der Stichprobe identifizierbare Größen. Es wird untersucht, welche Konsequenzen sich daraus für die Identifizierbarkeit der D-Parameter und der D-Treatmenteffekte ergeben. Die aus diesem Lösungsansatz resultierenden Grenzen werden als Benchmark für die Identifikationskraft der darauf folgenden Ansätze verwendet. In Abschnitt 3.2.3 wird angenommen, dass für eine geordnete Menge von Treatments die Responsefunktion schwach monoton steigend verläuft, mit mehr Bildung also das Einkommen zumindest nicht fallen kann. Bei dieser aus der Produktionstheorie entlehnter Annahme monotoner Responsefunktionen, "Monotone Treatment Response (MTR)", bleibt der Prozess der Selektion in das Treatment vollständig unberücksichtigt. Dieser Selektionsprozess wird in Ab-

[54] Vgl. Blundell/MaCurdy (1999), S. 1672ff.

schnitt 3.2.4 aufgegriffen und zur Bestimmung von Grenzen verwendet. Die Annahme exogener Treatmentselektion (ETS) wird dabei insoweit abgeschwächt, als für Personen, die ein höheres Bildungsniveau wählen, lediglich angenommen wird, dass sie im Durchschnitt mindestens so viel verdienen wie Personen, die ein niedrigeres Bildungsniveau gewählt haben. Diese Annahme wird wegen der Berücksichtigung der Selektion in Bildungsniveaus als "Monotone Treatment Selection (MTS)" bezeichnet.

Mit Blick auf die Grundidee der Humankapitaltheorie, dass durch die Investition in Bildung Humankapital erworben bzw. produziert wird, und die Anstrengungen, die unternommen wurden und werden, um Modelle zu konstruieren, die Selektionseffekte berücksichtigen, berücksichtigen beide Aspekte zentrale Fragestellungen der Humankapitaltheorie. Aus diesem Grund werden die beiden Annahmen, MTR, für den produktionstheoretischen Aspekt, und MTS stellvertretend für die individuelle Entscheidung, in Abschnitt 3.2.5.3 kombiniert.

Alle in Abschnitt 3.2 dargestellten Annahmen werden zunächst dahingehend untersucht, welche Konsequenzen bzw. Grenzen sich für die D-Parameter ergeben, um mit diesen Grenzen dann Grenzen für die D-Treatmenteffekte anzugeben.

Neben den hier behandelten gibt es weitere Lösungsansätze, die jedoch im Rahmen der hier durchgeführten Analyse von Bildungsertragsraten nicht ausführlich besprochen werden. Der wichtigste Ansatz darunter, "Shifted Outcomes with an Exclusion Restriction", unterstellt – in aller Kürze –, dass der Unterschied zwischen zwei Treatments exakt, und nicht nur im Durchschnitt, für alle Personen gleich ist.[55] Dieser Ansatz wurde beispielsweise bei der Analyse des Einflusses der Mitgliedschaft in einer Gewerkschaft auf den Lohnsatz verwendet. Im Zusammenhang mit der Analyse von Bildungsertragsraten erscheint dieser Ansatz als zu restriktiv.[56]

Folgendes kleine Zahlenbeispiel in Tabelle 3.1 soll in den kommenden Abschnitten helfen, die Funktionsweise der Annahmen zu veranschaulichen und vor allem die Interpretation der Ergebnisse für die Quantile der Responsefunktion zu erleichtern, die in der empirischen Forschung in diesem Zusammenhang

---

[55] Zur Kritik an dieser Annahme vgl. Manski (1995), S. 44, und Lechner (1999), S. 26.

[56] Ein weiterer Ansatz, der meines Wissens aber noch nie empirisch angewandt wurde, unterstellt bedingte Symmetrie der Verteilung der Ergebnisvariablen, vgl. Manski (1994b), S. 158. Auch diese Annahme erscheint bei der Analyse von Bildungsertragsraten nicht plausibel.

auf die Schätzung von Bildungsertragsraten noch nie angewandt wurden. Diesem Beispiel liegt eine hypothetische Zufallsstichprobe von 1000 Personen mit 5 Ausprägungen einer Treatmentvariablen T zugrunde.

Tabelle 3.1: Hypothetische Verteilung

| t | $n_i$ | $P(z=t)$ | $P(z<t)$ | $P(z\leq t)$ | $P(z>t)$ | $P(z\geq t)$ | $P(z\neq t)$ |
|---|---|---|---|---|---|---|---|
| 9 | 120 | 0,12 | 0 | 0,12 | 0,88 | 1,00 | 0,88 |
| 10 | 80 | 0,08 | 0,12 | 0,20 | 0,80 | 0,88 | 0,92 |
| 11 | 300 | 0,30 | 0,20 | 0,50 | 0,50 | 0,80 | 0,70 |
| 12 | 260 | 0,26 | 0,50 | 0,76 | 0,24 | 0,50 | 0,74 |
| 13 | 240 | 0,24 | 0,76 | 1,00 | 0 | 0,24 | 0,76 |
| Σ | 1000 | 1,00 | X | X | X | X | X |

### 3.2.1 Struktur der Lösungsansätze

Ausgangspunkt der folgenden Überlegungen ist der Treatmenteffekt $\Delta_{t_1,t_2}$ in der allgemeinen Darstellung des Identifikationsproblems für zwei beliebige Treatments $t_1$ und $t_2$ ($t_1 \neq t_2$):

$$\begin{aligned} \Delta_{t_1,t_2} &= E[y(t_2)|w] - E[y(t_1)|w] \\ &= E[y(t_2)|w,z=t_2]\cdot P(z=t_2|w) + E[y(t_2)|w,z=t_1]\cdot P(z=t_1|w) \\ &\quad - E[y(t_1)|w,z=t_1]\cdot P(z=t_1|w) + E[y(t_1)|w,z=t_2]\cdot P(z=t_2|w) \end{aligned} \tag{3.18}$$

Es stellt sich die Frage, welche Werte für die nicht beobachtbaren bedingten Erwartungswerte $E[y(t_2)|w,z=t_1]$ und $E[y(t_1)|w,z=t_2]$ verwendet werden können bzw. sollen, wenn man nicht gewillt ist, die Annahme von ETS zu treffen. In Abschnitt 3.2.2 wird, wie schon angedeutet, darauf verzichtet, eine Annahme über die beiden Größen und damit über den Verlauf der Responsefunktionen zu treffen. Dann gibt es jedoch genau zwei Extremfälle. Die Personen mit realisiertem Treatment $z=t_1$ können dann bei einem Treatment $t_2$ bestenfalls das maximale Ergebnis der Verteilung $K_1$ oder schlimmstenfalls das minimale Ergebnis $K_0$, die Personen mit realisiertem Treatment $z=t_2$ entsprechend $K_0$ oder $K_1$ bei dem Treatment $t_1$ erwarten. Man könnte auch verschiedene untere und obere Schranken $K_0$ bzw. $K_1$ für die Werte der Treatmentvariablen $t_1$ bzw.

$t_2$ ansetzen. Dies würde allerdings die Darstellung nur unnötig komplizieren.[57] In Tabelle 3.2 sind die Kombinationen, die zu der absoluten Unter- bzw. Obergrenze führen, angegeben.

Tabelle 3.2: Unter- und Obergrenzen der nicht beobachtbaren bedingten Erwartungswerte im Worst-Case-Fall

| | $E[y(t_2)\|w,z=t_1]$ | $E[y(t_1)\|w,z=t_2]$ |
|---|---|---|
| Untergrenze | $K_0$ | $K_1$ |
| Obergrenze | $K_1$ | $K_0$ |

Setzt man diese Extremwerte in (3.18) ein, erhält man im Unterschied zu der Annahme von ETS nun zwei extreme Werte für den Treatmenteffekt T(w), entweder eine absolute Untergrenze oder eine absolute Obergrenze. Deshalb werden diese auch Worst-Case-Grenzen genannt. Der Worst-Case-Fall führt zwar nicht zur Identifikation des Treatmenteffekts, erlaubt jedoch die Identifikation scharfer Grenzen ohne Annahmen treffen zu müssen.

Welche Annahmen oder Strategien können nun verwendet werden, um diese Worst-Case-Grenzen zu verbessern? In Übersicht 3.2 werden zwei verschiedene Strategien unterschieden, um die latenten Größen, beispielsweise die nicht beobachtbaren Erwartungswerte $E[y(t_2)|w,z=t_1]$ und $E[y(t_1)|w,z=t_2]$, zu berücksichtigen.

Im ersten Fall, der Restriktion der Verteilungsfunktion der Ergebnisvariablen bei gegebenem Wert t der Treatmentvariablen, unterstellt man a priori, dass eine Variable x mit der Treatmentvariablen hoch und mit der Ergebnisvariablen nicht korreliert. Diese Variable ist somit von der Bestimmung des Ergebnisses ausgeschlossen, weshalb die Verwendung einer solchen Variablen auch als Ausschlussrestriktion bzw. Level-Set-Restriction[58] und die Variable selbst als Instrumentalvariable bezeichnet wird (Abschnitt 3.2.4).

---

[57] Vgl. auch Heckman/Vytlacil (2001a), S. 3, Fußnote 2, und Manski (1994b), S. 147. Ein weiterer Grund, warum im Folgenden auf die Verwendung verschiedener Schranken verzichtet wird, ist, dass im Verlauf der Arbeit verschiedene Annahmen entwickelt und vorgestellt werden, die von diesen Schranken und deren Modellierung nicht abhängen.

[58] Manski definiert Level-Set-Restriktionen als Bedingungen, dass bestimmte Charaktristika der bedingten Verteilung $P(y \mid x)$ für bestimmte $X_0 \subset X$ konstant sind. Aus dieser

In Abbildung 3.3 ist die Wirkungsweise der Ausschlussrestriktion bzw. der Instrumentalvariablen zur Ermittlung der Grenzen für den Erwartungswert angedeutet. Für jede der sieben Ausprägung der Instrumentalvariablen x ($x_1$, ..., $x_7$) wurde das Intervall für den Erwartungswert bestimmt. Nimmt man nun an, dass die Variable x von der Bestimmung des Ergebnisses ausgeschlossen ist, oder mit anderen Worten, dass das Ergebnis und damit in diesem Fall der Erwartungswert für alle sieben Ausprägungen konstant ist, muss der wahre Erwartungswert in allen sieben Intervallen enthalten sein. Deshalb bildet die Schnittmenge der sieben Intervalle, die Obergrenze bei $x_3$ und die Untergrenze des Intervalls bei $x_7$, das Intervall für den Erwartungswert bei Verwendung der Instrumentalvariablen (IV).

Auf die Humankapitaltheorie übertragen bedeutet dies, dass der Erwartungswert der Lohnfunktion mit der Bildungsvariablen als Instrument von der Anzahl der gewählten Bildungsjahre unabhängig ist. Dies stellt jedoch nichts anderes dar als die Annahme exogener Treatmentselektion (ETS), die sich hier als Spezialfall des Instrumentalvariablenansatzes ergibt. Dieser allgemein übliche, in Zusammenhang mit der Wahl von Bildungsjahren jedoch durchaus zu kritisierende Ansatz wird durch die Annahme einer monotonen Instrumentalvariablen insofern abgeschwächt, als dass der Erwartungswert der Ergebnisvariablen mit steigenden Werten der Instrumentalvariablen, die nun mindestens ordinalskaliert sein muss, nicht fallen, aber steigen kann.[59] Dieser Fall der monotonen Instrumentalvariablen (MIV) wird in Abbildung 3.4 illustriert. Bestimmt man hier die Untergrenze des Erwartungswertes bei $x_4$, so werden wegen der Monotonieeigenschaft die Untergrenzen bei $x_5$, $x_6$, $x_7$ nicht berücksichtigt, da der Erwartungswert an diesen Stellen nicht kleiner als bei $x_4$ bzw. $x_1$, $x_2$, und $x_3$ sein kann. Die Untergrenze wird demnach als Schnittmenge der Untergrenzen bei $x_1$, $x_2$, $x_3$, $x_4$ bestimmt. Analog ergibt sich die Obergrenze des Erwartungswerts bei $x_4$ als Schnittmenge der Obergrenzen bei $x_4$, $x_5$, $x_6$, $x_7$, da der Erwartungswert bei $x_1$, $x_2$, und $x_3$ wegen der geforderten Monotonie nicht größer sein kann. Das Inter-

Definition ergibt sich der Instrumentalvariablenansatz als Spezialfall der Level-Set-Restriktionen, vgl. Manski (1994b), S. 156f. Heckman/Vytlacil (2001a), S. 2, Fußnote 2, dagegen bezeichnen die Level-Set-Restriktionen als eine spezielle Form der Instrumentalvariablenbedingung. Imbens (2001) gibt einen umfassenden Überblick über neuere Entwicklungen des Gebrauchs solcher Bedingungen zur Schätzung von Kausaleffekten.

59 Dies bedeutet nicht, dass die Responsefunktion $y(t)$ einen steigenden Verlauf aufweisen muss. Die Annahme der monotonen Instrumentalvariablen bezieht sich auf einen gegebenen Wert t der Treatmentvariablen. Dies wird in Abschnitt 3.2.4 ausführlicher erläutert.

vall bei MIV kann nie kleiner sein als bei IV. Wie in den Abbildungen 3.3 und 3.4 angedeutet, vergrößert es sich normalerweise bei MIV. Die Intervalle aufgrund IV und MIV fallen nur dann zusammen, wenn die Unter- und Obergrenzen für den Erwartungswert bei gegebenem t schwach monoton fallen. Ein Beispiel für diesen Fall ist in Abbildung 3.5 dargestellt. Die Intervalle aufgrund MIV und im Worst-Case-Fall entsprechen sich im umgekehrten Fall, wenn die Unter- und Obergrenzen für den Erwartungswert[60] bei gegebenem t schwach monoton steigen. Während durch die Verwendung der Instrumentalvariablen den individuellen Responsefunktionen $y_j(t)$ keine Restriktionen auferlegt werden (Abschnitt 3.2.4), entlehnt man im zweiten Fall aus der Produktionstheorie (Abschnitt 3.2.3) die Annahme, dass der Ertrag $y_j$ mit steigendem Input t zumindest nicht sinken sollte, d.h. schwach monoton steigt, oder zusätzlich, dass die individuelle Responsefunktion $y_j(t)$ konkav verläuft. Diese beiden Fälle sind in Abbildung 3.6 dargestellt.

Übersicht 3.2: Struktur der nichtparametrischen Lösungsansätze

| A priori Informationen | | | |
|---|---|---|---|
| (1) Restriktion der Verteilungsfunktionen $P[y(.) \mid w]$ ↘ | | ↙ (2) Restriktion der Responsefunktionen $P[y(t) \mid w]$ | |
| | Kombination der Restriktionen | | |
| Instrumentalvariablen (IV) ("Level-Set Restrictions") | | Eigenschaften der Responsefunktion | |
| IV MIV | | Monotonie, Semi-Monotonie, Konkavität | Selektion des Treatments mit dem größeren Ergebnis |
| 3.2.4 | 3.2.5 | 3.2.3 | 3.2.6 |
| Abbildungen 3.3 und 3.5 | Abbildungen 3.4 und 3.5 | Abbildung 3.6 | |

[60] Genauer gesagt die Worst-Case-Grenzen des Erwartungswertes; vgl. Manski/Pepper (2000), S. 1001 und die ausführliche Darstellung in Abschnitt 3.2.4.

In Abschnitt 3.2.5 werden dann Verteilungsfunktionen und Responsefunktionen gleichzeitig durch die Annahmen aus den Abschnitten 3.2.3 und 3.2.4 restringiert, um den Erwartungswert und Treatmenteffekt weiter einzugrenzen.

Auch in Abschnitt 3.2.6 werden die Ergebnisse der Responsefunktion geordnet. Analog zu Roy (1951), der die Wahl zwischen zwei Beschäftigungen untersuchte, wird nun angenommen, dass eine Person die Ergebnisse bei verschiedenen Bildungsniveaus anhand der jeweils abdiskontierten zu erwartenden Lebenseinkommen ordnet und dasjenige Bildungsniveau wählt, bei dem dieses abdiskontierte Lebenseinkommen am größten ist.

Abbildung 3.3: Grenzen bei IV

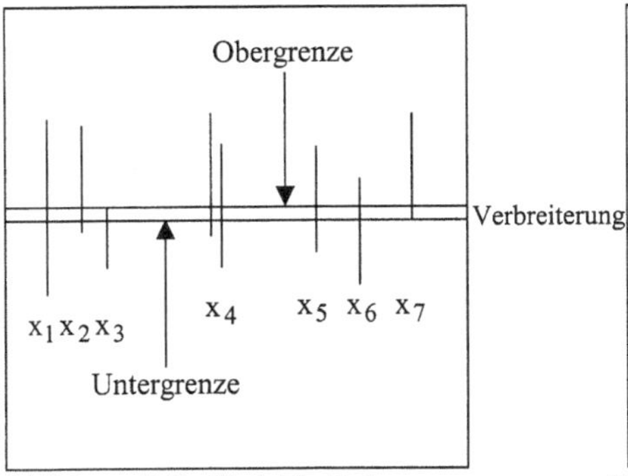


Abbildung 3.4: Grenzen bei MIV

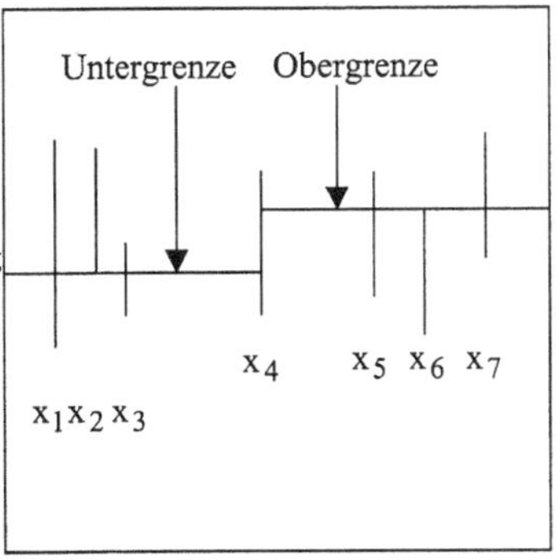


Abbildung 3.5: Gleichheit der Grenzen bei MIV und IV

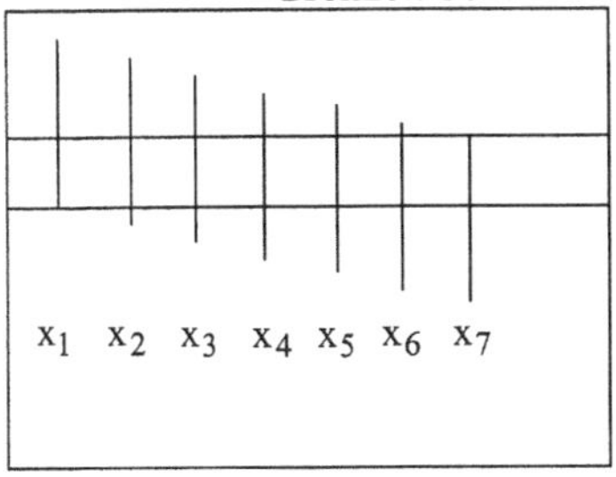


Abbildung 3.6: Monotonieannahmen

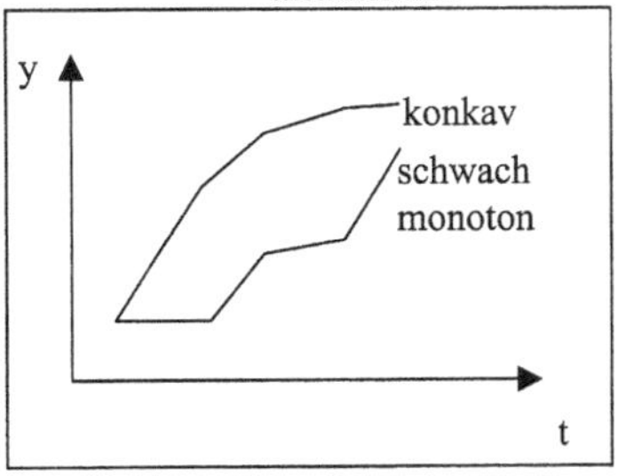

### 3.2.2 Annahmenfreie Identifikationsanalyse (Worst-Case-Grenzen)

Die Grenzen, die man ohne eine Annahme zu treffen erhält, sollen als Benchmark, als Referenzgröße zur Messung der Identifikationskraft der Ansätze in den Abschnitten 3.2.3 bis 3.2.6 dienen. So kann für jede dieser Annahmen überprüft werden, inwieweit die Schätzungen z.B. des Treatmenteffekts gegenüber diesen Worst-Case-Grenzen, gemessen an den ermittelten Unter- und Obergrenzen für den Treatmenteffekt, verbessert werden.

#### 3.2.2.1 Scharfe Grenzen für D-Parameter

Verzichtet man völlig auf Annahmen über die in der interessierenden Gesamtheit nichtbeobachtbaren, bedingten D-Parameter $D[y(t)|w, z \neq t]$ und verwendet nur empirische Evidenz, d.h. Beobachtungspaare mit $z_j = t$, können Grenzen für die unbedingten D-Parameter $D[y(t)|w]$ angegeben werden.

Mit $[K_0, K_1]$ wird der Wertebereich der Responsefunktion $y(\cdot)$ bezeichnet. $K_0$ stellt die größte untere Schranke, das Supremum, $K_1$ die kleinste obere Schranke, das Infimum, dar. Dann gelten im Worst-Case-Szenario unter ausschließlicher Verwendung empirischer Evidenz die folgenden scharfen Grenzen für die individuelle Responsefunktion $y_j(t)$, $j \in J$, $t \in T$:

$$\text{(3.19)} \qquad \begin{array}{l} z_j \neq t \Rightarrow K_0 \leq y_j(t) \leq K_1 \\ z_j = t \Rightarrow \quad y_j(t) = y_j \end{array} .$$

Bezeichnet man mit $y_{0j}(t)$ die scharfe Unter- und mit $y_{1j}(t)$ die scharfe Obergrenze der individuellen Responsefunktion $y_j(t)$, kann man (3.19) darstellen als:

$$\text{(3.20)} \qquad y_{0j}(t) \leq y_j(t) \leq y_{1j}(t) \quad \text{, mit}$$

$$\text{(3.21a)} \qquad y_{0j}(t) \quad \begin{array}{l} := y_j \ \text{ falls } z_j = t \\ := K_0 \ \text{ sonst} \end{array} ,$$

$$\text{(3.21b)} \qquad y_{1j}(t) \quad \begin{array}{l} := y_j \ \text{ falls } z_j = t \\ := K_1 \ \text{ sonst} \end{array} .$$

Einem Individuum j wird somit bei der Bestimmung seiner Responsefunktion als Untergrenze $K_0$ und als Obergrenze $K_1$ zugeteilt, falls das realisierte Treatment $z_j$ dieses Individuums nicht dem betrachteten Treatment t entspricht, also $z_j \neq t$ ist. Das realisierte, beobachtbare Ergebnis des Individuums $y_j$ wird verwendet, falls es dem betrachteten Treatment t entspricht, also $z_j = t$ ist. Aggregiert man die individuellen Responsefunktionen, können mit deren scharfen Grenzen (3.19) bzw. (3.20) scharfe Grenzen für die D-Parameter der interessierenden Verteilung bestimmt werden:

$$(3.22) \qquad D[y_0(t)|w] \leq D[y(t)|w] \leq D[y_1(t)|w], \quad \forall\, t \in T$$

Dies bedeutet, dass entsprechend der Vorgehensweise bei den individuellen Responsefunktionen zur Bestimmung

- der Untergrenze für einen D-Parameter $D[y(t)|w]$ allen Beobachtungspaaren mit $z_j \neq t$ das Supremum $K_0$, allen Beobachtungspaaren mit $z_j = t$ das realisierte Ergebnis $y_j$
- der Obergrenze für einen D-Parameter $D[y(t)|w]$ allen Beobachtungspaaren mit $z_j \neq t$ das Infimum $K_1$, allen Beobachtungspaaren mit $z_j = t$ das realisierte Ergebnis $y_j$

zugeordnet wird.

Mit (3.19) bzw. (3.20) können nun scharfe Grenzen für die Durchschnittsfunktion $E[y(t)|w]$ bestimmt werden.[60] Nach dem Satz von der totalen Wahrscheinlichkeit lässt sich $E[y(t)|w]$ schreiben als:

$$(3.23) \qquad E[y(t)|w] = E(y|w, z = t) \cdot P(z = t|w) + E(y|w, z \neq t) \cdot P(z \neq t|w) \ .$$

[60] Diese Worst-Case-Grenzen waren bereits 1954 bekannt, wurden aber wegen der geringen Identifikationskraft nicht weiter verwendet. Vgl. Manski (1995), S. 30: "Cochran, Mosteller and Tukey (1954, S. 274-282) used bounds of the form ... to express the possible effects of nonresponse to the Kinsey survey. Unfortunately, the subsequent literature did not pursue the idea." Manski zitiert Cochran (1977) "The limits are distressingly wide ..." und folgert "Cochran appears not to have recognized the value of worst-case bounds in establishing a domain of consensus among researchers."

Bis auf den Erwartungswert $E(y|w, z \neq t)$ können alle Größen anhand der Stichprobe identifiziert werden. Der bedingte Erwartungswert $E(y|w, z \neq t)$ kann aber nach (3.19) jeden Wert aus $[K_0, K_1]$ annehmen, so dass die folgenden scharfen Grenzen für den unbedingten Erwartungswert $E[y(t)|w]$ gelten:

$$\begin{aligned} & K_0 \cdot P(z \neq t|w) + E(y|w, z = t) \cdot P(z = t|w) \\ (3.24) \quad \leq & \qquad E[y(t)|w] \\ \leq & K_1 \cdot P(z \neq t|w) + E(y|w, z = t) \cdot P(z = t|w) \end{aligned} .$$

Diese Worst-Case-Grenzen werden auch als "no-assumptions-bounds" bezeichnet, da Information für die Unter- und Obergrenze von $E[y(t)|w]$ nur aus den Beobachtungswerten mit $z_j = t$ gezogen wird und auf jedwede Annahme über die Beobachtungspaare mit $z_j \neq t$ verzichtet wird.

Bei der Bestimmung der Worst-Case-Grenzen für die Quantile der Responsefunktion, $q_\alpha[y(t)|w]$, müssen Fallunterscheidungen[61] getroffen werden, da sich je nach den Werten von $\alpha$ und $P(z = t|w)$ Unterschiede im Informationsgehalt der Unter- und Obergrenze ergeben können. So kann es zum Beispiel sein, dass sich für ein gegebenes $\alpha$ die Untergrenze für $q_\alpha[y(t)|w]$ für $P(z \neq t|w) > \alpha$ nicht vom Supremum $K_0$ unterscheidet, da in diesem Fall der Anteil der Beobachtungswerte mit $z \neq t$, denen $K_0$ zugeordnet wird, größer ist als $\alpha$, gleichzeitig jedoch die Obergrenze für $q_\alpha[y(t)|w]$ informativ, d.h. vom Infimum $K_1$ verschieden ist, wie folgende Fallunterscheidungen zeigen:

Übersicht 3.3: Informative und nichtinformative Bereiche der Quantilfunktion

$$\begin{array}{llllll}
(3.25a) & 0 < \alpha \leq P(z \neq t) \Rightarrow & K_0 & \leq q_\alpha[y(t)] & & \\
(3.25b) & P(z = t) < \alpha < 1 \Rightarrow & & q_\alpha[y(t)] \leq & K_1 & \\
(3.25c) & P(z \neq t) < \alpha < 1 \Rightarrow & q_{\lambda_0}(y|z = t) & \leq q_\alpha[y(t)] & & \\
(3.25d) & 0 < \alpha \leq P(z = t) \Rightarrow & & q_\alpha[y(t)] \leq & q_{\lambda_1}(y|z = t) & \\
(3.25e) & P(z = t) < \alpha \leq P(z \neq t) \Rightarrow & K_0 & \leq q_\alpha[y(t)] \leq & K_1 & \\
(3.25f) & P(z \neq t) < \alpha \leq P(z = t) \Rightarrow & q_{\lambda_0}(y|z = t) & \leq q_\alpha[y(t)] \leq & q_{\lambda_1}(y|z = t) &
\end{array}$$

[61] Vgl. Manski (1994b), S. 149ff.

Demnach gibt es genau einen Bereich, (3.25f), in dem Unter- und Obergrenze für ein gegebenes Quantil informativ, d.h. von $K_0$ bzw. $K_1$ verschieden sind und genau einen Bereich, (3.25e), in dem weder Unter- noch Obergrenze für ein gegebenes Quantil informativ sind. Die Bereiche (3.25a) – (3.25f) sind wie folgt zu interpretieren:

(3.25a) Die Untergrenze für $q_\alpha[y(t)|w]$ ist nichtinformativ, d.h. nicht von $K_0$ verschieden, falls $\alpha \leq P(z \neq t|w)$, da in diesem Fall der Anteil der Personen, denen $K_0$ zugeordnet wird, größer als $\alpha$ ist.

(3.25b) Die Obergrenze für $q_\alpha[y(t)|w]$ ist nichtinformativ, d.h. nicht von $K_1$ verschieden, falls $\alpha > P(z = t|w)$ bzw. $1-\alpha < P(z \neq t|w)$, da in diesem Fall der Anteil der Personen, denen $K_1$ zugeordnet wird, größer als $1-\alpha$ ist.

(3.25c) Die Untergrenze für $q_\alpha[y(t)|w]$ ist informativ, d.h. von $K_0$ verschieden, falls $\alpha > P(z \neq t|w)$, da in diesem Fall $\alpha - P(z \neq t|w)$ Prozent der realisierten Werte von $y_j$ der Personen mit $z = t$ verwendet werden können.

(3.25d) Die Obergrenze für $q_\alpha[y(t)|w]$ ist informativ, d.h. von $K_1$ verschieden, falls $\alpha \leq P(z = t|w)$, da in diesem Fall weniger Personen $K_1$ zugeordnet wird, als zur Bestimmung des Quantils erforderlich ist.

(3.25e) Der gemeinsame nichtinformative Bereich $K_0 \leq q_\alpha[y(t)|w] \leq K_1$ ergibt sich somit für $P(z = t|w) < \alpha \leq P(z \neq t|w)$.

(3.25f) Der gemeinsame informative Bereich ergibt sich somit für $P(z \neq t|w) < \alpha \leq P(z = t|w)$, da dann gleichzeitig der Anteil der Personen mit $P(z \neq t|w)$ klein genug und der Anteil der Personen mit $P(z = t|w)$ groß genug ist, um realisierte Ergebnisse verwenden zu können.

Dabei wird in $(3.25c,f)$ die Untergrenze des Quantils $q_{\lambda_0}$ mit

$$(3.26) \qquad \lambda_0 = \frac{\alpha - P(z \neq t|w)}{P(z = t|w)} \quad ,$$

und in $(3.25\text{d,f})$ die Obergrenze des Quantils $q_{\lambda_1}$ ermittelt mit

$$(3.27) \qquad \lambda_1 = \frac{\alpha}{P(z = t|w)} \quad .$$

Für ein gegebenes $\alpha$ gilt somit für jedes $t \in T$ wegen $P(z \neq t|w) > 0$ immer, dass die Obergrenze mindestens so groß wie die Untergrenze ist:

$$(3.28) \qquad \frac{\alpha - P(z \neq t|w)}{P(z = t|w)} < \frac{\alpha}{P(z = t|w)} \Leftrightarrow \lambda_0 < \lambda_1 \quad ,$$

$$(3.29) \qquad q_{\lambda_0}(y \mid w, z = t) \leq q_{\lambda_1}(y \mid w, z = t) \quad .$$

### 3.2.2.2 Informative Bereiche

Zur grafischen Darstellung dieser Fälle anhand des Einführungsbeispiels wird das Treatment $t = 11$, $K_0 = 0$, $K_1 = 100$ und aus Darstellungsgründen eine stetige Rechteckverteilung in $[10\,,90]$ für die bedingte Verteilung $P(y|w, z = 11)$ gewählt. Die Quantilfunktion dieser stetigen Rechteckverteilung ist $x(F) = 80 \cdot F + 10$. Mit $P(z = 11|w) = 0{,}3$ erhält man Tabelle 3.3a und Abbildung 3.7, für den Fall, dass es keinen gemeinsamen informativen Bereich gibt.

Tabelle 3.3a: Quantilfunktion, Worst-Case-Grenzen, $P(z = 11|w) = 0{,}3$

| Bereiche \ Grenzen | Untergrenze der Quantilfunktion | Obergrenze der Quantilfunktion |
|---|---|---|
| $0 < \alpha \leq P(z = 11\|w) = 0{,}3$ | $K_0 = 0$ | $x(F) = 80 \cdot \frac{\alpha}{0{,}3} + 10$ |
| $P(z = 11\|w) = 0{,}3$ $\leq \alpha \leq P(z \neq 11\|w) = 0{,}7$ | $K_0 = 0$ | $K_1 = 100$ |
| $P(z \neq 11\|w) = 0{,}7 < \alpha < 1$ | $x(F) = 80 \cdot \frac{\alpha - 0{,}7}{0{,}3} + 10$ | $K_1 = 100$ |

Abbildung 3.7: Bereiche der Quantilfunktionen, Worst-Case-Grenzen, $P(z=11|w)=0{,}3$

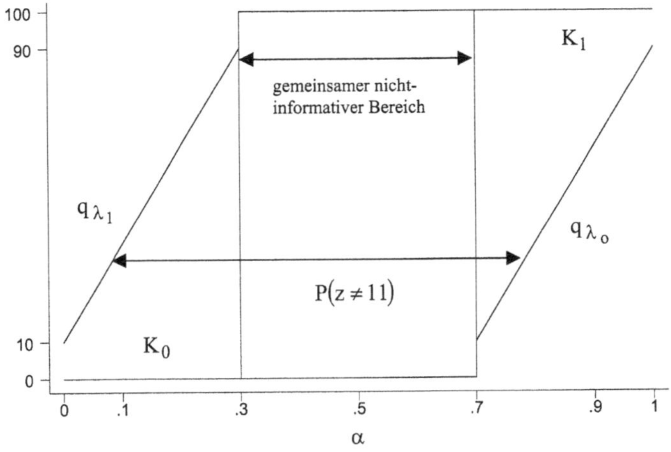


Wählt man nun anstelle von $P(z=11|w)=0{,}3$ $P(z=11|w)=0{,}7$, erhält man Tabelle 3.3b und Abbildung 3.8 für den Fall, dass es einen gemeinsamen informativen Bereich gibt.

Tabelle 3.3b: Quantilfunktion, Worst-Case-Grenzen, $P(z=t|w)=0{,}7$

| Bereiche \ Grenzen | Untergrenze der Quantilfunktion | Obergrenze der Quantilfunktion |
|---|---|---|
| $0<\alpha\leq P(z\neq 11|w)=0{,}3$ | $K_0=0$ | $x(F)=80\cdot\frac{\alpha}{0{,}7}+10$ |
| $P(z\neq 11|w)=0{,}3$ $\leq\alpha\leq P(z=11|w)=0{,}7$ | $x(F)=80\cdot\frac{\alpha-0{,}3}{0{,}7}+10$ | $x(F)=80\cdot\frac{\alpha}{0{,}7}+10$ |
| $P(z=11|w)=0{,}7<\alpha<1$ | $x(F)=80\cdot\frac{\alpha-0{,}3}{0{,}7}+10$ | $K_1=100$ |

Abbildung 3.8: Bereiche der Quantilfunktion, Worst-Case-Grenzen, $P(z = t|w) = 0{,}7$

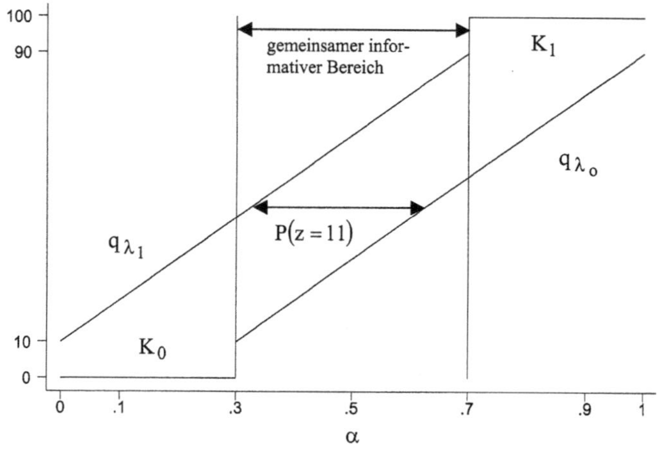


Wie viel Prozent der Beobachtungswerte mit $z = t$ müssen nun bei der Bestimmung der Unter- und Obergrenze jeweils verwendet werden? Bei der Bestimmung der Untergrenze des $\alpha$-Quantils wird für die Beobachtungswerte mit $z \neq t$ nach (3.25a) das Supremum $K_0$ angenommen. Falls $\alpha > P(z \neq t|w)$, das $\alpha$-Quantil informativ ist, müssen noch insgesamt $\alpha - P(z \neq t|w)$ Prozent aus den Beobachtungswerten mit $z = t$ bestimmt werden, deren Anteil $P(z = t|w)$ beträgt. Dies entspricht aber dem $\lambda_0$-Quantil der auf $z = t$ bedingten Verteilung von y, wobei das $\lambda_0$-Quantil dann mit $\lambda_0 = \alpha - P(z \neq t|w)/P(z = t|w)$ bestimmt wird. Bei der Bestimmung der Obergrenze des $\alpha$-Quantils $q_\alpha[y(t)|w]$ müssen dann, falls $\alpha < P(z = t|w)$, $\alpha$ Prozent über die auf $z = t$ bedingte Verteilung von y bestimmt werden. Dies entspricht der Bestimmung des $\lambda_1$-Quantils $q_{\lambda_1}(y|w, z = t)$ mit $\lambda_1 = \alpha/P(z = t|w)$.

Erwartungswert und Quantile der Responsefunktion unterscheiden sich somit deutlich in Bezug auf die Identifikation der Unter- und Obergrenze. Die Unter- und Obergrenze der Responsefunktion für den Erwartungswert $E[y(t)|w]$ hängen immer von $K_0$ bzw. $K_1$ und dem bedingten Erwartungswert $E(y|w, z = t)$ ab.

Sie unterscheiden sich damit von $K_0$ bzw. $K_1$, da $E(y|w,z=t)$ normalerweise von $K_0$ bzw. $K_1$ verschieden und $P(z=t|w)$ normalerweise ungleich Null ist.

Im Gegensatz dazu gibt es bei den Quantilen den Bereich $P(z=t|w) < \alpha < P(z \neq t|w)$, in dem sich sowohl die Unter- als auch die Obergrenze für $q_\alpha[y(t)|w]$ nicht von $K_0$ bzw. $K_1$ unterscheiden, d.h. nur über die latenten Realisationen mit $z \neq t$ bestimmt sind, und den Bereich $P(z \neq t|w) < \alpha < P(z=t|w)$, in dem Unter- und Obergrenze gemeinsam informativ sind, d.h. mit Hilfe der empirischen Evidenz bestimmt werden. Dieser Unterschied zwischen Erwartungswert und den Quantilen wird sich auch bei den nächsten Annahmen – wenn auch nicht in gleichem Ausmaß – zeigen. In Abschnitt 3.3 wird gezeigt, dass sich diese unterschiedliche Eigenschaft im Rahmen der so genannten Analyse von Bruchpunkten robuster Verfahren gut interpretieren lässt. Horowitz/Manski (1995)[62] führen in Zusammenhang mit Datenfehlermodellen das Konzept des Identifikationsbruchpunkts ("identification breakdown point") ein. Der Bruchpunkt ist bei den robusten Verfahren definiert als der größtmögliche Anteil korrupter Daten, der auftreten darf, ohne "zu" große Auswirkungen auf die Schätzfunktion zu haben.[63] Dem folgend, können die Größen $P(z \neq t|w)$ und $P(z=t|w)$ in den Fallunterscheidungen (3.25a) - (3.25f) als Bruchpunkte interpretiert werden, ab denen die Schätzfunktion die größte untere Schranke bzw. die kleinste obere Schranke annimmt. In Abschnitt 3.3 wird ausführlich auf dieses Konzept des Identifikationsbruchpunkts eingegangen.

### 3.2.2.3 Scharfe Grenzen für D-Treatmenteffekte

Nachdem Unter- und Obergrenzen für die D-Parameter bestimmt sind, können Punktschätzungen für Unter- und Obergrenze von D-Treatmenteffekten beliebiger Treatments $t_1$ und $t_2$, $t_1 \neq t_2$, ermittelt werden. Dabei sind die beiden Effekte (3.30) und (3.31) zu unterscheiden, die im Fall des Erwartungswertes, (3.32), identisch sind.

(3.30) $\Delta D$-Treatmenteffekte: $D[y(t_2)|w] - D[y(t_1)|w]$ ,

---

[62] Vgl. Horowitz/Manski (1995), S. 286.
[63] Vgl. Hampel et al. (1986), S. 12.

(3.31) $D\Delta$-Treatmenteffekte: $D[y(t_2)-y(t_1)]$ ,

(3.32) $\Delta E$, $E\Delta$ -Treatmenteffekt: $E[y(t_2)]-E[y(t_1)]=E[y(t_2)-y(t_1)]$

Beide Varianten sind in der Literatur zur Analyse des Medians vertreten. Clements et al. (1994) analysieren $D\Delta$-Treatmenteffekte, während Manski (1994b) als $\Delta D$-Treatmenteffekt den Median untersucht.

Die in Abschnitt 3.2.2.1 ermittelten scharfen Grenzen für D-Parameter können nun verwendet werden, um scharfe Unter- und Obergrenzen für D-Treatmenteffekte zu ermitteln. Bis auf den Fall konkav-monotoner Responsefunktionen, der in Abschnitt 3.2.3.3 behandelt wird, ergibt sich die Obergrenze des D-Treatmenteffekts in Übereinstimmung mit den jeweils verwendeten Annahmen unmittelbar durch Konstruktion des maximalen Unterschieds zwischen den D-Parametern zweier beliebiger Treatments $t_1 \neq t_2$. Das Maximum ergibt sich in diesem Fall jedoch einfach, falls $D[y(t_1)]$ kleiner als $D[y(t_2)]$ ( $D[y(t_1)]$ größer als $D[y(t_2)]$ ) ist, als Differenz der Obergrenze von $D[y(t_2)]$ ( $D[y(t_1)]$ ) und der Untergrenze von $D[y(t_1)]$ ( $D[y(t_2)]$ ).

Die Obergrenze des durchschnittlichen Treatmenteffekts in (3.32) ergibt sich dann mit $E[y(t_1)]<E[y(t_2)]$ ($E[y(t_1)]>E[y(t_2)]$ ) nach (3.33) als Differenz der Obergrenze des Erwartungswerts in (3.24) für $t_2$ $(t_1)$ und der Untergrenze des Erwartungswerts in (3.24) für $t_1$ $(t_2)$.

Im Worst-Case-Szenario ist die Untergrenze im Unterschied zu den meisten der noch folgenden Annahmen nicht durch 0 begrenzt und ergibt sich nach (3.33) mit $E[y(t_1)]<E[y(t_2)]$ ( $E[y(t_1)]>E[y(t_2)]$ ) als Differenz der Obergrenze von $E[y(t_1)]$ und der Untergrenze von $E[y(t_2)]$:

(3.33)
$$\begin{gathered}E(y|z=t_2)\cdot P(z=t_2)+K_0\cdot P(z\neq t_2)-E(y|z=t_1)\cdot P(z=t_1)-K_1\cdot P(z\neq t_1)\\ \leq E[y(t_2)]-E[y(t_1)]\leq \\ E(y|z=t_2)\cdot P(z=t_2)+K_1\cdot P(z\neq t_2)-E(y|z=t_1)\cdot P(z=t_1)-K_0\cdot P(z\neq t_1)\end{gathered}$$

Bildet man die Differenz der Obergrenze und der Untergrenze des durchschnittlichen Treatmenteffekts, erhält man die maximale Breite:

(3.34) $$(K_1-K_0)\cdot[P(z\neq t_2|w)+P(z\neq t_1|w)] \ .$$

Interessant ist der Vergleich dieser maximalen Intervallbreite des Worst-Case-Szenarios mit der maximalen Intervallbreite, die sich ergibt, wenn man auf jegliche empirische Evidenz[64] verzichtet. In diesem Fall unterscheiden sich die scharfen Grenzen der D-Parameter bei den Treatments $t_1$ und $t_2$ nicht von $K_0$ bzw. $K_1$ und es ergibt sich als Intervall für den ATE $E[y(t_2)] - E[y(t_1)]$:

(3.35) $[K_0 - K_1, K_1 - K_0]$[65] .

Die maximale Intervallbreite beträgt somit $2 \cdot (K_1 - K_0)$, und entspricht der zweifachen Spannweite, da weder empirische Evidenz noch Annahmen über die Responsefunktionen verwendet wurden. Dieses Intervall wird allein durch die empirische Evidenz immerhin insoweit verbessert[66] als mit (3.34) gilt:

(3.36) $(K_1 - K_0) \cdot [P(z \neq t_2) + P(z \neq t_1)] < 2 \cdot (K_1 - K_0)$ .

Für den Fall, dass die Treatmentvariable exakt zwei Werte annimmt, gilt jedoch in (3.34) $[P(z \neq t_2) + P(z \neq t_1)] = 1$[67], und im Fall mehrerer Werte der Treatmentvariablen $[P(z \neq t_2) + P(z \neq t_1)] \geq 1$, so dass das Intervall in dem der Treatmenteffekt liegt nicht kleiner als $(K_1 - K_0)$ sein kann:

(3.37) $(K_1 - K_0) \cdot [P(z \neq t_2) + P(z \neq t_1)] \geq (K_1 - K_0)$ .

Damit ergibt sich eine Besonderheit im Fall des Worst-Case-Szenarios. Wenn die maximale Intervallbreite mindestens $(K_1 - K_0)$ beträgt, kann das Vorzeichen des Treatmenteffekts allein aufgrund der empirischen Evidenz nicht identifiziert werden, da die Untergrenze des Treatmenteffekts notwendigerweise immer negativ und die Obergrenze immer positiv sein muss.

Dies spiegelt sich auch in den Grenzen des Treatmenteffekts wider. Dazu wird untersucht, welche Werte die Untergrenze

---

64 Vgl. Manski (2000a), S. 429.

65 Für binäre Variablen ist $K_0$=0 und $K_1$=1 und deshalb die maximale Intervallbreite $2(K_1-K_0)$=2 ohne Berücksichtigung und $P(z=t_1)+P(z=t_2)=1$ mit Berücksichtigung empirischer Evidenz; vgl. Manski/Nagin (1998), S. 113. Also ist auch hier das Vorzeichen des Treatmenteffekts mit empirischer Evidenz allein nicht identifizierbar.

66 Die scharfe untere (obere) Grenze ist die untere (obere) Grenze von $E[y(t_2)|x]$ minus die obere (untere) Grenze von $E[y(t_1)|x]$; vgl. Manski (2000a), S. 430, und Abschnitt 3.2.2.

67 $P(z \neq t_2|w) + P(z \neq t_1|w) = [1 - P(z = t_2|w)] + [1 - P(z = t_1|w)] = 2 - [P(z = t_2|w) + P(z = t_1|w)] = 1$

(3.38) $E(y|z=t_2)\cdot P(z=t_2)+K_0\cdot P(z\neq t_2)-E(y|z=t_1)\cdot P(z=t_1)-K_1\cdot P(z\neq t_1)$

maximal bzw. minimal annehmen kann. Man ersetzt $E(y|z=t_2)$ und $E(y|z=t_1)$ einmal durch $K_1$ bzw. $K_0$ und dann durch $K_0$ bzw. $K_1$. Im ersten Fall erhält man für die Untergrenze in (3.38)

(3.39) $(K_1-K_0)\cdot[P(z=t_2)+P(z=t_1)-1]\leq 0$

Im zweiten Fall erhält man

(3.40) $K_0\cdot P(z=t_2)+K_0\cdot P(z\neq t_2)-K_1\cdot P(z=t_1)-K_1\cdot P(z\neq t_1)=(K_0-K_1)$

Die Untergrenze des Treatmenteffekts liegt demnach im Intervall

(3.41) $[(K_0-K_1),(K_1-K_0)\cdot(P(z=t_2)+P(z=t_1)-1)]$ .

Die Obergrenze des Treatmenteffekts liegt dann im Intervall

(3.42) $[(K_1-K_0)\cdot[1-P(z=t_2)-P(z=t_1)],(K_1-K_0)]$ .

Da die Untergrenze des Treatmenteffekts in (3.41) nie größer Null und die Obergrenze in (3.42) nie kleiner Null werden kann, kann mit den Worst-Case-Grenzen allein nicht ermittelt werden, welches Treatment das größere durchschnittliche Ergebnis liefert.[68]

Bei den Quantilen müssen die $\Delta D$- und $D\Delta$-Treatmenteffekte einzeln betrachtet werden. Für den $\Delta q$-Treatmenteffekt ergibt sich als Intervall ohne Verwendung empirischer Evidenz offensichtlich ebenfalls $[K_0-K_1, K_1-K_0]$. Dieses Intervall wird nun nicht in jedem Fall durch die Worst-Case-Grenzen verkleinert. Ist weder die Unter- bzw. Obergrenze von $q_\alpha[y(t_2)]$ bzw. $q_\alpha[y(t_1)]$ informativ (z.B. Bereich (3.25e) in Übersicht 3.3), ergibt sich keine Verbesserung. Im "Optimalfall" sind beide Grenzen für $t_2$ und $t_1$ informativ und man erhält für ein gegebenes $\alpha$ das Intervall:

(3.43) $[q_{\lambda_0}(y|z=t_2)-q_{\lambda_1}(y|z=t_1),q_{\lambda_1}(y|z=t_2)-q_{\lambda_0}(y|z=t_1)]$

[68] Vgl. Manski (2000), S. 430, und Lechner (1999), S. 11.

wobei $\lambda_0$ und $\lambda_1$ wieder bestimmt werden als

$$(3.44) \qquad \lambda_0 = [\alpha - P(z \neq t_i)]/P(z = t_i) \ ,$$

$$(3.45) \qquad \lambda_1 = \alpha/P(z = t_i|w) \quad i = 1,2 \ .$$

Während der durchschnittliche Treatmenteffekt immer von $K_0$ und $K_1$ abhängt und sein Vorzeichen nicht identifiziert werden kann, gibt es bei dem Quantil-Treatmenteffekt nun die Möglichkeit, dass für ein gegebenes $\alpha$ die betrachteten Treatments $t_1$ und $t_2$ im jeweils für die Unter- und Obergrenze gemeinsamen informativen Bereich $P(z \neq t) < \alpha < P(z = t)$ liegen, und damit auch der Treatmenteffekt nicht von $K_0$ bzw. $K_1$ abhängt. Die maximale Intervallbreite muss dann nicht mindestens $(K_1 - K_0)$ betragen, die Untergrenze des Treatmenteffekts muss nicht notwendigerweise negativ sein und das Vorzeichen kann dann identifiziert werden, da

$$(3.46) \qquad q_{\lambda_0}(y \mid z = t_2) - q_{\lambda_1}(y \mid z = t_1) > 0$$

$$(3.47) \qquad q_{\lambda_1}(y \mid z = t_2) - q_{\lambda_0}(y \mid z = t_1) > 0$$

im Gegensatz zum durchschnittlichen Treatmenteffekt nicht ausgeschlossen werden kann. Für den $q\Delta$-Treatmenteffekt $q_\alpha[y(t_2) - y(t_1)]$ erhält man für ein gegebenes $\alpha$ folgende Grenzen:

$$(3.48) \qquad q_\alpha[y_0(t_2) - y_1(t_1)] \leq q_\alpha[y(t_2) - y(t_1)] \leq q_\alpha[y_1(t_2) - y_0(t_1)] \ ,$$

mit $y_0(t_i)$ als Untergrenze und $y_1(t_i)$ als Obergrenze, d.h. als maximal mögliche Bandbreite wieder $2(K_1 - K_0)$. Wie beim $\Delta q$-Treatmenteffekt ist es nicht auszuschließen, dass das Vorzeichen identifiziert werden kann, da wieder im Gegensatz zum durchschnittlichen Treatmenteffekt für ein gegebenes $\alpha$

$$(3.49) \qquad q_\alpha[y_0(t_2) - y_1(t_1)|w] > 0$$

$$(3.50) \qquad q_\alpha[y_1(t_2) - y_0(t_1)|w] > 0$$

gleichzeitig möglich ist.

### 3.2.3 Restriktion der Responsefunktion

Angesichts des produktionstheoretischen Aspekts der Humankapitaltheorie liegt es nahe, die annahmefreien Worst-Case-Grenzen durch Annahmen über den Verlauf der individuellen Lohnfunktion in Abhängigkeit beispielsweise der Bildungsvariablen zu verbessern. Bei all diesen Annahmen werden wie in Abschnitt 3.2.2 Restriktionen auferlegt, denen jede individuelle Responsefunktion für sich genügen muss. Durch dieses Vermeiden von Restriktionen zwischen individuellen Responsefunktionen können diese wieder einfach aggregiert werden, um zu der Verteilung der Ergebnisvariablen in Abhängigkeit von der Treatmentvariablen zu kommen.

Zunächst wird in Abschnitt 3.2.3.1 die plausible Annahme schwach monoton steigender individueller Responsefunktionen (MTR) eingeführt, mit der gefordert wird, dass bei einer größeren als der von der Person tatsächlich realisierten Anzahl an Bildungsjahren der Lohn dieser Person nicht kleiner sein kann.

In Abschnitt 3.2.3.2 wird die Analyse dann insoweit erweitert, als nicht nur eine Treatmentvariable allein, sondern ein Vektor von Treatmentvariablen zugelassen wird. Dies bietet beispielsweise die Möglichkeit, entsprechend der in Kapitel 2 eingeführten Mincerschen Standardlohnfunktion die Variable Berufserfahrung zusätzlich zu der Bildungsvariablen in die individuelle Responsefunktion aufzunehmen. Wie sich zeigen wird, resultiert dies jedoch gegenüber der Annahme schwach monoton steigender Responsefunktionen (MTR) in einer Abschwächung der Identifikationskraft, da schon bei zwei Treatmentvariablen nicht mehr alle Paare von Treatments geordnet und damit vergleichbar sind. Man spricht deshalb von semi-monotonen Responsefunktionen (SMTR). Beispielsweise können die Treatmentpaare 10 Jahre Schulbildung, 20 Jahre Berufserfahrung und 12 Jahre Schulbildung, 15 Jahre Berufserfahrung nicht geordnet werden, weshalb für diese ungeordnete Paare je nach Situation die Extremwerte $K_0$ bzw. $K_1$ anstelle der realisierten Größen verwendet werden müssen, also ein Informationsverlust auftritt, der zu breiteren Intervallen führt.

Dagegen wird in Abschnitt 3.2.3.3 die Identifikationskraft erhöht, indem wieder nur eine Treatmentvariable in der Responsefunktion zugelassen und die Responsefunktion durch die Forderung, dass mit steigendem Input der zusätzliche Ertrag abnimmt, stärker eingeschränkt wird. Diese Spezifikation ermöglicht beispielsweise einen direkten Vergleich der Ergebnisse mit der Verwendung der Variablen Berufserfahrung und quadrierten Berufserfahrung in der Standardlohnfunktion.

### 3.2.3.1 Monotone Responsefunktionen (MTR)

Im folgenden Abschnitt wird untersucht, welche Identifikationskraft die folgende den Produktionsaspekt der Humankapitaltheorie berücksichtigende Annahme besitzt:

T sei eine geordnete Menge von Treatments t und die Responsefunktion $y(\cdot)$ eine schwach monoton steigende Funktion auf T.[69]

Im Unterschied zu den Worst-Case-Grenzen in Abschnitt 3.2.2 werden damit zwei Forderungen aufgestellt. Erstens muss die Menge der Treatments nun geordnet sein. Zweitens wird mit der Monotonie der Responsefunktionen eine Annahme eingeführt, die latente und realisierte Ergebnisse miteinander verknüpft. Damit muss nun im Unterschied zum Worst-Case-Szenario bei der Bestimmung der Untergrenze der D-Parameter einer Person bei einem größeren als dem realisierten Treatment nicht mehr die untere Grenze $K_0$ verwendet werden und die Intervallbreite verringert sich.

#### 3.2.3.1.1 Scharfe Grenzen für D-Parameter

Formal lässt sich die Annahme schwach[70] monoton steigender individueller Responsefunktionen $y_j(\cdot)$ schreiben als:[71]

$$(3.51) \qquad t_1 \le t_2 \Rightarrow y_j(t_1) \le y_j(t_2) \qquad \text{für alle } j \in J,\ t \in T\ .$$

Für die individuelle Responsefunktion $y_j(\cdot)$ folgen die scharfen Grenzen:

$$(3.52) \qquad \begin{array}{l} z_j < t \Rightarrow y_j \le y_j(t) \le K_1 \\ z_j = t \Rightarrow \quad y_j(t) = y_j \\ z_j > t \Rightarrow K_0 \le y_j(t) \le y_j \end{array} \quad .$$

[69] In Manski (1994b) und Manski (1995) wurde anstelle "monotone response" noch der Begriff "ordered outcomes" verwendet. Das Konzept der Responsefunktionen wurde erstmalig in Manski (1997a) verwendet.

[70] Der Zusatz "schwach" wird im Weiteren weggelassen, da stets der Fall schwach monotoner Responsefunktionen behandelt wird.

[71] Die Ergebnisse lassen sich auf schwach monoton fallende Responsefunktionen entsprechend übertragen.

Bezeichnet man mit $y_{0j}(t)$ wieder die scharfe Unter- und mit $y_{1j}(t)$ wieder die scharfe Obergrenze der individuellen Responsefunktion $y_j(t)$, kann man das Intervall für $y_j(t)$ darstellen als:

(3.53) $y_{0j}(t) \leq y_j(t) \leq y_{1j}(t)$, mit

(3.54a) $$y_{0j}(t) \begin{array}{l} := y_j \text{ falls } z_j \leq t \\ := K_0 \text{ sonst} \end{array},$$

(3.54b) $$y_{1j}(t) \begin{array}{l} := y_j \text{ falls } z_j \geq t \\ := K_1 \text{ sonst} \end{array}.$$

Die Untergrenze der individuellen Responsefunktion $y_0(t)$ wird von $y_j(t)$ und $y_j(t)$ wird von der Obergrenze der individuellen Responsefunktion $y_1(t)$ dominiert.

Da es keine Restriktionen zwischen den Individuen gibt, können die individuellen Responsefunktionen aggregiert werden und die Dominanzrelationen übertragen sich auf die D-Parameter, so dass $D[y(t)|w]$ die Untergrenze $D[y_0(t)|w]$ dominiert und selbst von der Obergrenze $D[y_1(t)|w]$ dominiert wird:

(3.55) $D[y_0(t)|w] \leq D[y(t)|w] \leq D[y_1(t)|w]$

Auf die Humankapitaltheorie angewandt, ist die Annahme von MTR wie folgt zu interpretieren:

Zur Bestimmung der größtmöglichen unteren Schranke der individuellen Lohnfunktion wird für eine gegebene Anzahl an Bildungsjahren t

- allen Personen, die weniger als t Jahre in Bildung investiert haben, ihr realisierter Lohn $y_j$ zugeordnet, da sie wegen der Monotonieannahme zumindest nicht weniger verdienen können,
- allen Personen, die exakt t Jahre investiert haben, ihr realisierter Lohn $y_j$ zugeordnet,

- allen Personen, die mehr als t Jahre investiert haben,
  der minimale Lohn $K_0$ zugeordnet, da mit der Annahme der Monotonie nichts darüber ausgesagt werden kann, wie viel weniger sie verdienen würden, wenn sie weniger Jahre investiert hätten.

Zur Bestimmung der kleinstmöglichen oberen Schranke der individuellen Lohnfunktion wird für eine gegebene Anzahl an Bildungsjahren t

- allen Personen, die mehr als t Jahre in Bildung investiert haben,
  ihr realisierter Lohn $y_j$ zugeordnet, da sie bei einer Investition von weniger Jahren annahmegemäß nicht mehr verdienen können,
- allen Personen, die exakt t Jahre in Bildung investiert haben,
  ihr realisierter Lohn $y_j$ zugeordnet,
- allen Personen, die weniger als t Jahre investiert haben,
  der maximale Lohn $K_1$ zugeordnet, da aufgrund der Monotonieannahme nichts darüber ausgesagt werden kann, wie viel sie mehr verdienen würden, wenn sie mehr Zeit investiert hätten.

Wie wirkt sich nun die Annahme von MTR auf die Grenzen der D-Parameter aus? Können diese Grenzen gegenüber den Worst-Case-Grenzen verbessert werden? Gibt es auch in diesem Fall prinzipielle Unterschiede zwischen den Eigenschaften der Grenzen für den Erwartungswert und für die Quantile?

Die Analyse beginnt mit den Grenzen für den Erwartungswert $E[y(t)|w]$. Wie in (3.53) und (3.54) gezeigt wurde, zieht die Annahme von MTR für die Untergrenze Information aus den realisierten Beobachtungen der Individuen, die höchstens t Bildungsjahre, und für die Obergrenze aus den realisierten Beobachtungen der Individuen, für die mindestens t Bildungsjahre realisiert haben.

Ersetzt man in der Darstellung $E[y(t)] = E(y|z=t)\cdot P(z=t) + E(y|z \neq t)\cdot P(z \neq t)$ des unbedingten Erwartungswertes nun die latente nicht beobachtbare Größe $E(y|w, z \neq t)$ entsprechend (3.53), ergibt sich die Untergrenze (Obergrenze) für $E[y(t)|w]$ als gewogenes arithmetisches Mittel der größten unteren Schranke (Supremum) $K_0$ (kleinsten oberen Schranke (Infimum) $K_1$), gewichtet mit dem Anteil der Personen, die mehr (weniger) als t Jahre investiert haben, und dem Erwartungswert $E(y|w, z \leq t)$ $(E(y|w, z \geq t))$, gewichtet mit dem Anteil der Personen, die höchstens (mindestens) t Bildungsjahre investiert haben. Damit gelten für den Erwartungswert $E[y(t)|w]$ die scharfen Grenzen[72]:

$$
\begin{array}{lll}
 & & E(y|w, z \leq t) \cdot P(z \leq t|w) + K_0 \cdot P(z > t|w) \\
(3.56) & \leq & E[y(t)|w] \\
 & \leq & K_1 \cdot P(z < t|w) + E(y|w, z \geq t) \cdot P(z \geq t|w)
\end{array}
$$

Wie im Worst-Case-Szenario hängt die Untergrenze in dieser allgemeinen Darstellung von $K_0$ und die Obergrenze von $K_1$ ab. Allerdings ist, wenn man (3.24) und (3.56) miteinander vergleicht, direkt ersichtlich, dass der Anteil, mit dem $K_0$ bzw. $K_1$ in die Berechnung der Grenzen eingehen, tendenziell gesunken ist. Die Verbesserung ergibt sich daraus, dass bei der Untergrenze (Obergrenze) einem geringeren Anteil an Individuen, $P(z > t|w)$ $[P(z < t|w)]$ anstelle von $P(z \neq t|w)$, das Supremum $K_0$ (Infimum $K_1$) zugeordnet wird. Deshalb unterscheidet sich die Untergrenze (Obergrenze) tendenziell umso mehr vom Supremum (Infimum), je "näher" das betrachtete Treatment t am maximalen (minimalen) Treatment $t_{max}$ $(t_{min})$ liegt.

Im Unterschied zum Worst-Case-Szenario ergeben sich in der Regel deutliche Verbesserungen der Grenzen, deren Ausmaß in Abschnitt 3.7 ausführlich untersucht wird. Des weiteren sind zwei Spezialfälle hervorzuheben:

1) Für das kleinste Treatment $t_{min}$ ist der Anteil der Personen, die ein kleineres Treatment aufweisen, gleich Null, d.h. $P(z < t_{min}|w) = 0$ und analog $P(z \geq t_{min}|w) = 1$. Deshalb vereinfacht sich (3.56) insoweit, als die Obergrenze von $E[y(t_{min})|w]$ nicht mehr von $K_1$, sondern nur noch von der empirischen Evidenz in Form des Gesamtstichprobenmittelwertes $E(y|w)$ abhängt:

$$(3.57) \quad E[y(t_{min})] \leq E(y|z \geq t_{min}) \cdot P(z \geq t_{min}) = E(y|z \geq t_{min}) \cdot 1 = E(y) \ .$$

2) Für das größte Treatment $t_{max}$ ist der Anteil der Personen, die ein größeres Treatment aufweisen, gleich Null, d.h. $P(z > t_{max}|w) = 0$ und analog

[72] Vgl. Manski (1997a), S. 1318.

$P(z \leq t_{max}|w)=1$. Deshalb vereinfacht sich (3.56) insoweit, als die Untergrenze von $E[y(t_{max})|w]$ nicht mehr von $K_0$, sondern nur noch von der empirischen Evidenz in Form des Gesamtstichprobenmittelwertes $E(y|w)$ abhängt:

$$(3.58) \quad E(y|w, z \leq t_{max}) \cdot P(z \leq t_{max}|w) = E(y|w, z \leq t_{max}) \cdot 1 = E(y|w) \ .$$

Der Gesamtstichprobenmittelwert $E(y|w)$ stellt somit bei der Annahme von MTR die scharfe Untergrenze für das Treatment $t_{max}$ und die scharfe Obergrenze für das Treatment $t_{min}$ dar. Daraus ergibt sich bei der Bestimmung der Untergrenze des Treatmenteffekts analog zum Worst-Case-Fall als Untergrenze bei $t_{max}$, $E[y(t_{max})|w]$, abzüglich der Obergrenze bei $t_{min}$, $E[y(t_{min})|w]$, ein Treatmenteffekt von Null:

$$(3.59) \quad E[y(t_{max})|w]_0 - E[y(t_{min})|w]_1 = E(y|w) - E(y|w) = 0 \ .$$

Dass die Annahme von MTR nicht für alle D-Parameter die Grenzen gleichermaßen verbessert, wird wieder bei der Betrachtung der Quantile deutlich.

Damit die Untergrenze für das Quantil $q_\alpha[y(t)|w]$ bei Annahme von MTR informativ sein kann, d.h. von der nicht informativen Untergrenze $K_0$ verschieden ist, muss das betrachtete $\alpha$-Quantil größer sein als die Wahrscheinlichkeit $P(z > t|w)$ – im Worst-Case-Fall war die Bedingung $\alpha > P(z \neq t|w)$ –, da analog zu den Grenzen für den Erwartungswert Information aus den Individuen bezogen wird, deren Investitionen in die Bildung höchstens so groß ist wie die betrachtete Bildungsinvestition ($z \leq t$). Da aber Schlussfolgerungen für alle Individuen gezogen werden sollen, muss ein ausreichender Anteil an Individuen, $P(z \leq t|w) > 1-\alpha$, vorhanden sein.

Ein Beispiel soll dies verdeutlichen:

Falls bei der hypothetischen Verteilung in Tabelle 3.1 eine informative Untergrenze für das $q_\alpha[y(10)|w]$-Quantil mit $\alpha = 0{,}5$, d.h. für den Median der Responsefunktion $y(10)$, gesucht wird, kann Information nur aus den 200 Individuen der Stichprobe mit einer Bildungsdauer von höchstens 10 Jahren gezogen werden, da nach der Annahme von MTR für die 800 übrigen Individuen in der Stichprobe mit einer Bildungsdauer größer 10 Jahren der minimale Lohn $K_0$ verwendet wird. Für $\alpha = 0{,}5$ bedeutet dies bei 1000 Personen insgesamt, dass die Untergrenze für den Medianlohn dem minimalen Lohn von $K_0$ entspricht. Sobald jedoch $\alpha > P(z > 10|w)$ ist, z.B. mit $\alpha = 0{,}9$, wird wieder 800 der 1000 Individuen der minimale Lohn $K_0$ zugeordnet. Es müssen aber, um das 90%-Quantil bestimmen zu können, noch die Löhne von 100 der 200, also 50% der Personen mit einer Bildungsdauer von höchstens 10 Jahren verwendet werden. Dies bedeutet, dass die scharfe Untergrenze für das $q_{0,9}[y(10)|w]$-Quantil über das $q_{\lambda_0}(y|w, z \leq 10)$-Quantil bestimmt werden muss:

$$\lambda_0 = [\alpha - P(z > 10|w)]/P(z \leq 10|w) = (0{,}9 - 0{,}8)/0{,}2 = 0{,}5.$$

Analog gilt für die Obergrenze die Bedingung $\alpha \leq P(z \geq t|w)$, da Informationen für die Obergrenze nur aus den Individuen gezogen werden können, die mindestens t Jahre in Bildung investiert haben. Die Obergrenze für das $q_\alpha[y(10)|w]$-Quantil mit $\alpha = 0{,}7$ ergibt sich dann aus den 700 der 880, also ca. 79,5% Personen mit $z \geq 10$. Die Obergrenze für das $q_{0,7}[y(10)|w]$-Quantil ergibt sich dann mit $\lambda_1 = \alpha/[P(z \geq 10|w)] = 0{,}7/0{,}88 \approx 0{,}795$ als das $q_{\lambda_1}(y|w, z \geq 10)$-Quantil.

Damit lassen sich entsprechend den Grenzen im Worst-Case-Fall allgemein folgende Bereiche für die Unter- und Obergrenzen von $\alpha$-Quantilen unterscheiden:

$$\begin{aligned}
&(3.60\text{a}) \quad & 0 &< \alpha \leq P(z > t) &\Rightarrow\quad & K_0 &\leq q_\alpha[y(t)] \leq\ & q_{\lambda_1}(y\,|\,z \geq t)\\
&(3.60\text{b}) \quad & P(z > t) &< \alpha \leq P(z \geq t) &\Rightarrow\quad & q_{\lambda_0}(y\,|\,z \leq t) &\leq q_\alpha[y(t)] \leq\ & q_{\lambda_1}(y\,|\,z \geq t)\\
&(3.60\text{c}) \quad & P(z \geq t) &< \alpha < 1 &\Rightarrow\quad & q_{\lambda_0}(y\,|\,z \leq t) &\leq q_\alpha[y(t)] \leq\ & K_1
\end{aligned}$$

Dabei werden $\lambda_0$ und $\lambda_1$ bestimmt als:

$$(3.61) \qquad \lambda_0 = [\alpha - P(z > t|w)]/P(z \leq t|w) = [\alpha - [1 - P(z \leq t|w)]]/P(z \leq t|w) \quad ,$$

$$(3.62) \qquad \lambda_1 = \alpha/P(z \geq t|w) \quad .$$

Im Vergleich zum nichtinformativen Bereich im Worst-Case-Fall ist der nichtinformative Bereich für Quantile aufgrund der Annahme von MTR kleiner geworden. Dies lässt sich wie bei der Verringerung der Grenzen für den Erwartungswert begründen. Der Anteil an Beobachtungswerten, denen das Minimum oder das Maximum zugeteilt werden muss, ist gesunken. Als Beispiel sei noch einmal angeführt, dass in (3.60a-c) die Bedingung für eine informative Untergrenze lautet, dass das betrachtete Quantil $\alpha$ größer sein muss als die Wahrscheinlichkeit $P(z > t)$, während die entsprechende Bedingung im Worst-Case-Fall $\alpha > P(z \neq t)$ lautete. Da die Ungleichung $P(z \neq t) \geq P(z > t)$ jedoch stets erfüllt ist, verringert sich der nichtinformative Bereich bis auf den Fall, dass $P(z \neq t) = P(z > t)$ gegeben ist. Dies gilt insbesondere für das kleinste Treatment $t_{min}$, da hier $P(z \neq t_{min}) = P(z > t_{min})$ immer gilt.

Im Vergleich zu (3.25) ist in (3.60) der gemeinsame nichtinformative Bereich weggefallen. Es ist ausgeschlossen, dass Unter- und Obergrenze gleichzeitig für ein gegebenes $\alpha$ den Wert $K_0$ bzw. $K_1$ annehmen. Gegenüber den Worst-Case-Grenzen kommt nun sogar für jedes Treatment $t \in T$ der Bereich $P(z > t) < \alpha \leq P(z \geq t)$ hinzu, dessen Breite auch von $P(z = t)$ abhängt, und in dem sowohl Unter- als auch Obergrenze für ein gegebenes $\alpha$ vom Minimum bzw. Maximum verschieden sind.

#### 3.2.3.1.2 Informative Bereiche

Auch für die Annahme von MTR sollen die verschiedenen Bereiche der Quantilfunktion grafisch dargestellt werden. Dabei ergeben sich im Vergleich zu dem Worst-Case-Szenario im Vorgriff auf die Interpretation der empirischen Ergebnisse wie beim Erwartungswert zusätzliche Erkenntnisse durch die Unterscheidung, ob das kleinste, das größte oder ein anderes Treatment t betrachtet wird. Im Worst-Case-Szenario spielte diese Unterscheidung keine Rolle, da keine Annahme über die Ordnung der Treatments getroffen wurde.

Bei der grafischen Darstellung dieser Fälle anhand des Einführungsbeispiels mit $K_0 = 0$ und $K_1 = 100$ wird aus Vereinfachungsgründen wieder eine Rechteckverteilung in $[10, 90]$ gewählt. Man erhält damit die Quantilfunktionen der Unter- und der Obergrenze in Tabelle 3.4. Für das kleinste Treatment $t = 9$ gilt $P(z \geq 9) = 1$. Deshalb ist Bereich (3.60c) nicht relevant. Die Obergrenze ist somit immer vom Maximum $K_1$ verschieden. Je kleiner in diesem Fall der Anteil $P(z = 9)$, umso größer der informative Bereich der Untergrenze und damit der gemeinsame informative Bereich. Für das Treatment $t = 12$, das zwischen dem kleinsten und dem größten Treatment liegt, gelten alle drei

Bereiche in (3.60). Je größer der Anteil $P(z = 12)$, umso größer der gemeinsame informative Bereich.

Tabelle 3.4: Quantilfunktionen im informativen Bereich, MTR

| t | Quantilfunktion im informativen Bereich der Untergrenze | Quantilfunktion im informativen Bereich der Obergrenze |
|---|---|---|
| 9 | $x(F) = 80 \cdot \frac{\alpha - 0{,}88}{0{,}12} + 10$ | $x(F) = 80 \cdot \alpha + 10$ |
| 12 | $x(F) = 80 \cdot \frac{\alpha - 0{,}24}{0{,}76} + 10$ | $x(F) = 80 \cdot \frac{\alpha}{0{,}5} + 10$ |
| 13 | $x(F) = 80 \cdot \alpha + 10$ | $x(F) = 80 \cdot \frac{\alpha}{0{,}24} + 10$ |

Für das größte Treatment $t = 13$, gilt $P(z > 13) = 0$. Deshalb ist Bereich (3.60a) nicht relevant und die Untergrenze immer vom Minimum $K_0$ verschieden. Je größer der Anteil $P(z = 13)$, umso größer der gemeinsame informative Bereich. Diese Grenzen für die Quantilfunktion in Tabelle 3.4 werden in den Abbildungen 3.9-3.11 dargestellt.

Abbildung 3.9: Informativer und nichtinformativer Bereich der Quantilfunktion, MTR, $t = 9$

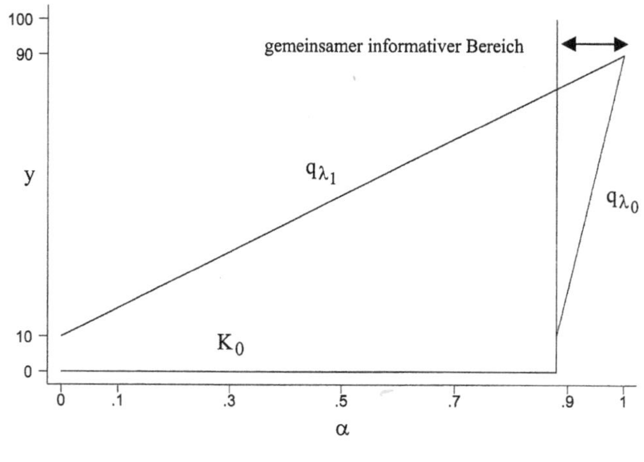

Abbildung 3.10: Informativer und nichtinformativer Bereich der Quantilfunktion, MTR, $t = 12$

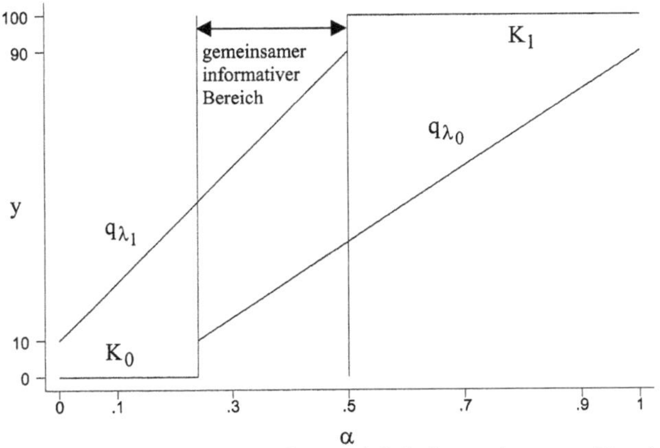


Abbildung 3.11: Informativer und nichtinformativer Bereich der Quantilfunktion, MTR, $t = 13$

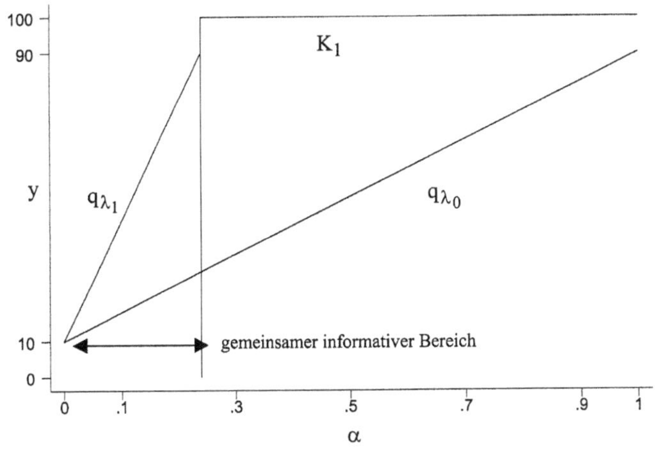

### 3.2.3.1.3 Scharfe Grenzen für Wahrscheinlichkeiten

Neben Grenzen für Erwartungswert und Quantile der Responsefunktion können auch Grenzen für Wahrscheinlichkeiten angegeben werden. Die Wahrscheinlichkeit $P[y(t) \geq r|w]$, dass die Responsefunktion $y(t)$ mindestens den Wert $r$ annimmt, kann aufgrund der Annahme von MTR eingeschränkt werden auf

$$(3.63) \qquad P(z \leq t \cap y \geq r|w) \leq P[y(t) \geq r|w] \leq P(z < t \cup y \geq r|w) \ .$$

Abbildung 3.12 unterteilt die Beobachtungspaare $(z, y)$ in vier Regionen relativ zu $(t, r)$. Jedes $(z, y)$-Paar in Region NW impliziert, dass die Responsefunktion $y(t)$ mindestens den Wert $r$ annimmt. Deshalb ist die Wahrscheinlichkeit $P[y(t) \geq r|w]$ mindestens so groß wie die Wahrscheinlichkeit, dass das $(z, y)$-Paar in diesem Bereich liegt und zwar $P(z \leq t \cap y \geq r|w)$.

Abbildung 3.12: Informative Bereiche für Wahrscheinlichkeiten, MTR

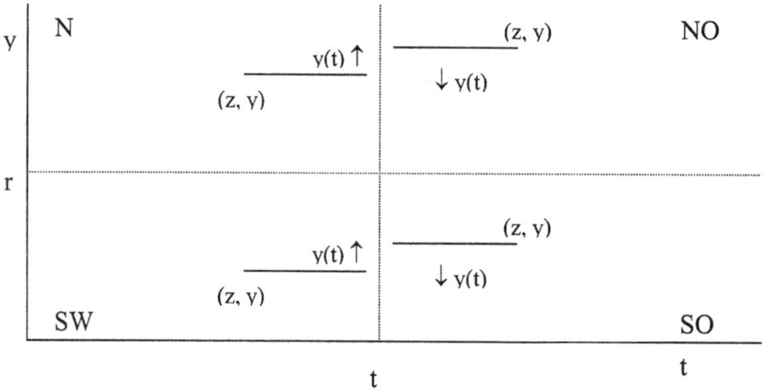


Identifikation von P

Jedes (z,y)-Paar in der Region SO impliziert, dass die Responsefunktion an der Stelle t einen Wert kleiner als r annimmt. Daraus folgt, dass die Wahrscheinlichkeit $P[y(t) \geq r|w]$ höchstens so groß ist wie die Wahrscheinlichkeit $P(z < t \cup y \geq r|w)$, also dass das (z,y)-Paar außerhalb der Region SO liegt. Die (z,y)-Paare in der Region NO tragen nichts zu der Bestimmung dieser Wahrscheinlichkeit bei, da für diese Wertepaare $z > t$ gilt und deshalb das Minimum

$K_0$ die Untergrenze für $y(t)$ ist. Die (z,y)-Paare in Region SW tragen ebenfalls nichts zu dieser Wahrscheinlichkeit bei, da für diese Paare $z < t$ gilt und deswegen das Maximum $K_1$ die Obergrenze für $y(t)$ ist.

### 3.2.3.1.4 Scharfe Grenzen für D-Treatmenteffekte

In Abschnitt 3.2.2 konnte im Worst-Case-Szenario das Vorzeichen des Treatmenteffekts nicht identifiziert werden. Die Unter- und Obergrenze des Treatmenteffekts waren gleichermaßen durch Annahme und empirische Evidenz bestimmt. Durch die Ordnung der Treatments und der Annahme schwach monoton steigender Responsefunktionen ergibt sich eine Asymmetrie hinsichtlich Unter- und Obergrenze, die auch in den Abschnitten 3.2.4 und 3.2.5 gilt und deshalb vorab erläutert wird.

Die Monotonie der individuellen Responsefunktionen $y_j(\cdot)$ impliziert, dass für alle Personen $j \in J$ und alle Treatments $t_2 > t_1$ das individuelle Ergebnis bei Treatment $t_2$, $y_j(t_2)$, das bei $t_1$, $y_j(t_1)$, stochastisch dominiert. Daraus folgt aber unmittelbar, dass $y_j(t_1)$ – wegen der schwachen Monotonie – höchstens so groß sein kann wie $y_j(t_2)$. Damit ist jedoch Null die Untergrenze des Treatmenteffekts, die nicht mehr durch die empirische Evidenz, sondern durch die Annahme von MTR bestimmt ist.

Die Annahmen in den Abschnitten 3.2.4 und 3.2.5 werden mit ähnlicher Argumentation, von der Annahme monotoner Treatmentselektion (MTS) abgesehen, zu demselben Resultat, zur Identifikation des Vorzeichens des Treatmenteffekts führen.

Bei Annahme von MTR ergeben sich deshalb die folgenden scharfen Grenzen für Punktschätzungen der $\Delta D$- und $D\Delta$- Treatmenteffekte, mit $t_2 > t_1$, $j \in J$.

$\Delta D$-Treatmenteffekte:

(3.64) $$0 \le D[y(t_2)|w] - D[y(t_1)|w] \le D[y_1(t_2)|w] - D[y_0(t_1)|w] .$$

Die Grenzen in (3.64) sind scharf, da es keine Restriktionen zwischen den Individuen gibt und somit Monotonie und empirische Evidenz konsistent sind sowohl mit $y_j(t_1)=y_j(t_2)$ für die Untergrenze des Treatmenteffekts als auch mit $y_j(t_2)=y_{1j}(t_2)$ bei gleichzeitigem $y_j(t_1)=y_{0j}(t_1)$ für die Obergrenze des Treatmenteffekts. In (3.65) sind alle möglichen Fälle für $t_1$, $t_2$, $z_j$ und die dazugehörigen Grenzen angegeben.

$$(3.65)\quad \begin{array}{lllllllllll} t_1 & < & t_2 & < & z_j & \Rightarrow & K_0 & \le & y_j(t_1) & & \le & y_j(t_2) & \le & y_j \\ t_1 & < & t_2 & = & z_j & \Rightarrow & K_0 & \le & y_j(t_1) & & \le & y_j(t_2) & = & y_j \\ t_1 & < & z_j & < & t_2 & \Rightarrow & K_0 & \le & y_j(t_1) & \le y_j & \le & y_j(t_2) & \le & K_1 \\ t_1 & = & z_j & < & t_2 & \Rightarrow & y_j & = & y_j(t_1) & & \le & y_j(t_2) & \le & K_1 \\ z_j & < & t_1 & < & t_2 & \Rightarrow & y_j & \le & y_j(t_1) & & \le & y_j(t_2) & \le & K_1 \end{array} .$$

$D\Delta$-Treatmenteffekte:

$$(3.66)\quad D(0) \le D[y(t_2)-y(t_1)|w] \le D[y_1(t_2)-y_0(t_1)|w] \quad .$$

Die Untergrenze 0 wird stochastisch dominiert von der Differenz $y(t_2)-y(t_1)$, die bei der Annahme von MTR nicht negativ sein kann. Diese Differenz wiederum wird stochastisch dominiert von der Differenz der Obergrenze an der Stelle $t_2$ und der Untergrenze an der Stelle $t_1$, $y_1(t_2)-y_0(t_1)$.

Die Untergrenze des $\Delta D$- und des $D\Delta$-Treatmenteffekts resultieren demnach allein aus MTR und hängen nicht von der empirischen Evidenz ab, während die Obergrenzen der Treatmenteffekte von der Annahme von MTR und der empirischen Evidenz bestimmt werden. Auf die Humankapitaltheorie übertragen bedeutet dies, dass durch die Annahme von MTR die Bildungsertragsrate bei jeder Person und damit auch aggregiert durchschnittlich nie kleiner Null sein kann. Im Unterschied zum Worst-Case-Fall ist das Vorzeichen des Treatmenteffekts damit identifiziert.

Für den durchschnittlichen Treatmenteffekt ATE

$$(3.67)\quad E[y(t_2)|w]-E[y(t_1)|w]=E[(y(t_2)-y(t_1))|w]$$

ergeben sich damit die scharfen Grenzen in (3.68), wobei die Obergrenze wieder ermittelt wird als Obergrenze des Erwartungswertes bei $t_2$ abzüglich der Untergrenze des Erwartungswertes bei $t_1$:

$$(3.68)\quad \begin{aligned} 0 &\le E[y(t_2)|w] - E[y(t_1)|w] = E[y(t_2) - y(t_1)|w] \\ &\le \underbrace{\left[K_1 \cdot P(z < t_2|w) + E(y|w, z \ge t_2) \cdot P(z \ge t_2|w)\right]}_{\text{Obergrenze für } E[y(t_2)]} \\ &\quad - \underbrace{\left[K_0 \cdot P(z > t_1|w) + E(y|w, z \le t_1) \cdot P(z \le t_1|w)\right]}_{\text{Untergrenze für } E[y(t_1)]} \end{aligned} \; .$$

Die Obergrenze des Treatmenteffekts in (3.68) lässt sich so umschreiben, dass die Obergrenze von drei Bereichen der Treatmentvariablen abhängt, (3.69), wobei deutlich wird, dass bei Annahme von MTR im mittleren Bereich für realisierte Treatments $t_1 < z < t_2$ empirische Evidenz keine Rolle spielt und der Beitrag lediglich von der Spannweite $(K_1 - K_0)$ abhängt.

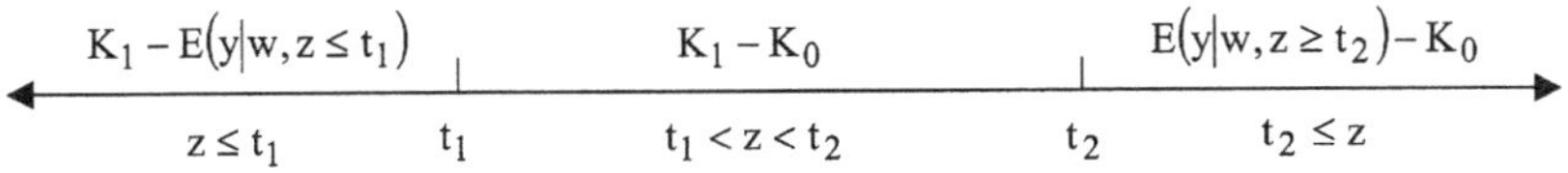


$$(3.69)\quad \begin{aligned} &\left[K_1 - E(y|z \le t_1)\right] \cdot P(z \le t_1) + \left[E(y|z \ge t_2) - K_0\right] \cdot P(z \ge t_2) \\ &+ (K_1 - K_0) \cdot P(t_1 < z < t_2) \end{aligned}$$

Für $E(y|z \ge t_2) = K_1$ und $E(y|z \le t_1) = K_0$ erhält man dann wieder den maximal möglichen Treatmenteffekt $K_1 - K_0$:

$$(3.70)\quad K_1 \cdot P(z < t_2) + K_1 \cdot P(z \ge t_2) - K_0 \cdot P(z > t_1) - K_0 \cdot P(z \le t_1) = K_1 - K_0$$

Dieser mit der empirischen Evidenz und der Annahme von MTR verträgliche, maximal mögliche Treatmenteffekt gilt sowohl für den durchschnittlichen Treatmenteffekt (ATE) als auch für die Quantil-Treatmenteffekte.

Im Vergleich zu Abschnitt 3.2.2, in dem die maximal mögliche Intervallbreite $2 \cdot (K_1 - K_0)$ betrug, konnte die maximal mögliche Intervallbreite immerhin halbiert werden.

Bei den Quantil-Treatmenteffekten müssen jedoch wegen

$$(3.71)\quad q[y(t_2)|w] - q[y(t_1)|w] \ne q[y(t_2) - y(t_1)|w] \; ,$$

wieder die beiden Varianten des Treatmenteffekts, $\Delta q$ und $q\Delta$, unterschieden werden.

Für die $\Delta q$ -Quantil-Treatmenteffekte gelten für ein gegebenes $\alpha$:

$$(3.72) \qquad 0 \le q_\alpha[y(t_2)|w] - q_\alpha[y(t_1)|w] \le q_\alpha[y_1(t_2)|w] - q_\alpha[y_0(t_1)|w] \ ,$$

und die maximal mögliche Intervallbreite

$$(3.73) \qquad \begin{aligned} 0 &\le q_\alpha[y(t_2)|w] - q_\alpha[y(t_1)|w] \\ &\le \underbrace{q_{\lambda_1}(y|w, z \ge t_2)}_{\text{Obergrenze für } q_\alpha[y(t_2)]} - \underbrace{q_{\lambda_0}(y|w, z \le t_1)}_{\text{Untergrenze für } q_\alpha[y(t_1)]} \\ &\le K_1 - K_0 \end{aligned} \ .$$

Auch hier folgt wieder entsprechend dem durchschnittlichen Treatmenteffekt aus der schwachen Monotonie $q_\alpha[y(t_2)|w] \ge q_\alpha[y(t_1)|w]$, weshalb die scharfe Untergrenze durch Null vorgegeben ist und nicht von der empirischen Evidenz abhängt.

Für die $q\Delta$ -Quantil-Treatmenteffekte gilt für ein gegebenes $\alpha$:

$$(3.74) \qquad q(0) \le q_\alpha[y(t_2) - y(t_1)|w] \le q_\alpha[y_1(t_2) - y_0(t_1)|w] \le K_1 - K_0 \ .$$

### 3.2.3.2 Semi-monotone Responsefunktionen (SMTR)

Welche Änderungen ergeben sich, wenn die individuellen Responsefunktionen in Abhängigkeit von mehr als einer Treatmentvariablen formuliert werden? In diesem Abschnitt wird die Annahme schwach monotoner Responsefunktionen erweitert, indem eine bzw. mehrere Treatmentvariablen zusätzlich in der Responsefunktion aufgenommen werden.[73]

---

[73] Vgl. zu diesem Abschnitt Manski (1997a), S. 1322-1327.

### 3.2.3.2.1 Treatmentvariablen und Kovariaten

Bisher wurden individuelle Response-Funktionen $y_j(t)$ untersucht und dabei Gedankenexperimente der folgenden Art durchgeführt:

> "Welches Ergebnis würde Individuum j realisieren, wenn es statt dem realisierten Treatment z die Treatments t einer Treatmentvariablen T erhalten hätte?"

Bei diesem Gedankenexperiment werden bei Variation der Treatments die Kovariaten $u_j$ des Individuums j konstant gehalten.[73] Ausführlicher geschrieben, werden dabei die individuellen Responsefunktionen

$$(3.75) \qquad y_j(t) = y_j^*(t, u_j)$$

untersucht. Betrachtet man wieder schwach monoton steigende Responsefunktionen, ist die Annahme von Monotonie in $y(\cdot)$ äquivalent zu der Annahme von Monotonie

$$(3.76) \qquad y_j^*(\cdot, u_j) \qquad \text{mit} \qquad t_1 \le t_2 \Rightarrow y_j^*(t_1, u_j) \le y_j^*(t_2, u_j) \ .$$

Die Responsefunktion $y(t)$ drückt somit beispielsweise die Verteilung des Einkommens aus, die sich ergeben würde, wenn alle Individuen das Treatment t bei realisierten, konstant gehaltenen Kovariaten $u_j$ erhalten würden. Der durchschnittliche Treatmenteffekt $E[y(t_2)] - E[y(t_1)]$ vergleicht dann die Erwartungswerte bei $t_2$ und $t_1$, falls die Kovariaten konstant gehalten werden.

Läßt man zu, dass die Variation der Treatmentvariablen eine Variation der Kovariaten bewirkt, muss man eine individuelle Responsefunktionen der Kovariaten ("Covariate Response Function") definieren:

$$(3.77) \qquad u_j(\cdot) : T \to U \ .$$

---

[73] Vgl. dazu auch die Erläuterungen zum Gebrauch des Begriffs der Kovariaten in Abschnitt 3.1.2.

Diese bildet Treatments t in die Kovariaten ab, so dass sich mit $u_j = u_j(z_j)$ die individuelle Responsefunktion schreiben lässt als

$$(3.78) \qquad y_j(t) = y^*[t, u_j(t)] \ .$$

Auch hier ist Monotonie in $y_j(\cdot)$ äquivalent zur Monotonie in

$$(3.79) \qquad y^*[\cdot, u_j(\cdot)] \qquad \text{mit} \quad t_1 \le t_2 \Rightarrow y^*[t_1, u_j(t_1)] \le y^*[t_2, u_j(t_2)] \ .$$

Der durchschnittliche Treatmenteffekt $E[y(t_2)] - E[y(t_1)]$ vergleicht bei dieser Formulierung dann die Erwartungswerte bei $t_2$ und $t_1$ unter gleichzeitiger Berücksichtigung des Zusammenhangs zwischen der Treatmentvariablen und den Kovariaten. Dies bedeutet jedoch weder, dass sich die beiden Formulierungen (3.75) und (3.78) widersprechen müssen, $y^*[t, u_j] \neq y^*[t, u_j(t)]$, noch, dass sich die beiden Varianten entsprechen, $y^*[t, u_j] = y^*[t, u_j(t)]$. Unter der Voraussetzung, dass die Responsefunktionen in beiden Fällen monoton sind, folgt vielmehr, dass bei beiden Varianten die aggregierten Responsefunktionen $y^*[t, u_j]$ und $y^*[t, u_j(t)]$ innerhalb der gemeinsamen scharfen Grenze $[y_{0j}(t), y_{1j}(t)]$ liegen.

Nun wurden bisher die Fälle untersucht, bei denen

- das Treatment t bei konstanten Kovariaten u,
- das Treatment t und gleichzeitig die Kovariaten u

variiert werden. Es bleibt noch der Fall übrig, in dem die Kovariaten u bei konstantem Wert t der Treatmentvariablen variiert werden. Die Betrachtung dieser Fälle soll auch verdeutlichen, dass es bei der Analyse von Responsefunktionen keinen grundlegenden Unterschied zwischen Treatments und Kovariaten gibt.

Um nun zu untersuchen, welche Grenzen sich für die Responsefunktion $y(t)$ bei Variation von u unter Konstanthaltung von t ergeben, wird die Treatmentvariable T zu einem Treatmentvektor erweitert, in den die bisherige Kovariate u aufgenommen wird. Während in Abschnitt 3.2.3.1 einfach angenommen wurde, dass T geordnet sei, macht folgendes Beispiel deutlich, dass eine solche

Ordnung im Fall eines Treatmentvektors nicht immer möglich ist. $s := (s_1, s_2, \ldots, s_K)$ und $t := (t_1, t_2, \ldots, t_K)$ seien beispielsweise zwei Inputvektoren, für die $s_k \leq t_k$ für alle k Elemente erfüllt ist. In diesem Fall sind die beiden Treatmentvektoren s und t geordnet, es gilt $t \geq s$ und daraus folgend für die Ergebnisse $y_j(s) \leq y_j(t)$ für alle j Individuen.

Falls es dagegen zwei Inputkomponenten k und k' gibt, für die $s_k < t_k$ und $s_{k'} > t_{k'}$ gilt, können die Ergebnisse $y_j(s)$ und $y_j(t)$ nicht geordnet werden. Die Produktionsfunktionen sind dann lediglich halb-monoton (semi-monoton). Die Menge der Treatments T bezeichnet man dann auch als halb-geordnete Menge. Ungeordnete Treatmentpaare (s, t) werden als $s \not\gtrless t$ geschrieben.

Die Analyse wird durch halb-geordnete Treatmentpaare nicht erschwert. Intuitiv folgt aus den vorangegangenen beiden Abschnitten, dass dann bei der Analyse scharfer Unter- und Obergrenzen für diese halb-geordneten Treatmentpaare anstelle der empirischen Evidenz das Minimum $K_0$ für die Untergrenze bzw. das Maximum $K_1$ für die Obergrenze verwendet werden muss. Die Analyse halbmonotoner Responsefunktionen folgt der Struktur, die bei der Analyse monotoner Responsefunktionen erarbeitet wurde.

#### 3.2.3.2.2 Scharfe Grenzen für D-Parameter

Zur Bestimmung scharfer Grenzen für die D-Parameter aufgrund der Annahme von SMTR kann man die Definitionen der scharfen Untergrenze $y_{0j}(t)$ und der scharfen Obergrenze $y_{1j}(t)$ der individuellen Responsefunktionen

$$(3.80)\quad \begin{aligned} y_{0j}(t) &:= y_j \quad \text{falls } z_j \leq t \\ &:= K_0 \quad \text{sonst} \\ y_{1j}(t) &:= y_j \quad \text{falls } z_j \geq t \\ &:= K_1 \quad \text{sonst} \end{aligned}$$

der Annahme von MTR verwenden und muss lediglich zusätzlich die ungeordneten Treatmentpaare $s \not\gtrless t$ berücksichtigen:

$$
(3.81)\quad
\begin{aligned}
z_j > t &\Rightarrow K_0 \le y_j(t) \le y_j \\
z_j = t &\Rightarrow \quad y_j(t) = y_j \\
z_j < t &\Rightarrow y_j \le y_j(t) \le K_1 \\
z_j \not\phi\, t &\Rightarrow K_0 \le y_j(t) \le K_1
\end{aligned}
\;.
$$

(3.81) kann wieder wie in den Abschnitten 3.2.2.1 und 3.2.3.1.1 alternativ formuliert werden als:

$$
(3.82)\quad
\begin{aligned}
y_{0j}(t) &:= y_j && \text{falls } z_j \le t &&, && \text{informative Untergrenze} \\
&:= K_0 && \text{falls } z_j > t, z_j \not\phi\, t &&, && \text{nicht informative Untergrenze} \\
y_{1j}(t) &:= y_j && \text{falls } z_j \ge t &&, && \text{informative Obergrenze} \\
&:= K_1 && \text{falls } z_j < t, z_j \not\phi\, t &&, && \text{nicht informative Obergrenze}
\end{aligned}
\;.
$$

Wie in der Einführung zu Abschnitt 3.2.3 bereits angedeutet, hat das Auftreten halb-geordneter Treatmentpaare Auswirkungen auf die Identifikationskraft, d.h. auf die Breite der Intervallgrenzen:

- Jedes Mal, wenn ein Treatmentpaar $(t, z_j)$ mit $z_j < t$ ungeordnet ist, fällt die Untergrenze der Responsefunktion, $y_{0j}(t)$, vom realisierten Ergebnis $y_j$ auf das Minimum $K_0$.
- Jedes Mal, wenn ein Treatmentpaar $(t, z_j)$ mit $z_j > t$ ungeordnet ist, steigt die Obergrenze der Responsefunktion $y_{1j}(t)$ vom realisierten Ergebnis $y_j$ auf das Maximum $K_1$.

Daraus folgt im Sinne der Definition der stochastischen Dominanz, dass die monotonen Responsefunktionen für die Untergrenze $y_{0j}(t)$ die halb-monotonen Responsefunktionen stochastisch dominieren, während die monotonen Responsefunktionen für die Obergrenze $y_{1j}(t)$ von den halb-monotonen Responsefunktionen stochastisch dominiert werden. Durch die Einführung eines Treatmentvektors und damit der Einführung möglicher, halb-geordneter Treatments wird die Annahme monotoner Responsefunktionen zur Annahme halb-monotoner Responsefunktionen abgeschwächt, mit der Folge, dass die Grenzen und das Intervall für die D-Parameter $D[y(t)]$ geweitet wurden.

Das Konzept semi-monotoner Responsefunktionen ist insofern allgemeiner als die beiden bisher vorgestellten Ansätze, als sich diese jeweils als Spezialfall der semi-monotonen Responsefunktionen ergeben. Gibt es keine ungeordneten Treatmentpaare $s \not\sim t$, vereinfacht sich (3.82) zum Fall monotoner Responsefunktionen, sind dagegen alle Treatmentpaare s und t ungeordnet, ergibt sich der Spezialfall der Worst-Case-Grenzen.

Aus (3.82) folgt für die Grenzen des Erwartungswertes aufgrund der Annahme von SMTR, dass sich im Unterschied zu (3.56) lediglich der Anteil der Paare mit $K_0$ bzw. $K_1$ entsprechend dem Anteil der ungeordneten Paare $s \not\sim t$ erhöht:

$$(3.83)\quad \begin{array}{ll} & K_0 \cdot P(z > t \cup z \not\sim t|w) + E[y|w, z \le t] \cdot P(z \le t|w) \\ \le & E[y(t)|w] \\ \le & K_1 \cdot P(z < t \cup z \not\sim t|w) + E[y|w, z \ge t] \cdot P(z \ge t|w) \end{array} .$$

Auch die Grenzen für die Quantile der Responsefunktion aufgrund der Annahme von SMTR müssen gegenüber der Annahme von MTR lediglich hinsichtlich dem Anteil der ungeordneten Treatmentpaare $s \not\sim t$ angepasst werden:

$$(3.84)\quad \begin{array}{ccccccc} 0 & < \alpha \le & P(z > t \cup z \not\sim t) & \Rightarrow & K_0 & \le q_\alpha[y(t)] \\ P(z > t \cup z \not\sim t) & < \alpha < & 1 & \Rightarrow & q_{\lambda_0}[y \mid z \le t] & \le q_\alpha[y(t)] \\ 0 & < \alpha \le & P(z \ge t) & \Rightarrow & q_\alpha[y(t)] & \le q_{\lambda_1}[y \mid z \ge t] \\ P(z \ge t) & < \alpha < & 1 & \Rightarrow & q_\alpha[y(t)] & \le K_1 \end{array} ,$$

wobei $\lambda_0$ und $\lambda_1$ bestimmt werden als

$$(3.85)\quad \lambda_0 = \frac{\alpha - P(z > t \cup z \not\sim t|w)}{P(z \le t|w)} = \frac{\alpha - [1 - P(z \le t|w)]}{P(z \le t|w)} ,$$

$$(3.86)\quad \lambda_1 = \frac{\alpha}{P(z \ge t|w)} .$$

Vergleicht man die Grenzen für die Bereiche in (3.84) mit denen in (3.60), erkennt man eine weitere Asymmetrie zwischen Erwartungswert und Quantilen. Bei der Bestimmung der Grenzen der Quantile verändern sich lediglich die Berechnung der Untergrenze über $\lambda_0$ und der Bereich, in dem die Untergrenze nicht informativ ist. Dieser erweitert sich von $P(z > t|w)$ durch den Anteil der ungeordneten Treatmentpaare auf $P(z > t \cup z \not\sim t|w)$. Sowohl der Bereich $0 < \alpha \le P(z \ge t|w)$ als auch die Berechnung über $\lambda_1$ wird bei der Bestimmung der Obergrenze von halb-geordneten Treatments gegenüber der Annahme von MTR nicht verändert.[74] Ursache dieser Asymmetrie ist, dass der informative Bereich der Obergrenze weiterhin nur von $P(z \geq t|w)$ abhängt, da allen ungeordneten Treatmentpaaren $z_j \not\geq t$ und den Paaren mit $z_j < t$ bei der Bestimmung der Obergrenze das Maximum $K_1$ zugeteilt wird. Um eine informative Obergrenze angeben zu können, dürfen dann aber wegen der Definition der Quantile nur die Ergebnisse der Personen, für die $z \geq t$ gilt, verwendet werden. Nach (3.84) geht für diese bei der Bestimmung der Obergrenze das realisierte Ergebnis ein, so dass sich gegenüber (3.60) nichts ändert.

Gleiches gilt für die Bestimmung der Grenzen der Wahrscheinlichkeit $P[y(t) \geq r|w]$, die der Vollständigkeit halber angegeben werden. In (3.63) ändert sich lediglich die Obergrenze für die Wahrscheinlichkeit zu:

(3.87) $$P(z \leq t \cap y \geq r|w) \leq P[y(t) \geq r|w] \leq P(z < t \cup z \not\geq t \cup y \geq r|w) \; .$$

### 3.2.3.2.3 Scharfe Grenzen für D-Treatmenteffekte

Auch die Analyse der scharfen Grenzen für D-Treatmenteffekte erfordert lediglich eine marginale Anpassung. Es müssen nur die Untergrenzen für den Fall ungeordneter Treatmentpaare geändert werden. So ist nun bei beiden Treatmenteffekten, $\Delta D$ und $D\Delta$, jeweils zwischen geordneten $t > s$ und ungeordneten $t \not\geq s$ Paaren zu unterscheiden. Da die scharfen Grenzen für den Erwartungswert und für die Quantile bei Annahme von SMTR zu größeren Intervallen für die Treatmenteffekte führen, wird auf eine ähnlich ausführliche Darstellung wie in den letzten Abschnitten verzichtet.

Die Grenzen für $\Delta D$-Treatmenteffekte werden getrennt nach geordneten, $t > s$, und ungeordneten , $t \not\geq s$, Treatmentvektoren bestimmt:

(3.88) $$0 \leq D[y(t)] - D[y(s)] \leq D[y_1(t)] - D[y_0(s)] \; , \text{für } t > s.$$

(3.89) $$D[y_0(t)] - D[y_1(s)] \leq D[y(t)] - D[y(s)] \leq D[y_1(t)] - D[y_0(s)] \; , \text{für } t \not\geq s.$$

[74] Diese Asymmetrie bei der Bestimmung der Quantile im informativen Bereich findet man bei Manski (1997a), S. 1325, nur äußerst indirekt bei der Bestimmung der D-Treatmenteffekte angesprochen.

Die Bestimmung der Grenzen erfolgt analog zur Annahme von MTR, weshalb auf einen formalen Beweis verzichtet wird.

Zuerst werden die Grenzen für geordnete Treatmentvektoren betrachtet. Da das Ergebnis bei dem Treatmentvektor t, $y_j(t)$, das bei Treatmentvektor s, $y_j(s)$, stochastisch dominiert, ist wieder Null die Untergrenze des Treatmenteffekts, die somit nicht von der empirischen Evidenz abhängt. Da die kleinste obere Schranke $y_1(t)$ das Ergebnis $y_j(t)$ und das Ergebnis $y_j(s)$ die größte untere Schranke $y_0(s)$ stochastisch dominiert, stellt die Differenz $D[y_1(t)]-D[y_0(s)]$ die Obergrenze des Treatmenteffekts dar.

Für ungeordnete Treatmentpaare greift die Monotonieannahme nicht. Deshalb stellt in diesem Fall Null nicht die Untergrenze dar. Wie in Abschnitt 3.2.3.2.1 schon angedeutet, greifen dann die Schranken des Worst-Case-Falls und damit die Worst-Case-Untergrenze.

Auch die Grenzen für $D\Delta$-Treatmenteffekte bestimmt man getrennt nach geordneten, $t > s$, und ungeordneten, $t \not\geq s$, Treatmentvektoren:

(3.90) $$D(0) \leq D[y(t)-y(s)] \leq D[y_1(t)-y_0(s)] \text{ , für } t > s.$$

(3.91) $$D[y_0(t)-y_1(s)] \leq D[y(t)-y(s)] \leq D[y_1(t)-y_0(s)] \text{ , für } t \not\geq s.$$

Aus der Dominanz der individuellen Responsefunktionen für geordnete Treatmentvektoren $t > s$ folgt wieder die Dominanz der aggregierten Responsefunktionen, so dass annahmegemäß für die Ergebnisse $y(t)-y(s) \geq 0$ gelten muss, und damit die Untergrenze $D[y(t)-y(s)] \geq D(0)$ gegeben ist. Die Obergrenze bestimmt sich als D-Parameter der Differenz der Obergrenze des Treatmentvektors t und der Untergrenze des Treatmentvektors s, $D[y_1(t)-y_0(s)]$.

Wie beim $\Delta D$-Treatmenteffekt gilt bei ungeordneten Treatmentvektoren, dass die Monotonieannahme nicht greift, so dass anstelle von Null die individuelle Worst-Case-Grenze $y_{0j}(t)-y_{1j}(s)$ möglich ist. Aggregiert stellt $D[y_0(t)-y_1(s)]$ die Untergrenze dar. Damit ist wieder wie bei den $\Delta D$-Treatmenteffekten im Gegensatz zu den geordneten Treatmentvektoren weder die Obergrenze noch die Untergrenze nur durch die Monotonieannahme bestimmt.

Diese mit der empirischen Evidenz und der Annahme von SMTR verträglichen, maximal möglichen Treatmenteffekte gelten sowohl für den durchschnittlichen Treatmenteffekt (ATE) als auch für die Quantil-Treatmenteffekte.

Bei den Quantil-Treatmenteffekten müssen jedoch wegen (3.71) wieder die beiden Varianten $\Delta q$ und $q\Delta$ unterschieden werden:

$$q[y(t)|w] - q[y(s)|w] \neq q[y(t) - y(s)|w] \ . \tag{3.92}$$

Für die $\Delta q$ -Quantil-Treatmenteffekte gilt für ein gegebenes $\alpha$ und geordnete Treatmentpaare $t > s$ allgemein:

$$0 \leq q_\alpha[y(t)|w] - q_\alpha[y(s)|w] \leq q_\alpha[y_1(t)|w] - q_\alpha[y_0(s)|w] \leq K_1 - K_0 \ . \tag{3.93}$$

Im gemeinsamen informativen Bereich, der nach (3.84) wie bei der Annahme von MTR von $P(z = t|w)$ abhängt, lässt sich (3.93) schreiben als:

$$\begin{aligned} 0 &\leq q_\alpha[y(t)|w] - q_\alpha[y(s)|w] \\ &\leq \underbrace{q_{\lambda_1}(y|w, z \geq t)}_{\text{Obergrenze für } q_\alpha[y(t_2)]} - \underbrace{q_{\lambda_0}(y|w, z \leq s)}_{\text{Untergrenze für } q_\alpha[y(t_1)]} \\ &\leq K_1 - K_0 \end{aligned} \ . \tag{3.94}$$

Auch hier folgt wieder $q_\alpha[y(t_2)|w] \geq q_\alpha[y(t_1)|w]$ wie bei dem durchschnittlichen Treatmenteffekt aus der schwachen Monotonie, weshalb die scharfe Untergrenze durch Null gegeben ist und nicht von der empirischen Evidenz abhängt. Für ungeordnete Treatmentpaare $t \not\geq s$ muss die Untergrenze von 0 wieder durch die empirische Evidenz ersetzt werden:

$$q_\alpha[y_0(t)] - q_\alpha[y_1(s)] \leq q_\alpha[y(t)] - q_\alpha[y(s)] \leq q_\alpha[y_1(t)] - q_\alpha[y_0(s)] \ . \tag{3.95}$$

Für die $q\Delta$ -Quantil-Treatmenteffekte gilt für geordnete Treatmentpaare $t > s$:

$$q(0) \leq q_\alpha[y(t_2) - y(t_1)|w] \leq q_\alpha[y_1(t_2) - y_0(t_1)|w] \ . \tag{3.96}$$

Für ungeordnete Treatmentpaare $t \not\geq s$ gilt:

$$q_\alpha[y_0(t) - y_1(s)] \leq q_\alpha[y(t) - y(s)] \leq q_\alpha[y_1(t) - y_0(s)] \ . \tag{3.97}$$

### 3.2.3.2.4 Ein Test für die Annahme von SMTR

Wie schon die Annahme exogener Treatmentselektion ist auch die Annahme semi-monotoner Responsefunktionen nicht testbar, weil für jede Person nur ein Ergebnis, ein Punkt der individuellen Responsefunktion für ein realisiertes Treatment bzw. einen Treatmentvektor, $y_j(z_j)$, beobachtbar ist. Die empirische Evidenz ist damit sowohl verträglich mit der Annahme, dass die individuellen Responsefunktionen schwach steigend auf den geordneten Treatmentpaaren bzw. Treatments (MTR) verläuft, als auch damit, dass jede Responsefunktion horizontal verläuft, d.h. $y_j(t) = y_j \quad \forall\, t \in T, j \in J$ ist. Daraus folgt, dass allein mit der empirischen Evidenz nicht gestestet werden kann, ob die Treatmenteffekte von Null verschieden sind.

Kombiniert man jedoch die Annahme von

ETS: $P[y(s)] = P[y|z = s]$ und $P[y(t)] = P[y|z = t]$

mit der Annahme geordneter Treatmentvektoren bei der Annahme von

SMTR: $t > s \Rightarrow y(t) > y(s)$ ,

können mit der anhand der Stichprobe identifizierten Verteilung realisierter Treatments und Ergebnisse, $P(z, y)$, die bedingten Verteilungen $P[y|z = s]$ und $P[y|z = t]$ geschätzt werden. Damit ist es möglich, die gemeinsame Hypothese semi-monotoner Responsefunktionen und exogener Treatmentselektion abzulehnen, wenn es geordnete Treatmentpaare $t \geq s$ gibt, bei denen die bedingte Verteilung $P[y|z = t]$ die bedingte Verteilung $P[y|z = s]$ nicht stochastisch dominiert.[75]

Es wurden in der Literatur eine Vielzahl an Tests vorgeschlagen, die größtenteils auf der Arbeit von McFadden (1989) beruhen. In Abschnitt 3.2.5.3.3 wird bei der Kombination der Annahme von MTR und monotoner statt exogener Treatmentselektion (MTS) eine abgeschwächte Version dieses Tests verwendet, die anstelle der Dominanz der bedingten Verteilungen lediglich Dominanz der bedingten Erwartungswerte fordert.

---

[75] Vgl. Manski (1997a), S. 1327ff.

### 3.2.3.3 Konkav-monotone Responsefunktionen (CMTR)

Im letzten Abschnitt wurde die Annahme der schwach monotonen individuellen Responsefunktionen abgeschwächt, indem ein Vektor von Treatmentvariablen und damit Semi-Monotonie eingeführt wurde. Nun wird die individuelle Responsefunktion wieder in Abhängigkeit einer einzigen Treatmentvariablen beschrieben und die Menge der möglichen individuellen Responsefunktionen gegenüber der Annahme von MTR stärker dadurch eingeschränkt, dass ein konkav-monotoner Verlauf gefordert wird. Diese weitergehende Restriktion der individuellen und damit auch der aggregierten Responsefunktionen hat, wie sich in Kapitel 3.2.7 beim Vergleich der Obergrenzen der Treatmenteffekte der verschiedenen Annahmen zeigen wird, erhebliche Identifikationskraft. Diese Annahme wird im Folgenden mit CMTR bezeichnet.

Die Annahme von CMTR bietet sich nicht nur wegen der stärkeren Identifikationskraft an. Sie entspricht der Spezifikation konkav verlaufender, in Abhängigkeit des Alters oder der Berufserfahrung geschätzten Lohnprofile aus Kapitel 2 und erlaubt einen direkten Vergleich der parametrisch, semiparametrisch und nichtparametrisch geschätzten Ertragsraten.

#### 3.2.3.3.1 Scharfe Grenzen für D-Parameter

Im Folgenden wird aus Darstellungsgründen für die Treatmentvariable T der Bereich $[0,\tau]$ und für die Ergebnisvariable $Y = [0,\infty]$ angenommen. Die Festlegung der Untergrenzen von T und Y auf Null erlaubt eine übersichtlichere Darstellung der Konkavität in (3.98), ohne einen Verlust an Präzision hinnehmen zu müssen. Entscheidend für die Identifikationskraft der Annahme von CMTR ist ausschließlich, dass die Treatmentvariable T und die Ergebnisvariable bekannte untere Grenzen haben. Wie in Abschnitt 3.2.3.3.4 gezeigt, ergeben sich ohne diese Bedingung dieselben Grenzen wie im Fall schwach monotoner und sogar linear-monotoner Responsefunktionen.

Die nun folgende Definition der Konkavität in (3.98) ist von zentraler Bedeutung für die Bestimmung der Grenzen der D-Parameter und der D-Treatmenteffekte. Bei Letzteren wird erstmals eine Neudefinition der Grenzen nötig werden, die auf der Konkavitätsdefinition beruht.

Für drei Punkte $(v_m, w_m) \in [0,\infty]^2$, $m = 1,2,3$ mit $0 < v_1 < v_2 < v_3$ ist Konkavität gegeben, wenn die Bedingung

$$(3.98) \qquad \frac{w_1}{v_1} \geq \frac{w_2 - w_1}{v_2 - v_1} \geq \frac{w_3 - w_2}{v_3 - v_2} \geq 0$$

erfüllt ist. Diese Bedingung ist in Abbildung 3.13 durch die abnehmenden Steigungen (1) bis (3) der stückweise linearen Funktion angedeutet.

Abbildung 3.13: Konkavität und Grenzen für die individuelle Responsefunktion

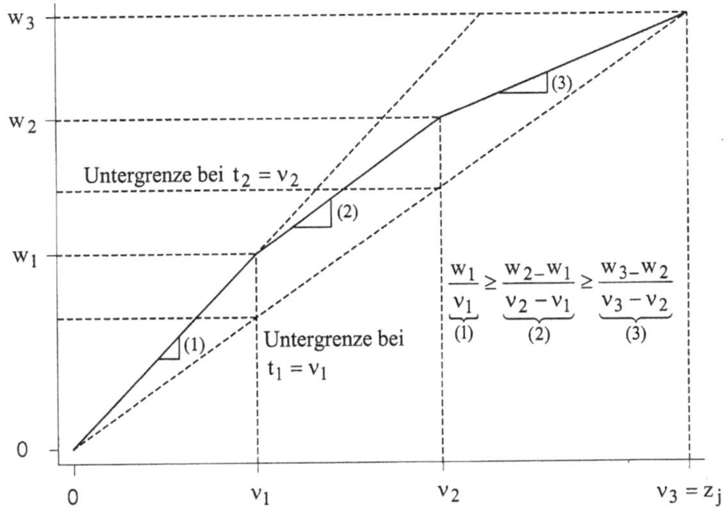


In Abbildung 3.10 ist der Fall dargestellt, dass das realisierte Treatment $v_3 = z_j$ dem größten Treatment entspricht. Für alle kleineren Treatments wurde sowohl nach dem Worst-Case-Szenario als auch bei Annahme von MTR als Untergrenze der individuellen Responsefunktion $K_0$ angenommen. Aufgrund der Konkavität kann diese Untergrenze nun durch die in der Abbildung gekennzeichneten Untergrenzen ersetzt werden, die alle von $K_0$ verschieden sind. Für den Fall, dass das realisierte Treatment dem kleinsten Treatment entspricht, würde man entsprechend für $K_1$ verschiedene Obergrenzen erhalten.

Durch die Annahme der Konkavität der individuellen Responsefunktionen $y_j(\cdot)$ werden bei bekannten unteren Grenzen für die Treatmentvariable T und die Ergebnisvariable Y alle Beobachtungen sowohl für die Unter- als auch für die Obergrenze informativ. Unter- und Obergrenze der Responsefunktion hängen somit in keinem Fall mehr von $K_0$ bzw. $K_1$ ab. Speziell mit $T = [0, \tau]$ und $Y = [0, \infty]$ gilt dann:

$$(3.99)\quad \begin{array}{lcc} z_j < t & \Rightarrow & y_j \leq y_j(t) \leq y_j \cdot \frac{t}{z_j} \\ z_j = t & \Rightarrow & y_j(t) = y_j \\ z_j > t & \Rightarrow & y_j \cdot \frac{t}{z_j} \leq y_j(t) \leq y_j \end{array} .$$

Im Vergleich zu den Grenzen der monotonen Responsefunktionen in (3.52) können in (3.99) die größte untere Schranke, $K_0$, bei der Bestimmung der Untergrenze und die kleinste obere Schranke, $K_1$, bei der Bestimmung der Obergrenze durch $y_j \cdot (t/z_j)$ ersetzt werden, da die Annahme konkav-monotoner Responsefunktionen mit $y_j/z_j$ als durchschnittlichem Output die Extrapolation $y_j \cdot (t/z_j)$ zur Bestimmung der Grenzen ermöglicht.

Bezeichnet man nun die Untergrenze der individuellen Responsefunktion mit $y_{c0j}(t)$ und die Obergrenze mit $y_{c1j}(t)$, lässt sich (3.99) wieder alternativ schreiben als

$$(3.100)\quad y_{c0j}(t) \leq y_j(t) \leq y_{c1j}(t) \quad \text{, mit}$$

$$(3.101a)\quad \begin{array}{lcll} y_{c0j}(t) & := & y_j & \text{falls } z_j \leq t \\ & := & y_j \cdot \frac{t}{z_j} & \text{sonst} \end{array} ,$$

$$(3.101b)\quad \begin{array}{lcll} y_{c1j}(t) & := & y_j & \text{falls } z_j \geq t \\ & := & y_j \cdot \frac{t}{z_j} & \text{sonst} \end{array} .$$

Dies bedeutet, dass die Untergrenze $y_{c0j}(t)$ das latente Ergebnis $y_j(t)$ dominiert und dieses wiederum von $y_{c1j}(t)$ dominiert wird. Für die D-Parameter gilt dann:

$$(3.102)\quad D[y_{c0}(t)|w] \leq D[y(t)|w] \leq D[y_{c1}(t)|w] .$$

Durch die Annahme der Konkavität ergibt sich damit für das Ergebnis $y_j(t)$ zum einen, wie in Kapitel 3.2.7 gezeigt wird, ein engeres Intervall $\lfloor y_{c0j}(t), y_{c1j}(t) \rfloor$ für die individuelle Responsefunktion im Vergleich zum Intervall $\lfloor y_{0j}(t), y_{1j}(t) \rfloor$ bei Annahme von MTR. Zum anderen verhalten sich die Intervallbreiten der individuellen Responsefunktionen für den bei Annahme von CMTR betrachteten Wertebereich $Y = [0, \infty]$ anders. Dies wird anhand der Umformungen in (3.103) und (3.104) ersichtlich. Während sich die Intervallbreite bei Annahme von CMTR, (3.103), symmetrisch und linear in t von Null wegbewegt, je weiter sich t von $z_j$ entfernt, verändert sich die Intervallbreite bei Annahme MTR, (3.104), asymmetrisch und linear, je nachdem ob $z_j < t$ oder $z_j > t$ ist.

$$\text{(3.103)} \quad \text{CMTR } \lfloor y_{c0j}(t), y_{c1j}(t) \rfloor : \quad \begin{aligned} &\frac{y_j}{z_j} \cdot t \cdot 1[z_j < t] + y_j \cdot 1[z_j > t] + y_j \cdot 1[z_j = t] \\ &- \left[ \frac{y_j}{z_j} \cdot t \cdot 1[z_j > t] - y_j \cdot 1[z_j < t] + y_j \cdot 1[z_j = t] \right] \\ &= y_j \cdot \frac{t - z_j}{z_j} \cdot 1[z_j < t] + y_j \cdot \frac{z_j - t}{z_j} \cdot 1[z_j > t] \\ &= y_j \cdot \left| \left( \frac{z_j - t}{z_j} \right) \right| \end{aligned}$$

$$\text{(3.104)} \quad \text{MTR } \lfloor y_{0j}(t), y_{1j}(t) \rfloor : \quad \begin{aligned} &\infty \cdot 1[z_j < t] + y_j \cdot 1[z_j > t] + y_j \cdot 1[z_j = t] \\ &- \{ y_j \cdot 1[z_j < t] + 0 \cdot 1[z_j > t] + y_j \cdot 1[z_j = t] \} \\ &= [\infty - y_j] \cdot 1[z_j < t] + [y_j - 0] \cdot 1[z_j > t] \\ &= \infty \cdot 1[z_j < t] + y_j \cdot 1[z_j > t] \end{aligned}$$

Bevor die Grenzen für den Erwartungswert ermittelt werden, sollen auch bei der Annahme von CMTR die informativen Bereiche grafisch dargestellt werden, siehe Abbildung 3.14. Aus der Annahme von MTR folgte in Abschnitt 3.2.3.1, dass die individuelle Responsefunktion $y_j(\cdot)$ die Gebiete SW und NE durchqueren muss. Durch die Annahme von CMTR folgt zusätzlich, dass $y_j(\cdot)$ die Gebiete WSW und ENE passieren muss. Der Strahl aus dem Ursprung mit der

Steigung $y_j/z_j$ wird zur Untergrenze für $y_j(t)$, falls $z_j \geq t$ und zur Obergrenze falls $z_j \leq t$. Nimmt man für die individuellen Responsefunktionen $y_j(\cdot)$ zusätzlich noch an, dass sie linear in t verlaufen, wird durch Beobachtung von $(z_j, y_j)$ $y_j(\cdot)$ identifiziert. Die individuelle Responsefunktion in Abhängigkeit von t ist dann

$$(3.105) \qquad y_j(t) = \left(\frac{y_j}{z_j}\right) \cdot t \quad .$$

Abbildung 3.14: Informative Bereiche für Wahrscheinlichkeiten, CMTR

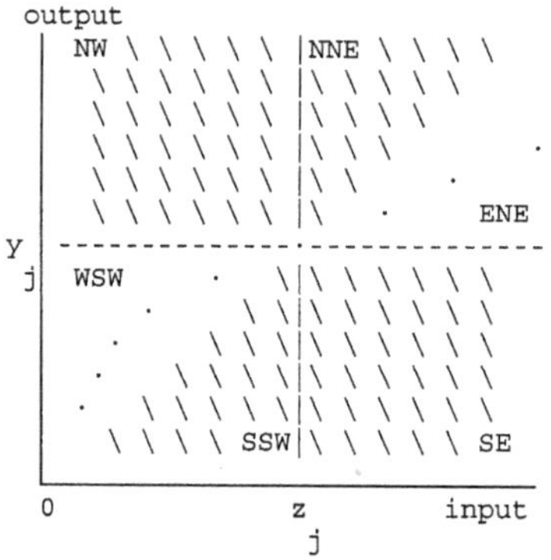


Aggregiert man die individuellen Responsefunktionen und berücksichtigt dabei die in (3.100) ermittelten Grenzen, ergeben sich die Grenzen der Erwartungswerte der Responsefunktion $E[y(t)|w]$ bei Annahme von CMTR

$$(3.106) \quad \begin{array}{c} E(y|w, z \leq t) \cdot P(z \leq t|w) + E(\tfrac{y}{z} \cdot t|w, z \leq t) \cdot P(z > t|w) \\ \leq \qquad E[y(t)|w] \\ \leq E(\tfrac{y}{z} \cdot t|w, z < t) \cdot P(z < t|w) + E(y|w, z \geq t) \cdot P(z \geq t|w) \end{array} \quad .$$

Die Grenzen unterscheiden sich im Vergleich zu den Grenzen bei Annahme von MTR in (3.56) lediglich durch das bereits beschriebene Ersetzen von $K_0$ und $K_1$ durch $y_j \cdot (t/z_j)$. Dadurch wird auch ohne formale Analyse, die in Abschnitt 3.2.7 erfolgt, deutlich, dass die Verringerung der Intervallbreite davon abhängt, wie stark sich $K_0$ und $K_1$ von $y_j \cdot (t/z_j)$ unterscheiden. Da die Schranken $K_0$

und $K_1$ nun ersetzt wurden und zudem nicht auszuschließen ist, dass die realisierten Ergebnisse $y_j$ kleiner bzw. größer als die Unter- bzw. Obergrenze $y_j \cdot (t/z_j)$ sind, muss die Ermittlung der Quantile $q_\alpha[y(t)|w]$ der Responsefunktion gegenüber den bisher verwendeten Annahmen geändert werden. Mit den Definitionen (3.100) bzw. (3.101) und der Indikatorfunktion $1[\cdot]$ wird in (3.107) je eine Verteilung für die Untergrenze und die Obergrenze definiert und das $\alpha$- Quantil bestimmt:

$$\text{(3.107)} \quad \begin{aligned} & q_\alpha\left[y \cdot 1[z \le t] + \tfrac{y}{z} \cdot t \cdot 1[z > t]\right] \\ \le \quad & q_\alpha[y(t)|w] \\ \le \; & q_\alpha\left[\tfrac{y}{z} \cdot t \cdot 1[z < t] + y \cdot 1[z \ge t]\right] \end{aligned} .$$

Durch die Annahme von CMTR erhält man für die Grenzen der Quantile hier erstmalig den Fall, dass es keine nichtinformativen Bereiche gibt. Die Beobachtung der Realisationen $z_j$ und $y_j$ führt unabhängig von der Betrachtung der Unter- oder Obergrenze und unabhängig von dem Wert t der betrachteten Treatmentvariablen zu Grenzen, die nicht durch $K_0$ und $K_1$ vorgegeben sind.

### 3.2.3.3.2 Scharfe Grenzen für D-Treatmenteffekte

Die Grenzen der D-Treatmenteffekte $\Delta(t_2, t_1)$ folgen wieder aus den gemeinsamen scharfen Grenzen für die individuellen Responsefunktionen $y_j(t_2)$ und $y_j(t_1)$. In den bisherigen Abschnitten ergab sich bis auf die Bestimmung der Untergrenze bei Annahme von SMTR stets, dass die Obergrenze (Untergrenze) des Treatmenteffekts als Differenz der Obergrenze (Untergrenze) für $y_j(t_2)$ und der Untergrenze (Obergrenze) für $y_j(t_1)$ ermittelt werden konnte. Wendet man dieses Verfahren auch bei der Annahme von CMTR an, kommt es dabei zu Verletzungen der gemeinsamen scharfen Grenzen, denn die Differenz der Obergrenze für $y_j(t_2)$ und der Untergrenze für $y_j(t_1)$ berücksichtigt nicht die Obergrenze der Steigung, die sich aus der Konkavität ergibt. Aus (3.98) folgen die in (3.108) formulierten Bedingungen, die Unter- und Obergrenze des Treatmenteffekts erfüllen müssen. Mit Hilfe derselben fünf Fallunterscheidungen, die schon bei der Annahme von MTR in (3.65) getroffen wurden, lassen sich die Bedingungen angeben und die Verletzungen aufzeigen.

$$(3.98) \qquad \frac{w_1}{v_1} \geq \frac{w_2 - w_1}{v_2 - v_1} \geq \frac{w_3 - w_2}{v_3 - v_2} \geq 0$$

$$(3.108) \quad \begin{array}{llll}
t_1 < t_2 < z_j & \Rightarrow \dfrac{y_j(t_1)}{t_1} \geq \dfrac{y_j(t_2) - y_j(t_1)}{t_2 - t_1} \geq \dfrac{y_j - y_j(t_2)}{z_j - t_2} \geq 0 \\
t_1 < z_j = t_2 & \Rightarrow \dfrac{y_j(t_1)}{t_1} \geq \dfrac{y_j(t_2) - y_j(t_1)}{t_2 - t_1} = \dfrac{y_j - y_j(t_1)}{z_j - t_1} \geq 0 \\
t_1 < z_j < t_2 & \Rightarrow \dfrac{y_j(t_1)}{t_1} \geq \dfrac{y_j - y_j(t_1)}{z_j - t_1} \geq \dfrac{y_j(t_2) - y_j}{t_2 - z_j} \geq 0 \\
z_j = t_1 < t_2 & \Rightarrow \dfrac{y_j(t_1)}{t_1} = \dfrac{y_j}{z_j} \geq \dfrac{y_j(t_2) - y_j}{t_2 - z_j} \geq 0 \\
z_j < t_1 < t_2 & \Rightarrow \dfrac{y_j}{z_j} \geq \dfrac{y_j(t_1) - y_j}{t_1 - z_j} \geq \dfrac{y_j(t_2) - y_j(t_1)}{t_2 - t_1} \geq 0
\end{array}$$

Der mögliche Widerspruch soll exemplarisch anhand der ersten Bedingung gezeigt werden. In Abschnitt 3.2.3.3.4 zu diesem Kapitel sind die restlichen Widersprüche aufgeführt.

Ersetzt man in der ersten Bedingung $(t_1 < t_2 < z_j)$ das latente Ergebnis bei $t_1$, $y_j(t_1)$, durch $(y_j/z_j)\cdot t_1$ und das bei $t_2$, $y_j(t_2)$, durch $y_j$, erhält man folgenden Widerspruch in (3.109), der sich bei der Bestimmung der Obergrenze mit $y_j(t_2) = y_{c1j}(t_2)$ und $y_j(t_1) = y_{c0j}(t_1)$ ergibt.

$$(3.109) \quad t_1 < t_2 < z_j \Rightarrow \frac{\frac{y_j}{z_j}\cdot t_1}{t_1} \ngeq \frac{y_j - \frac{y_j}{z_j}\cdot t_1}{t_2 - t_1} \geq \frac{y_j - y_j}{z_j - t_2} \geq 0$$

$$\Leftrightarrow y_j \ngeq \frac{y_j[z_j - t_1]}{t_2 - t_1} \Leftrightarrow y_j t_2 - y_j t_1 \ngeq y_j z_j - y_j t_1 \Leftrightarrow y_j t_2 \ngeq y_j z_j \Leftrightarrow t_2 \ngeq z_j$$

Die erste Bedingung fordert, dass das realisierte Treatment größer als $t_2$ ist, $z_j > t_2$. Diese Ungleichung ist aber nicht gesichert, wenn man die in (3.99) für die individuellen Responsefunktionen ermittelten Grenzen in (3.109) einsetzt. Dies ist in Abbildung 3.15 dargestellt.

Abbildung 3.15: Verletzung der ersten Konkavitätsbedingung in (3.108)

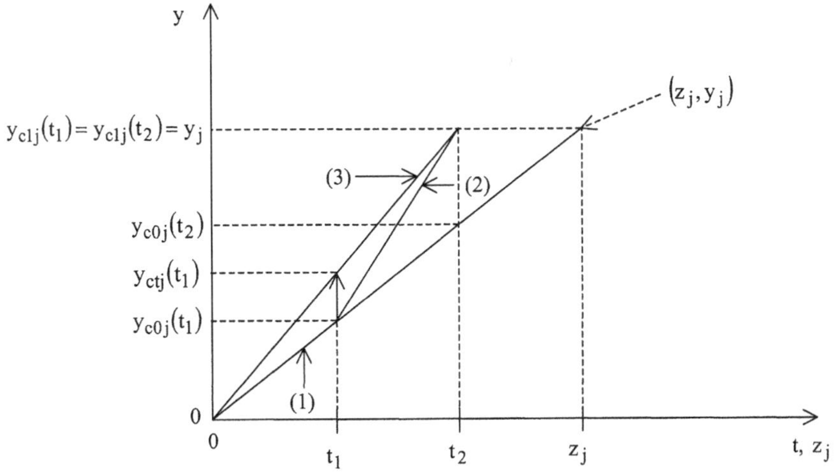


Die Obergrenze des D-Treatmenteffekts $\Delta(t_2, t_1)$, für ein realisiertes Treatment $z_j$ berechnet als Obergrenze bei $t_2$ abzüglich der Untergrenze bei $t_1$, ist durch die Gerade (2) in der Abbildung gekennzeichnet. Die Steigung der Geraden (2) darf aber nach (3.108) höchstens so groß sein wie die Steigung der Geraden (3). Da als Obergrenze das realisierte Ergebnis $y_j$ verwendet wird und deshalb nicht verändert werden kann, muss die Untergrenze der Responsefunktion bei $t_1$, $z_j$, so korrigiert werden, dass die Steigung von (2) konsistent zu der Bedingung in (3.108) ist. Dies erfolgt durch Erhöhung der Untergrenze von $z_j$ auf $y_{ctj}(t_1)$, wodurch die Steigung der Geraden (2) der Steigung der Geraden (3) angepasst wird.

Die formale Ermittlung der Obergrenze des Treatmenteffekts besteht aus einem zweistufigem Verfahren, den größtmöglichen Wert von $y_j(t_2) - y_j(t_1)$ zu finden, der die gemeinsamen Grenzen erfüllt.

Man hält dazu auf der ersten Stufe $y_j(t_2)$ fest und sucht das Minimum von $y_j(t_1)$, das den Bedingungen genügt. Damit erhält man die Obergrenze des Treatmenteffekts als eine Funktion von $y_j(t_2)$. Auf der zweiten Stufe maximiert man diese dann über alle möglichen Werte von $y_j(t_2)$, d.h. für $y_j(t_2) \in \lfloor y_{c0j}(t_2), y_{c1j}(t_2) \rfloor$.

Dies sei exemplarisch anhand der ersten Bedingung gezeigt. Im Fall $t_1 < t_2 < z$ gilt $y_j(t_2) = y_j$ und man sucht den Wert für $y_j(t_1)$, der

$$(3.110) \quad \frac{x}{t_1} = \frac{y_j - x}{t_2 - t_1}$$

erfüllt, die Steigung maximiert und dabei die Bedingung $\frac{y_j - x}{t_2 - t_1} \geq \frac{y_j - y_j}{z_j - t_2} = 0$ nicht verletzt. Dazu löst man (3.110) nach x auf. Dies ergibt mit $x \cdot (t_2 - t_1) + x \cdot t_1 = y_j \cdot t_1$ schließlich, nach x aufgelöst, als neue Untergrenze

$$(3.111) \quad y_{ctj}(t_1) = \frac{y_j}{t_2} \cdot t_1$$

anstelle der alten Untergrenze $y_{c0j}(t_1) = y_j \cdot (t_1 / z_j)$.

Mit dieser neuen Untergrenze ist auch $(2) \geq (3)$ in $\underbrace{\frac{w_1}{v_1}}_{(1)} \geq \underbrace{\frac{w_2 - w_1}{v_2 - v_1}}_{(2)} \geq \underbrace{\frac{w_3 - w_2}{v_3 - v_2}}_{(3)}$ erfüllt. Dies zeigt die Probe

$$(2) \geq (3) \Leftrightarrow \frac{y_j - \frac{y_j}{t_2} \cdot t_1}{t_2 - t_1} \geq 0 \Leftrightarrow \frac{y_j \cdot \left( \frac{t_2 - t_1}{t_2} \right)}{t_2 - t_1} \geq 0 \Leftrightarrow \frac{y_j}{t_2} \geq 0 \quad .$$

Somit ergibt sich bei der Bestimmung des Treatmenteffekts die Untergrenze der individuellen Responsefunktion $y_j(t)$ an der Stelle $t_1$ bei den Personen, deren realisiertes Treatment $z_j$ größer als $t_1$ und $t_2$ ist, als $y_{ctj}(t_1) = \frac{y_j}{t_2} \cdot t_1$.

Für den Fall, dass das realisierte Treatment $z_j$ kleiner als $t_2$ ist, ergibt sich folgende Untergrenze $y_{ctj}$, gezeigt an der Bedingung $t_1 < z_j < t_2$:

$$\frac{x}{t_1} = \frac{y_j - x}{z_j - t_1} \Leftrightarrow \frac{x \cdot (z_j - t_1)}{t_1} + x = y_j \Leftrightarrow x \cdot \left( \frac{z_j - t_1 + t_1}{t_1} \right) = y_j \Leftrightarrow x = y_j \cdot \frac{t_1}{z_j} \quad .$$

Damit ist auch die Bedingung $\frac{y_j - x}{z_j - t_1} \geq \frac{y_j - y_j}{t_2 - z_j}$ erfüllt, da $z_j > t_1$ ist und somit

$y_j > y_j \cdot \frac{t_1}{z_j}$ gegeben ist.

In Abschnitt 3.2.3.3.4 wird gezeigt, dass die Bedingungen auch für die anderen Fälle erfüllt sind. Die Untergrenze an der Stelle $t_1$ bei der Bestimmung des Treatmenteffekts muss demnach wie folgt definiert werden:

$$y_{ctj}(t_1) = y_j \cdot \frac{t_1}{t_2}, \text{ falls } t_2 < z_j$$

(3.112)

$$y_{ctj}(t_1) = y_j \cdot \frac{t_1}{z_j}, \text{ falls } z_j \leq t_2$$

Aus den Definitionen für die modifizierte Untergrenze $y_{ctj}$ und die Obergrenze $y_{c1j}$ kann nun für jede individuelle Responsefunktion die unter Berücksichtigung von (3.108) zulässige Obergrenze der Differenz des Ergebnisses bei $t_2$ und $t_1$ bestimmt werden als $y_{c1j}(t_2) - y_{ctj}(t_1)$. In Tabelle 3.5 sind die möglichen Fälle für die Unter-, die Obergrenze und die Differenz $y_{c1j}(t_2) - y_{ctj}(t_1)$ angegeben.

Tabelle 3.5: Obergrenzen des Treatmenteffekts der individuellen Responsefunktionen in Abhängigkeit des realisierten Treatments $z_j$

| | $z_j < t_2$ | $z_j = t_2$ | $z_j > t_2$ |
|---|---|---|---|
| Obergrenze $y_{c1j}$ | $y_j \cdot \frac{t_2}{z_j}$ | $y_j \cdot \frac{z_j}{z_j} = y_j \cdot \frac{t_2}{z_j}$ | $y_j \cdot \frac{z_j}{z_j} = y_j \cdot \frac{t_2}{t_2}$ |
| Untergrenze $y_{ctj}$ | $y_j \cdot \frac{t_1}{z_j}$ | $y_j \cdot \frac{t_1}{z_j}$ | $y_j \cdot \frac{t_1}{t_2}$ |
| Treatmenteffekt $y_{c1j}(t_2) - y_{ctj}(t_1)$ | $(t_2 - t_1) \cdot \frac{y_j}{z_j}$ | $(t_2 - t_1) \cdot \frac{y_j}{z_j}$ | $(t_2 - t_1) \cdot \frac{y_j}{t_2}$ |

An der Untergrenze des Treatmenteffekts ändert sich im Vergleich zu den schwach monotonen Responsefunktionen nichts. Aufgrund der Monotonieeigenschaft ergibt sich wieder die scharfe Untergrenze von Null.[77]

Damit müssen nur noch die Obergrenzen für den $D\Delta$- und den $\Delta D$-Treatmenteffekt bestimmt werden. Da für den durchschnittlichen Treatmenteffekt beide Effekte identisch sind, kann die Obergrenze direkt aus der Betrachtung des $D\Delta$-Treatmenteffekts ermittelt werden. Dies bietet sich hier an, da in Tabelle 3.5 bereits scharfe Obergrenzen für den individuellen Treatmenteffekt $y_{c1j}(t_2) - y_{ctj}(t_1)$ bestimmt wurden. Bildet man für diesen den Erwartungswert:

$$E\Delta = E[y_{c1j}(t_2) - y_{ctj}(t_1)] \quad ,$$

erhält man das Intervall

$$\begin{aligned}
0 \quad &\le \quad E[y(t_2)|w] - E[y(t_1)|w] = E[y(t_2) - y(t_1)|w] \\
(3.113) \quad &\le \quad E\left(\tfrac{y}{z} \cdot t_2 \middle| w, z < t_2\right) \cdot P(z < t_2|w) + E(y|w, z \ge t_2) \cdot P(z \ge t_2|w) \\
&\quad - \left[ E\left(\frac{y}{z} \cdot t_1 \middle| w, z \le t_2\right) \cdot P(z \le t_2|w) + E\left(\tfrac{y}{t_2} \cdot t_1 \middle| w, z \le t_2\right) \cdot P(z > t_2|w) \right]
\end{aligned}$$

[77] Vgl. Manski (1997a), S. 1332.

Mit den Grenzen aus Tabelle 3.5 lässt sich dieses Intervall übersichtlicher darstellen:

$$
\begin{aligned}
(3.114)\qquad 0 &\leq E[y(t_2)|w] - E[y(t_1)|w] = E[y(t_2) - y(t_1)|w] \\
&\leq (t_2 - t_1)\cdot\left[E\left(\frac{y}{z}|w, z \leq t_2\right) + E\left(\frac{y}{t_2}|w, z > t_2\right)\right] .
\end{aligned}
$$

Für die Untergrenze des allgemeinen $D\Delta$-Treatmenteffekt folgt ebenfalls allein aus der Annahme der Monotonie der Responsefunktion $D(0)$ und für die Obergrenze mit der modifizierten Untergrenze $y_{ct}(t_1)$

$$(3.115)\qquad D(0) \leq D[y(t_2) - y(t_1)|w] \leq D[y_{c1}(t_2) - y_{ct}(t_1)|w] .$$

Daraus folgt, dass das Intervall für den $Q\Delta$-Treatmenteffekt bestimmt werden kann als

$$(3.116)\qquad Q(0) \leq q_\alpha[y(t_2) - y(t_1)|w] \leq q_\alpha[y_{c1}(t_2) - y_{ct}(t_1)|w] .$$

Auch die Untergrenze des $\Delta D$-Treatmenteffekts ist wegen der Annahme der Monotonie der Responsefunktionen Null, für die Obergrenze lassen sich allerdings im Unterschied zu dem $D\Delta$-Treatmenteffekt keine scharfen Grenzen angeben[78], so dass das Intervall in (3.116), mit $y_{c0}(t_1)$ anstelle von $y_{ct}(t_1)$ gebildet

$$(3.117)\qquad 0 \leq D[y(t_2)|w] - D[y(t_1)|w] \leq D[y_{c1}(t_2)|w] - D[y_{c0}(t_1)|w]$$

zu konservativ ist, da es eine kleinere Obergrenze geben könnte.

Da der $\Delta D$- und der $D\Delta$-Treatmenteffekt für die Quantile verschieden sind, gibt es für die Quantile somit bislang noch keine scharfe Obergrenze für den $\Delta D$-Treatmenteffekt. Da die Obergrenze in (3.117) aber lediglich zu konservativ ist, wird im empirischen Teil diese Obergrenze für den $\Delta Q$-Treatmenteffekt verwendet.

---

[78] Vgl. Manski (1997a), S. 1330.

### 3.2.3.3.3 Konkav-monotone und linear-monotone Responsefunktionen

Für die konkav-monotonen Responsefunktionen in Abschnitt 3.2.3.3.1 wurde eingeführt, dass die Ergebnis- und die Treatmentvariable bekannte untere Grenzen haben. Anstelle des Wertebereiches $Y=[K_0,K_1]$ wurde der Wertebereich $Y=[0,\infty]$ bzw. $T=[0,\tau]$ für die Bedingung in (3.98) festgelegt, wobei Null als bekannte untere Grenze lediglich gewählt wurde, um die Darstellung zu vereinfachen. Nun soll gezeigt werden, dass sich die Grenzen aufgrund der Annahme konkav-monotoner und sogar linear-monotoner Responsefunktionen von den Grenzen bei Annahme monotoner Responsefunktionen nicht unterscheiden, wenn die Wertebereiche $Y=[K_0,K_1]$ und $T=[0,\tau]$ zugelassen werden.

Schreibt man die individuellen Responsefunktionen als

(3.118) $$y_j(t)=\beta_j\cdot t+u_j \quad , \beta_j\geq 0 \quad ,$$

folgt dann aus der Beobachtung der realisierten Werte $(z_j,y_j)$ mit

(3.119) $$u_j=y_j-\beta_j\cdot z_j$$

für die individuellen Responsefunktionen in Abhängigkeit von t

(3.120) $$y_j(t)=\beta_j\cdot(t-z_j)+y_j \quad .$$

Mit zwei geordneten Treatments $t_1,t_2\in T$, $t_1<t_2$, ergeben sich dann die folgenden scharfen, gemeinsamen Grenzen für $y_j(t_1)$ und $y_j(t_2)$ in (3.121). Diese entsprechen exakt den Grenzen der individuellen Responsefunktionen aufgrund der Annahme von MTR aus Kapitel 3.2.3.1. Die Verwendung linear-monotoner anstelle monotoner Responsefunktionen hat somit bei dem Wertebereich $Y=[K_0,K_1]$ keine Erhöhung der Identifikationskraft zur Folge.

(3.121) $$\begin{array}{lllllll}
t_1<t_2<z_j & \Rightarrow & K_0 \leq y_j(t_1) & & \leq y_j(t_2) & \leq & y_j \\
t_1<t_2=z_j & \Rightarrow & K_0 \leq y_j(t_1) & & \leq y_j(t_2) & = & y_j \\
t_1<z_j<t_2 & \Rightarrow & K_0 \leq y_j(t_1) & \leq y_j & \leq y_j(t_2) & \leq & K_1 \\
t_1=z_j<t_2 & \Rightarrow & y_j = y_j(t_1) & & \leq y_j(t_2) & \leq & K_1 \\
z_j<t_1<t_2 & \Rightarrow & y_j \leq y_j(t_1) & & \leq y_j(t_2) & \leq & K_1
\end{array} \quad .$$

### 3.2.3.3.4 Überprüfung der Konkavität

In Abschnitt 3.2.3.3.2 wurde bei der Untersuchung der Grenzen für den Treatmenteffekt die erste der fünf Bedingungen in (3.108) dazu verwendet, um die neue Untergrenze $y_{ctj}(t_1) = (y_j/t_2) \cdot t_1$ zu ermitteln, da mit der Definition der Untergrenze in (3.101) gegen diese erste Konkavitätsbedingung verstoßen wurde. In diesem Abschnitt wird überprüft, gegen welche anderen Bedingungen diese Untergrenze (3.101) verstößt.

$$(3.98) \qquad \frac{w_1}{v_1} \geq \frac{w_2 - w_1}{v_2 - v_1} \geq \frac{w_3 - w_2}{v_3 - v_2} \geq 0$$

(3.108)

$$t_1 < t_2 < z_j \Rightarrow \frac{y_j(t_1)}{t_1} \geq \frac{y_j(t_2) - y_j(t_1)}{t_2 - t_1} \geq \frac{y_j - y_j(t_2)}{z_j - t_2} \geq 0$$

$$t_1 < z_j = t_2 \Rightarrow \frac{y_j(t_1)}{t_1} \geq \frac{y_j(t_2) - y_j(t_1)}{t_2 - t_1} = \frac{y_j - y_j(t_1)}{z_j - t_1} \geq 0$$

$$t_1 < z_j < t_2 \Rightarrow \frac{y_j(t_1)}{t_1} \geq \frac{y_j - y_j(t_1)}{z_j - t_1} \geq \frac{y_j(t_2) - y_j}{t_2 - z_j} \geq 0$$

$$z_j = t_1 < t_2 \Rightarrow \frac{y_j(t_1)}{t_1} = \frac{y_j}{z_j} \geq \frac{y_j(t_2) - y_j}{t_2 - z_j} \geq 0$$

$$z_j < t_1 < t_2 \Rightarrow \frac{y_j}{z_j} \geq \frac{y_j(t_1) - y_j}{t_1 - z_j} \geq \frac{y_j(t_2) - y_j(t_1)}{t_2 - t_1} \geq 0$$

- Zweite Bedingung:
  Ersetzt man in der zweiten Bedingung das latente Ergebnis $y_j(t_1)$ durch $(y_j/z_j) \cdot t_1$ und $y_j(t_2)$ durch $y_j$, erhält man keine Verletzung, da bei dieser Bedingung $z_j = t_2$ vorgegeben ist:

$$t_1 < t_2 = z_j \Rightarrow \frac{\frac{y_j}{z_j} \cdot t_1}{t_1} \geq \frac{y_j - \frac{y_j}{z_j} \cdot t_1}{t_2 - t_1} = \frac{y_j - \frac{y_j}{z_j} \cdot t_1}{t_2 - t_1} \geq 0$$

$$y_j = \frac{y_j[t_2 - t_1]}{t_2 - t_1} \Leftrightarrow y_j = y_j$$

- Dritte Bedingung
  Ersetzt man in der dritten Bedingung $y_j(t_1)$ durch $(y_j/z_j)\cdot t_1$ und $y_j(t_2)$ durch $(y_j/z_j)\cdot t_2$, erhält man ebenfalls keine Verletzung:

$$t_1 < z_j < t_2 \Rightarrow \frac{(y_j/z_j)\cdot t_1}{t_1} \geq \frac{y_j-(y_j/z_j)\cdot t_1}{z_j - t_1} \geq \frac{(y_j/z_j)\cdot t_2 - y_j}{t_2 - z_j} \geq 0$$

$$\Leftrightarrow \frac{y_j}{z_j} \geq \frac{y_j[(z_j - t_1)/z_j]}{z_j - t_1} \geq \frac{(y_j/z_j)\cdot t_2 - y_j}{t_2 - z_j} \geq 0$$

$$\Leftrightarrow \frac{y_j}{z_j} \geq 0$$

- Vierte Bedingung
  Ersetzt man in der vierten Bedingung $y_j(t_1)$ durch $y_j$ und $y_j(t_2)$ durch $(y_j/z_j)\cdot t_2$, erhält man auch keine Verletzung:

$$t_1 = z_j < t_2 \Rightarrow \frac{y_j}{z_j} \geq \frac{(y_j/z_j)\cdot t_2 - y_j}{t_2 - z_j} \geq 0$$

$$\Leftrightarrow \frac{y_j}{z_j} \geq \frac{y_j \cdot [(t_2 - z_j)/z_j]}{t_2 - z_j} \geq 0$$

$$\Leftrightarrow \frac{y_j}{z_j} = \frac{y_j}{z_j} \geq 0$$

- Fünfte Bedingung
  Erst bei der letzten Bedingung, beim Ersetzen von $y_j(t_1)$ durch $y_j$ und von $y_j(t_2)$ durch $(y_j/z_j)\cdot t_2$, ergibt sich wieder eine Verletzung:

$$z_j < t_1 < t_2 \Rightarrow \frac{y_j}{z_j} \geq \frac{y_j - y_j}{t_1 - z_j} \geq \frac{(y_j/z_j)\cdot t_2 - y_j}{t_2 - t_1} \geq 0$$

$$\Leftrightarrow \frac{y_j}{z_j} \geq 0 \ngeq \frac{y_j \cdot [(t_2 - z_j)/z_j]}{t_2 - t_1} \geq 0$$

### 3.2.3.3.5 Überprüfung der scharfen Untergrenze für den Treatmenteffekt

Nachdem im letzten Abschnitt untersucht wurde, in welchem Fall der Konkavitätsbedingungen in (3.108) Verletzungen durch die Definitionen der Grenzen der individuellen Responsefunktion (3.99) auftreten, soll in diesem Abschnitt überprüft werden, ob die in Abschnitt 3.2.3.3 neu definierte scharfe Untergrenze der individuellen Responsefunktion (3.112) allen Bedingungen in (3.108) genügt.

Die erste Bedingung, $t_1 < t_2 < z_j$, und die dritte Bedingung, $t_1 < z_j < t_2$, wurden schon in Kapitel 3.2.3.3 behandelt und zur Definition der scharfen Untergrenze $y_{ctj}$ (3.112) verwendet:

$$y_{ctj}(t_1) = y_j \cdot \frac{t_1}{t_2} \quad \text{, falls } t_2 < z_j$$

(3.112)

$$y_{ctj}(t_1) = y_j \cdot \frac{t_1}{z_j} \quad \text{, falls } t_2 \geq z_j \quad .$$

- Für die zweite Bedingung, $t_1 < t_2 = z_j$, gilt wegen $t_2 = z_j$

$$\frac{y_j \cdot \frac{t_1}{z_j}}{t_1} \geq \frac{y_j - y_j \cdot \frac{t_1}{z_j}}{t_2 - t_1} \Leftrightarrow \frac{y_j}{z_j} \geq \frac{y_j \cdot \frac{z_j - t_1}{z_j}}{t_2 - t_1} \Leftrightarrow \frac{y_j}{z_j} = \frac{y_j}{z_j} \quad ,$$

und damit auch

$$\frac{y_j(t_2) - y_j(t_2)}{t_2 - t_1} = \frac{y_j - y_j(t_1)}{z_j - t_1} \geq 0 \Leftrightarrow \frac{y_j}{z_j} = \frac{y_j - \frac{y_j}{z_j} \cdot t_1}{z_j - t_1} \geq 0 \Leftrightarrow \frac{y_j}{z_j} = \frac{y_j}{z_j} \geq 0 \quad .$$

- Für die vierte Bedingung, $z_j = t_1 < t_2$, gilt

$$\frac{y_j}{z_j} \geq \frac{\frac{y_j}{z_j} t_2 - y_j}{t_2 - z_j} \Leftrightarrow \frac{y_j}{z_j} \geq \frac{y_j \cdot \frac{t_2 - z_j}{z_j}}{t_2 - z_j} \Leftrightarrow \frac{y_j}{z_j} = \frac{y_j}{z_j} \geq 0 \quad .$$

- Für die fünfte Bedingung, $z_j < t_1 < t_2$, gilt:

$$\frac{y_j}{z_j} \geq \frac{\frac{y_j}{z_j} t_1 - y_j}{t_1 - z_j} \Leftrightarrow \frac{y_j}{z_j} \geq \frac{y_j \cdot \frac{t_1 - z_j}{z_j}}{t_1 - z_j} \Leftrightarrow \frac{y_j}{z_j} = \frac{y_j}{z_j} \geq 0$$

und

$$\frac{y_j}{z_j} \geq \frac{\frac{y_j}{z_j} t_2 - \frac{y_j}{z_j} t_1}{t_2 - t_1} \Leftrightarrow \frac{y_j}{z_j} \geq \frac{y_j \cdot \frac{t_2 - t_1}{z_j}}{t_2 - t_1} \Leftrightarrow \frac{y_j}{z_j} = \frac{y_j}{z_j} \geq 0 \ .$$

Somit erfüllt die Definition der Untergrenze $y_{ctj}(t_1)$ gemäß (3.112) alle Bedingungen in (3.108) und ist eine scharfe Untergrenze der individuellen Responsefunktion zur Bestimmung der Obergrenze von Treatmenteffekten auf der Grundlage konkav-monotoner Responsefunktionen.

Nachdem nun unterschiedlich ausführlich verschiedene Varianten des Konzepts der Responsefunktionen analysiert wurden, soll im nächsten und letzten Teil ein Fazit dessen gezogen werden, was diese Restriktionen der individuellen Responsefunktion bewirken können.

### 3.2.3.4 Was können Restriktionen der Responsefunktion leisten?

Mit den Annahmen monotoner, semi-monotoner und konkav-monotoner Responsefunktionen wurden Annahmen aus der Produktionstheorie eingeführt, um die Worst-Case-Grenzen für D-Parameter und D-Treatmenteffekte aus Abschnitt 3.2.2 zu verbessern und im Hinblick auf die parametrischen und semiparametrischen Ansätze in Kapitel 2 die Konsequenzen eines nichtparametrischen Modells zu untersuchen.

Alle drei Varianten beschränken sich auf die Responsefunktionen der Individuen. Diese Responsefunktionen bleiben voneinander völlig unabhängig und können deshalb umfassend aggregiert werden, um die Verteilung der Treatmenteffekte analysieren zu können. Der Selektionsprozess in die Treatments findet dabei keine Berücksichtigung. Diese Problematik wird in den Abschnitten 3.2.4 und 3.2.5 behandelt.

Gegenüber den Worst-Case-Grenzen konnte eine deutliche Verbesserung erzielt werden, die im Fall der konkav-monotonen am stärksten, bei den semi-monotonen Responsefunktionen am geringsten ausfällt. Während bei den Worst-Case-Grenzen nur die Beobachtungswerte mit $z_j = t$ und deren tatsächlich realisierte Ergebnisse $y_j$ zur Bestimmung der Grenzen bei Treatment t berücksichtigt werden, liefert bei Annahme von MTR jede Beobachtung entweder eine informative Unter- oder Obergrenze und bei der Annahme von CMTR sowohl eine informative Unter- als auch eine informative Obergrenze.

Bisher wurde noch nicht diskutiert, was mit dieser Verbesserung der Grenzen in Kauf genommen werden muss. Während Ginther (2000) die Annahme von MTR zur Analyse von Bildungsertragsraten ohne Einschränkungen verwendet, lehnt Lechner (1999) diese Annahme[79] bei der Evaluierung beruflicher Weiterbildungsmaßnahmen als zu restriktiv ab, da sie bedeutet, dass das Ergebnis bei einem größeren Wert der Treatmentvariablen bei keiner Person niedriger sein kann als bei einem kleineren Wert.

Dieser Begründung ist nicht zuzustimmen. Vorausgesetzt man bleibt im Rahmen der Humankapitaltheorie, ist mit einer Mehrinvestition auch ein höherer Lohnsatz verbunden. Ob dieser auf dem Arbeitsmarkt realisiert werden kann, ist ein anderes Problem, das die Verwendung der Annahme an sich nicht in Frage stellt.

Es wurde des Weiteren gezeigt, dass keine der Annahmen für sich allein genommen einen Test der Hypothese erlaubt, dass der Treatmenteffekt gleich Null ist. Da immer nur ein Wert der individuellen Responsefunktion, $(z_j, y_j)$, beobachtet werden kann, ist die empirische Evidenz immer konsistent mit der Nullhypothese, dass der Treatmenteffekt gleich Null ist. In Abschnitt 3.2.3.2.3 wurde gezeigt, dass erst die Kombination mit der – isoliert ebenfalls nicht testbaren – Annahme exogener Treatmentselektion einen solchen Test der Annahmen von MTR bzw. SMTR ermöglicht.

---

[79] Sowohl Ginther (2000) als auch Lechner (1999) verwenden nur binäre Treatmentvariablen und "ordered outcomes". Aus diesem Grund benötigen sie das Konzept der Responsefunktionen nicht.

### 3.2.4 Restriktion der Verteilungsfunktion

Die in den Abschnitten 3.2.2 und 3.2.3 ermittelten Grenzen für D-Parameter und D-Treatmenteffekte hingen, von der Annahme konkav-monotoner Responsefunktionen (CMTR) und wenigen Spezialfällen abgesehen, alle mehr oder weniger stark von der unteren Schranke $K_0$ und der oberen Schranke $K_1$ ab. Welche Ansätze gibt es neben der Annahme konkav-monotoner Responsefunktionen, Grenzen für D-Parameter und D-Treatmenteffekte zu bestimmen, die nicht von diesen beiden Schranken beeinflusst werden?

Dazu wird zunächst in den Abschnitten 3.2.4.1 bis 3.2.4.4 untersucht, inwieweit allein durch die Verwendung von Instrumentalvariablen, auch Ausschlussrestriktionen genannt, und einer abgeschwächten Form, den monotonen Instrumentalvariablen – Übersicht 3.2, Abschnitt 3.2.1 – die Verteilungsfunktion für verschiedene Werte t der Treatmentvariablen begrenzt und damit die beiden Schranken $K_0$ und $K_1$ ersetzt werden können. In Abschnitt 3.2.4.5 wird gezeigt, dass mit Hilfe des Instrumentalvariablenansatzes nicht nur die Grenzen verbessert werden können, sondern auch der Selektionsprozess in die Treatments berücksichtigt werden kann, der in Abschnitt 3.2.3 bei der Analyse der Responsefunktionen nicht thematisiert wurde.

In Abschnitt 3.2.5 werden diese Instrumentalvariablenansätze dann mit den Restriktionen der Responsefunktion aus Abschnitt 3.2.3, MTR, SMTR und CMTR kombiniert. Dabei ist Abschnitt 3.2.5.3 hervorzuheben, in dem monotone Treatmentselektion (MTS) und die Annahme monotoner Responsefunktionen (MTR) zu der Annahme von MTS-MTR kombiniert werden. Diese Kombination wurde bislang als einzige empirisch auf die Analyse von Bildungsertragsraten angewendet und wird deshalb auch besonders ausführlich behandelt.[80]

Bei der Kombination der Annahmen monotoner Instrumentalvariablen (MIV) und monotoner Responsefunktionen (MTR) wird auf die Analyse von D-Treatmenteffekten verzichtet, da diese im Vergleich zu der Annahme von MIV und der Annahme von MTS-MTR, die in der empirischen Anwendung im Vordergrund stehen wird, sehr komplex ist.[81]

---

[80] Vgl. Manski/Pepper (2000), S. 1005-1009.
[81] Vgl. Manski/Pepper (2000), S. 1005.

### 3.2.4.1 Ausschlussrestriktionen

Die beobachtbaren Kovariaten w wurden bisher nur zur Definition der interessierenden Grundgesamtheit verwendet. Im Folgenden wird – wie schon bei der Einführung in den Modellrahmen, Abschnitt 3.2.1, erläutert – innerhalb der Kovariaten zwischen zwei Gruppen, w und v, unterschieden. Dabei dient eine Variable, die zur Gruppe w gehört, weiterhin der Definition der interessierenden Grundgesamtheit. Eine Variable, die zur Gruppe v gehört, soll dagegen die Eigenschaft aufweisen, dass ein bestimmter Aspekt der Responsefunktion, beispielsweise der Erwartungswert, $E[y(t)|w]$, für alle Werte u dieser Variablen, bedingt auf die durch die Variablen in w definierte Grundgesamtheit, konstant ist. Da eine solche Variable damit von der Bestimmung dieses Erwartungswertes der Responsefunktion annahmegemäß ausgeschlossen ist, bezeichnet man diese Variable als eine Instrumentalvariable bzw. die Verwendung einer solchen Variablen als Ausschlussrestriktion.

In Abschnitt 3.2.1, Abbildung 3.3, wurde die Funktionsweise der Ausschlussrestriktion bereits grafisch skizziert. Zur formalen Darstellung sei zunächst vereinfachend angenommen, die Instrumentalvariable v habe nur zwei Ausprägungen, $u_1$ und $u_2$. Da die Instrumentalvariable annahmegemäß von der Bestimmung der Ergebnisvariablen ausgeschlossen ist, gilt, dass der Erwartungswert der Responsefunktion bei $u_1$ mit dem bei $u_2$ übereinstimmen muss:

$$(3.122) \quad E[y(t)|w, u_1] = E[y(t)|w, u_2] \ .$$

Aus (3.122) folgt nun direkt, dass die Untergrenze des nicht auf die Instrumentalvariable bedingten Erwartungswertes $E[y(t)|w]$ nicht kleiner als der größte Wert der beiden Worst-Case-Untergrenzen für den bedingten Erwartungswert und die Obergrenze nicht größer als der kleinste Wert der beiden Worst-Case-Obergrenzen sein kann.

Somit muss der unbedingte Erwartungswert $E[y(t)|w]$ nicht nur im Intervall (3.123) der Worst-Case-Grenzen aus Abschnitt 3.2.2 liegen, sondern auch im Intervall[82] (3.124), das sich durch die Instrumentalvariable ergibt. Die Breite dieses Intervalls wiederum ist höchstens so groß wie in (3.123).

---

[82] Vgl. Manski (1995), S. 37.

$$(3.123)\quad \begin{aligned} & K_0 \cdot P(z \neq t|w) + E(y|w, z=t) \cdot P(z=t|w) \\ \leq \; & E[y(t)|w] \\ \leq \; & K_1 \cdot P(z \neq t|w) + E(y|w, z=t) \cdot P(z=t|w) \end{aligned}$$

$$(3.124)\quad \begin{aligned} & \sup_{j=1,2}\left[K_0 \cdot P(z \neq t|w, u_j) + E(y|w, z=t, u_j) \cdot P(z=t|w, u_j)\right] \\ \leq \; & E[y(t)|w] \\ \leq \; & \inf_{j=1,2}\left[K_1 \cdot P(z \neq t|w, u_j) + E(y|w, z=t, u_j) \cdot P(z=t|w, u_j)\right] \end{aligned}$$

Unter Verwendung der Instrumentalvariablen ergibt sich zwar in der Regel ein kleineres Intervall, zur Identifikation des unbedingten Erwartungswert $E[y(t)|w]$ kommt es jedoch nur dann, d.h. die Unter- und Obergrenze fallen nur dann zusammen, wenn in (3.124) für die größte untere Schranke $\pi_0 = \sup_{j=1,2} P(z=t|w, u_j) = 1$ gilt:

$$(3.125)\quad \begin{aligned} & \sup_{j=1,2}\left[K_0 \cdot (1-1) + E(y|w, z=t, u_j) \cdot 1\right] \\ = \; & E[y(t)|w] \\ = \; & \inf_{j=1,2}\left[K_1 \cdot (1-1) + E(y|w, z=t, u_j) \cdot 1\right] \end{aligned} .$$

Hieraus folgt die Identifikation des unbedingten Erwartungswertes:[83]

$$(3.126)\quad \sup_{j=1,2} E(y|w, z=t, u_j) = E[y(t)|w] = \inf_{j=1,2} E(y|w, z=t, u_j) .$$

---

[83] Vgl. Manski (1994b), S. 157. Notwendige Bedingung dafür, dass eine Instrumentalvariable zur Identifikation führen kann, ist $\pi_0 \geq 0{,}5$. Dies kann gezeigt werden, indem die größtmögliche Unter- und die kleinstmögliche Obergrenze in (3.124) in Abhängigkeit von $\pi_0$ bestimmt wird: $K_0 \cdot (1-\pi_0) + K_1 \cdot \pi_0 \leq E[y(t)|w] \leq K_1 \cdot (1-\pi_0) + K_0 \cdot \pi_0$. Bildet man nun die Differenz zwischen der kleinstmöglichen Ober- und der größtmöglichen Untergrenze, erhält man den Ausdruck $(K_1 - K_0) \cdot (1 - 2 \cdot \pi_0)$, der für $\pi_0 < 0{,}5$ immer positiv und von Null verschieden ist, so dass die Schrumpfung des Intervalls auf einen Punkt nicht möglich ist.

Um in den nächsten Abschnitten scharfe Grenzen in Abhängigkeit der beiden hier betrachteten Varianten von Instrumentalvariablen[84] ermitteln zu können, wird zunächst definiert, was im Folgenden unter einer IV- und einer MIV-Annahme zu verstehen ist. Die übliche Definition einer Instrumentalvariablen (IV-Annahme) im allgemeinen Fall ist:

Die Variable $\nu$ sei eine Instrumentalvariable im Sinne der Mittelwertunabhängigkeit (mean-independence), wenn für jedes Treatment $t \in T$, jeden Wert der Kovariaten w und allen $(u, u') \in (V \times V)$ gilt:

$$E[y(t)|w, \nu = u] = E[y(t)|w, \nu = u'] \quad . \tag{3.127}$$

Ist dabei die Instrumentalvariable $\nu$ selbst das realisierte Treatment, $\nu = z$, ergibt sich als Spezialfall dieser IV-Annahme die Annahme von ETS aus Abschnitt 3.1.3.1:

$$E[y(t)|w, z = u] = E[y(t)|w, z = u'], \ \forall (u, u') \in (V \times V) \quad . \tag{3.128}$$

Wie in Abschnitt 3.2.3 bei der Einführung der Annahme von MTR bereits gezeigt wurde, kann es modelltheoretische Gründe geben, von dieser IV-Annahme abzuweichen und zu untersuchen, wie sich eine Lockerung der Annahmen auf die Identifikation von Parametern auswirkt. Die IV-Annahme wird deshalb zu der so genannten MIV-Annahme abgeschwächt:

V sei eine geordnete Menge. Dann sei die Variable $\nu$ eine monotone Instrumentalvariable im Sinne der Monotonie im Mittel (mean-monotonicity), wenn für jedes Treatment $t \in T$, jeden Wert der Kovariaten w und allen $(u_1, u_2) \in (V \times V)$ mit $u_1 \leq u_2$ gilt:

$$E[y(t)|w, \nu = u_1] \leq E[y(t)|w, \nu = u_2] \quad . \tag{3.129}$$

Dies sei wieder interpretiert vor dem Hintergrund der Humankapitaltheorie. Wenn beispielsweise mit der Kovariaten $\nu$ die Fähigkeiten einer Person gemessen werden, besagt die IV-Annahme, dass Personen mit unterschiedlichen gemessenen Fähigkeiten trotzdem exakt dieselbe Durchschnittslohnfunktion aufweisen, während die MIV-Annahme nur impliziert, dass die Durchschnittslohn-

[84] Vgl. Imbens (2001) zu weiteren Definitionen von Instrumentalvariablen und Manski (1994a).

funktionen der Personen mit höheren gemessenen Fähigkeiten mindestens so hoch sind wie die Durchschnittslohnfunktionen der Personen mit geringeren gemessenen Fähigkeiten. In Abbildung 3.16 ist illustriert, dass die Annahme von MIV nicht fordert, dass das Ergebnis mit zunehmendem Wert der Treatmentvariablen steigen muss. Es wird lediglich vorausgesetzt, dass das Ergebnis der Personen, die $u_2$ Jahre gewählt haben größer ist als das der Personen, die lediglich $u_1$ Jahre gewählt haben. Erst die Kombination der Annahmen von MIV und MTR führt dazu, dass das Ergebnis mit steigendem Wert der Treatmentvariablen nicht sinken kann. Dies ist in Abbildung 3.17 dargestellt.

Abbildung 3.16: Intervalle, MIV

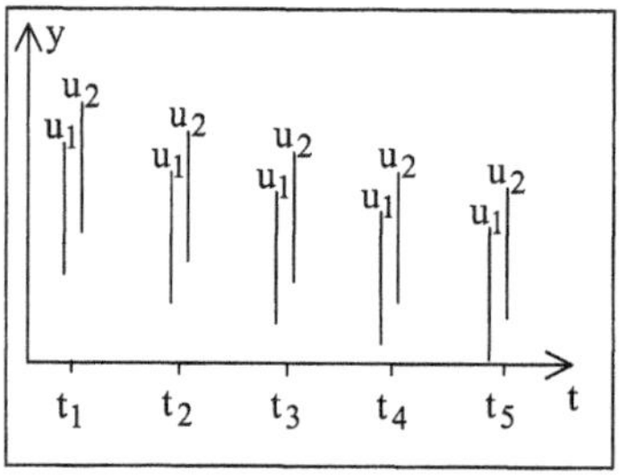


Abbildung 3.17: Intervalle, MIV und MTR

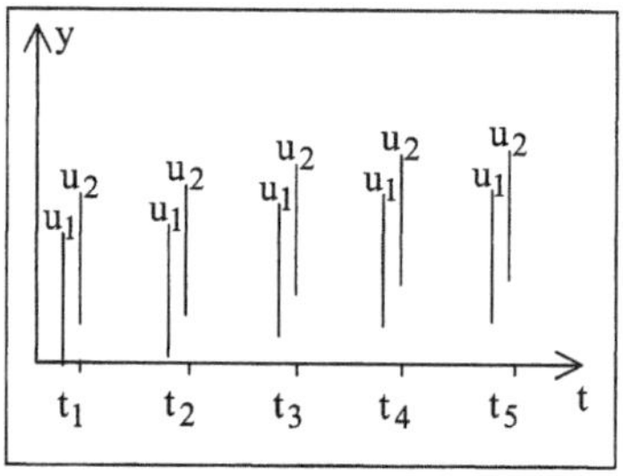


Um die entsprechenden Grenzen für Quantile und Quantil-Treatmenteffekte bei einer IV- bzw. MIV-Annahme bestimmen zu können, müssen die beiden gerade aufgestellten Definitionen auf die Quantile übertragen werden.

Eine Kovariate $v$ sei eine Instrumentalvariable im Sinne der Quantilunabhängigkeit (quantile-independence), wenn für jedes Treatment $t \in T$, jeden Wert der Kovariaten w, allen $(u, u') \in (V \times V)$ und einem betrachteten $\alpha$-Quantil gilt[85]:

$$q_\alpha[y(t)|w, v = u] = q_\alpha[y(t)|w, v = u'] \quad . \tag{3.130}$$

Die strengste Ausschlussrestriktion im Sinne der Quantilunabhängigkeit wäre, dass nicht nur ein bestimmtes $\alpha$-Quantil über alle Werte der Instrumentalvariablen hinweg konstant bleibt, sondern dass alle $\alpha$-Quantile gemeinsam nicht mit $v$ variieren. Die beiden Verteilungen wären dann annahmegemäß identisch.

---

[85] Vgl. Manski (1994b), S. 157.

Eine Kovariate $v$ sei eine monotone Instrumentalvariable im Sinne der Monotonie eines $\alpha$-Quantils (quantile-monotonicity), wenn für jedes Treatment $t \in T$, jeden Wert der Kovariaten w, allen $(u_1, u_2) \in (V \times V)$ und einem betrachteten $\alpha$ gilt:

(3.131) $$q_\alpha[y(t)|w, v = u_1] \leq q_\alpha[y(t)|w, v = u_2] \ .$$

Entsprechend wäre hier die strengste Ausschlußrestriktion im Sinne der Quantilunabhängigkeit, wenn man annehmen würde, dass (3.131) für alle $\alpha$-Quantile gemeinsam gelten würde. Dies würde dem Konzept der stochastischen Dominanz entsprechen. Die auf den Wert $u_2$ der Instrumentalvariablen bedingte Verteilung würde die auf $u_1$ bedingte Verteilung stochastisch dominieren.

In den folgenden Abschnitten werden die D-Parameter $E[y(t)|w, v = u]$, $q_\alpha[y(t)|w, v = u]$, $E[y(t)|w]$ und $q_\alpha[y(t)|w]$ im Mittelpunkt stehen. Um die Darstellung zu vereinfachen, wird $E[y(t)|w]$ weiterhin als unbedingter Erwartungswert und $q_\alpha[y(t)|w]$ als unbedingtes $\alpha$-Quantil im Sinne von Parametern der Responsefunktion bei spezifizierten Kovariaten w bezeichnet, während $E[y(t)|w, v = u]$ ein bedingter Erwartungswert und $q_\alpha[y(t)|w, v = u]$ ein bedingtes $\alpha$-Quantil genannt wird.

### 3.2.4.2 Worst-Case-Grenzen

Um die Auswirkungen der verschiedenen Annahmen in den folgenden Abschnitten auf die Grenzen für D-Parameter und D-Treatmenteffekte anhand eines Referenzszenarios beurteilen zu können, wird wieder mit der Bestimmung von Worst-Case-Grenzen begonnen. Es wird untersucht, welche Grenzen sich für den unbedingten D-Parameter $D[y(t)|w]$ und nun zusätzlich für den bedingten D-Parameter $D[y(t)|w, v = u]$ ergeben, wenn eine weitere Kovariate $v$ einbezogen wird, ohne dass über diese und über den Verlauf der Responsefunktionen zusätzliche Annahmen getroffen werden.

Zur Bestimmung der Grenzen für den unbedingten Erwartungswert ist es nötig, zunächst den bedingten Erwartungswert $E[y(t)|w, v = u]$ zu bestimmen. In (3.132) wird hierzu die Tatsache verwendet, dass der auf einen Wert u der Kovariaten $\nu$ und ein realisiertes Treatment $z = t$ bedingte Erwartungswert empirisch direkt bestimmbar ist:

$$(3.132) \quad E[y(t)|w, \nu = u, z = t] = E(y|w, \nu = u, z = t)$$ [86] .

Zusammen mit dem Gesetz iterierter Erwartungswerte erhält man dann für den bedingten Erwartungswert $E[y(t)|w, \nu = u]$:

$$(3.133) \quad \begin{aligned} E[y(t)|w, \nu = u] = {} & E[y(t)|w, \nu = u, z = t] \cdot P(z = t|w, \nu = u) \\ & + E[y(t)|w, \nu = u, z \neq t] \cdot P(z \neq t|w, \nu = u) \end{aligned} .$$

Mit Ausnahme des bedingten Erwartungswertes $E[y(t)|w, \nu = u, z \neq t]$, der jeden Wert aus dem Intervall $[K_0, K_1]$ annehmen kann, ist jede Größe anhand der Stichprobe schätzbar. Mit den Worst-Case-Grenzen aus Abschnitt 3.2

$$(3.134) \quad \begin{aligned} & z \neq t \Rightarrow K_0 \leq E[y(t)|w, \nu = u, z \neq t] \leq K_1 \\ & z = t \Rightarrow E[y(t)|w, \nu = u, z = t] = E(y|w, \nu = u, z = t) \end{aligned}$$

ergeben sich dann die scharfen Grenzen für den bedingten Erwartungswert $E[y(t)|w, \nu = u]$:

$$(3.135) \quad \begin{aligned} & K_0 \cdot P(z \neq t|w, \nu = u) + E(y|w, \nu = u, z = t) \cdot P(z = t|w, \nu = u) \\ \leq & \qquad E[y(t)|w, \nu = u] \\ \leq & \; K_1 \cdot P(z \neq t|w, \nu = u) + E(y|w, \nu = u, z = t) \cdot P(z = t|w, \nu = u) \end{aligned} .$$

Die Grenzen in (3.135) kann man nun dazu verwenden, um Grenzen für den unbedingten Erwartungswert $E[y(t)|w]$ abzuleiten. Falls die Menge V endlich[87] ist, kann man den unbedingten Erwartungswert mit dem Gesetz iterierter Erwartungswerte schreiben als

$$(3.136) \quad E[y(t)|w] = \sum_{u \in V} E[y(t)|w, \nu = u] \cdot P(w, \nu = u) .$$

---

[86] Vgl. Manski/Pepper (2000), S. 999.

[87] Vgl. Manski/Pepper (2000), S. 1000. Falls V nicht endlich ist, muss ein Lebesgue-Integral verwendet werden.

Setzt man nun für jeden Wert u der Instrumentalvariablen in (3.136) zur Bestimmung der Untergrenze (Obergrenze) von $E[y(t)|w]$ die entsprechende Untergrenze (Obergrenze) aus (3.135) ein, erhält man die Grenzen

$$
\begin{aligned}
&\sum_{u \in V} P(v=u) \cdot \left[K_0 \cdot P(z \neq t|v=u) + E(y|v=u, z=t) \cdot P(z=t|v=u)\right] \\
(3.137) \quad &\leq \qquad E[y(t)|w] \\
&\leq \sum_{u \in V} P(v=u) \cdot \left[K_1 \cdot P(z \neq t|v=u) + E(y|v=u, z=t) \cdot P(z=t|v=u)\right]
\end{aligned}
$$

Diese Unter- und Obergrenze lassen sich schreiben als:

$$
\begin{aligned}
&K_0 \cdot \sum_{u \in V} P(w, v=u) \cdot P(z \neq t|w, v=u) \\
(3.138) \quad &+ \sum_{u \in V} P(w, v=u) \cdot E(y|w, v=u, z=t) \cdot P(z=t|w, v=u) \ , \\
&= K_0 \cdot P(z \neq t|w) + E(y|w, z=t) \cdot P(z=t|w)
\end{aligned}
$$

$$
\begin{aligned}
&K_1 \cdot \sum_{u \in V} P(w, v=u) \cdot P(z \neq t|w, v=u) \\
(3.139) \quad &+ \sum_{u \in V} P(w, v=u) \cdot E(y|w, v=u, z=t) \cdot P(z=t|w, v=u) \ . \\
&= K_1 \cdot P(z \neq t|w) + E(y|w, z=t) \cdot P(z=t|w)
\end{aligned}
$$

Damit entsprechen die Grenzen für den unbedingten Erwartungswert $E[y(t)|w]$ in (3.140) den Worst-Case-Grenzen in (3.24) aus Abschnitt 3.2.2:

$$
\begin{aligned}
&K_0 \cdot P(z \neq t|w) + E(y|w, z=t) \cdot P(z=t|w) \\
(3.140) \quad &\leq \qquad E[y(t)|w] \qquad . \\
&\leq K_1 \cdot P(z \neq t|w) + E(y|w, z=t) \cdot P(z=t|w)
\end{aligned}
$$

Nun wird untersucht, welche Worst-Case-Grenzen sich für die Quantile der Responsefunktion unter Verwendung einer weiteren Kovariaten ergeben. Ohne IV-Annahme ergeben sich für das bedingte $\alpha$-Quantil $q_\alpha[y(t)|w, v=u]$ die folgenden Worst-Case-Grenzen in Analogie zu Abschnitt 3.2.2.1:

$$
(3.141) \quad q_{\lambda_0}(y|w, v=u) \leq q_\alpha[y(t)|w, v=u] \leq q_{\lambda_1}(y|w, v=u) \ ,
$$

wobei die Grenzen $q_{\lambda_0}(y|w, v = u)$ und $q_{\lambda_1}(y|w, v = u)$ ebenfalls entsprechend Abschnitt 3.2.2.1 in den Bereichen[88]

$$
\begin{array}{lclcl}
0 & < \alpha \leq & P(z \neq t|w, v = u) & \Rightarrow & K_0 \leq q_\alpha \\
P(z = t|w, v = u) & < \alpha < & 1 & \Rightarrow & q_\alpha \leq K_1 \\
P(z \neq t|w, v = u) & < \alpha < & 1 & \Rightarrow & q_{\lambda_0} \leq q_\alpha \\
0 & < \alpha \leq & P(z = t|w, v = u) & \Rightarrow & q_\alpha \leq q_{\lambda_1} \\
P(z = t|w, v = u) & < \alpha < & P(z \neq t|w, v = u) & \Rightarrow & K_0 \leq q_\alpha \leq K_1 \\
P(z \neq t|w, v = u) & < \alpha < & P(z = t|w, v = u) & \Rightarrow & q_{\lambda_0} \leq q_\alpha \leq q_{\lambda_1}
\end{array}
\tag{3.142}
$$

bestimmt werden mit:

$$\lambda_0 = \frac{\alpha - P(z \neq t|w, v = u)}{P(z = t|w, v = u)} \quad , \tag{3.143}$$

$$\lambda_1 = \frac{\alpha}{P(z = t|w, v = u)} \quad . \tag{3.144}$$

Für das unbedingte $\alpha$-Quantil $q_\alpha[y(t)|w]$ können wieder die Grenzen aus Kapitel 3.2.2 übernommen werden. Dies entspricht auch der Intuition, da von den auf die Kovariate bedingten Grenzen keine wechselseitigen Restriktionen ausgehen, die sich auf die Grenzen für den unbedingten Erwartungswert auswirken könnten.

Verwendet man also eine zusätzliche Kovariate ohne zusätzliche Annahmen zu treffen, verändert dies weder die Worst-Case-Grenzen für den unbedingten Erwartungswert noch für die unbedingten Quantile. Damit gelten aber auch die Grenzen für die D-Treatmenteffekte aus Kapitel 3.2.2. Um engere Grenzen für die Parameter und die Treatmenteffekte bestimmen zu können, wird im nächsten Abschnitt die eingangs schon besprochene Ausschlussrestriktion ausführlich dargestellt.

---

[88] Auf die Kovariate V bedingte Quantile $q_\alpha[y(t)|w, v = u]$, $q_{\lambda_0}(y|w, z = t, v = u)$ sowie $q_{\lambda_1}(y|w, z = t, v = u)$ werden aus Vereinfachungsgründen kurz als $q_\alpha$, $q_{\lambda_0}$ und $q_{\lambda_1}$ geschrieben.

### 3.2.4.3 Instrumentalvariablen (IV) und Worst-Case-Grenzen

In diesem Abschnitt wird für die zusätzlich eingeführte Kovariate angenommen, dass sie die Eigenschaften einer Instrumentalvariablen erfüllt. Mit der Definition einer Instrumentalvariablen (3.127) aus Abschnitt 3.2.4.1 ergeben sich dann – wie schon im Einführungsbeispiel skizziert – im Vergleich zu den Worst-Case-Grenzen in Abschnitt 3.2.4.2 in der Regel engere Grenzen.[89] Dies gilt sowohl für den bedingten Erwartungswert $E[y(t)|w, v = u]$ und daraus folgend für den unbedingten Erwartungswert $E[y(t)|w]$ als auch für die bedingten und unbedingten Quantile.

Da aufgrund der IV-Annahme der bedingte Erwartungswert $E[y(t)|w, v = u]$ in (3.145) nicht kleiner als der größte Wert der Worst-Case-Untergrenze und nicht größer als der kleinste Wert der Worst-Case-Obergrenze sein kann, gilt[90]:

$$
\begin{aligned}
& \sup_{u \in V}\left[K_0 \cdot P(z \neq t|w, v = u) + E(y|w, v = u, z = t) \cdot P(z = t|w, v = u)\right] \\
(3.145) \quad \leq \; & E[y(t)|w, v = u] \\
\leq \; & \inf_{u \in V}\left[K_1 \cdot P(z \neq t|w, v = u) + E(y|w, v = u, z = t) \cdot P(z = t|w, v = u)\right].
\end{aligned}
$$

Verwendet man nun diese engeren Grenzen (3.145) für die bedingten Erwartungswerte in (3.133) anstelle der Worst-Case-Grenzen (3.135) im vorigen Abschnitt, ergeben sich die Grenzen für den unbedingten Erwartungswert $E[y(t)|w]$ als

$$
\begin{aligned}
& \sum_{u \in V} P(w, v = u) \cdot \left\{ \sup_{u \in V} \begin{bmatrix} K_0 \cdot P(z \neq t|w, v = u) \\ + E(y|w, v = u, z = t) \cdot P(z = t|w, v = u) \end{bmatrix} \right\} \\
(3.146) \quad \leq \; & E[y(t)|w] \\
\leq \; & \sum_{u \in V} P(w, v = u) \cdot \left\{ \inf_{u \in V} \begin{bmatrix} K_1 \cdot P(z \neq t|w, v = u) \\ + E(y|w, v = u, z = t) \cdot P(z = t|w, v = u) \end{bmatrix} \right\}
\end{aligned}
$$

bzw.

---

[89] Vgl. Manski (1990), S. 322f.

[90] Vgl. Manski/Pepper (2000), S. 1000, und Manski (1995), S. 37.

$$(3.147)\quad \begin{aligned} &\sup_{u\in V}\left[K_0\cdot P(z\neq t|w,v=u)+E(y|w,v=u,z=t)\cdot P(z=t|w,v=u)\right]\\ \leq\ & \qquad\qquad E[y(t)|w] \\ \leq\ & \inf_{u\in V}\left[K_1\cdot P(z\neq t|w,v=u)+E(y|w,v=u,z=t)\cdot P(z=t|w,v=u)\right] \end{aligned}\ .$$

Wenn der bedingte Erwartungswert $E(y|w,v=u,z=t)$ bei verschiedenen Werten von t variiert, sind die Grenzen in (3.145) für die Untergrenze größer und für die Obergrenze kleiner. Das Intervall, in dem der unbedingte Erwartungswert liegt, fällt dann entsprechend enger aus.

Mit der Annahme der Quantilunabhängigkeit[91] erhält man die Worst-Case-Grenzen für das bedingte Quantil $q_\alpha[y(t)|w,v=u]$. Dieses kann nicht kleiner sein als der größte Wert von $q_{\lambda_0}(y|w,v=u)\ \forall\, u\in V$ und nicht größer als der kleinste Wert von $q_{\lambda_1}(y|w,v=u)\ \forall\, u\in V$ wobei zu beachten ist, dass sich die Werte für $\lambda_0$ $(\lambda_1)$ bei verschiedenen u unterscheiden werden:

$$(3.148)\quad \sup_{u\in V} q_{\lambda_0}(y|w,v=u)\leq q_\alpha[y(t)|w,v=u]\leq \inf_{u\in V} q_{\lambda_1}(y|w,v=u)\ .$$

Die Untergrenzen $q_{\lambda_0}(y|w,v=u)$ und die Obergrenzen $q_{\lambda_1}(y|w,v=u)$ werden dabei wie in (3.142) und $\lambda_0$ bzw. $\lambda_1$ wie z.B. in (3.143) und (3.144) bestimmt.

Für ein unbedingtes Quantil $q_\alpha[y(t)|w]$ folgt damit direkt aus der Annahme der Quantilunabhängigkeit (3.130):

$$(3.149)\quad \sup_{u\in V} q_{\lambda_0}(y|w,v=u)\leq q_\alpha[y(t)|w]\leq \inf_{u\in V} q_{\lambda_1}(y|w,v=u)\ .$$

Da die Grenzen $D[y(t_2)|w,v=u]$ und $D[y(t_1)|w,v=u]$ für den Erwartungswert und die Quantile scharf sind und es gleichzeitig möglich ist, dass $D[y(t_2)|w,v=u]$ seinen maximalen (minimalen) Wert und $D[y(t_1)|w,v=u]$ seinen minimalen (maximalen) Wert annimmt, ergibt sich die Obergrenze (Untergrenze) für die D-Treatmenteffekte $D[y(t_2)|w]-D[y(t_1)|w]$ aus der Differenz

---

[91] Vgl. Manski (1994b), S. 157.

der Obergrenze (Untergrenze) für $D[y(t_2)|w]$ und der Untergrenze (Obergrenze) für $D[y(t_1)|w]$.[92]

Nachdem nun die Worst-Case-Grenzen für bedingte und unbedingte Erwartungswerte sowie Quantile bei Annahme einer Instrumentalvariablen untersucht wurden, wird die IV-Annahme im nächsten Abschnitt zu der MIV-Annahme abgeschwächt.

### 3.2.4.4 Monotone Instrumentalvariablen (MIV) und Worst-Case-Grenzen

Welche Änderungen ergeben sich nun durch die Abschwächung der IV-Annahme? In Abbildung 3.4, Abschnitt 3.2.1, wurde bereits gezeigt, dass das Intervall dadurch in der Regel größer wird, da bei der Bestimmung der Unter- bzw. Obergrenze bei Annahme monotoner Instrumentalvariablen jeweils nur ein Teil der Werte der Instrumentalvariablen verwendet wird.

Aus der Annahme monotoner Instrumentalvariablen (3.129) folgt nun direkt die Ungleichung für den bedingten Erwartungswert $E[y(t)|w, v = u]$:

$$u_1 \leq u \leq u_2 \Rightarrow E[y(t)|w, v = u_1] \leq E[y(t)|w, v = u] \leq E[y(t)|w, v = u_2] \quad (3.150)$$

Dies bedeutet, dass der bedingte Erwartungswert nicht kleiner sein kann als die Worst-Case-Untergrenze von $E[y(t)|w, v = u_1]$ und nicht größer als die Worst-Case-Obergrenze von $E[y(t)|w, v = u_2]$. Er liegt damit wieder im gemeinsamen Bereich der größten unteren und der kleinsten oberen Grenze, wobei wegen der Monotonie nun das Supremum und das Infimum nicht mehr wie bei der IV-Annahme über alle Werte u der Instrumentalvariablen $v$ bestimmt wird, sondern wegen (3.150) jeweils die Teilbereiche $u_1 \leq u$ und $u_2 \geq u$ verwendet werden müssen. Mit der MIV-Annahme erhält man daher für jeden Wert u der Instrumentalvariablen $u \in V$ die scharfen Grenzen für den bedingten Erwartungswert $E[y(t)|w, v = u]$:

[92] Vgl. Manski/Pepper (2000), S. 1005.

$$
(3.151)\quad \begin{aligned}
&\sup_{u_1 \le u}\left[K_0 \cdot P(z \neq t|w, \nu = u_1) + E(y|w, \nu = u_1, z = t) \cdot P(z = t|w, \nu = u_1)\right] \\
\le\ & E[y(t)|w, \nu = u] \\
\le\ & \inf_{u_2 \ge u}\left[K_1 \cdot P(z \neq t|w, \nu = u_2) + E(y|w, \nu = u_2, z = t) \cdot P(z = t|w, \nu = u_2)\right]
\end{aligned}
$$

Da die Unter- und Obergrenzen für den bedingten Erwartungswert $E[y(t)|w, \nu = u]$ bei der MIV-Annahme in u annahmegemäß schwach monoton steigen, erhält man die scharfen Grenzen für den unbedingten Erwartungswert $E[y(t)|w]$, indem man jeden Wert von $E[y(t)|w, \nu = u]$, $u \in V$, in der Darstellung von $E[y(t)|w]$ in (3.136) jeweils durch die entsprechende Unter- bzw. Obergrenze ersetzt:

$$
(3.152)\quad \begin{aligned}
&\sum_{u \in V} P(w, \nu = u) \cdot \left\{ \sup_{u_1 \le u} \begin{bmatrix} K_0 \cdot P(z \neq t|w, \nu = u_1) \\ + E(y|w, \nu = u_1, z = t) \cdot P(z = t|w, \nu = u_1) \end{bmatrix} \right\} \\
\le\ & E[y(t)|w] \\
\le\ & \sum_{u \in V} P(w, \nu = u) \cdot \left\{ \inf_{u_2 \ge u} \begin{bmatrix} K_1 \cdot P(z \neq t|w, \nu = u_2) \\ + E(y|w, \nu = u_2, z = t) \cdot P(z = t|w, \nu = u_2) \end{bmatrix} \right\}
\end{aligned} .
$$

Nun soll untersucht werden, welche Spezialfälle sich ergeben, wenn die Grenzen für den bedingten Erwartungswert monoton steigen oder monoton fallen.

Die MIV- und die Worst-Case-Grenzen fallen genau dann zusammen, wenn die Worst-Case-Grenzen von $E[y(t)|w, \nu = u]$ schwach monoton in u steigen, da dann in den Grenzen (3.152) das Supremum für $u_1 = u$ und das Infimum für $u_2 = u$ gegeben ist:

$$
(3.153)\quad \begin{aligned}
&\begin{bmatrix} \sup_{u_1 \le u}\left[K_0 \cdot P(z \neq t|w, \nu = u_1) + E(y|w, \nu = u_1, z = t) \cdot P(z = t|w, \nu = u_1)\right] \\ = \left[K_0 \cdot P(z \neq t|w, \nu = u) + E(y|w, \nu = u, z = t) \cdot P(z = t|w, \nu = u)\right] \end{bmatrix} \\
\le\ & E[y(t)|w, \nu = u] \\
\le\ & \begin{bmatrix} \inf_{u_2 \ge u}\left[K_1 \cdot P(z \neq t|w, \nu = u_2) + E(y|w, \nu = u_2, z = t) \cdot P(z = t|w, \nu = u_2)\right] \\ = \left[K_1 \cdot P(z \neq t|w, \nu = u) + E(y|w, \nu = u, z = t) \cdot P(z = t|w, \nu = u)\right] \end{bmatrix}
\end{aligned}
$$

In diesem Fall ergibt sich durch die MIV-Annahme gegenüber der annahmenfreien Bestimmung der Grenzen keine zusätzliche Identifikationskraft.

Die MIV- und IV-Grenzen fallen in dem anderen Extremfall zusammen, in dem die Worst-Case-Unter- und Obergrenzen von $E[y(t)|w, v = u]$ schwach monoton in u fallen. Dann hat es keine Auswirkungen mehr, dass zur Bestimmung des Supremums und des Infimums jeweils nur ein Teil des Wertebereichs der Instrumentalvariablen verwendet wird. Es gilt dann für den bedingten Erwartungswert:

$$\begin{aligned}
&\sup_{u \in V}\left[K_0 \cdot P(z \neq t|w, v = u_1) + E(y|w, v = u_1, z = t) \cdot P(z = t|w, v = u_1)\right] \\
(3.154) \quad &= E[y(t)|w, v = u] \\
&= \inf_{u \in V}\left[K_1 \cdot P(z \neq t|w, v = u_2) + E(y|w, v = u_2, z = t) \cdot P(z = t|w, v = u_2)\right]
\end{aligned}$$

Für den unbedingten Erwartungswert $E[y(t)|w]$ ergeben sich dann wieder die IV-Grenzen (3.147) aus Abschnitt 3.2.4.3.

Abschließend wird in diesem Abschnitt untersucht, welche Grenzen sich im Worst-Case-Szenario für die bedingten und unbedingten Quantile unter Berücksichtigung einer monotonen Instrumentalvariablen ergeben.

Aus der MIV-Annahme für die Quantile folgt direkt die Ungleichung

$$(3.155) \quad u_1 \leq u \leq u_2 \Rightarrow q_\alpha[y(t)|w, v = u_1] \leq q_\alpha[y(t)|w, v = u] \leq q_\alpha[y(t)|w, v = u_2]$$

und damit die Bestimmung der Grenzen des bedingten $\alpha$-Quantils $q_\alpha[y(t)|w, v = u]$ mit

$$(3.156) \quad \sup_{u_1 \leq u} q_{\lambda_0}(y|w, v = u) \leq q_\alpha[y(t)|w, v = u] \leq \inf_{u_2 \geq u} q_{\lambda_1}(y|w, v = u) \ .$$

Für das unbedingte $\alpha$-Quantil $q_\alpha[y(t)|w]$ ergibt sich dann als Intervall

$$(3.157) \quad \sup_{u \in V}\left[\sup_{u_1 \leq u} q_{\lambda_0}(y|w, v = u)\right] \leq q_\alpha[y(t)|w] \leq \inf_{u \in V}\left[\inf_{u_2 \geq u} q_{\lambda_1}(y|w, v = u)\right] \ .$$

### 3.2.4.5 Monotone Treatmentselektion (MTS)

Welche Konsequenzen ergeben sich bei der Annahme monotoner Instrumentalvariablen für die Grenzen für den Spezialfall, dass die Instrumentalvariable selbst das realisierte Treatment darstellt?

In Abschnitt 3.2.4.1 wurde bereits gezeigt, dass sich bei Verwendung der IV-Annahme (3.127) genau dann der Fall exogener Treatmentselektion (ETS) ergibt, der bereits in Abschnitt 3.1.3.1 behandelt wurde.

Die Annahme von ETS stellt den Ausgangspunkt dar, um die Unterschiede ausführlich herauszuarbeiten. Für die bedingten Responsefunktionen in (3.158)[93] gilt bei der Annahme von ETS:

(3.158) $$E[y(t)|w, z = u_1] = E[y(t)|w, z = u_2] \ .$$

Durch die Annahme monotoner Instrumentalvariablen in (3.159) wird dies in eine Ungleichung abgeschwächt:

T sei eine geordnete Menge von Treatments t. Für jedes Treatment $t \in T$ wird nun angenommen:

(3.159) $$u_1 \leq u_2 \Rightarrow E[y(t)|w, z = u_1] \leq E[y(t)|w, z = u_2] \ .$$

Diese Abschwächung der Annahme von ETS bezeichnen Manski/Pepper (2000) als "Monotone Treatment Selection" (MTS). Auf die Humankapitaltheorie übertragen besagt die Annahme, dass die Durchschnittslohnfunktionen von Personen, die ein höheres Bildungsniveau wählen, mindestens so groß sind wie die Durchschnittslohnfunktionen der Personen, die weniger Zeit in Bildung investieren. Sie ist damit im Unterschied zur Annahme von ETS mit Modellen verträglich, die fordern, dass Personen mit größeren Fähigkeiten höhere Durchschnittslohnfunktionen besitzen und daher mehr Zeit in Bildung investieren als Personen mit geringeren Fähigkeiten.

Das einzige ökonomische Argument gegen die Annahme monotoner Treatmentselektion in Bezug auf Lohnfunktionen wurde bisher von Card[94] vorgebracht. Er

[93] Vgl. Manski/Pepper (2000), S. 1001.
[94] Vgl. Card (1995), S. 32ff.

schließt nicht aus, dass Fähigkeiten und die Wahl, wie viel Zeit in Bildung investiert werden soll, negativ korreliert sind.

Die Annahme monotoner Treatmentselektion (MTS) ist damit inhaltlich von der Annahme monotoner Responsefunktionen (MTR) abzugrenzen. Vor dem Hintergrund der Humankapitaltheorie bezieht sich die Annahme von MTR auf den Verlauf der Lohnfunktion jeder einzelnen Person und besagt, dass diese Lohnfunktion mit steigender Anzahl an Bildungsjahren schwach monoton steigt. Dagegen sagt die Annahme von MTS nichts über den Verlauf der individuellen Responsefunktionen aus und fordert nur, dass die Durchschnittslohnfunktionen der Personen, die ein höheres Bildungsniveau gewählt haben, größer sind als die Durchschnittslohnfunktionen der Personen, die ein geringeres Bildungsniveau ausgewählt haben.

Für die Verwendung der Annahmen im Rahmen der Humankapitaltheorie lässt sich das Fazit ziehen, dass die Annahme von MTS mit ökonomischen Modellen kompatibel ist, die sich mit der individuellen Wahl des Bildungsniveaus beschäftigen, und die Annahme von MTR mit Modellen, die sich mit der Produktion von Humankapital durch Investitionen von Individuen in Bildung auseinander setzen. Obwohl sich die beiden Annahmen damit im Hinblick auf die Interpretation der Aussage "Löhne steigen mit der Anzahl an Bildungsjahren" deutlich unterscheiden, schließen sie sich nicht gegenseitig aus, sondern ergänzen sich sehr gut. Im Abschnitt 3.2.5.3 wird gezeigt, wie beide Annahmen kombiniert werden können, um die Grenzen der D-Parameter und der D-Treatmenteffekte weiter zu verbessern. Wie in den Abschnitten 3.2.2 und 3.2.3 werden zunächst in Abschnitt 3.2.4.5.1 Grenzen für D-Parameter bestimmt, um diese dann bei der Bestimmung der D-Treatmenteffekte in Abschnitt 3.2.4.5.2 zu verwenden.

### 3.2.4.5.1 Scharfe Grenzen für D-Parameter

Bevor untersucht wird, welche Restriktionen sich durch die Annahme von MTS für die individuellen Responsefunktionen ergeben, wird die Annahme von MTS in (3.159), die für den Mittelwert formuliert war, für D-Parameter formuliert:

T sei eine geordnete Menge von Treatments t. Für jedes Treatment $t \in T$ wird dann angenommen:

(3.160) $$u_1 \leq u_2 \Rightarrow D[y(t)|w, z = u_1] \leq D[y(t)|w, z = u_2] \ .$$

Damit erhält man folgende Grenzen für die bedingten D-Parameter $D[y(t)|w, z = u]$ der Responsefunktion:

$$
(3.161)\quad
\begin{array}{llccc}
u < t \Rightarrow & K_0 & \leq & D[y(t)|w, z = u] & \leq D(y|w, z = t) \\
u = t \Rightarrow & & & D[y(t)|w, z = u] = D(y|w, z = t) & \\
u > t \Rightarrow & D(y|w, z = t) & \leq & D[y(t)|w, z = u] & \leq \quad K_1
\end{array}
$$

Ausgangspunkt der folgenden Überlegungen ist der Spezialfall, dass das gewählte Treatment gleich dem betrachteten Treatment, also $u = t$, ist. Da das realisierte Treatment selbst die Instrumentalvariable ist, entspricht der bedingte D-Parameter der Responsefunktion $D[y(t)|z = u]$ dem D-Parameter der Verteilung der Personen, die das Treatment t gewählt bzw. realisiert haben, $D(y|z = t)$. Dieser D-Parameter ist dann wegen (3.160) gleichzeitig die Obergrenze für den bedingten D-Parameter der gewählten Treatments, die kleiner als der betrachtete, $u < t$, sind und die Untergrenze des bedingten D-Parameter der gewählten Treatments, die größer als der betrachtete, $u > t$, sind. Für $u < t$ stellt $K_0$ wieder die Untergrenze, für $u > t$ stellt $K_1$ die Obergrenze dar.

Auf die bedingten Erwartungswerte $E[y(t)|w, z = u]$ angewandt, ergeben sich die Grenzen:

$$
(3.162)\quad
\begin{array}{llccc}
u < t \Rightarrow & K_0 & \leq & E[y(t)|w, z = u] & \leq E(y|w, z = t) \\
u = t \Rightarrow & & & E[y(t)|w, z = u] = E(y|w, z = t) & \\
u > t \Rightarrow & E(y|w, z = t) & \leq & E[y(t)|w, z = u] & \leq \quad K_1
\end{array}
.
$$

Übertragen auf Lohnfunktionen bedeutet die Annahme von MTS, dass

als Untergrenze für $E[y(t)|w, z = u]$

- allen Personen, die weniger als t Jahre Bildung gewählt haben,
  das Supremum $K_0$ zugeordnet,
- allen, die mindestens t Jahre gewählt haben,
  der Erwartungswert $E(y|w, z = t)$ zugeordnet wird;

als Obergrenze für $E[y(t)|w, z = u]$

- allen Personen, die mehr als t Jahre Bildung gewählt haben,
  das Infimum $K_1$ zugeordnet,
- allen, die höchstens t Jahre gewählt haben,
  der Erwartungswert $E(y|w, z = t)$ zugeordnet wird.

Daraus ergibt sich die Untergrenze (Obergrenze) für die Durchschnittslohnfunktion $E[y(t)|w]$ als gewogenes arithmetisches Mittel von $K_0$ ($K_1$) und dem bedingten Erwartungswert $E(y|w, z = t)$, wobei das Infimum $K_0$ (Supremum $K_1$) mit dem Anteil derjenigen Personen gewichtet wird, die weniger (mehr) als t Bildungsjahre gewählt haben, und dem bedingten Erwartungswert $E(y|w, z = t)$ mit dem Anteil derjenigen Personen gewichtet wird, die mindestens (höchstens) t Bildungsjahre gewählt haben:

$$\begin{aligned} & K_0 \cdot P(z < t|w) + E(y|w, z = t) \cdot P(z \geq t|w) \\ (3.163) \quad \leq \; & E[y(t)|w] \\ \leq \; & K_1 \cdot P(z > t|w) + E(y|w, z = t) \cdot P(z \leq t|w) \end{aligned} \quad .$$

Auch bei der Annahme von MTS ergeben sich Vereinfachungen dieser Grenzen, wenn das kleinste und das größte Treatment betrachtet werden.

Für das kleinste Treatment $t_{min}$ ergibt sich wegen $P(z < t_{min}|w) = 0$ die Vereinfachung, dass die Untergrenze von $E[y(t_{min})|w]$ nicht mehr von $K_0$, sondern nur noch von dem bedingten Erwartungswert $E(y|w, z = t_{min})$ abhängt:

$$(3.164) \quad E(y|w, z = t_{min}) \leq E[y(t_{min})|w] \quad .$$

Für das größte Treatment $t_{max}$ ergibt sich wegen $P(z > t_{max}|w) = 0$ die Vereinfachung, dass die Obergrenze von $E[y(t_{max})|w]$ nicht mehr von $K_1$, sondern nur noch von der empirischen Evidenz abhängt:

$$(3.165) \quad E[y(t_{max})|w] \leq E(y|w, z = t_{max}) \quad .$$

Im Unterschied zu MTR wird jedoch als empirische Evidenz nicht der unbedingte Erwartungswert $E(y|w)$, sondern der auf $z = t_{max}$ bzw. $z = t_{min}$ bedingte Erwartungswert $E(y|w, z = t_{max})$ bzw. $E(y|w, z = t_{min})$ verwendet.

Damit unterscheidet sich die Untergrenze (Obergrenze) bei MTS im Unterschied zu MTR umso mehr vom Supremum (Infimum) je näher t an $t_{min}$ $(t_{max})$.

In Analogie zu der Bestimmung der Grenzen für den Erwartungswert sollen nun Grenzen für die Quantile der Responsefunktion $q_\alpha[y(t)|w]$ abgeleitet werden.

Statt $E[y(t)|w, z = u_1] = E[y(t)|w, z = u_2]$, der Abschwächung der Mittelwert-unabhängigkeit, wird nun entsprechend $q_\alpha[y(t)|w, z = u_1] = q_\alpha[y(t)|w, z = u_2]$, die Quantilunabhängigkeit, , zur Monotonie im Quantil gelockert:

$$(3.166) \quad u_1 \le u_2 \Rightarrow q_\alpha[y(t)|w, z = u_1] \le q_\alpha[y(t)|w, z = u_2] \ .$$

Daraus ergeben sich entsprechend zur Durchschnittsfunktion die Grenzen für die bedingten Quantilfunktionen $q_\alpha[y(t)|z = u]$:

$$(3.167) \quad \begin{array}{llcl} u < t \Rightarrow & K_0 \le & q_\alpha[y(t)|z = u] & \le q_\alpha(y|z = t) \\ u = t \Rightarrow & & q_\alpha[y(t)|z = u] = q_\alpha(y|z = t) & \\ u > t \Rightarrow & q_\alpha(y|z = t) \le & q_\alpha[y(t)|z = u] & \le K_1 \end{array}$$

Wie in Abschnitt 3.2.5.6.3 gezeigt wird, erhält man damit für die unbedingte Quantilfunktion $q_\alpha[y(t)]$ die Grenzen[95]:

$$\begin{array}{ll} (3.168a) & 0 < \alpha \le \frac{P(z < t)}{P(z \le t)} \Rightarrow K_0 \le q_\alpha[y(t)] \le q_{\lambda_1}(y|z = t) \\ (3.168b) & \frac{P(z < t)}{P(z \le t)} < \alpha < \frac{P(z = t)}{P(z \ge t)} \Rightarrow q_{\lambda_0}(y|z = t) \le q_\alpha[y(t)] \le q_{\lambda_1}(y|z = t) \\ (3.168c) & \frac{P(z = t)}{P(z \ge t)} \le \alpha < 1 \Rightarrow q_{\lambda_0}(y|z = t) \le q_\alpha[y(t)] \le K_1 \end{array}$$

95 Die Grenzen wurden auf der Basis persönlicher Korrespondenz mit Prof. C.F. Manski entwickelt.

$$(3.169)\quad \lambda_0 = \frac{\alpha P(z \le t|w) - P(z < t|w)}{P(z = t|w)} \quad ,$$

$$(3.170)\quad \lambda_1 = \frac{\alpha P(z \ge t|w)}{P(z = t|w)} \quad .$$

Ein Vergleich des nichtinformativen Bereichs für die Untergrenze bei MTS in (3.168) mit dem nichtinformativen Bereich der Worst-Case-Grenzen in (3.25) zeigt, dass der nichtinformative Bereich verkleinert und damit der informative Bereich vergrößert wird, da (3.171) für $\alpha < 1$ erfüllt ist.

$$(3.171)\quad \frac{P(z < t|w)}{P(z \le t|w)} < P(z \ne t|w) \Leftrightarrow P(z < t|w) + P(z = t|w)P(z \le t|w) < P(z \le t|w)$$

Gleichzeitig ist $\lambda_0 = [\alpha P(z \le t|w) - P(z < t|w)]/P(z = t|w)$ – wie in (3.172) gezeigt wird – bei MTS auch größer als $\lambda_0 = [\alpha - P(z \ne t|w)]/P(z = t|w)$ im Worst-Case-Fall. Da in beiden Varianten die Untergrenze über das $q_{\lambda_0}$-Quantil der Verteilung $P(y|z = t)$ bestimmt wird, ist für $\alpha < 1$ die Untergrenze bei MTS immer größer als im Worst-Case-Fall:

$$\frac{\alpha P(z \le t) - P(z < t)}{P(z = t)} > \frac{\alpha - P(z \ne t)}{P(z = t)}$$

$$(3.172a)\quad \Leftrightarrow \alpha P(z \le t) - P(z < t) > \alpha - P(z \ne t)$$

$$\Leftrightarrow \alpha P(z \le t) - P(z < t) > \alpha - 1 + P(z = t) \Leftrightarrow P(z > t) > \alpha P(z > t)$$

Für die Obergrenze folgt analog, dass der informative Bereich vergrößert wird

$$(3.172b)\quad P(z = t) < \frac{P(z = t)}{P(z \ge t)} \Leftrightarrow P(z = t)P(z \ge t) < P(z = t) \quad ,$$

und das $q_{\lambda_0}$-Quantil der Verteilung $P(y|z = t)$ bei MTS kleiner ist als im Worst-Case-Fall, da

$$(3.173)\quad \frac{\alpha P(z \ge t|w)}{P(z = t|w)} < \frac{\alpha}{P(z = t|w)} \quad .$$

Auch bei den Quantilen ergeben sich Spezialfälle, wenn das kleinste und das größte Treatment, $t_{min}$ und $t_{max}$, betrachtet werden. Unter- und Obergrenze sind bei der Annahme von MTS gleichzeitig informativ, wenn gilt:

$$(3.174)\quad t_{min}:\qquad 0 < \alpha < P(z = t|w)\ ,$$
$$(3.175)\quad t_{max}:\qquad P(z < t|w) < \alpha < 1\ .$$

Wie in Abschnitt 3.2.5.6.4 gezeigt wird, ergeben sich bei Annahme von MTS und strikter stochastischer Dominanz die folgenden Grenzen für die unbedingte Quantilfunktion $q_\alpha[y(t)|w]$:

$$(3.176a)\quad 0 < \alpha \le P(z<t) \Rightarrow K_0 \le q_\alpha[y(t)] \le q_{\lambda_1}(y\,|\,z=t)$$
$$(3.176b)\quad P(z<t) < \alpha < P(z \le t) \Rightarrow q_{\lambda_0}(y\,|\,z=t) \le q_\alpha[y(t)] \le q_{\lambda_1}(y\,|\,z=t)$$
$$(3.176c)\quad P(z \le t) \le \alpha < 1 \Rightarrow q_{\lambda_0}(y\,|\,z=t) \le q_\alpha[y(t)] \le K_1$$

$\lambda_0$ und $\lambda_1$ werden nun bestimmt mit:

$$(3.177)\quad \lambda_0 = \frac{\alpha - P(z<t|w)}{P(z \ge t|w)} = \frac{\alpha - P(z<t|w)}{1 - P(z<t|w)}\ ,$$

$$(3.178)\quad \lambda_1 = \frac{\alpha}{P(z \le t|w)}\ .$$

Durch die strikte stochastische Dominanz werden die nichtinformativen Bereiche für die Unter- und Obergrenze kleiner, da mit (3.176a) und (3.168a) für die Unter- bzw. (3.176c) und (3.168c) für die Obergrenze gilt:

Untergrenze: $$P(z<t) < \frac{P(z<t)}{P(z \le t)}\ ,$$

Obergrenze: $$\frac{P(z=t)}{P(z \ge t)} < P(z \le t)$$
$$\Leftrightarrow P(z=t) < [P(z<t) + P(z=t)]\,[P(z>t) + P(z=t)]$$
$$\Leftrightarrow 0 < P(z<t)P(z>t)$$

Gleichzeitig ist auch $\lambda_0 = [\alpha - P(z<t)]/P(z \ge t)$ – wie im Folgenden gezeigt wird – bei MTS mit strikter stochastischer Dominanz größer als $\lambda_0 = [\alpha P(z \le t) - P(z<t)]/P(z=t)$ bei MTS.

$$\frac{\alpha P(z \le t) - P(z < t)}{P(z = t)} < \frac{\alpha - P(z < t)}{P(z \ge t)}$$

$$\Leftrightarrow 0 < \alpha P(z = t) + P(z < t)P(z \ge t) - P(z < t)P(z = t) - \alpha P(z \le t)P(z \ge t)$$
$$\Leftrightarrow 0 < \alpha P(z = t) + P(z < t)P(z > t) - \alpha P(z \le t)P(z \ge t)$$
$$\Leftrightarrow 0 < \alpha P(z = t) + P(z < t)P(z > t)$$
$$-\alpha\left[P(z = t)^2 + P(z = t)P(z < t) + P(z = t)P(z > t) + P(z < t)P(z > t)\right]$$
$$\Leftrightarrow 0 < \alpha P(z = t)[1 - P(z = t)] + P(z < t)P(z > t)(1 - \alpha) - \alpha P(z = t)[P(z \ne t)]$$
$$\Leftrightarrow 0 < P(z < t)P(z > t)(1 - \alpha)$$

Für die Obergrenze gilt analog, dass $\lambda_1 = \alpha / P(z \le t|w)$ bei MTS mit strikter stochastischer Dominanz kleiner ist als $\lambda_1 = [\alpha P(z \ge t|w)] / P(z = t|w)$ bei MTS:

$$\frac{\alpha}{P(z \le t|w)} < \frac{\alpha P(z \ge t|w)}{P(z = t|w)} \Leftrightarrow 0 < P(z < t|w)P(z > t|w)$$

### 3.2.4.5.2 Informative Bereiche

Die Grenzen bzw. die verschiedenen informativen und nichtinformativen Bereiche bei Annahme von MTS mit strikter stochastischer Dominanz sollen – wie schon bei der Annahme von MTR – anhand des Eingangsbeispiels exemplarisch verdeutlicht werden. Dazu wird das Treatment $t = 12$, aus Darstellungsgründen für die Untergrenze das 55%-Quantil und für die Obergrenze das 70%-Quantil betrachtet.

Die Untergrenzen in Abhängigkeit der realisierten Treatments für das unbedingte $q_{0,55}[y(12)|w]$-Quantil sind gemäß (3.167):

$$\begin{array}{ll} z < 12: & K_0 \\ z = 12: & q_{\lambda_0}(y|w, z = 12) \\ z > 12: & q_{\lambda_0}(y|w, z = 12) \end{array}$$

Daraus folgt allgemein, dass für $\alpha \le P(z < 12|w)$ $K_0$ die Untergrenze, für $\alpha > P(z < 12|w)$ das bedingte Quantil $q_{\lambda_0}(y|w, z = 12)$ die Untergrenze darstellt.

Für $\alpha = 0{,}55$, $t = 12$ und $P(z < 12|w) = 0{,}5$ gilt dann wegen $\lambda_0 = \frac{0{,}55 - 0{,}5}{1 - 0{,}5} = 0{,}1$, dass die Untergrenze über das 10%-Quantil der Verteilung bei $z = 12$ bestimmt wird. Für die 50% Personen, die ein realisiertes Treatment kleiner als 12 aufweisen, wird $K_0$ als Untergrenze angenommen, so dass die fehlenden 5% über das 10%-Quantil der Verteilung der Personen, die genau 12 Jahre realisiert haben, bestimmt werden.

Die Obergrenzen in Abhängigkeit der realisierten Treatments für das $q_{0,7}[y(12)|w]$-Quantil sind gemäß (3.167):

$$\begin{array}{ll} z < 12: & q_{\lambda_1}(y|w, z = 12) \\ z = 12: & q_{\lambda_1}(y|w, z = 12) \\ z > 12: & K_1 \end{array}$$

Daraus folgt allgemein, dass für $\alpha \geq 1 - P(z > 12|w)$ $K_1$ die Obergrenze, für $\alpha < 1 - P(z > 12|w)$ das bedingte Quantil $q_{\lambda_1}(y|w, z = 12)$ die Obergrenze darstellt.

Für $\alpha = 0{,}70$, $t = 12$ und $P(z \leq 12|w) = 0{,}76$ gilt dann wegen $\lambda_1 = \frac{0{,}76 - 0{,}06}{0{,}76} = 0{,}921$, dass die Obergrenze über das 92,1%-Quantil der Verteilung bei $z = 12$ bestimmt wird. Für die 24% Personen, die ein realisiertes Treatment größer als 12 aufweisen, wird $K_1$ als Obergrenze angenommen, so dass die "fehlenden" 6% über das 92,1%-Quantil der Verteilung der Personen, die genau 12 Jahre realisiert haben, bestimmt werden.

Bei der grafischen Darstellung der verschiedenen Fälle anhand des Einführungsbeispiels mit $K_0 = 0$ und $K_1 = 100$ wird aus Darstellungsgründen wieder eine stetige Rechteckverteilung in $[10; 90]$ für die bedingte Verteilung von y gewählt.

Tabelle 3.6: Quantilfunktionen in den informativen Bereichen, MTS

| z | Quantilfunktion im informativen Bereich der Untergrenze | Quantilfunktion im informativen Bereich der Obergrenze |
|---|---|---|
| 9 | $x(F)=80\cdot\alpha+10$ | $x(F)=80\cdot\frac{\alpha}{0{,}12}+10$ |
| 12 | $x(F)=80\cdot\frac{\alpha-0{,}5}{0{,}5}+10$ | $x(F)=80\cdot\frac{\alpha}{0{,}76}+10$ |
| 13 | $x(F)=80\cdot\frac{\alpha-0{,}76}{0{,}24}+10$ | $x(F)=80\cdot\alpha+10$ |

Abbildung 3.18: Bereiche der Quantilfunktion, MTS, $t=9$

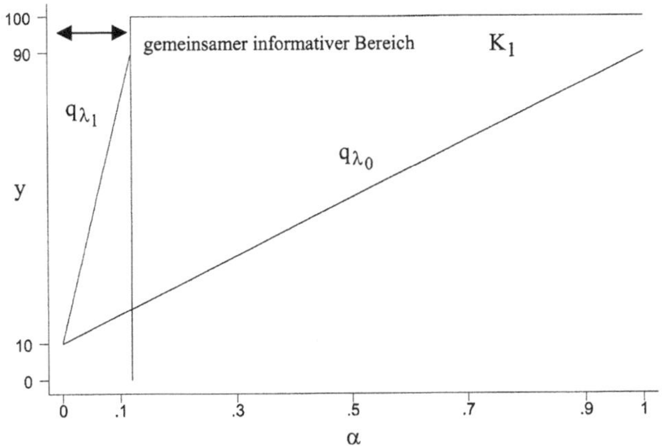


Zuerst werden wieder die Grenzen für das kleinste Treatment $t=9$ betrachtet. Für dieses ist $P(z\geq 9|w)=1$ und deshalb die Untergrenze immer informativ, d.h. von $K_0$ verschieden. Je größer hier $P(z=9|w)$, umso größer der informative Bereich der Untergrenze und damit der gemeinsame informative Bereich. Für das Treatment $t=12$, das zwischen dem kleinsten und dem größten Treatment liegt, treten alle drei Bereiche $(a)-(c)$ in (3.176) auf. Je größer $P(z=12|w)$, umso größer der gemeinsame informative Bereich.

Abbildung 3.19: Bereiche der Quantilfunktion, MTS, $t = 12$

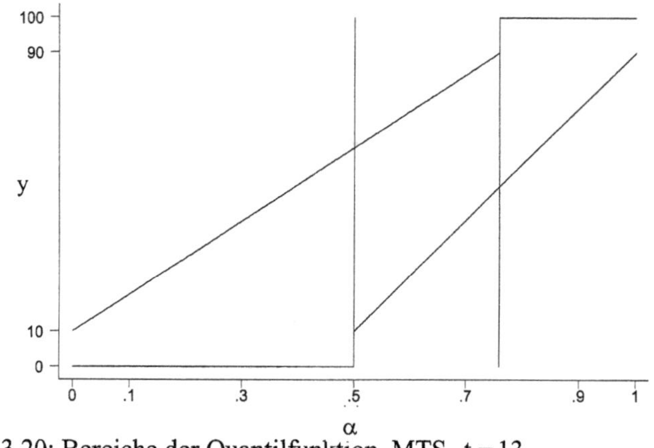


Abbildung 3.20: Bereiche der Quantilfunktion, MTS, $t = 13$

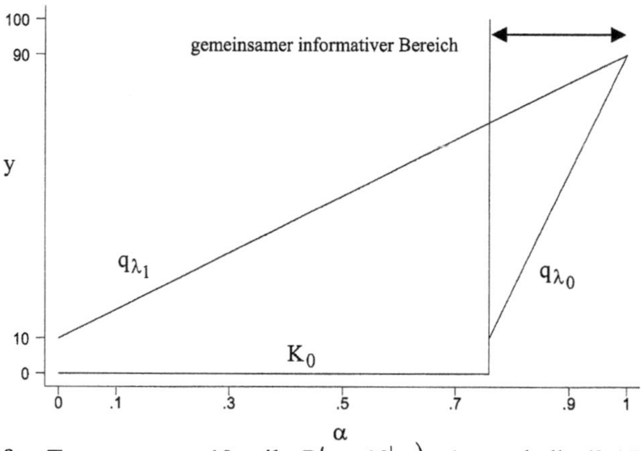


Für das größte Treatment $t = 13$ gilt $P(z \leq 13|w) = 1$, weshalb (3.176a) nicht relevant und die Obergrenze deshalb immer informativ ist. Je größer $P(z = 13)$, umso größer der gemeinsame informative Bereich:

### 3.2.4.5.3 Scharfe Grenzen für D-Treatmenteffekte

Im Unterschied zu dem D-Treatmenteffekt bei Annahme von MTR erhält man bei der Annahme von MTS nicht 0 bzw. D(0) als Untergrenze, sondern wie schon im Worst-Case-Fall die Differenz zwischen der Untergrenze des Erwartungswertes bei $t_2$ und der Obergrenze des Erwartungswertes bei $t_1$.

$\Delta D$-Treatmenteffekte:

$$(3.179)\quad D[y_0(t_2)]-D[y_1(t_1)]\le D[y(t_2)]-D[y(t_1)]\le D[y_1(t_2)]-D[y_0(t_1)]$$

$D\Delta$-Treatmenteffekte:

$$(3.180)\quad D[y_0(t_2)-y_1(t_1)]\le D[y(t_2)-y(t_1)]\le D[y_1(t_2)-y_0(t_1)]$$

Abbildung 3.21: Maximal mögliche Untergrenze des durchschnittlichen Treatmenteffekts

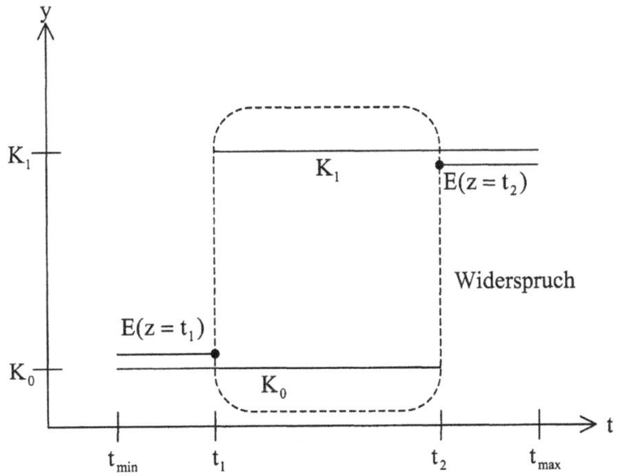


Bevor gezeigt wird, dass die Annahme von MTS nicht stark genug ist, das Vorzeichen des Treatmenteffekts zu identifizieren, soll Abbildung 3.21 die Ursache für diesen Unterschied verdeutlichen. Bei der Annahme von MTR wird im Gegensatz zu beiden Varianten der Annahme von MTS der mittlere Bereich in Abbildung 3.21 ausgeschlossen, der für das negative Vorzeichen des Treatmenteffektes sorgen kann.

Um zu zeigen, dass durch die Annahme von MTS das Vorzeichen nicht identifiziert werden kann, wird in der Differenz zwischen der Untergrenze des Erwartungswertes bei $t_2$ und der Obergrenze des Erwartungswertes bei $t_1$ $E[y|w,z=t_2]$ durch $K_1$ und $E[y|w,z=t_1]$ durch $K_0$ ersetzt, um die größtmögliche Untergrenze zu erhalten:

$$K_0 \cdot P(z<t_2)+E[y|z=t_2]\cdot P(z\geq t_2)-K_0\cdot P(z>t_1)-E[y|z=t_1]\cdot P(z\leq t_1) \quad ,$$

$$K_0 \cdot P(z<t_2)+K_1\cdot P(z\geq t_2)-K_0\cdot P(z>t_1)-K_0\cdot P(z\leq t_1)$$
$$=K_0\cdot P(t_1<z<t_2)-K_1\cdot P(t_1<z<t_2)=(K_0-K_1)\cdot P(t_1<z<t_2)\leq 0 \quad .$$

Die Untergrenze des durchschnittlichen Treatmenteffekts ist demzufolge höchstens 0. Führt man dasselbe mit der Obergrenze durch, erhält man das Ergebnis, dass diese immer mindestens 0 ist. Unter- und Obergrenze können also nur dann zusammenfallen, wenn der Treatmenteffekt identifiziert und gleich 0 ist. Das ist – von dem trivialen Fall $K_0=K_1$, einer Einpunktverteilung, abgesehen – nur dann möglich, wenn $P(t_1<z<t_2)=0$ ist, und die bedingten Erwartungswerte $E[y|z=t_2]$ und $E[y|z=t_1]$ $K_1$ bzw. $K_0$ entsprechen.

Als Obergrenze erhält man für den durchschnittlichen Treatmenteffekt

$$(3.181)\quad K_1\cdot P(z>t_2)+E(y|z=t_2)\cdot P(z\leq t_2)-K_0\cdot P(z<t_1)-E(y|z=t_1)\cdot P(z\geq t_1)$$

bzw. umgeformt, um später den Vergleich mit anderen Annahmen zu erleichtern,

$$(3.182)\quad \begin{aligned} &=[E(y|w,z=t_2)-E(y|w,z=t_1)]\cdot P(t_1<z<t_2|w)\\ &+[E(y|w,z=t_2)-E(y|w,z=t_1)]\cdot P(z=t_1|w)\\ &+[E(y|w,z=t_2)-E(y|w,z=t_1)]\cdot P(z=t_2|w)\\ &+[E(y|w,z=t_2)-K_0]\cdot P(z<t_1|w)+[K_1-E(y|w,z=t_1)]\cdot P(z>t_2|w) \end{aligned} \quad .$$

Dies ergibt für die Obergrenze mit $E[y|z=t_2]=K_1$ und $E[y|z=t_1]=K_0$ die maximale Breite:

$$(3.183)\quad K_1\cdot P(z>t_2)+K_1\cdot P(z\leq t_2)-K_0\cdot P(z<t_1)-K_0\cdot P(z\geq t_1)=K_1-K_0$$

Der $\Delta q$-Treatmenteffekt hängt vom betrachteten $\alpha$-Quantil ab. Ist bei einem gegebenen $\alpha$ sowohl die Untergrenze für $t_1$ als auch die Obergrenze für $t_2$ informativ, d.h. $\alpha$ liegt im Bereich $P(z < t_i|w) < \alpha < P(z \le t_i|w)$, gilt:

$$(3.184) \qquad \Delta q = q_{\lambda_1}(y \mid w, z = t_2) - q_{\lambda_0}(y \mid w, z = t_1) \quad .$$

Wenn dagegen für ein gegebenes $\alpha$ nur die Untergrenze für $t_1$ (a) oder nur die Obergrenze für $t_2$ (b) informativ ist, d.h. entweder der Bereich $\alpha > P(z < t_1|w)$ und $\alpha \ge P(z \le t_2|w)$ oder der Bereich $\alpha \le P(z < t_1|w)$ und $\alpha < P(z \le t_2|w)$ vorliegt, gilt:

$$(3.185a) \qquad \Delta q = K_1 - q_{\lambda_0}(y \mid w, z = t_1) \quad ,$$

$$(3.185b) \qquad \Delta q = q_{\lambda_1}(y \mid w, z = t_2) - K_0 \quad .$$

Der $\Delta q$-Treatmenteffekt ist daher auch hier in jedem Fall maximal $K_1 - K_0$.

Für die $q\Delta$-Quantil-Treatmenteffekte gilt für ein gegebenes $\alpha$ gleichermaßen, dass $K_1 - K_0$ eine Obergrenze darstellt:

$$(3.186) \qquad q_\alpha[y_0(t_2) - y_1(t_1)] \le q_\alpha[y(t_2) - y(t_1)] \le q_\alpha[y_1(t_2) - y_0(t_1)] \le K_1 - K_0$$

### 3.2.5 Restriktion der Responsefunktion und der Verteilungsfunktion

Im letzten Abschnitt wurde bei der Darstellung der Unterschiede zwischen den Annahmen von MTR und MTS bereits festgestellt, dass die beiden Annahmen verschiedene Aspekte der Responsefunktionen betreffen und vermutet, dass sie sich sehr gut ergänzen könnten. Insbesondere könnte die Kombination der Annahmen dazu führen, dass Grenzen für die Parameter und Treatmenteffekte erhalten, die nicht mehr zum Teil von den Grenzen $K_0$ und $K_1$, d.h. von der jeweils getroffenen Annahme abhängen. Die Grundlage der Kombination der Annahmen von MTR und MTS bilden die folgenden beiden Abschnitte, in denen die IV-Annahme und die MIV-Annahme mit der Annahme von MTR verknüpft werden. In Abschnitt 3.2.5.3 wird dann wieder monotone Treatmentselektion angenommen, d.h. die Treatmentvariable selbst stellt die Instrumentalvariable dar. Dadurch erhält man dann die Annahme von MTS-MTR. In den abschließenden beiden Abschnitten werden dann die Annahmen von SMTR und CMTR mit der Annahme von MIV kombiniert.

#### 3.2.5.1 Instrumentalvariablen und Monotone Responsefunktionen (IV-MTR)

Die Analysen aus Kapitel 3.2.3.1 zu der Annahme von MTR können direkt auf die Bestimmung der Grenzen für den bedingten Erwartungswert übertragen werden. Bei der Bestimmung der Grenzen für diesen Erwartungswert werden – zunächst wieder ohne die Ausschlussrestriktion zu verwenden – die Worst-Case-Grenzen in (3.135) durch die Grenzen bei Annahme von MTR[96] ersetzt:

$$\begin{aligned} &K_0 \cdot P(z > t|v = u) + E(y|v = u, z \le t) \cdot P(z \le t|v = u) \\ (3.187) \quad \le\ & E[y(t)|v = u] \\ \le\ & K_1 \cdot P(z < t|v = u) + E(y|v = u, z \ge t) \cdot P(z \ge t|v = u) \end{aligned}.$$

Aus (3.187) ermittelt man die Grenzen für den unbedingten Erwartungswert:

$$\begin{aligned} &\sum_{u \in V} P(v = u) \cdot [K_0 \cdot P(z > t|v = u) + E(y|v = u, z \ge t) \cdot P(z \le t|v = u)] \\ (3.188) \quad \le\ & E[y(t)] \\ \le\ & \sum_{u \in V} P(v = u) \cdot [K_1 \cdot P(z < t|v = u) + E(y|v = u, z \ge t) \cdot P(z \ge t|v = u)] \end{aligned}.$$

---

[96] Vgl. Manski/Pepper (2000), S. 1002.

Mit dem Satz von der totalen Wahrscheinlichkeit folgt jedoch wie im Fall der Worst-Case-Grenzen, dass diese Grenzen den MTR-Grenzen aus Kapitel 3.2.3.1 entsprechen:

$$
\begin{aligned}
&\sum_{u\in V} P(v=u)\cdot\left[K_0\cdot P(z>t|v=u)+E(y|v=u,z\geq t)\cdot P(z\leq t|v=u)\right] \\
&=\left[K_0\cdot P(z>t)+E(y|z\leq t)\cdot P(z\leq t)\right] \\
(3.189)\quad \leq\; & \qquad E[y(t)] \\
\leq\; &\sum_{u\in V} P(v=u)\cdot\left[K_1\cdot P(z<t|v=u)+E(y|v=u,z\geq t)\cdot P(z\geq t|v=u)\right] \\
&=\left[K_1\cdot P(z<t)+E(y|z\geq t)\cdot P(z\geq t)\right]
\end{aligned}
.
$$

Durch die IV-Annahme können diese Grenzen nun jedoch wieder verbessert werden, indem in (3.179) die MTR-Grenzen für ein gegebenes u durch die entsprechende größte Unter- bzw. kleinste Obergrenze ersetzt werden:

$$
\begin{aligned}
&\sup_{u\in V}\left[K_0\cdot P(z>t|v=u)+E(y|v=u,z\leq t)\cdot P(z\leq t|v=u)\right] \\
(3.190)\quad \leq\; & \qquad E[y(t)|v=u] \\
\leq\; &\inf_{u\in V}\left[K_1\cdot P(z<t|v=u)+E(y|v=u,z\geq t)\cdot P(z\geq t|v=u)\right]
\end{aligned}
.
$$

Setzt man die Grenzen aus (3.190) wieder in die Berechnung des unbedingten Erwartungswertes als iterierten Erwartungswert (3.136) ein, erhält man die Grenzen für den unbedingten Erwartungswert $E[y(t)]$ in (3.191) bzw. (3.192):

$$
\begin{aligned}
&\sum_{u\in V} P(v=u)\cdot\left\{\sup_{u\in V}\begin{bmatrix}K_0\cdot P(z>t|v=u)\\ +E(y|v=u,z\leq t)\cdot P(z\leq t|v=u)\end{bmatrix}\right\} \\
(3.191)\quad \leq\; & \qquad E[y(t)] \\
\leq\; &\sum_{u\in V} P(v=u)\cdot\left\{\inf_{u\in V}\begin{bmatrix}K_1\cdot P(z<t|v=u)\\ +E(y|v=u,z\geq t)\cdot P(z\geq t|v=u)\end{bmatrix}\right\}
\end{aligned}
,
$$

$$
\begin{aligned}
&\sup_{u\in V}\begin{bmatrix}K_0\cdot P(z>t|w,v=u)\\ +E(y|w,v=u,z\leq t)\cdot P(z\leq t|w,v=u)\end{bmatrix} \\
(3.192)\quad \leq\; & \qquad E[y(t)|w] \\
\leq\; &\inf_{u\in V}\begin{bmatrix}K_1\cdot P(z<t|w,v=u)\\ +E(y|w,v=u,z\geq t)\cdot P(z\geq t|w,v=u)\end{bmatrix}
\end{aligned}
.
$$

Als nächstes wird untersucht, welche Grenzen sich für die Quantile der Responsefunktion bei der Annahme von MTR unter Verwendung einer weiteren Kovariaten ergeben. Ohne die IV-Annahme zu treffen, erhält man für das bedingte $\alpha$-Quantil $q_\alpha[y(t)|w, v = u]$ die folgenden Grenzen:

$$(3.193) \qquad q_{\lambda_0}(y|w, v = u) \le q_\alpha[y(t)|w, v = u] \le q_{\lambda_1}(y|w, v = u) \ .$$

Die Quantile $q_{\lambda_0}(y|w, v = u)$ und $q_{\lambda_1}(y|w, v = u)$ werden entsprechend Abschnitt 3.2.3.1 in den Bereichen[97] (3.193) bestimmt mit:

$$(3.194) \qquad \begin{array}{lllll} 0 & < \alpha \le & P(z > t|w, v = u) & \Rightarrow K_0 & \le q_\alpha \le q_{\lambda_1} \\ P(z > t|w, v = u) & < \alpha \le & P(z \ge t|w, v = u) & \Rightarrow q_{\lambda_0} & \le q_\alpha \le q_{\lambda_1} \\ P(z \ge t|w, v = u) & < \alpha < & 1 & \Rightarrow q_{\lambda_0} & \le q_\alpha \le K_1 \end{array} \ .$$

$$(3.195) \qquad \lambda_0 = \frac{\alpha - P(z > t|w, v = u)}{P(z \le t|w, v = u)} = \frac{\alpha - [1 - P(z \le t|w, v = u)]}{P(z \le t|w, v = u)} \ ,$$

$$(3.196) \qquad \lambda_1 = \frac{\alpha}{P(z \ge t|w, v = u)} \ .$$

Für das unbedingte $\alpha$-Quantil $q_\alpha[y(t)|w]$ können wieder die Grenzen aus Kapitel 3.2.2 übernommen werden, da keine wechselseitigen Restriktionen von den Grenzen für die verschiedenen Werte der Kovariaten V ausgehen.

Wie beim Erwartungswert werden die Grenzen für die bedingten (3.197) und damit auch für die unbedingten Quantile (3.198) durch die Ausschlussrestriktion entsprechend verbessert:

$$(3.197) \qquad \sup_{u \in V} q_{\lambda_0}(y|w, v = u) \le q_\alpha[y(t)|w, v = u] \le \inf_{u \in V} q_{\lambda_1}(y|w, v = u) \ ,$$

[97] Auf die Kovariate V bedingte Quantile $q_\alpha[y(t)|w, v = u]$, $q_{\lambda_0}(y|w, z = t, v = u)$ sowie $q_{\lambda_1}(y|w, z = t, v = u)$ werden aus Vereinfachungsgründen wieder kurz als $q_\alpha$, $q_{\lambda_0}$ und $q_{\lambda_1}$ geschrieben.

$$(3.198)\quad \sup_{u\in V} q_{\lambda_0}(y|w,v=u) \le q_\alpha[y(t)|w] \le \inf_{u\in V} q_{\lambda_1}(y|w,v=u)\ .$$

Im nächsten Abschnitt wird nun untersucht, welche Änderungen sich bei Verwendung monotoner Instrumentalvariablen ergeben.

### 3.2.5.2 Monotone Instrumentalvariablen und Monotone Responsefunktionen (MIV-MTR)

In Analogie zu Abschnitt 3.2.5.1 können die Grenzen für den bedingten und unbedingten Erwartungswert der Responsefunktion bei Kombination der Annahme von MIV- und MTR ermittelt werden.[98] Da aus der MIV-Annahme (3.131) direkt die Ungleichung

$$(3.199)\quad u_1 \le u \le u_2 \Rightarrow E[y(t)|w,v=u_1] \le E[y(t)|w,v=u] \le E[y(t)|w,v=u_2]$$

folgte, steigen die Unter- und Obergrenzen für die bedingten Erwartungswerte $E[y(t)|w,v=u]$ theoretisch schwach monoton in u, und die Grenzen sind:

$$(3.200)\quad \begin{array}{c} \sup_{u_1\le u}\left[K_0\cdot P(z>t|w,v=u_1)+E(y|w,v=u_1,z\le t)\cdot P(z\le t|w,v=u_1)\right] \\ \le \qquad E[y(t)|w,v=u] \\ \le \inf_{u_2\ge u}\left[K_1\cdot P(z<t|w,v=u_2)+E(y|w,v=u_2,z\ge t)\cdot P(z\ge t|w,v=u_2)\right] \end{array}.$$

Dies bedeutet, dass der bedingte Erwartungswert $E[y(t)|w,v=u]$ nicht kleiner sein kann als die MTR-Untergrenze von $E[y(t)|w,v=u_1]$ für alle $u_1 \le u$ und nicht größer als die MTR-Obergrenze von $E[y(t)|w,v=u_2]$ für alle $u_2 \ge u$. Der Erwartungswert $E[y(t)|w,v=u]$ liegt damit wie bei der MIV-Worst-Case-Betrachtung wieder im gemeinsamen Bereich der größten unteren und der kleinsten oberen Grenze. Wegen der Monotonie der Instrumentalvariablen werden das Supremum und das Infimum jedoch nur aufgrund der Teilbereiche $u_1 \le u$ und $u_2 \ge u$ bestimmt.

---

[98] Vgl. Manski/Pepper (2000), S. 1002. Auch mit der restriktiveren Annahme linearer Responsefunktionen in Verbindung mit MIV kann die Bildungsertragsrate nicht exakt identifiziert werden.

Die scharfen Grenzen für den unbedingten Erwartungswert ergeben sich dann wieder durch Einsetzen der scharfen Unter- und Obergrenzen der bedingten Erwartungswerte in (3.136):

$$
(3.201)\quad
\begin{aligned}
&\sum_{u\in V} P(v=u|w)\cdot\left\{\sup_{u_1\le u}\left[\begin{matrix}K_0\cdot P(z>t|w,v=u_1)\\ +E(y|w,v=u_1,z\le t)\cdot P(z\le t|w,v=u_1)\end{matrix}\right]\right\}\\
\le\ & E[y(t)|w]\\
\le & \sum_{u\in V} P(v=u|w)\cdot\left\{\inf_{u_2\ge u}\left[\begin{matrix}K_1\cdot P(z<t|w,v=u_2)\\ +E(y|w,v=u_2,z\ge t)\cdot P(z\ge t|w,v=u_2)\end{matrix}\right]\right\}.
\end{aligned}
$$

Für die bedingten Quantile $q_\alpha[y(t)|w,v=u]$ ergeben sich bei Annahme von MIV-MTR die entsprechenden Grenzen

$$
(3.202)\quad \sup_{u_1\le u} q_{\lambda_0}(y|w,v=u)\le q_\alpha[y(t)|w,v=u]\le \inf_{u_2\ge u} q_{\lambda_1}(y|w,v=u)\ ,
$$

wobei die bedingten Quantile $q_{\lambda_0}(y|w,v=u)$ und $q_{\lambda_1}(y|w,v=u)$ wie bei der Annahme von IV-MTR, (3.194) - (3.196), bestimmt werden.

Für das unbedingte $\alpha$-Quantil $q_\alpha[y(t)|w]$ ergibt sich als Intervall in Analogie zu Abschnitt 3.2.4.4

$$
(3.203)\quad \sup_{u\in V}\left[\sup_{u_1\le u} q_{\lambda_0}(y|w,v=u)\right]\le q_\alpha[y(t)|w]\le \inf_{u\in V}\left[\inf_{u_2\ge u} q_{\lambda_1}(y|w,v=u)\right]\ ,
$$

mit dem Unterschied, dass anstelle des Supremums aller Worst-Case-Grenzen das Supremum aller MTR-Grenzen verwendet wird. Auf dieses Konstruktionsprinzip wird im nächsten Abschnitt noch näher eingegangen.

### 3.2.5.3 Monotone Treatmentselektion und Monotone Responsefunktionen (MTS-MTR)

In diesem Abschnitt wird gezeigt, dass bei Kombination der bereits vorgestellten Annahmen monotoner Treatmentselektion und monotoner Responsefunktionen die Grenzen für den Erwartungswert und den durchschnittlichen Treatmenteffekt erstmals nur noch von beobachtbaren Größen und nicht mehr teilweise von $K_0$

und $K_1$ abhängen. Bei den bislang vorgestellten Annahmen wurden sowohl die Unter- als auch die Obergrenze für die D-Parameter nie allein durch die empirische Evidenz bestimmt, sondern hingen immer auch von $K_0$ für die Unter- und $K_1$ für die Obergrenze ab.

Die Bestimmung der Grenzen bei Kombination der Annahmen von MTS und MTR lässt sich aus zweifachem Blickwinkel interpretieren. Erstens werden im Vergleich zu Abschnitt 3.2.4.5 anstelle der Worst-Case-Grenzen MTR-Grenzen verwendet und zweitens im Unterschied zu Abschnitt 3.2.5.2 die Bildungsvariable als Instrument für sich selbst anstelle einer von ihr verschiedenen Variable.

### 3.2.5.3.1 Scharfe Grenzen für D-Parameter

Inwieweit das Verwenden der Annahme von MTR die Grenzen verbessern kann, die auf der Annahme von MTS basieren, soll zunächst am Beispiel des Erwartungswertes der Responsefunktion erläutert werden. Bei Annahme von MTS gilt nach Abschnitt 3.2.4.5 für die Grenzen der bedingten Erwartungswerte $E[y(t)|w, z = u]$ und der unbedingten Erwartungswerte $E[y(t)|w]$:

$$
\begin{array}{lcccc}
u < t \Rightarrow & K_0 & \leq & E[y(t)|w, z = u] & \leq E(y|w, z = t) \\
u = t \Rightarrow & & & E[y(t)|w, z = u] = E(y|w, z = t) & \\
u > t \Rightarrow & E(y|w, z = t) & \leq & E[y(t)|w, z = u] & \leq \quad K_1
\end{array}
\quad , \tag{3.162}
$$

$$
\begin{array}{c}
K_0 \cdot P(z < t|w) + E(y|w, z = t) \cdot P(z \geq t|w) \\
\leq \qquad E[y(t)|w] \\
\leq K_1 \cdot P(z > t|w) + E(y|w, z = t) \cdot P(z \leq t|w)
\end{array}
\quad . \tag{3.163}
$$

Die Untergrenze (Obergrenze) der Durchschnittslöhne hängt deshalb auch von $K_0$ $(K_1)$ ab, da bei der Annahme von MTS nur die realisierten Werte der Personen verwendet werden können, für die $z_j \geq t$ $(z_j \leq t)$ gilt. Für alle anderen Personen mit realisiertem Treatment $z_j < t$ $(z_j > t)$ muss die empirische Evidenz wegen der Annahme von MTS durch das Supremum $K_0$ (Infimum $K_1$) ersetzt werden. Genau hier kann die Annahme von MTR eingesetzt werden. Nimmt man MTS und zusätzlich MTR an, kann für die Personen mit $z_j < t$ in (3.162) das Supremum $K_0$ durch den realisierten Lohn $y_j$ ersetzt werden, da vorausgesetzt wird, dass bei höherem Bildungsniveau t der Lohn mindestens gleich dem Wert $y_j$ bei den niedrigeren, realisierten Bildungsniveau $z_j$ ist. Daraus folgt für (3.163), dass $K_0$ durch den bedingten Erwartungswert $E(y|w, z = u)$ zu ersetzen ist. Entsprechend kann bei der Bestimmung der Obergrenze für die Personen, die ein höheres Bildungsniveau, $z_j > t$, realisiert haben, das Infimum $K_1$ durch den realisierten Lohn $y_j$ ersetzt werden, da vorausgesetzt wird, dass bei niedrigerem Bildungsniveau t der Lohn dieser Personen nicht größer als der realisierte Lohn $y_j$ sein kann. Daraus folgt für (3.163), dass $K_1$ durch den bedingten Erwartungswert $E(y|w, z = u)$ ersetzt werden kann. Aufgrund dieser Kombination von MTS und MTR ergeben sich dann folgende Grenzen für den Erwartungswert der bedingten Responsefunktion, $E[y(t)|w, z = u]$, indem in (3.200) $v = z$, d.h. die Instrumentalvariable der Treatmentvariablen gleich gesetzt wird:

$$(3.200') \quad \begin{array}{c} \sup\limits_{u_1 \le u}\left[K_0 \cdot P(z > t|z = u_1) + E(y|z = u_1, z \le t) \cdot P(z \le t|z = u_1)\right] \\ \le \quad E[y(t)|z = u] \\ \le \inf\limits_{u_2 \ge u}\left[K_1 \cdot P(z < t|z = u_2) + E(y|z = u_2, z \ge t) \cdot P(z \ge t|z = u_2)\right] \end{array},$$

und mit $z = u_1$ bzw. $z = u_2$ umgeschrieben:

$$(3.200'') \quad \begin{array}{c} \sup\limits_{u_1 \le u}\left[K_0 \cdot P(u_1 > t|z = u_1) + E(y|u_1 \le t) \cdot P(u_1 \le t)\right] \\ \le \quad E[y(t)|z = u] \\ \le \inf\limits_{u_2 \ge u}\left[K_1 \cdot P(u_2 < t|z = u_2) + E(y|u_2 \ge t) \cdot P(u_2 \ge t)\right] \end{array}.$$

Da beim Supremum $P(u_1 > t|z = u_1) = 0$ und beim Infimum $P(u_2 < t|z = u_2) = 0$ gilt, kann folgende Fallunterscheidung für die bedingten Erwartungswerte getroffen werden:

$$(3.204): \quad \begin{array}{l} u < t \Rightarrow \sup\limits_{u_1 \le u} E(y|z = u_1) \le E[y(t)|z = u] \le \inf\limits_{u_2 \ge t} E(y|z = u_2) \\ u = t \Rightarrow \sup\limits_{u_1 \le t} E(y|z = u_1) \le E[y(t)|z = u] \le \inf\limits_{u_2 \ge t} E(y|z = u_2) \\ u > t \Rightarrow \sup\limits_{u_1 \le t} E(y|z = u_1) \le E[y(t)|z = u] \le \inf\limits_{u_2 \ge u} E(y|z = u_2) \end{array}$$

Weiterhin gilt aufgrund der Annahmen von MTS und MTR:

$$
\begin{aligned}
& u' \leq u \Rightarrow E(y|z=u') = E[y(u')|z=u'] \\
(3.205) \quad & \leq E[y(u)|z=u'] \\
& \leq E[y(u)|z=u] = E(y|z=u)
\end{aligned}
$$

Kombiniert man nun (3.204) und (3.205) erhält man:

$$
(3.206) \quad
\begin{aligned}
& u < t \Rightarrow E(y|w,z=u) \leq \quad E[y(t)|w,z=u] \quad \leq E(y|w,z=t) \\
& u = t \Rightarrow \quad E[y(t)|w,z=u] = E(y|w,z=t) \\
& u > t \Rightarrow E(y|w,z=t) \leq \quad E[y(t)|w,z=u] \quad \leq E(y|w,z=u)
\end{aligned}
$$

Da $K_0$ und $K_1$ durch empirische Evidenz ersetzt wurden, hängen die Grenzen der bedingten Erwartungswerte nur noch von der Verwendung der empirischen Evidenz aufgrund MTS-MTR ab. Die Unter- und Obergrenze für die unbedingten Erwartungswerte der Responsefunktion $E[y(t)|w]$ ergeben sich dann wieder als gewogenes arithmetisches Mittel und hängen ebenfalls nicht mehr von $K_0$ und $K_1$ ab:

$$
(3.207) \quad
\begin{aligned}
& \sum_{u<t} E(y|w,z=u) \cdot P(z=u|w) + E(y|w,z=t) \cdot P(z \geq t|w) \\
\leq \quad & E[y(t)|w] \\
\leq & \sum_{u>t} E(y|w,z=u) \cdot P(z=u|w) + E(y|w,z=t) \cdot P(z \leq t|w)
\end{aligned}
.
$$

Es gehen also nicht alle beobachtbaren, bedingten und realisierten Erwartungswerte $E(y|w,z=u)$ in die Berechnung der Grenzen ein. Bei der Untergrenze (Obergrenze) werden alle Erwartungswerte mit $u \leq t$ $(u \geq t)$ verwendet, während diejenigen für $u > t$ $(u < t)$ nicht verwendet, sondern durch $E(y|w,z=t)$ ersetzt werden. Die Untergrenze (Obergrenze) kann damit geschätzt werden als gewogenes arithmetisches Mittel aller realisierten bedingten Erwartungswerte $E(y \mid w,z=u)$ für alle $u < t$ $(u > t)$, gewichtet mit dem jeweiligen Anteil $P(z=u|w)$, und der realisierten bedingten Erwartungswerte $E(y \mid w,z=t)$, gewichtet mit dem Anteil aller Personen mit $z_j \geq t$ $(z_j \leq t)$.

Schreibt man den unbedingten Erwartungswert als

$$(3.208)\quad E[y(t)|w] = \sum_{u<t} E(y|w, z = u) \cdot P(z = u|w) + \sum_{u \geq t} E(y|w, z = u) \cdot P(z \geq u|w),$$

wird ersichtlich, dass es wegen der Nichtberücksichtigung der realisierten Erwartungswerte für $u > t$ $(u < t)$ bei der Annahme von MTS-MTR keine Punktschätzung für den unbedingten Erwatungswert gibt. Würden diese mitverwendet, ergäbe sich die Schätzung des unbedingten Erwartungswertes durch die Verwendung des Stichprobenmittelwertes gemäß der Annahme von ETS. Als erste Konsequenz der Annahme von MTS-MTR kann festgehalten werden, dass die Grenzen des unbedingten Erwartungswertes in (3.205) weder von $K_0$ noch von $K_1$ abhängen und die Grenzen unabhängig davon bestimmt werden können, ob die Ergebnisvariable y beschränkt ist oder nicht. Auch bei der Verwendung der Annahme von MTS-MTR ergeben sich Spezialfälle, falls die Grenzen für das kleinste bzw. das größte Treatment untersucht werden.

Für das kleinste Treatment $t_{min}$ ergibt sich wegen $P(z < t_{min}|w) = 0$ und $P(z \geq t_{min}|w) = 1$, dass die Untergrenze von $E[y(t_{min})|w]$ nur noch von der empirischen Evidenz abhängt:

$$(3.209)\quad \sum_{u<t_{min}} E(y|w, z = u) \cdot 0 + E(y|w, z = t_{min}) \cdot 1 = E(y|w, z = t_{min}) \leq E[y(t_{min})|w]$$

Für das größte Treatment $t_{max}$ ergibt sich wegen $P(z > t_{max}|w) = 0$ und $P(z \leq t_{max}|w) = 1$, dass die Obergrenze von $E[y(t_{max})|w]$ wie bei der Annahme von MTS nur noch von der empirischen Evidenz abhängt:

$$(3.210)\quad E[y(t_{max})] \leq E(y|z = t_{max}) = \sum_{u>t_{max}} E(y|z = u) \cdot 0 + E(y|z = t_{max}) \cdot 1$$

Zu Grenzen aufgrund MTS-MTR kommt man auch, wenn man die Grenzen nach MTR als Ausgangspunkt verwendet:

$$(3.211)\quad \begin{array}{l} K_0 \cdot P(z > t|w) + E(y|w, z \leq t) \cdot P(z \leq t|w) \\ \leq \qquad E[y(t)|w] \\ \leq K_1 \cdot P(z < t|w) + E(y|w, z \geq t) \cdot P(z \geq t|w) \end{array}.$$

Nimmt man hier für die Untergrenze (Obergrenze) an, dass diejenigen, die ein realisiertes Treatment z aufweisen, das größer (kleiner) als das betrachtete Treatment t ist, nicht $K_0$ $(K_1)$ als Ergebnis realisieren würden, wenn sie statt Treatment z Treatment t realisiert hätten, sondern mindestens (höchstens) so viel, $E(y|w, z = t)$, wie diejenigen, die $z = t$ realisiert haben, würden sich als Grenzen ergeben:

$$\begin{aligned} & E(y|w,z=t)\cdot P(z>t|w)+E(y|w,z\leq t)\cdot P(z\leq t|w) \\ (3.212)\quad \leq \; & E[y(t)|w] \\ & \leq E(y|w,z=t)\cdot P(z<t|w)+E(y|w,z\geq t)\cdot P(z\geq t|w) \end{aligned}$$

Dies entspricht aber exakt den Grenzen, die sich aufgrund MTS-MTR ergeben, wenn man die Unter- und Obergrenze umschreibt

$$\begin{aligned} & E(y|w,z=t)\cdot P(z>t|w)+E(y|w,z\leq t)\cdot P(z\leq t|w) \\ (3.213)\quad & = E(y|w,z=t)\cdot P(z\geq t|w)+E(y|w,z<t)\cdot P(z<t|w) \\ & = E(y|w,z=t)\cdot P(z\geq t|w)+\sum_{z<t} E(y|w,z<t)\cdot P(z<t|w) \end{aligned}$$

$$\begin{aligned} & E(y|w,z=t)\cdot P(z<t|w)+E(y|w,z\geq t)\cdot P(z\geq t|w) \\ (3.214)\quad & = E(y|w,z=t)\cdot P(z\leq t|w)+E(y|w,z>t)\cdot P(z>t|w) \\ & = E(y|w,z=t)\cdot P(z\leq t|w)+\sum_{z>t} E(y|w,z>t)\cdot P(z>t|w) \end{aligned}$$

und das realisierte Treatment t in das gewählte Treatment u umbenennt.

$$\begin{aligned} u<t \Rightarrow D[y|w,z=u] \leq \quad & D[y(t)|w,z=u] \quad \leq D[y|w,z=t] \\ u=t \Rightarrow \quad & D[y(t)|w,z=u] = D[y|w,z=t] \\ u>t \Rightarrow D[y|w,z=t] \leq \quad & D[y(t)|w,z=u] \quad \leq D[y|w,z=u] \end{aligned},$$

bzw.

$$\begin{aligned} & \sum_{u<t} E(y\mid w,z=u)\cdot P(z=u|w)+E[y|w,z=t]\cdot P(z\geq t|w) \\ \leq \; & E[y(t)|w] \\ \leq \; & \sum_{u>t} E(y\mid w,z=u)\cdot P(z=u|w)+E[y|w,z=t]\cdot P(z\leq t|w) \end{aligned}$$

### 3.2.5.3.2 Scharfe Grenzen für D-Treatmenteffekte

Die Obergrenze für den Treatmenteffekt $\Delta_{t_1,t_2}$ ergibt sich als Differenz der Obergrenze der Responsefunktion für das Treatment $t_2$ und der Untergrenze der Responsefunktion für das Treatment $t_1$, da es möglich ist, dass der Erwartungswert $E[y(t_2)|z=u]$ an seiner Obergrenze und gleichzeitig der Erwartungswert $E[y(t_1)|z=u]$ an seiner Untergrenze liegt.[99]

(3.215)
$$\begin{aligned}\Delta_{t_1,t_2} &= \left[\sum_{u>t_2} E(y\,|\,z=u)\cdot P(z=u) + E(y|z=t_2)\cdot P(z\le t_2)\right] \\ &\quad - \left[\sum_{u<t_1} E(y\,|\,z=u)\cdot P(z=u) + E(y|z=t_1)\cdot P(z\ge t_1)\right] \\ &= \left[\sum_{u>t_2} E(y\,|\,z=u)\cdot P(z=u) + E(y|z=t_2)\cdot [P(t_1\le z\le t_2)+P(z<t_1)]\right] \\ &\quad - \left[\sum_{u<t_1} E(y\,|\,z=u)\cdot P(z=u) + E(y|z=t_1)\cdot [P(t_1\le z\le t_2)+P(z>t_2)]\right]\end{aligned}$$

Diese Differenz lässt sich so umschreiben, dass ein direkter Vergleich mit der Annahme exogener Treatmentselektion erfolgen kann:

(3.216)
$$\begin{aligned}\Delta_{t_1,t_2} &= \left[\sum_{u<t_1} [E(y\,|\,z=t_2) - E(y\,|\,z=u)]\cdot P(z=u)\right] \\ &\quad + [E[y|z=t_2] - E(y|z=t_1)]\cdot P(t_1\le z\le t_2) \\ &\quad + \left[\sum_{u>t_2} [E(y\,|\,z=u) - E(y\,|\,z=t_1)]\cdot P(z=u)\right]\end{aligned}$$

Zum Vergleich dieser Obergrenze mit dem Treatmenteffekt bei Annahme von ETS, wird der ETS-Treatmenteffekt umgeschrieben zu (3.217). Damit ergibt die Differenz zwischen dem Treatmenteffekt aufgrund der Annahme von MTS-MTR und der Annahme von ETS mit (3.218).

---

[99] Vgl. Manski/Pepper (2000), S. 1005.

$$E(y|z=t_2)-E(y|z=t_1)=\sum_{u=t_{min}}^{t_{max}}\left[E(y|z=t_2)-E(y|z=t_1)\right]\cdot P(z=u)$$

(3.217)
$$=\begin{bmatrix}\sum_{u\geq t_1}^{t_2}\left[E(y|z=t_2)-E(y|z=t_1)\right]\cdot P(t_1\leq z\leq t_2)\\ +\sum_{u<t_1}\left[E(y|w,z=t_2)-E(y|z=t_1)\right]\cdot P(z=u)\\ +\sum_{u>t_2}\left[E(y|z=t_2)-E(y|z=t_1)\right]\cdot P(z=u)\end{bmatrix}$$

(3.218)
$$\overset{MTS-MTR}{\Delta(t_1,t_2)}-\overset{ETS}{\Delta(t_1,t_2)}=\sum_{u<t_1}\left[E(y|w,z=t_1)-E(y|w,z=u)\right]\cdot P(z=u|w)+\sum_{u>t_2}\left[E(y|w,z=u)-E(y|w,z=t_2)\right]\cdot P(z=u|w)$$

Die Obergrenze des Treatmenteffekts $\Delta_{t_1,t_2}$ kann somit bei Gültigkeit der Annahme von MTS-MTR nicht kleiner sein als der ETS-Treatmenteffekt, da in (3.218) bei Gültigkeit der Annahme von MTS-MTR der Erwartungswert $E(y|w,z=t_1)$ größer sein muss als der Erwartungswert $E(y|w,z=u)$ für alle Realisationen kleiner als $t_1$ und der Erwartungswert $E(y|w,z=u)$ größer sein muss als der Erwartungswert $E(y|w,z=t_2)$ für alle Realisationen größer als $t_2$.

Der Treatmenteffekt bei Annahme exogener Treatmentselektion ist somit eine Untergrenze für die Obergrenze des Treatmenteffekts bei Annahme von MTS-MTR.

Die Untergrenze des MTS-MTR-Treatmeteffekts ergibt sich, berechnet als Differenz der Untergrenze bei $t_2$ und der Obergrenze bei $t_1$ als

(3.219)
$$\Delta_{t_1,t_2}=\left[\sum_{u<t_2}E(y\mid w,z=u)\cdot P(z=u|w)+E(y|w,z=t_2)\cdot P(z\geq t_2|w)\right]-\left[\sum_{u>t_1}E(y\mid w,z=u)\cdot P(z=u|w)+E(y|w,z=t_1)\cdot P(z\leq t_1|w)\right]$$

$$\Delta_{t_1,t_2} = \left[ \sum_{u<t_1} \left[ E(y|w,z=u) - E(y \mid w,z=t_1) \right] \cdot P(z=u|w) \right] \tag{3.220}$$
$$+ \left[ \sum_{u>t_2} \left[ E(y \mid w,z=t_2) - E(y|w,z=u) \right] \cdot P(z=u|w) \right]$$

Bei Gültigkeit der Annahme von MTS-MTR müssen in (3.220) jedoch beide Summanden notwendigerweise negativ sein, so dass die Untergrenze des Treatmenteffekts bei MTS-MTR immer negativ wäre. Wenn man jedoch die Implikation der Annahme von MTR aus Abschnitt 3.2.2 berücksichtigt, ergibt sich wie eingangs schon angedeutet die Untergrenze von 0 für den Treatmenteffekt bei Annahme von MTS-MTR.[100]

### 3.2.5.3.3 Ein Test für die Annahme von MTS-MTR

Bei der Herleitung der Grenzen für den unbedingten Erwartungswert aufgrund der Annahme von MTS-MTR wurde folgende Implikation verwendet

$$\begin{aligned} u' \leq u \Rightarrow E(y|z=u') &= E[y(u')|z=u'] \\ &\leq E[y(u)|z=u'] \\ &\leq E[y(u)|z=u] = E(y|z=u) \end{aligned} \tag{3.205}$$

Daraus ergibt sich direkt, dass die Annahme von MTS-MTR abgelehnt werden kann, wenn $E(y|z=u)$ nicht schwach monoton in u steigt. Auch hierfür gibt es bereits eine Vielzahl von Tests, die größtenteils auf der Arbeit von McFadden (1989) beruhen, da dieser Test eine abgeschwächte Version des Tests der Hypothese aus Abschnitt 3.2.3.4 darstellt, dass die Responsefunktion monoton verläuft und die Realisation der Treatmentvariablen z stochastisch unabhängig von der Responsefunktion y(·) ist.[101] Deshalb wird an dieser Stelle nicht näher auf die Konstruktion dieser Tests eingegangen.

---

100 Vgl. Manski/Pepper (2000), S. 1005.

101 Vgl. Manski/Pepper (2000), S. 1004.

### 3.2.5.4 Zur Bestimmung scharfer Grenzen für Quantile über scharfe Grenzen für die Verteilungsfunktion

Im Folgenden sollen die in den vorangegangenen Abschnitten aufgezeigten Grenzen für die unbedingten Quantile im Worst-Case-Fall und bei den Annahmen von MTR, MTS sowie MTS bei strikter stochastischer Dominanz über das Gesetz iterierter Erwartungen in der Form

$$(3.221)\quad \begin{aligned} P[y(t)\le r] &= \sum_{u<t} P[y(t)\le r|z=u]P(z=u) \\ &+ P(y\le r|z=t)P(z=t) \\ &+ \sum_{u>t} P[y(t)\le r|z=u]P(z=u) \end{aligned}$$

hergeleitet werden. Zunächst wird der Worst-Case-Fall aus Abschnitt 3.2.2 betrachtet.

#### 3.2.5.4.1 Worst-Case-Grenzen

Trifft man keine Annahmen über die gewählten Treatments

$$(3.222)\quad u_1 \le u_2 \Rightarrow q_\alpha[y(t)|w,z=u_1] \overset{>}{\underset{<}{=}} q_\alpha[y(t)|w,z=u_2]$$

ergeben sich für die bedingten Quantile $q_\alpha[y(t)|z=u]$ unmittelbar die folgenden Grenzen:

$$(3.223)\quad \begin{aligned} u<t &\Rightarrow K_0 \le q_\alpha[y(t)|z=u] \le K_1 \\ u=t &\Rightarrow q_\alpha[y(t)|z=u] = q_\alpha(y|z=t) \\ u>t &\Rightarrow K_0 \le q_\alpha[y(t)|z=u] \le K_1 \end{aligned}$$

Für die unbedingten Quantile $q_\alpha[y(t)]$ ergibt sich mit (3.221) und (3.222) und $r^* = q_\alpha(y|z=t)$, dass für jedes $r < r^*$ und $r \ge r^*$,

$$
(3.224) \quad \begin{aligned} u < t &\Rightarrow \quad 0 \le P[y(t) \le r | z = u] \le 1 \\ u = t &\Rightarrow P[y(t) \le r | z = u] = P(y \le r | z = t) \\ u > t &\Rightarrow \quad 0 \le P[y(t) \le r | z = u] \le 1 \end{aligned}
$$

gilt. Damit erhält man für $r < r^*$ und $r > r^*$ die Grenzen für $P[y(t) \le r]$ als:

$$
(3.225) \quad P(y \le r | z = t)P(z = t) \le P[y(t) \le r] < P(y \le r | z = t)P(z = t) + P(z \ne t)
$$

Durch Invertieren dieser Grenzen für die Verteilungsfunktion erhält man die Grenzen für das unbedingte $q_\alpha[y(t)]$-Quantil:

Für $r < r^*$ gilt

(i) $\quad P(y \le r | z = t)P(z = t) + P(z \ne t) < \alpha \quad \Rightarrow P[y(t) \le r] < \alpha$

(ii) $\quad P(y \le r | z = t)P(z = t) \ge \alpha \quad \Rightarrow P[y(t) \le r] \ge \alpha$

Allerdings ist (ii) wegen $P(y \le r | z = t) < \alpha$ nicht möglich. Deshalb ist nur (i) wirksam. Aus (i) folgt

$$
(3.226) \quad P(y \le r | z = t) < \frac{\alpha - P(z \ne t)}{P(z = t)} \Rightarrow P[y(t) \le r] < \alpha \ .
$$

Diese Ungleichung ist informativ, falls die Bedingung $\alpha - P(z \ne t) > 0$ erfüllt ist. Dann ergibt sich das

$$
(3.227) \quad q_\alpha[y(t)] \ge \frac{\alpha - P(z \ne t)}{P(z = t)}\text{-Quantil}
$$

von $P(y | z = t)$ als Untergrenze.

Für $r \ge r^*$ gilt

(i) $\quad P(y \le r | z = t)P(z = t) + P(z \ne t) < \alpha \quad \Rightarrow P[y(t) \le r] < \alpha$

(ii) $\quad P(y \le r | z = t)P(z = t) \ge \alpha \quad \Rightarrow P[y(t) \le r] \ge \alpha$

Allerdings ist (i) wegen $P(y \le r | z = t) \ge \alpha$ nicht möglich. Deshalb ist nur (ii) wirksam. Aus (ii) folgt

$$(3.228)\quad P(y \le r | z = t) \ge \frac{\alpha}{P(z = t)} \Rightarrow P[y(t) \le r] \ge \alpha \;.$$

Diese Ungleichung ist informativ, falls die Bedingung $\alpha \le P(z = t)$ erfüllt ist. Dann ergibt sich das

$$(3.229)\quad q_\alpha[y(t)] \le \frac{\alpha}{P(z = t)}\text{-Quantil}$$

von $P(y|z = t)$ als Obergrenze.

Damit erhält man die in Abschnitt 3.2.2 bereits besprochenen Fallunterscheidungen:

$$(3.230)\quad \begin{array}{lcccc}
0 < \alpha \le P(z \ne t) \Rightarrow & K_0 & \le q_\alpha[y(t)] & & \\
P(z = t) < \alpha < 1 \Rightarrow & & q_\alpha[y(t)] & \le & K_1 \\
P(z \ne t) < \alpha < 1 \Rightarrow & q_{\lambda_0}(y|z = t) \le & q_\alpha[y(t)] & & \\
0 < \alpha \le P(z = t) \Rightarrow & & q_\alpha[y(t)] & \le & q_{\lambda_1}(y|z = t) \\
P(z = t) < \alpha \le P(z \ne t) \Rightarrow & K_0 \le & q_\alpha[y(t)] & \le & K_1 \\
P(z \ne t) < \alpha \le P(z = t) \Rightarrow & q_{\lambda_0}(y|z = t) \le & q_\alpha[y(t)] & \le & q_{\lambda_1}(y|z = t)
\end{array}$$

### 3.2.5.4.2 Monotone Responsefunktionen

Aus der Annahme von monotoner Responsefunktionen

$$(3.51)\quad t_1 \le t_2 \Rightarrow y_j(t_1) \le y_j(t_2)$$

folgten die Grenzen für die individuelle Responsefunktion

$$(3.52)\quad \begin{array}{l}
z_j < t \Rightarrow y_j \le y_j(t) \le K_1 \\
z_j = t \Rightarrow \quad y_j(t) = y_j \\
z_j > t \Rightarrow K_0 \le y_j(t) \le y_j
\end{array} \;.$$

Daraus folgt für das unbedingte Quantil $q_\alpha[y(t)]$ mit dem Gesetz iterierter Erwartungen in der Form (3.221) aus dem vorhergehenden Abschnitt:

Mit $r^* = q_\alpha(y|z = t)$ gilt für $r < r^*$ und für $r \geq r^*$

$$\text{(3.231)} \quad \begin{array}{l} u < t \Rightarrow 0 \leq P[y(t) \leq r|z = u] \leq P(y \leq r|z = u) \\ u = t \Rightarrow \quad P[y(t) \leq r|z = u] = P(y \leq r|z = t) \\ u > t \Rightarrow P(y \leq r|z = u) \leq P[y(t) \leq r|z = u] \leq 1 \end{array} \quad .$$

Also gilt für die beiden Fälle, $r < r^*$ und $r \geq r^*$,

$$\text{(3.232)} \quad P(y \leq r|z \geq t)P(z \geq t) \leq P[y(t) \leq r] < P(y \leq r|z \leq t)P(z \leq t) + P(z > t)$$

Durch Invertieren dieser Grenzen für die Verteilungsfunktion erhält man die Grenzen für das unbedingte $q_\alpha[y(t)]$-Quantil:

(i) $P(y \leq r|z \leq t)P(z \leq t) + P(z > t) < \alpha \quad \Rightarrow P[y(t) \leq r] < \alpha$

(ii) $P(y \leq r|z \geq t)P(z \geq t) \geq \alpha \quad \Rightarrow P[y(t) \leq r] \geq \alpha$

Aus (i) folgt

$$\text{(3.233)} \quad P(y \leq r|z \leq t) < \frac{\alpha - P(z > t)}{P(z \leq t)} \Rightarrow P[y(t) \leq r] < \alpha \quad .$$

Diese Ungleichung ist informativ, falls die Bedingung $\alpha - P(z > t) > 0$ erfüllt ist. Dann ergibt sich das

$$\text{(3.234)} \quad q_\alpha[y(t)] \geq \frac{\alpha - P(z > t)}{P(z \leq t)}\text{-Quantil}$$

von $P(y|z \leq t)$ als Untergrenze.

Aus (ii) folgt

$$\text{(3.235)} \quad P(y \leq r|z \geq t) \geq \frac{\alpha}{P(z \geq t)} \Rightarrow P[y(t) \leq r] < \alpha \quad .$$

Diese Ungleichung ist informativ, falls die Bedingung $\alpha \leq P(z \geq t)$ erfüllt ist. Dann ergibt sich das

$$(3.236) \quad q_\alpha[y(t)] \leq \frac{\alpha}{P(z \geq t)}\text{-Quantil}$$

von $P(y|z \geq t)$ als Obergrenze.

Damit erhält man wieder die in Abschnitt 3.2.3.1 ermittelten Bereiche

$$(3.237) \quad \begin{array}{lcl} 0 < \alpha \leq P(z > t) \Rightarrow & K_0 & \leq q_\alpha[y(t)] \leq q_{\lambda_1}(y \mid z \geq t) \\ P(z > t) < \alpha \leq P(z \geq t) \Rightarrow & q_{\lambda_0}(y \mid z \leq t) & \leq q_\alpha[y(t)] \leq q_{\lambda_1}(y|z \geq t) \\ P(z \geq t) < \alpha < 1 \Rightarrow & q_{\lambda_0}(y \mid z \leq t) & \leq q_\alpha[y(t)] \leq K_1 \end{array}$$

mit $\lambda_0 = \dfrac{\alpha - P(z > t|w)}{P(z \leq t|w)}$ und $\lambda_1 = \dfrac{\alpha}{P(z \geq t|w)}$ .

### 3.2.5.4.3 Monotone Treatmentselektion

Mit der Definition der Quantil-Monotonie in (3.131)

$$(3.131) \quad u_1 \leq u_2 \Rightarrow q_\alpha[y(t)|w, z = u_1] \leq q_\alpha[y(t)|w, z = u_2] \; .$$

und dem in (3.221) formulierten Gesetz iterierter Erwartungen können die Grenzen für das unbedingte Quantil $q_\alpha[y(t)]$ abgeleitet werden.. Im Gegensatz zu den beiden vorangegangenen Abschnitten ist hier eine Fallunterscheidung nötig, ob r größer oder kleiner als das bei t identifizierbare $\alpha$-Quantil $r^* = q_\alpha(y|z = t)$ ist.

Für $r < r^*$:

Falls $u < t$, gilt $P(y \leq r|z = t) < P[y(t) \leq r|z = u]$ und $P(y \leq r|z = t) < \alpha$ .

Daraus folgen die Grenzen

$$(3.238) \quad u < t \Rightarrow 0 \leq P[y(t) \leq r|z = u] \leq 1 \; .$$

Falls $u > t$, gilt $P[y(t) \leq r | z = u] < P(y \leq r | z = t)$ und $P(y \leq r | z = t) < \alpha$ .

Daraus folgen die Grenzen

(3.239) $u > t \Rightarrow 0 \leq P[y(t) \leq r | z = u] < P(y \leq r | z = t) < \alpha$ .

Für $r \geq r^*$:

Falls $u < t$, gilt $P(y \leq r | z = t) < P[y(t) \leq r | z = u]$ und $\alpha \leq P(y \leq r | z = t)$.

Daraus folgen die Grenzen

(3.240) $u < t \Rightarrow \alpha \leq P(y \leq r | z = t) < P[y(t) \leq r | z = u] \leq 1$ .

Falls $u > t$, gilt $P[y(t) \leq r | z = u] < P(y \leq r | z = t)$ und $\alpha \leq P(y \leq r | z = t)$.

Daraus folgen die Grenzen

(3.241) $u > t \Rightarrow 0 \leq P[y(t) \leq r | z = u] \leq 1$ .

Mit diesen Grenzen erhält man die Grenzen für die Verteilungsfunktion

Für $r < r^*$:

$$\begin{aligned} & P(y \leq r | z = t) P(z = t) \\ (3.242) \quad & \leq P[y(t) \leq r] \\ & < P(z < t) + P(y \leq r | z = t) P(z = t) + \alpha P(z > t) \end{aligned}$$

Für $r \geq r^*$:

$$\begin{aligned} & \alpha P(z < t) + P(y \leq r | z = t) P(z = t) \\ (3.243) \quad & \leq P[y(t) \leq r] \\ & < P(z \neq t) + P(y \leq r | z = t) P(z = t) \end{aligned}$$

Durch Invertieren dieser Grenzen für die Verteilungsfunktion erhält man wieder Grenzen für das unbedingte $q_\alpha[y(t)]$-Quantil.

Für $r < r^*$:

(i) $P(z < t) + P(y \le r | z = t)P(z = t) < \alpha \qquad \Rightarrow P[y(t) \le r] < \alpha$

(ii) $P(y \le r | z = t)P(z = t) \ge \alpha \qquad \Rightarrow P[y(t) \le r] \ge \alpha$

Allerdings ist (ii) wegen $P(y \le r | z = t) < \alpha$ nicht möglich. Deshalb ist nur (i) wirksam. Aus (i) folgt

(3.244) $P(y \le r | z = t) < \alpha - (1 - \alpha)P(z < t)/P(z = t) \Rightarrow P[y(t) \le r] < \alpha$ .

Dies lässt sich schreiben als

(3.245) $$P(y \le r | z = t) < \frac{\alpha P(z \le t) - P(z < t)}{P(z = t)} \Rightarrow P[y(t) \le r] < \alpha \ .$$

Diese Ungleichung ist informativ, falls die Bedingung $\alpha > \frac{P(z < t)}{P(z \le t)}$ erfüllt ist. Dann ergibt sich das

(3.246) $$q_\alpha[y(t)] \ge \frac{\alpha P(z \le t) - P(z < t)}{P(z = t)}$$ -Quantil

von $P(y | z = t)$ als Untergrenze.

Für $r \ge r^*$:

(i) $P(z \ne t) + P(y \le r | z = t)P(z = t) < \alpha \qquad \Rightarrow P[y(t) \le r] < \alpha$

(ii) $\alpha P(z < t) + P(y \le r | z = t)P(z = t) \ge \alpha \qquad \Rightarrow P[y(t) \le r] \ge \alpha$

Allerdings ist (i) wegen $P(y \le r | z = t) \ge \alpha$ nicht möglich. Deshalb ist nur (ii) wirksam. Aus (ii) folgt

(3.247) $$P(y \le r | z = t) \ge \frac{\alpha P(z \ge t)}{P(z = t)} \Rightarrow P[y(t) \le r] \ge \alpha \ .$$

Diese Ungleichung ist informativ, falls die Bedingung $\alpha \leq \frac{P(z=t)}{P(z \geq t)}$ erfüllt ist. Dann ergibt sich das

$$(3.248) \quad q_\alpha[y(t)] \leq \frac{\alpha P(z \geq t)}{P(z=t)}\text{-Quantil}$$

von $P(y|z=t)$ als Obergrenze.

Damit erhält man die folgenden informativen und nichtinformativen Bereiche für das unbedingte $q_\alpha[y(t)]$-Quantil:

$$(3.249) \quad \begin{array}{rcl} 0 < \alpha \leq \frac{P(z<t)}{P(z \leq t)} & \Rightarrow & K_0 \leq q_\alpha[y(t)] \leq q_{\lambda_1}(y|z=t) \\ \frac{P(z<t)}{P(z \leq t)} < \alpha < \frac{P(z=t)}{P(z \geq t)} & \Rightarrow & q_{\lambda_0}(y|z=t) \leq q_\alpha[y(t)] \leq q_{\lambda_1}(y|z=t) \\ \frac{P(z=t)}{P(z \geq t)} \leq \alpha < 1 & \Rightarrow & q_{\lambda_0}(y|z=t) \leq q_\alpha[y(t)] \leq K_1 \end{array}$$

$$(3.250) \quad \lambda_0 = \frac{\alpha P(z \leq t) - P(z<t)}{P(z=t)} \text{ und } \lambda_1 = \frac{\alpha P(z \geq t)}{P(z=t)}.$$

Unter- und Obergrenze für das unbedingte Quantil sind immer simultan informativ, falls das kleinste Treatment ($t_{min}$) oder das größte Treatment ($t_{max}$) betrachtet werden.

$$\begin{array}{ll} t_{min}: & 0 < \alpha < P(z=t) \\ t_{max}: & P(z<t) < \alpha < 1 \end{array}$$

### 3.2.5.4.4 Monotone Treatmentselektion bei strikter stochastischer Dominanz

Mit der Definition strikter Quantil-Monotonie für die bedingten Quantile:

$$(3.251) \quad u_1 \leq u_2 \Rightarrow q_\alpha[y(t)|w, z=u_1] \leq q_\alpha[y(t)|w, z=u_2]$$

folgt für alle r: $\begin{array}{l} u < t \Rightarrow P[y(t) \leq r | z = u] > P(y \leq r | z = t) \\ u > t \Rightarrow P[y(t) \leq r | z = u] < P(y \leq r | z = t) \end{array}$ .

Daraus folgt für die bedingten Quantile $q_\alpha[y(t)|z = u]$ entsprechend dem Fall bei Quantil-Monotonie aus dem letzten Abschnitt:

$$\begin{array}{llllll} u < t \Rightarrow & K_0 & \leq & q_\alpha[y(t)|w, z = u] & \leq q_\alpha(y|w, z = t) \\ u = t \Rightarrow & & & q_\alpha[y(t)|w, z = u] = q_\alpha(y|w, z = t) & \\ u > t \Rightarrow & q_\alpha(y|w, z = t) & \leq & q_\alpha[y(t)|w, z = u] & \leq & K_1 \end{array}$$

Für das unbedingte $q_\alpha[y(t)]$-Quantil folgt dann für $r < r^*$ und für $r > r^*$:

$$\begin{array}{ll} & u < t \Rightarrow P(y \leq r | z = t) \leq P[y(t) \leq r | z = u] \leq 1 \\ (3.252) & u = t \Rightarrow \quad P[y(t) \leq r | z = u] = P(y \leq r | z = t) \\ & u > t \Rightarrow 0 \leq P[y(t) \leq r | z = u] \leq P(y \leq r | z = t) \end{array}$$

Damit gilt für $r < r^*$ und für $r \geq r^*$:

$$(3.253) \quad P(y \leq r | z = t) P(z \leq t) \leq P[y(t) \leq r] < P(y \leq r | z = t) P(z \geq t) + P(z < t)$$

Mit diesen Grenzen erhält man die Grenzen für die Verteilungsfunktion:

Für $r < r^*$:

(i) $P(y \leq r | z = t) P(z \geq t) + P(z < t) < \alpha \quad \Rightarrow P[y(t) \leq r] < \alpha$

(ii) $P(y \leq r | z = t) P(z \leq t) \geq \alpha \quad \Rightarrow P[y(t) \leq r] \geq \alpha$

Allerdings ist (ii) wegen $P(y \leq r | z = t) < \alpha$ nicht möglich. Deshalb ist nur (i) wirksam. Aus (i) folgt

$$(3.254) \quad P(y \leq r | z = t) < \frac{\alpha - P(z < t)}{P(z \geq t)} \Rightarrow P[y(t) \leq r] < \alpha \ .$$

Diese Ungleichung ist informativ, falls $\alpha > P(z < t) / P(z \leq t)$ erfüllt ist.

Dann ergibt sich das als Untergrenze von $P(y|z=t)$ das

$$(3.255)\qquad q_\alpha[y(t)] \geq \frac{\alpha - P(z<t)}{P(z \geq t)}\text{-Quantil.}$$

Für $r \geq r^*$:

(i) $P(y \leq r|z=t)P(z \geq t) + P(z<t) < \alpha \;\Rightarrow P[y(t) \leq r] < \alpha$

(ii) $P(y \leq r|z=t)P(z \leq t) \geq \alpha \;\Rightarrow P[y(t) \leq r] \geq \alpha$

Allerdings ist (i) wegen $P(y \leq r|z=t) \geq \alpha$ nicht möglich, da für $e > 0$ gilt:

$$\begin{aligned}&(\alpha + e)P(z \geq t) + P(z<t) < \alpha\\ \Leftrightarrow\; &eP(z \geq t) + P(z<t) < \alpha P(z<t)\;.\\ \Leftrightarrow\; &eP(z \geq t) + (1-\alpha)P(z<t) < 0\end{aligned}$$

Aus (ii) folgen die Grenzen

$$(3.256)\qquad P(y \leq r|z=t) \geq \frac{\alpha}{P(z \leq t)} \;\Rightarrow P[y(t) \leq r] \geq \alpha\;.$$

Diese Ungleichung ist informativ, falls die Bedingung $\alpha \leq P(z \leq t)$ erfüllt ist. Dann ergibt sich als Obergrenze für $P(y|z=t)$ das

$$(3.257)\qquad q_\alpha[y(t)] \leq \frac{\alpha}{P(z \leq t)}\text{-Quantil.}$$

Damit erhält man die informativen und nichtinformativen Bereiche in (3.258):

$$(3.258)\qquad \begin{array}{lll} 0 < \alpha \leq P(z<t) \Rightarrow & K_0 \leq q_\alpha[y(t)] \leq q_{\lambda_1}(y\,|\,z=t) & \\ P(z<t) < \alpha \leq P(z \leq t) \Rightarrow & q_{\lambda_0}(y\,|\,z=t) \leq q_\alpha[y(t)] \leq q_{\lambda_1}(y\,|\,z=t) & \text{, mit}\\ P(z \leq t) < \alpha < 1 \Rightarrow & q_{\lambda_0}(y\,|\,z=t) \leq q_\alpha[y(t)] \leq K_1 & \end{array}$$

$$(3.259)\qquad \lambda_0 = \frac{\alpha - P(z<t)}{P(z \geq t)} \text{ und } \lambda_1 = \frac{\alpha}{P(z \leq t)}\;.$$

### 3.2.6 Identifikation von Bildungsertragsraten unter Verwendung des Roy-Modells

Als letzter Ansatz zur nichtparametrischen Schätzung von Bildungsertragsraten wird auf ein Modell zurückgegriffen, das von Willis/Rosen (1979) entwickelt wurde und wie ein großer Teil der zuletzt behandelten Ansätze das Selektionsproblem berücksichtigt. Willis/Rosen konstruierten auf der Basis eines von Roy (1951) entwickelten Modells[102] zur Erklärung der Beschäftigungswahl und seiner Konsequenzen für die Einkommensverteilung ein strukturelles Modell zur Erklärung der Wahl der Universitätsausbildung. Im Unterschied zu Roy (1951) und Heckman/Honoré (1990) untersuchen Willis/Rosen die Auswirkungen der Selektion auf die Einkommensverteilung. Es müssen deshalb im Folgenden keine Annahmen über die Verteilung der Fähigkeiten und der Löhne getroffen werden. Das Modell ist aber nicht auf die Erklärung der Entscheidung für oder gegen eine Universitätsausbildung beschränkt, vielmehr lassen sich damit die Entscheidungen für oder gegen jedes Ausbildungsniveau untersuchen. Im Roy-Modell[103], wie es von Willis/Rosen spezifiziert wurde, wird angenommen, dass Einkommenserwartungen, Fähigkeitsunterschiede sowie unterschiedliche Familienstrukturen der Individuen eine entscheidende Rolle bei der Wahl der Universitätsausbildung spielen.

Es werden zwei Ausbildungsniveaus, $t_0$ und $t_1$, betrachtet, wobei $t_0$ z. B. einen Abschluss geringer als Universitätsdiplom und $t_1$ einen Universitätsabschluss bezeichnet.

Wählt Individuum j den Abschluss $t_1$, erwartet es den Einkommensstrom $y_{1j}$ in (3.243), wobei t den Zeitindex darstellt und a die Zeit, die das Individuum gegenüber dem Abschluss $t_1$ zusätzlich in Bildung investiert.

$$(3.260)\qquad \begin{aligned} y_{1j}(t) &= 0 & 0 < t \leq a \\ y_{1j}(t) = 0 &= y_1 e^{g(t-a)} & a \leq t < \infty \end{aligned}$$

[102] Auf der Grundlage des ursprünglichen Roy-Modells wurden etliche andere Selektionsprobleme untersucht, beispielsweise die Entscheidung von Frauen, ihre Arbeit auf dem Arbeitsmarkt anzubieten (Gronau (1974), Heckman (1974)) oder die Wahl, in einem Gewerkschafts- oder Nichtgewerkschaftssektor zu arbeiten (Lee (1978)). Weitere Arbeiten sind in Heckman/Honoré (1990) aufgeführt.

[103] Heckman/Honoré (1990) bezeichnen dieses von Willis/Rosen (1979) entwickelte Modell als "hierarchical model of the labor market".

Damit erwartet ein Individuum, das den Abschluss $t_0$ wählt, den Einkommensstrom

$$(3.261) \quad y_{0j}(t) = y_{0j}e^{gt} \quad 0 \le t < \infty \ .$$

Im folgenden wird auf den Index j verzichtet und angenommen, dass der Abzinsungsfaktor r und die Wachstumsrate der Einkommen g konstant und für alle Individuen gleich sind, $r > g$ ist und die Individuen einen unendlichen Zeithorizont haben. Es werden weder direkte Schulkosten noch nichtgeldliche Aspekte der Selektionsentscheidung berücksichtigt. Dann ergibt sich der Barwert des Einkommensstroms $V_1$ bei Wahl von $t_1$ und $V_0$ bei Wahl von $t_0$ als

$$(3.262) \quad \begin{aligned} V_1 &= \int_a^\infty y_1 e^{-rt} dt = \frac{y_1}{r-g} e^{-ra} \\ V_0 &= \int_0^\infty y_0 e^{-rt} dt = \frac{y_0}{r-g} \end{aligned} \ .$$

Demnach entscheidet sich ein Individuum für den Universitätsabschluss, wenn der Barwert der Einkommen bei der Wahl von $t_1$ mindestens so groß ist wie bei der Wahl von $t_0$, $V_1 \ge V_0$. Dies ist gleichbedeutend mit

$$(3.263) \quad V_1 \ge V_0 \Leftrightarrow \frac{y_1}{r-g} e^{-ra} \ge \frac{y_0}{r-g} \Leftrightarrow y_1 e^{-ra} \ge y_0 \Leftrightarrow y_1 \ge y_0 e^{ra} \ .$$

Aus diesen abdiskontierten Einkommensströmen folgt, dass für ein Individuum, das sich für den Abschluss $t_1$ entscheidet

$$(3.264) \quad E(V_1|w, z = t_1) \ge E(V_0|w, z = t_1) \Leftrightarrow E(y_1 e^{-ra}|w, z = t_1) \ge E(y_0|w, z = t_1)$$

gilt und für ein Individuum, das sich für den Abschluss $t_0$ entscheidet,

$$(3.265) \quad E(V_0|w, z = t_0) \ge E(V_1|w, z = t_0) \Leftrightarrow E(y_0 e^{ra}|w, z = t_0) \ge E(y_1|w, z = t_0)$$

gegeben ist. Dies erlaubt es nun, die Grenzen für $E(y_1|w)$ und $E(y_0|w)$ und damit auch für den Treatmenteffekt zu verbessern.

### 3.2.6.1 Scharfe Grenzen für den Erwartungswert

Im Rahmen des Roy-Modells beschränkt sich die Betrachtung auf die Bestimmung von Grenzen für den unbedingten Erwartungswert und im nächsten Abschnitt auf Grenzen für den durchschnittlichen Treatmenteffekt.

Mit $E(y_1|w) = E(y_1|w, z = t_1)P(z = t_1|w) + E(y_1|w, z = t_0)P(z = t_0|w)$ und der Ungleichung (3.265) erhält man als Grenzen für den Erwartungswert $E(y_1|w)$

$$\begin{aligned} & E(y_1|w, z = t_1)P(z = t_1|w) + K_0 P(z = t_0|w) \\ (3.266) \quad & \leq E(y_1|w) \\ & \leq E(y_1|w, z = t_1)P(z = t_1|w) + E(y_0 e^{ra}|w, z = t_0)P(z = t_0|w) \end{aligned} ,$$

und mit $E(y_0|w) = E(y_0|w, z = t_1)P(z = t_1|w) + E(y_0|w, z = t_0)P(z = t_0|w)$ sowie der Ungleichung (3.264) die Grenzen für $E(y_0|w)$

$$\begin{aligned} & K_0 P(z = t_1|w) + E(y_0|w, z = t_0)P(z = t_0|w) \\ (3.267) \quad & \leq E(y_0|w) \\ & \leq E(y_1 e^{-ra}|w, z = t_1)P(z = t_1|w) + E(y_0|w, z = t_0)P(z = t_0|w) \end{aligned} .$$

### 3.2.6.2 Scharfe Grenzen für den durchschnittlichen Treatmenteffekt

Aus den Grenzen für die unbedingten Erwartungswerte $E(y_1|w)$ und $E(y_0|w)$ folgen nun wieder die Grenzen des durchschnittlichen Treatmenteffekts in (3.268). Die Obergrenze (Untergrenze) erhält man aus der Obergrenze (Untergrenze) von $E(y_1|w)$ abzüglich der Untergrenze (Obergrenze) von $E(y_0|w)$. Es zeigt sich, dass das Vorzeichen des Treatmenteffekts nichtidentifizierbar ist und beide Grenzen von $K_0$, aber nicht von $K_1$ abhängen.

$$\begin{aligned} & E(y_1|w, z = t_1)P(z = t_1|w) + K_0 P(z = t_0|w) \\ & - E(y_1 e^{-ra}|w, z = t_1)P(z = t_1|w) - E(y_0|w, z = t_0)P(z = t_0|w) \\ (3.268) \quad & \leq E(y_1|w) - E(y_0|w) \\ & \leq E(y_1|w, z = t_1)P(z = t_1|w) + E(y_0 e^{ra}|w, z = t_0)P(z = t_0|w) \\ & - K_0 P(z = t_1|w) - E(y_0|w, z = t_0)P(z = t_0|w) \end{aligned}$$

### 3.2.7 Ein systematischer Vergleich zentraler Ansätze

In diesem Abschnitt sollen die Unterschiede der wichtigsten Annahmen im Hinblick auf Unter- und Obergrenze der Treatmenterwartungswerte und die Obergrenze des Treatmenteffekts systematisch herausgearbeitet werden. Bei dem Treatmenteffekt wird lediglich die Obergrenze untersucht, da die Untergrenze des Treatmenteffekts bei Annahme von MTR, SMTR, CMTR und MTS-MTR nach unten durch Null begrenzt ist, und zudem im empirischen Teil die Obergrenzen der Bildungsertragsraten im Mittelpunkt des Interesses stehen werden.

Sowohl bei den Grenzen der Treatmenterwartungswerte als auch bei der Obergrenze des Treatmenteffekts werden in den Kapiteln 3.2.7.1 und 3.2.7.3 in einem ersten Schritt die Grenzen aufgrund der jeweiligen Annahme allgemein und in Spezialsituationen dargestellt und dann in einem zweiten Schritt in den Kapiteln 3.2.7.2 und 3.2.7.4 untersucht, von welchen Größen die Differenzen der Obergrenzen bei den verschiedenen Annahmen abhängen. In diesem Abschnitt wird zugunsten der Übersichtlichkeit auf eine Nummerierung der Formeln verzichtet.

#### 3.2.7.1 Übersicht über die Grenzen für Erwartungswerte

Die untersuchten Annahmen wirken sich gleichermaßen auf Ober- und Untergrenze der Treatmenterwartungswerte aus und werden daher exemplarisch anhand der Obergrenze der Treatmenterwartungswerte besprochen. Die allgemeine Darstellung dieser Grenzen ist den entsprechenden Abschnitten entnommen und wird lediglich um Darstellungen ergänzt, die der besseren Interpretation hilfreich sind. Zusätzlich zu der allgemeinen Darstellung wird nun systematischer als bisher untersucht, welche Vereinfachungen und Spezialfälle sich bei der Betrachtung der Grenzen am Minimum $(t_{min})$ und Maximum $(t_{max})$ der Treatmentvariablen ergeben.

Bei der Betrachtung der Obergrenzen der Treatmenterwartungswerte in Tabelle 3.7 fällt sofort auf, dass der Erwartungswert $E(y|w)$, der nur von den vorgegebenen Charakteristika w, aber nicht von dem betrachteten Wert t der Treatmentvariablen abhängt, bei den Annahmen von MTR, CMTR und MTS-MTR die Obergrenze des Treatmenterwartungswertes für das Minimum der Treatmentvariablen $(t_{min})$ darstellt. Der Grund dafür ist, dass bei diesen drei Annahmen die Monotonie bezüglich der Responsefunktion (MTR) verwendet wird, durch die für alle Personen deren realisiertes Treatment z größer oder gleich dem betrachteten Treatment t sind, die empirische Evidenz, d.h. der realisierte Wert der Ergebnisvariablen verwendet wird.

Ähnliches gilt für die Annahmen MTS und MTS-MTR bei der Betrachtung der Obergrenze für das Maximum der Treatmentvariablen $(t_{max})$. Da aufgrund der Annahme monotoner Treatmentselektion für alle Personen, deren realisiertes Treatment z kleiner gleich dem betrachteten Treatment t ist, der Treatmenterwartungwert $E(y|w,z=t)$ verwendet wird, ergibt sich für $t=t_{max}$ $E(y|w,z=t_{max})$ als Obergrenze des Treatmenterwartungwertes. Dies wiederum entspricht dem Treatmenterwartungswert aufgrund der Annahme exogener Treatmentselektion (ETS).

Anhand der Ermittlung der Obergrenze für $t=t_{min}$ und $t=t_{max}$ aufgrund der Annahme von MTS-MTR soll dies gezeigt werden:

$$
\begin{aligned}
&E(y|w,z>t_{min})\cdot P(z>t_{min}|w)+E(y|w,z=t_{min})\cdot P(z\leq t_{min}|w)\\
&=E(y|w,z>t_{min})\cdot P(z>t_{min}|w)+E(y|w,z=t_{min})\cdot P(z=t_{min}|w)\\
&=E(y|w)
\end{aligned}
$$

$$
\begin{aligned}
&E(y|w,z>t_{max})\cdot P(z>t_{max}|w)+E(y|w,z=t_{max})\cdot P(z\leq t_{max}|w)\\
&=E(y|w,z=t_{max})
\end{aligned}
$$

Die Grenze im Worst-Case-Fall ergibt sich zweimal. Zum einen bei der Ermittlung der Obergrenze für $t=t_{min}$ aufgrund MTS, da aus der Darstellung

$$
K_1\cdot P(z>t|w)+E(y|w,z=t)\cdot P(z=t|w)+\underbrace{E(y|w,z=t)}_{K_1\text{ bei Worst-Case}}\cdot P(z<t|w)
$$

hervorgeht, dass der Unterschied zwischen der Worst-Case- und MTS-Grenze von $P(z<t|w)$ abhängt, dem Anteil derjenigen, deren realisiertes Treatment z kleiner als das Betrachtete t ist. Dieser Anteil ist umso geringer, je weiter man sich dem Minimum der Treatmentvariablen $t_{min}$ nähert und gleich Null, wenn man die Obergrenze des Treatmenterwartungswertes für das kleinste Treatment $t_{min}$ bestimmt.

Dasselbe gilt für die Obergrenze bei $t = t_{max}$ aufgrund MTR mit der Darstellung als

$$K_1 \cdot P(z < t|w) + E(y|w, z = t) \cdot P(z = t|w) + \underbrace{E(y|w, z > t)}_{K_1 \text{ bei Worst-Case}} \cdot P(z > t|w).$$

Der Unterschied zu der Worst-Case-Grenze hängt hier von $P(z > t|w)$ ab, dem Anteil derjenigen, deren realisiertes Treatment z größer als das Betrachtete t ist. Dieser Anteil ist umso geringer, je weiter man sich dem Minimum der Treatmentvariablen $t_{max}$ nähert und gleich Null, wenn man man die Obergrenze des Treatmenterwartungswertes für das größte Treatment $t_{max}$ bestimmt.

Für die empirische Anwendung hat dies zum einen die Konsequenz, dass sich der ETS-Treatmenteffekt und die Obergrenze des MTS-MTR-Treatmenteffekts für $t_{max}$ entsprechen bzw. sich tendenziell umso mehr entsprechen, je näher $t_1$ an $t_{min}$ und $t_2$ an $t_{max}$ liegt. Zum anderen ist die Obergrenze aufgrund MTS-MTR für $t = t_{min}$ und die Untergrenze für $t = t_{max}$ mit $E(y|w)$ identisch, so dass auch auf diesem Wege demonstriert ist, dass die Untergrenze des Treatmenteffekts, die als Untergrenze für $t_{max}$ minus Obergrenze für $t_{min}$ berechnet wird, an dieser Stelle der scharfen Grenze von Null entspricht.

Eine einfachere Darstellung der CMTR-Grenzen für die Treatmenterwartungswerte ist durch die Überlegung möglich, dass bei der Bestimmung der Obergrenze diese nicht kleiner werden kann, wenn $E\left(\frac{y}{z}|w, z < t\right)$ durch $E\left(\frac{y}{t_{min}}|w, z < t\right)$ ersetzt wird. In Analogie dazu kann bei der Bestimmung der Untergrenze $E\left(\frac{y}{z}|w, z > t\right)$ durch $E\left(\frac{y}{t_{max}}|w, z > t\right)$ ersetzt werden. Bis auf die Faktoren $\frac{t}{t_{min}}$ bzw. $\frac{t}{t_{max}}$ entsprechen die Grenzen dem Stichprobenmittelwert.

Tabelle 3.7: Vergleichende Darstellung nichtparametrischer Obergrenzen in der allgemeinen Form und für zwei Spezialfälle

| | Worst-Case | MTR | MTS |
|---|---|---|---|
| allgemein | $K_1 \cdot P(z \neq t \mid w) + E(y \mid w, z = t) \cdot P(z = t \mid w)$<br>$= K_1 \cdot P(z < t \mid w) + E(y \mid w, z = t) \cdot P(z = t \mid w)$<br>$K_1 \cdot P(z > t \mid w)$ | $K_1 \cdot P(z < t \mid w) + E(y \mid w, z \geq t) \cdot P(z \geq t \mid w)$<br>$= K_1 \cdot P(z < t \mid w) + E(y \mid w, z = t) \cdot P(z = t \mid w)$<br>$+ E(y \mid w, z > t) \cdot P(z > t \mid w)$ | $K_1 \cdot P(z > t \mid w) + E(y \mid w, z = t) \cdot P(z \leq t \mid w)$<br>$= K_1 \cdot P(z > t \mid w) + E(y \mid w, z = t) \cdot P(z = t \mid w)$<br>$+ E(y \mid w, z = t) \cdot P(z < t \mid w)$ |
| $t = t_{min}$ | $K_1 \cdot [1 - P(z = t_{min} \mid w)] +$<br>$E(y \mid w, z = t_{min}) \cdot P(z = t_{min} \mid w)$ | $E(y \mid w)$ | $K_1 \cdot [1 - P(z = t_{min} \mid w)] +$<br>$E(y \mid w, z = t_{min}) \cdot P(z = t_{min} \mid w)$ |
| $t = t_{max}$ | $K_1 \cdot [1 - P(z = t_{max} \mid w)] +$<br>$E(y \mid w, z = t_{max}) \cdot P(z = t_{max} \mid w)$ | $K_1 \cdot [1 - P(z = t_{max} \mid w)] +$<br>$E(y \mid w, z = t_{max}) \cdot P(z = t_{max} \mid w)$ | $E(y \mid w, z = t_{max})$ |

| | MTS-MTR | CMTR | ETS |
|---|---|---|---|
| allgemein | $E(y \mid w, z > t) \cdot P(z > t \mid w) +$<br>$E(y \mid w, z = t) \cdot P(z \leq t \mid w)$ | $t \cdot E\left(\frac{y}{z} \mid w, z < t\right) \cdot P(z < t \mid w) +$<br>$E(y \mid w, z \geq t) \cdot P(z \geq t \mid w)$ | $E(y \mid w, z = t)$ |
| $t = t_{min}$ | $E(y \mid w)$ | $E(y \mid w)$ | $E(y \mid w, z = t_{min})$ |
| $t = t_{max}$ | $E(y \mid w, z = t_{max})$ | $t \cdot E\left(\frac{y}{z} \mid w, z < t_{max}\right) \cdot [1 - P(z = t_{max} \mid w)] +$<br>$E(y \mid w, z = t_{max}) \cdot P(z = t_{max} \mid w)$ | $E(y \mid w, z = t_{max})$ |

Tabelle 3.8: Vergleichende Darstellung nichtparametrischer Untergrenzen in der allgemeinen Form und für zwei Spezialfälle

| | Worst-Case | MTR | MTS |
|---|---|---|---|
| allgemein | $K_0 \cdot P(z \neq t\|w) + E(y\|w, z = t) \cdot P(z = t\|w)$ $= K_0 \cdot P(z > t\|w) + E(y\|w, z = t) \cdot P(z = t\|w)$ $+ K_0 \cdot P(z < t\|w)$ | $K_0 \cdot P(z > t\|w) + E(y\|w, z \leq t) \cdot P(z \leq t\|w)$ $= K_0 \cdot P(z > t\|w) + E(y\|w, z = t) \cdot P(z = t\|w)$ $+ E(y\|w, z < t) \cdot P(z < t\|w)$ | $K_0 \cdot P(z < t\|w) + E(y\|w, z = t) \cdot P(z \geq t\|w)$ $= K_0 \cdot P(z < t\|w) + E(y\|w, z = t) \cdot P(z = t\|w)$ $+ E(y\|w, z = t) \cdot P(z > t\|w)$ |
| $t = t_{min}$ | $K_0 \cdot [1 - P(z = t_{min}\|w)] +$ $E(y\|w, z = t_{min}) \cdot P(z = t_{min}\|w)$ | $K_0 \cdot [1 - P(z = t_{min}\|w)] +$ $E(y\|w, z = t_{min}) \cdot P(z = t_{min}\|w)$ | $E(y\|w, z = t_{min})$ |
| $t = t_{max}$ | $K_0 \cdot [1 - P(z = t_{max}\|w)] +$ $E(y\|w, z = t_{max}) \cdot P(z = t_{max}\|w)$ | $E(y\|w)$ | $K_0 \cdot [1 - P(z = t_{max}\|w)] +$ $E(y\|w, z = t) \cdot P(z = t_{max}\|w)$ |

| | MTS-MTR | CMTR | ETS |
|---|---|---|---|
| allgemein | $E(y\|w, z < t) \cdot P(z < t\|w) +$ $E(y\|w, z = t) \cdot P(z \geq t\|w)$ | $t \cdot E\left(\frac{y}{z}\|w, z > t\right) \cdot P(z > t\|w) +$ $E(y\|w, z \leq t) \cdot P(z \leq t\|w)$ | $E(y\|w, z = t)$ |
| $t = t_{min}$ | $E(y\|w, z = t_{min})$ | $t \cdot E\left(\frac{y}{z}\|w, z > t_{min}\right) \cdot [1 - P(z = t_{min}\|w)] +$ $E(y\|w, z = t_{min}) \cdot P(z = t_{min}\|w)$ | $E(y\|w, z = t_{min})$ |
| $t = t_{max}$ | $E(y\|w)$ | $E(y\|w)$ | $E(y\|w, z = t_{max})$ |

Tabelle 3.9: Abschätzung der Obergrenze von CMTR

| CMTR |
|---|
| $t \cdot E\left(\frac{y}{z} \middle\vert w, z < t\right) \cdot P(z < t \vert w) + E(y \vert w, z \geq t) \cdot P(z \geq t \vert w)$ $\leq \frac{t}{t_{min}} \cdot E(y \vert w, z < t) \cdot P(z < t \vert w) + E(y \vert w, z \geq t) \cdot P(z \geq t \vert w)$ |
| $E(y \vert w)$ |
| $t \cdot E\left(\frac{y}{z} \middle\vert w, z < t_{max}\right) \cdot [1 - P(z = t_{max} \vert w)] + E(y \vert w, z = t_{max}) \cdot P(z = t_{max} \vert w)$ $\leq \frac{t}{t_{min}} \cdot E(y \vert w, z < t_{max}) \cdot [1 - P(z = t_{max} \vert w)] + E(y \vert w, z = t_{max}) \cdot P(z = t_{max} \vert w)$ |

Tabelle 3.10: Abschätzung der Untergrenze von CMTR

| CMTR |
|---|
| $t \cdot E\left(\frac{y}{z} \middle\vert w, z > t\right) \cdot P(z > t \vert w) + E(y \vert w, z \leq t) \cdot P(z \leq t \vert w)$ $\geq \frac{t}{t_{max}} \cdot E(y \vert w, z > t) \cdot P(z > t \vert w) + E(y \vert w, z \leq t) \cdot P(z \leq t \vert w)$ |
| $t \cdot E\left(\frac{y}{z} \middle\vert w, z > t_{min}\right) \cdot [1 - P(z = t_{min} \vert w)] + E(y \vert w, z = t_{min}) \cdot P(z = t_{min} \vert w)$ $\geq \frac{t}{t_{max}} \cdot E(y \vert w, z > t_{min}) \cdot [1 - P(z = t_{min} \vert w)] + E(y \vert w, z = t_{min}) \cdot P(z = t_{min} \vert w)$ |
| $E(y \vert w)$ |

### 3.2.7.2 Vergleich der Obergrenzen für Erwartungswerte

Im Folgenden werden die wichtigsten Unterschiede in den Differenzen der Obergrenzen der Treatmenterwartungswerte herausgearbeitet, die aus der Verwendung der verschiedenen Annahmen resultieren. Auf die Analyse der Unterschiede in den Differenzen der Untergrenzen wird aus Symmetriegründen verzichtet.

Tabelle 3.11 zeigt die Differenz zwischen der Obergrenze im Worst-Case-Fall und den fünf anderen Annahmen. Im allgemeinen Fall ergeben sich im Normalfall immer Verbesserungen der Obergrenze. Dies gilt auch für die Betrachtung der Extremstellen der Treatmentvariablen, bis auf die beiden schon in Abschnitt 3.2.7.1 angesprochenen Fälle der Obergrenze bei $t_{max}$ aufgrund MTR und $t_{min}$ aufgrund MTS, bei denen keine Verringerung der Obergrenze möglich ist.

Es ist auch direkt ersichtlich, dass sich die Differenz zwischen Worst-Case- und MTS-MTR-Grenze additiv aus der Differenz zwischen Worst-Case und MTS und Worst-Case und MTR zusammensetzt:

$$\underbrace{[K_1 - E(y|w, z > t)] \cdot P(z > t|w)}_{\text{Worst-Case-MTR}} + \underbrace{[K_1 - E(y|w, z = t)] \cdot P(z < t|w)}_{\text{Worst-Case-MTS}} \geq 0 \ .$$

Insoweit ergibt sich aus der Verwendung von MTS-MTR – bis auf die beiden Extremstellen der Treatmentvariablen – immer eine Verringerung der Grenze gegenüber MTS bzw. MTR. Für CMTR gilt dasselbe im Vergleich zu MTR. Die Differenz ist – zur Ausnahme siehe den Kommentar zum direkten Vergleich von MTR und CMTR – mindestens so gross wie bei Worst-Case-MTR:

$$\underbrace{\left[K_1 - t \cdot E\left(\tfrac{y}{z}|w, z < t\right)\right] \cdot P(z < t|w)}_{\text{zusätzlich}} + \underbrace{[K_1 - E(y|w, z > t)] \cdot P(z > t|w)}_{\text{Differenz Worst-Case-MTR}} \geq 0.$$

In Tabelle 3.12 stellt die Obergrenze des Treatmenterwartungswertes aufgrund MTR die Referenzgröße dar. Da die Information von MTR auch in der Obergrenze aufgrund MTS-MTR enthalten ist, kann es – wie in Abschnitt 3.2.7.1 schon angedeutet – durch die Verwendung von MTS-MTR nicht zu einer Erhöhung der Obergrenze kommen, d.h. die Differenz ist mindestens Null.

Tabelle 3.11: Nichtparametrische Obergrenzen im Vergleich mit den Worst-Case-Grenzen

| | | Worst-Case |
|---|---|---|
| MTR | allgemein | $\left[K_1 - E(y \mid w, z > t)\right] \cdot P(z > t \mid w) \geq 0$ |
| | $t = t_{min}$ | $\left[K_1 - E(y \mid w, z > t_{min})\right] \cdot P(z > t_{min} \mid w) \geq 0$ |
| | $t = t_{max}$ | 0 |
| MTS | allgemein | $\left[K_1 - E(y \mid w, z = t)\right] \cdot P(z < t \mid w) \geq 0$ |
| | $t = t_{min}$ | 0 |
| | $t = t_{max}$ | $\left[K_1 - E(y \mid w, z = t_{max})\right] \cdot \left[1 - P(z = t_{max} \mid w)\right] \geq 0$ |
| MTS - MTR | allgemein | $\left[K_1 - E(y \mid w, z > t)\right] \cdot P(z > t \mid w) + \left[K_1 - E(y \mid w, z = t)\right] \cdot P(z < t \mid w) \geq 0$ |
| | $t = t_{min}$ | $\left[K_1 - E(y \mid w, z > t_{min})\right] \cdot \left[1 - P(z = t_{min} \mid w)\right] \geq 0$ |
| | $t = t_{max}$ | $\left[K_1 - E(y \mid w, z = t_{max})\right] \cdot \left[1 - P(z = t_{max} \mid w)\right] \geq 0$ |
| CMTR | allgemein | $\left[K_1 - t \cdot E\left(\frac{y}{z} \mid w, z < t\right)\right] \cdot P(z < t \mid w) + \left[K_1 - E(y \mid w, z > t)\right] \cdot P(z > t \mid w) \geq 0$ |
| | $t = t_{min}$ | $\left[K_1 - E(y \mid w, z > t_{min})\right] \cdot P(z > t_{min} \mid w) \geq 0$ |
| | $t = t_{max}$ | $\left[K_1 - t_{max} \cdot E\left(\frac{y}{z} \mid w, z < t_{max}\right)\right] \cdot P(z < t_{max} \mid w) \geq 0$ |
| ETS | allgemein | $\left[K_1 - E(y \mid w, z = t)\right] \cdot P(z \neq t \mid w) \geq 0$ |
| | $t = t_{min}$ | $\left[K_1 - E(y \mid w, z = t_{min})\right] \cdot \left[1 - P(z = t_{min} \mid w)\right] \geq 0$ |
| | $t = t_{max}$ | $\left[K_1 - E(y \mid w, z = t_{max})\right] \cdot \left[1 - P(z = t_{max} \mid w)\right] \geq 0$ |

Interessant ist der Vergleich zwischen den Annahmen MTR und MTS. Da bei der Annahme von MTR das Maximum $K_1$ bei den Personen mit $z > t$ durch empirische Evidenz ersetzt werden kann und bei Annahme von MTS bei den Personen mit $z < t$, ist es nicht überraschend, dass die Obergrenze aufgrund Annahme von MTR für kleinere Werte der Treatmentvariablen kleiner und bei größeren Werten der Treatmentvariablen größer als bei Annahme von MTS ist. Für $t = t_{min}$ ist die Obergrenze aufgrund Annahme von MTR höchstens so groß wie bei Annahme von MTS und für $t = t_{max}$ mindestens so groß wie bei Annahme von MTS.

Der Vergleich zwischen den Annahmen MTR und CMTR ist insofern ein Sonderfall, als bei Gültigkeit der Konkavität die Obergrenze aufgrund der Annahme von CMTR höchstens so groß wie bei Annahme von MTR sein kann, bei Verletzung der Konkavität $t \cdot E\left(\frac{y}{z} \middle| w, z < t\right) > K_1$ gelten und sich somit eine größere Obergrenze aufgrund CMTR ergeben kann.

Dasselbe gilt für den Vergleich zwischen den Obergrenzen bei Annahme von MTR und ETS. Ist die Responsefunktion monoton, so gilt:

$$[K_1 - E(y|z = t)] \cdot P(z < t) + [E(y|z > t) - E(y|z = t)] \cdot P(z > t) \geq 0 .$$

Ist die Monotonieannahme jedoch nicht erfüllt, gilt $[E(y|z > t) - E(y|z = t)] < 0$ und damit ist eine kleinere Obergrenze aufgrund der Annahme von MTR als aufgrund der Annahme von ETS zumindest theoretisch nicht auszuschließen.

In Tabelle 3.13 ist die Obergrenze aufgrund MTS die Referenzgröße. Da die Annahme monotoner Selektion auch in MTS-MTR enthalten ist, gilt wie beim Vergleich MTR und MTS-MTR, dass sich bei der Annahme von MTS-MTR keine größeren Obergrenzen ergeben können. Im Unterschied zum Vergleich der Annahmen von MTR und ETS ist es beim Vergleich der Obergrenzen bei MTS und ETS auch bei einer Verletzung der Annahme von MTS nicht möglich, dass die Obergrenze aufgrund MTS unter die Obergrenze von ETS sinken kann. Dies liegt daran, dass bei der Annahme monotoner Selektion im Gegensatz zur Annahme der monotonen Responsefunktion für die Personen mit $z < t$, $z > t$ bei MTR, anstelle $K_1$ nicht der Erwartungswert der Responsevariablen $E[y|w, z < t]$, sondern $E[y|w, z = t]$ verwendet wird.

Tabelle 3.12: Nichtparametrische Obergrenzen im Vergleich mit den MTR-Grenzen

| | | MTR |
|---|---|---|
| MTS | allgemein | $[K_1 - E(y\|w,z=t)]\cdot P(z<t\|w) - [K_1 - E(y\|w,z>t)]\cdot P(z>t\|w)$ |
| | $t = t_{min}$ | $-[K_1 - E(y\|w,z>t_{min})]\cdot[1-P(z=t_{min}\|w)] \le 0$ |
| | $t = t_{max}$ | $[K_1 - E(y\|w,z=t_{max})]\cdot[1-P(z=t_{max}\|w)] \ge 0$ |
| MTS - MTR | allgemein | $[K_1 - E(y\|w,z=t)]\cdot P(z<t\|w) \ge 0$ |
| | $t = t_{min}$ | 0 |
| | $t = t_{max}$ | $[K_1 - E(y\|w,z=t_{max})]\cdot[1-P(z=t_{max}\|w)] \ge 0$ |
| CMTR | allgemein | $[K_1 - t\cdot E(\frac{y}{z}\|w,z<t)]\cdot P(z<t\|w) \ge 0$ |
| | $t = t_{min}$ | 0 |
| | $t = t_{max}$ | $[K_1 - t_{max}\cdot E(\frac{y}{z}\|w,z<t_{max})]\cdot[1-P(z=t_{max}\|w)]$ |
| ETS | allgemein | $[K_1 - E(y\|w,z=t)]\cdot P(z<t\|w)$ $+[E(y\|w,z>t) - E(y\|w,z=t)]\cdot P(z>t\|w)$ |
| | $t = t_{min}$ | $[E(y\|w,z>t_{min}) - E(y\|w,z=t_{min})]\cdot P(z>t_{min}\|w)$ |
| | $t = t_{max}$ | $[K_1 - E(y\|w,z=t_{max})]\cdot[1-P(z=t_{max}\|w)] \ge 0$ |

Dies entspricht dem Wert, der für die Personen mit $z<t$ bei MTS-MTR verwendet wird, so dass sich die Obergrenzen nur hinsichtlich der Personen unterscheiden können, deren realisiertes Treatment z größer als t ist und für die wegen MTS $K_1$ und bei MTS-MTR wegen MTR $E(y|w,z>t)$ verwendet wird:

$$K_1\cdot P(z>t|w) + E(y|w,z=t)\cdot P(z=t|w) + E(y|w,z=t)\cdot P(z<t|w)$$
$$-E(y|w,z>t)\cdot P(z>t|w) - E(y|w,z=t)\cdot P(z=t|w) - E(y|w,z=t)\cdot P(z<t|w)$$

Dasselbe gilt für den Vergleich mit der Obergrenze aufgrund ETS. Die Differenz zu ETS ist bei Gültigkeit der Monotonie der Responsefunktion noch größer als zu MTS-MTR:

$$\underbrace{[K_1 - E(y \mid w, z > t)] \cdot P(z > t \mid w)}_{\text{MTS zu MTS-MTR}} \leq \underbrace{[K_1 - E(y \mid w, z = t)] \cdot P(z > t \mid w)}_{\text{MTS zu ETS}}$$

Offen bleibt der allgemeine Fall der Differenz zwischen MTS und CMTR. Hier ist $E(y \mid w, z = t) < t \cdot E(\frac{y}{z} \mid w, z < t)$ nicht auszuschließen.

Tabelle 3.13: Nichtparametrische Obergrenzen im Vergleich mit den MTS-Grenzen

| | | MTS |
|---|---|---|
| MTS - MTR | allgemein | $[K_1 - E(y \mid w, z > t)] \cdot P(z > t \mid w) \geq 0$ |
| | $t = t_{min}$ | $[K_1 - E(y \mid w, z > t_{min})] \cdot [1 - P(z = t_{min} \mid w)] \geq 0$ |
| | $t = t_{max}$ | 0 |
| CMTR | allgemein | $\left[E(y \mid w, z = t) - t \cdot E\left(\frac{y}{z} \mid w, z < t\right)\right] \cdot P(z < t \mid w) +$ $[K_1 - E(y \mid w, z > t)] \cdot P(z > t \mid w)$ |
| | $t = t_{min}$ | $[K_1 - E(y \mid w, z > t_{min})] \cdot [1 - P(z = t_{min} \mid w)] \geq 0$ |
| | $t = t_{max}$ | $\left[E(y \mid w, z = t_{max}) - t_{max} E\left(\frac{y}{z} \mid w, z < t_{max}\right)\right] \cdot [1 - P(z = t_{max} \mid w)]$ |
| ETS | allgemein | $[K_1 - E(y \mid w, z = t)] \cdot P(z > t \mid w) \geq 0$ |
| | $t = t_{min}$ | $[K_1 - E(y \mid w, z = t_{min})] \cdot [1 - P(z = t_{min} \mid w)] \geq 0$ |
| | $t = t_{max}$ | 0 |

Beim Vergleich der Annahmen von MTS-MTR und CMTR gilt wieder, dass $E(y|w,z=t) < t \cdot E(\frac{y}{z}|w,z<t)$ nicht auszuschließen ist, während beim Vergleich mit der Annahme von ETS bei Gültigkeit der Monotonieannahme die Obergrenze bei Annahme von ETS immer kleiner ist, bei Verletzung der Monotonieannahme größer sein kann und im Fall $t = t_{max}$ der Obergrenze aufgrund ETS entspricht.

Tabelle 3.14: CMTR und ETS im Vergleich mit den MTS-MTR-Grenzen

| | | MTS-MTR |
|---|---|---|
| CMTR | allgemein | $\left[E(y\|w,z=t) - t \cdot E\left(\frac{y}{z}\|w,z<t\right)\right] \cdot P(z<t\|w)$ |
| | $t = t_{min}$ | 0 |
| | $t = t_{max}$ | $\left[t_{max} \cdot E\left(\frac{y}{z}\|w,z<t_{max}\right) - E(y\|w,z=t_{max})\right] \cdot [1 - P(z=t_{max}\|w)]$ |
| ETS | allgemein | $[E(y\|w,z=t) - E(y\|w,z<t)] \cdot P(z<t\|w)$ |
| | $t = t_{min}$ | 0 |
| | $t = t_{max}$ | $[E(y\|w,z=t_{max}) - E(y\|w,z<t_{max})] \cdot P(z<t_{max}\|w)$ |

Beim Vergleich der Annahme von CMTR mit ETS gilt, dass für $t = t_{min}$ nur bei Gültigkeit der Monotonieannahme die Obergrenze bei CMTR nie kleiner als bei ETS sein kann. Bei $t = t_{max}$ gilt dann umgekehrt, dass bei Gültigkeit der Monotonieannahme die ETS-Obergrenze nie kleiner als die CMTR-Obergrenze sein kann.

Tabelle 3.15: Vergleich der CMTR-Grenzen mit ETS

| | | CMTR |
|---|---|---|
| ETS | allgemein | $[E(y\|w,z>t) - E(y\|w,z=t)] \cdot P(z>t\|w) +$ <br> $\left[t \cdot E\left(\frac{y}{z}\|w,z<t\right) - E(y\|w,z=t)\right] \cdot P(z<t\|w)$ |
| | $t = t_{min}$ | $[E(y\|w,z>t_{min}) - E(y\|w,z=t_{min})] \cdot [1 - P(z=t_{min}\|w)]$ |
| | $t = t_{max}$ | $\left[t_{max} \cdot E\left(\frac{y}{z}\|w,z<t_{max}\right) - E(y\|w,z=t_{max})\right] \cdot [1 - P(z=t_{max}\|w)]$ |

### 3.2.7.3 Übersicht über die Obergrenzen für Treatmenteffekte

Da die Untergrenze des Treatmenteffekts bei den meisten Annahmen nach unten durch Null begrenzt ist, werden bei den Treatmenteffekten in diesem und dem folgenden Kapitel nur die Obergrenzen dargestellt und verglichen. Wie bei der Analyse der Grenzen der Treatmenterwartungswerte ergeben sich beim Treatmenteffekt an den Extremstellen $t_{min}$ und $t_{max}$ Vereinfachungen und Spezialfälle. Ist die Treatmentvariable zudem binär, d.h. es fällt der Mittelbereich $t_{min} < t < t_{max}$ weg, erhält man zusätzliche Vereinfachungen und Spezialfälle, die im Folgenden besprochen werden.

Die Annahme von MTR führt sowohl bei einer binären Treatmentvariablen als auch bei der Betrachtung von $t_{min}$ und $t_{max}$ zur Obergrenze des Worst-Case-Treatmenteffekts. Die Annahmen von MTS und MTS-MTR ergeben in beiden Fällen den ETS- Treatmenteffekt, d.h. obwohl eine Annahme über die Selektion getroffen wird, die von exogener Selektion abweicht, erhält man als Obergrenze den Treatmenteffekt, der auf exogener Selektion basiert. Bei der Annahmen von CMTR erhält man als Obergrenze des Treatmenteffekts bei einer binären Treatmentvariable den Ausdruck $(t_2 - t_1) \cdot E(y/z|w)$, den man als Hochrechnung der jährlichen Bildungsertragsrate $E(y/z|w)$ interpretieren kann.

Tabelle 3.16: Allgemeine Form und Spezialfälle der nichtparametrischen Obergrenzen

| | CMTR |
|---|---|
| allgemein | $(t_2 - t_1) \cdot \left[ \begin{array}{l} E\left(\frac{y}{t_2} \middle| w, z > t_2\right) \cdot P(z > t_2 \mid w) \\ + E\left(\frac{y}{z} \middle| w, z \le t_2\right) \cdot P(z \le t_2 \mid w) \end{array} \right]$ |
| 2 Treatments | $(t_2 - t_1) \cdot E\left(\frac{y}{z} \middle| w\right) =$ $(t_2 - t_1) \cdot \left[ \begin{array}{l} \frac{1}{t_1} \cdot E(y \mid w, z = t_1) \cdot P(z = t_1) \\ + \frac{1}{t_2} \cdot E(y \mid w, z = t_2) \cdot P(z = t_2) \end{array} \right]$ |
| $t_1 = t_{min}$ $t_2 = t_{max}$ | $(t_{max} - t_{min}) \cdot E\left(\frac{y}{z} \middle| w\right)$ |

Tabelle 3.16 (fortgesetzt):

| | Worst-Case | MTR |
|---|---|---|
| allgemein | $E(y \mid w, z=t_2) \cdot P(z=t_2 \mid w) + K_1 \cdot P(z \neq t_2 \mid w) -$ $[E(y \mid w, z=t_1) \cdot P(z=t_1 \mid w) + K_0 \cdot P(z \neq t_1 \mid w)]$ | $K_1 \cdot P(z < t_2 \mid w) + E(y \mid w, z \geq t_2) \cdot P(z \geq t_2 \mid w) -$ $[K_0 \cdot P(z > t_1 \mid w) + E(y \mid w, z \leq t_1) \cdot P(z \leq t_1 \mid w)]$ |
| 2 Treatments | $[E(y \mid w, z=t_2) - K_0] \cdot P(z=t_2 \mid w) +$ $[K_1 - E(y \mid w, z=t_1)] \cdot P(z=t_1 \mid w)$ | $[E(y \mid w, z=t_2) - K_0] \cdot P(z=t_2 \mid w) +$ $[K_1 - E(y \mid w, z=t_1)] \cdot P(z=t_1 \mid w)$ **Worst-Case-Obergrenze** |
| $t_1 = t_{min}$ $t_2 = t_{max}$ | $E(y \mid w, z=t_{max}) \cdot P(z=t_{max} \mid w) + K_1 \cdot P(z \neq t_{max} \mid w) -$ $E(y \mid w, z=t_{min}) \cdot P(z=t_{min} \mid w) - K_0 \cdot P(z \neq t_{min} \mid w)$ | $(K_1 - K_0) \cdot P(t_{min} < z < t_{max} \mid w) +$ $[E(y \mid w, z=t_{max}) - K_0] \cdot P(z=t_{max} \mid w) +$ $[K_1 - E(y \mid w, z=t_{min})] \cdot P(z=t_{min} \mid w)$ **Worst-Case-Obergrenze** |

Tabelle 3.16 (fortgesetzt):

| | MTS | MTS-MTR |
|---|---|---|
| allgemein | $K_1 \cdot P(z > t_2 \mid w) + E[y \mid w, z=t_2] \cdot P(z \leq t_2 \mid w) -$ $K_0 \cdot P(z < t_1 \mid w) - E[y \mid w, z=t_1] \cdot P(z \geq t_1 \mid w)$ | $[E(y \mid w, z=t_2) - E(y \mid w, z<t_1)] \cdot P(z<t_1 \mid w) +$ $[E(y \mid w, z=t_2) - E(y \mid w, z=t_1)] \cdot P(t_1 \leq z \leq t_2 \mid w) +$ $[E(y \mid w, z>t_2) - E(y \mid w, z=t_1)] \cdot P(z>t_2 \mid w)$ |
| 2 Treatments | $E[y \mid w, z=t_2] - E[y \mid w, z=t_1]$ **ETS-Treatmenteffekt** | $[E(y \mid w, z=t_2) - E(y \mid w, z=t_1)]$ **ETS-Treatmenteffekt** |
| $t_1 = t_{min}$ $t_2 = t_{max}$ | $E[y \mid w, z=t_{max}] - E[y \mid w, z=t_{min}]$ **ETS-Treatmenteffekt** | $[E(y \mid w, z=t_{max}) - E(y \mid w, z=t_{min})]$ **ETS-Treatmenteffekt** |

### 3.2.7.4 Vergleich der Obergrenzen für Treatmenteffekte

In diesem Kapitel soll nun systematischer als in den entsprechenden Abschnitten untersucht werden, inwieweit sich die Obergrenzen der Treatmenteffekte aufgrund der verschiedenen Annahmen unterscheiden. Dabei werden wieder wie im vorigen Kapitel sowohl die allgemeinen Unterschiede als auch die beiden Spezialfälle einer binären Treatmentvariablen und der Betrachtung des Treatmenteffektes bei $t_{min}$ und $t_{max}$ herausgearbeitet. Da sich die Obergrenze des Treatmenteffekts bis auf die Annahme von CMTR immer als Differenz der Obergrenze des Treatmenterwartungswertes an einer Stelle $t = t_2$ und der Untergrenze des Treatmenterwartungswertes an einer Stelle $t = t_1$ ergibt, kann erwartet werden, dass sich die Ergebnisse aus Abschnitt 3.2.7.2, in dem untersucht wurde, wovon die Unterschiede in den Obergrenzen und Untergrenzen der Treatmenterwartungswerte abhängen, in der Analyse der Unterschiede bezüglich der Obergrenze des Treatmenteffekts widerspiegeln.

Da beim Worst-Case-Fall keine Annahmen über die latenten Größen getroffen werden, wird wieder zuerst die Obergrenze des Treatmenteffekts im Worst-Case-Fall als Referenzgröße verwendet und untersucht, welche Verringerung dieser Obergrenze die anderen Annahmen bewirken.

Die Annahme von MTR führt in den beiden Spezialfällen $t_{min}$ und $t_{max}$ zu keiner Verbesserung, da sich, wie bereits in Abschnitt 3.2.7.3 gezeigt wurde, die Obergrenzen und Untergrenzen dann entsprechen. MTR führt nur dann zu einer Verbesserung, wenn es noch Treatments größer als $t_2$ bzw. kleiner als $t_1$ gibt, da in diesen Fällen die empirische Evidenz $(y_j)$ $K_0$ bzw. $K_1$ ersetzt. Dies ergibt sich zum einen aus der Betrachtung der allgemeinen Darstellung der Differenz in Tabelle 3.17 als auch aus Abschnitt 3.2.3.1.

Dagegen lässt sich feststellen, dass durch die Annahmen von MTS, MTS-MTR, CMTR und ETS in jedem Fall die Obergrenze des Treatmenteffekts verringert wird.

Verwendet man den ETS-Treatmenteffekt, der die Untergrenze für die Obergrenze des Treatmenteffekts aufgrund der Annahme von MTS-MTR darstellt, als Referenzgröße, erhältman ebenfalls ein Ergebnis, das direkt aus Abschnitt 3.2.7.3 resultiert. Bei den beiden Spezialfällen ergibt sich aufgrund der Annahmen MTS und MTS-MTR kein Unterschied zum ETS-Treatmenteffekt und damit erhält man auch das Ergebnis, dass in beiden Spezialfällen die Obergrenze aufgrund MTR mindestens so hoch ist wie aufgrund MTS. Allgemein muss dies nicht gelten. Tendenziell gilt, dass der Unterschied abnimmt, bzw. die Obergrenze aufgrund MTR kleiner als aufgrund MTS sein kann, je mehr Treatments zwischen $t_2$ und $t_{max}$ bzw. $t_{min}$ und $t_1$ liegen. Dies drückt sich nach Umschreiben der in der Tabelle angegebenen Differenz in dem Bestandteil

$$\left[K_1 + K_0 - E(y|w, z = t_2) - E(y|w, z \leq t_1)\right] \cdot P(z < t_1|w)$$
$$+ \left[E(y|w, z = t_1) + E(y|w, z \geq t_2) - K_0 - K_1\right] \cdot P(z > t_2|w)$$

aus, der als einziger negativ werden und damit dafür sorgen kann, dass die Obergrenze aufgrund MTR unter der Obergrenze von MTS liegen kann. Für den Fall, dass lediglich zwei Treatments vorhanden sind, ist die Obergrenze bei MTR mindestens so groß wie bei MTS.

Tabelle 3.17 zeigt, dass logischerweise die Obergrenzen aufgrund MTS bzw. MTR nie kleiner als die Obergrenzen aufgrund der Kombination von MTR und MTS sein können, und allgemein die Differenz zwischen MTS und MTS-MTR

$$\left[K_1 - E(y|w, z > t_2)\right] \cdot P(z > t_2|w) + \left[E(y|w, z < t_1) - K_0\right] \cdot P(z < t_1|w)$$

ist, da dies genau die Information ist, die aufgrund der Hinzunahme der MTR-Annahme die Obergrenze des Treatmenteffekts gegenüber MTS verändert und die bei der Betrachtung der beiden Spezialfälle wegfällt, so dass der Unterschied zwischen MTS und MTS-MTR verschwindet.

Da bei CMTR im Vergleich zu MTR ebenfalls insofern mehr Information eingesetzt wird als $K_0$ bzw. $K_1$ durch empirische Evidenz, gepaart mit der Annahme über die Konkavität, ersetzt wird, kann die Obergrenze aufgrund CMTR nicht größer sein als aufgrund MTR.

Tabelle 3.17: Differenz zwischen den Worst-Case-Obergrenzen und alternativen nichtparametrischen Obergrenzen für Treatmenteffekte

| | | Worst-Case |
|---|---|---|
| MTR | allgemein | $\left[K_1 - E(y \mid w, z > t_2)\right] \cdot P(z > t_2 \mid w) + \left[E(y \mid w, z < t_1) - K_0\right] \cdot P(z < t_1 \mid w) \geq 0$ |
| | 2 Treatments | 0 |
| | $t_1 = t_{min}$<br>$t_2 = t_{max}$ | 0 |
| MTS | allgemein | $\left[K_1 - E(y \mid w, z = t_2)\right] \cdot P(z < t_2 \mid w) + \left[E(y \mid w, z = t_1) - K_0\right] \cdot P(z > t_1 \mid w) \geq 0$ |
| | 2 Treatments | $\left[K_1 - E(y \mid w, z = t_2)\right] \cdot P(z = t_1 \mid w) + \left[E(y \mid w, z = t_1) - K_0\right] \cdot P(z = t_2 \mid w) \geq 0$ |
| | $t_1 = t_{min}$<br>$t_2 = t_{max}$ | $\left[K_1 - E(y \mid w, z = t_{max})\right] \cdot \left[1 - P(z = t_{max} \mid w)\right] + \left[E(y \mid w, z = t_{min}) - K_0\right] \cdot \left[1 - P(z = t_{min} \mid w)\right] \geq 0$ |
| MTS - MTR | allgemein | $\left[(K_1 - K_0) - \{E(y \mid w, z = t_2) - E(y \mid w, z = t_1)\}\right] \cdot P(t_1 < z < t_2 \mid w) +$<br>$\left[(K_1 - K_0) - \{E(y \mid w, z > t_2) - E(y \mid w, z = t_1)\}\right] \cdot P(z > t_2 \mid w) + \left[(K_1 - K_0) - \{E(y \mid w, z = t_2) - E(y \mid w, z < t_1)\}\right] \cdot P(z < t_1 \mid w) +$<br>$\left[K_1 - E(y \mid w, z = t_2)\right] \cdot P(z = t_1 \mid w) + \left[E(y \mid w, z = t_1) - K_0\right] \cdot P(z = t_2 \mid w) \geq 0$ |
| | 2 Treatments | $\left[K_1 - E(y \mid w, z = t_2)\right] \cdot P(z = t_1 \mid w) + \left[E(y \mid w, z = t_1) - K_0\right] \cdot P(z = t_2 \mid w)$ |
| | $t_1 = t_{min}$<br>$t_2 = t_{max}$ | $\left[(K_1 - K_0) - \{E(y \mid w, z = t_{max}) - E(y \mid w, z = t_{min})\}\right] \cdot P(t_{min} < z < t_{max} \mid w) +$<br>$\left[K_1 - E(y \mid w, z = t_{max})\right] \cdot P(z = t_{min} \mid w) - \left[E(y \mid w, z = t_{min}) - K_0\right] \cdot P(z = t_{max} \mid w) \geq 0$ |

Tabelle 3.17 (fortgesetzt):

| | | Worst-Case |
|---|---|---|
| CMTR | Allgemein | $\left[K_1-\left(\frac{t_2-t_1}{t_2}\right)\cdot E(y\|w,z>t_2)\right]\cdot P(z>t_2\|w)+\left[E(y\|w,z=t_2)-(t_2-t_1)\cdot E\left(\frac{y}{z}\|w,z\le t_2\right)\right]\cdot P(z=t_2\|w)+$ $\left[K_1-(t_2-t_1)\cdot E\left(\frac{y}{z}\|w,z\le t_2\right)\right]\cdot P(z<t_2\|w)-\underbrace{\left[E(y\|w,z=t_1)\cdot P(z=t_1\|w)+K_0\cdot P(z\ne t_1\|w)\right]}_{\text{Untergrenze unbedingter Erwartungswert Worst-Case-Fall für } t_1}\ge 0$ |
| | 2 Treatments | $\left[E(y\|w,z=t_2)-(t_2-t_1)\cdot E\left(\frac{y}{z}\|w\right)\right]\cdot P(z=t_2\|w)+\left[K_1-(t_2-t_1)\cdot E\left(\frac{y}{z}\|w\right)\right]\cdot[1-P(z=t_2\|w)]-$ $[E(y\|w,z=t_1)\cdot[1-P(z=t_2\|w)]+K_0\cdot P(z=t_2\|w)]=$ $\left[E(y\|w,z=t_2)-(t_2-t_1)\cdot E\left(\frac{y}{z}\|w\right)-K_0\right]\cdot P(z=t_2\|w)+\left[K_1-(t_2-t_1)\cdot E\left(\frac{y}{z}\|w\right)-E(y\|w,z=t_1)\right]\cdot[1-P(z=t_2\|w)]$ $\ge 0$ |
| | $t_1=t_{min}$ $t_2=t_{max}$ | $[E(y\|w,z=t_{max})-E(y\|w)]\cdot P(z=t_{max}\|w)+[K_1-E(y\|w)]\cdot[1-P(z=t_{max}\|w)]-$ $[E(y\|w,z=t_{min})\cdot P(z=t_{min}\|w)+K_0\cdot P(z\ne t_{min}\|w)]\ge 0$ |
| ETS | Allgemein | $[(K_1-K_0)-\{E(y\|z=t_2)-E(y\|z=t_1)\}]\cdot P(z\ne t_1\cap z\ne t_1)$ $+[E(y\|z=t_1)-K_0]\cdot P(z=t_2)+[K_1-E(y\|z=t_2)]\cdot P(z=t_1)$ |
| | 2 Treatments | $[K_1-E(y\|w,z=t_2)]\cdot P(z=t_1\|w)+[E(y\|w,z=t_1)-K_0]\cdot P(z=t_2\|w)\ge 0$ |
| | $t_1=t_{min}$ $t_2=t_{max}$ | $[(K_1-K_0)-\{E(y\|w,z=t_{max})-E(y\|w,z=t_{min})\}]\cdot P(t_{min}<z<t_{max}\|w)+$ $[K_1-E(y\|w,z=t_{max})]\cdot P(z=t_{min}\|w)+[E(y\|w,z=t_{min})-K_0]\cdot P(z=t_{max}\|w)\ge 0$ |

Tabelle 3.18: Differenz zwischen nichtparametrischen Obergrenzen für Treatmenteffekte und Exogener Treatmentselektion

| | | ETS |
|---|---|---|
| MTR | allgemein | $\left[K_1 - E\left(y \mid w, z = t_2\right)\right] \cdot P\left(z < t_2 \mid w\right) + \left[E\left(y \mid w, z > t_2\right) - E\left(y \mid w, z = t_2\right)\right] \cdot P\left(z > t_2 \mid w\right) + \left[E\left(y \mid w, z = t_1\right) - E\left(y \mid z < t_1\right)\right] \cdot P\left(z < t_1 \mid w\right) + \left[E\left(y \mid w, z = t_1\right) - K_0\right] \cdot P\left(z > t_1 \mid w\right)$ |
| | 2 Treatments | $\left[K_1 - E\left(y \mid w, z = t_2\right)\right] \cdot P\left(z = t_1 \mid w\right) + \left[E\left(y \mid w, z = t_1\right) - K_0\right] \cdot P\left(z = t_2 \mid w\right) \geq 0$ |
| | $t_1 = t_{min}$ <br> $t_2 = t_{max}$ | $\left[K_1 - E\left(y \mid w, z = t_{max}\right)\right] \cdot P\left(z < t_{max} \mid w\right) + \left[E\left(y \mid w, z = t_{min}\right) - K_0\right] \cdot P\left(z > t_{min} \mid w\right) \geq 0$ |
| MTS | allgemein | $\left[K_1 - E\left(y \mid w, z = t_2\right)\right] \cdot P\left(z > t_2 \mid w\right) + \left[E\left(y \mid w, z = t_1\right) - K_0\right] \cdot P\left(z < t_1 \mid w\right) \geq 0$ |
| | 2 Treatments | 0 |
| | $t_1 = t_{min}$ <br> $t_2 = t_{max}$ | 0 |
| MTS-MTR | allgemein | $\left[E\left(y \mid w, z = t_1\right) - E\left(y \mid w, z < t_1\right)\right] \cdot P\left(z < t_1 \mid w\right) + \left[E\left(y \mid w, z > t_2\right) - E\left(y \mid w, z = t_2\right)\right] \cdot P\left(z > t_2 \mid w\right)$ |
| | 2 Treatments | 0 |
| | $t_1 = t_{min}$ <br> $t_2 = t_{max}$ | 0 |

Tabelle 3.18 (fortgesetzt):

| | | ETS |
|---|---|---|
| CMTR | allgemein | $\left[\left(\frac{t_2-t_1}{t_2}\right)\cdot E(y\|w,z>t_2)-\underbrace{\left[E(y\|w,z=t_2)-E(y\|w,z=t_1)\right]}_{\text{ETS-Treatmenteffekt}}\right]\cdot P(z>t_2\|w)+$ $\left[(t_2-t_1)\cdot E\left(\frac{y}{z}\|w,z\le t_2\right)-\underbrace{\left[E(y\|w,z=t_2)-E(y\|w,z=t_1)\right]}_{\text{ETS-Treatmenteffekt}}\right]\cdot P(z\le t_2\|w)$ |
| | 2 Treatments | $\left[(t_2-t_1)\cdot E\left(\frac{y}{z}\|w\right)-\underbrace{\left[E(y\|w,z=t_2)-E(y\|w,z=t_1)\right]}_{\text{ETS-Treatmenteffekt}}\right]$ |
| | $t_1=t_{min}$ $t_2=t_{max}$ | $\left[(t_{max}-t_{min})\cdot E\left(\frac{y}{z}\|w\right)-\underbrace{\left[E(y\|w,z=t_{max})-E(y\|w,z=t_{min})\right]}_{\text{ETS-Treatmenteffekt}}\right]$ |

Tabelle 3.19: Differenz zwischen den Obergrenzen bei Annahme von MTR und MTS

| | |
|---|---|
| allgemein | $\left[K_1-E(y\|w,z=t_2)\right]\cdot P(z<t_2\|w)-\left[K_1-E(y\|w,z>t_2)\right]\cdot P(z>t_2\|w)$ $+\left[E(y\|w,z=t_1)-K_0\right]\cdot P(z>t_1\|w)-\left[E(y\|w,z<t_1)-K_0\right]\cdot P(z<t_1\|w)$ |
| 2 Treatments | $\left[K_1-E(y\|w,z=t_2)\right]\cdot P(z=t_1\|w)+\left[E(y\|w,z=t_1)-K_0\right]\cdot P(z=t_2\|w)\ge 0$ |
| $t_1=t_{min},t_2=t_{max}$ | $\left[K_1-E(y\|w,z=t_{max})\right]\cdot P(z<t_{max}\|w)+\left[E(y\|w,z=t_{min})-K_0\right]\cdot P(z>t_{min}\|w)$ |

Tabelle 3.20: Differenz zwischen den Obergrenzen bei Annahme von MTR und MTS-MTR

| | |
|---|---|
| allgemein | $[K_1 - E(y \mid z = t_2)] \cdot P(z < t_2) + [E(y \mid z = t_1) - K_0] \cdot P(z > t_1) \geq 0$ |
| 2 Treatments | $[K_1 - E(y \mid z = t_2)] \cdot P(z = t_1) + [E(y \mid z = t_1) - K_0] \cdot P(z = t_2) \geq 0$ |
| $t_1 = t_{min}, t_2 = t_{max}$ | $[K_1 - E(y \mid z = t_2)] \cdot P(z < t_{max}) + [E(y \mid z = t_1) - K_0] \cdot P(z > t_{min}) \geq 0$ |

Tabelle 3.21: Differenz zwischen den Obergrenzen bei Annahme von MTS und MTS-MTR

| | |
|---|---|
| allgemein | $[K_1 - E(y \mid w, z > t_2)] \cdot P(z > t_2 \mid w) + [E(y \mid w, z < t_1) - K_0] \cdot P(z < t_1 \mid w) \geq 0$ |
| 2 Treatments | 0 |
| $t_1 = t_{min}, t_2 = t_{max}$ | 0 |

Tabelle 3.22: Differenz zwischen den Obergrenzen bei Annahme von CMTR und MTR

| | |
|---|---|
| allgemein | $\left[K_1-(t_2-t_1)\cdot E\left(\frac{y}{z}\mid w,z\le t_2\right)\right]\cdot P(z<t_2\mid w)+\left[E(y\mid w,z\ge t_2)-(t_2-t_1)\cdot E\left(\frac{y}{z}\mid w,z\le t_2\right)\right]\cdot P(z=t_2\mid w)+$ $\left[E(y\mid w,z\ge t_2)-\left(1-\frac{t_1}{t_2}\right)\cdot E(y\mid w,z>t_2)\right]\cdot P(z>t_2\mid w)-\underbrace{\left[K_0\cdot P(z>t_1\mid w)+E(y\mid w,z\le t_1)\cdot P(z\le t_1\mid w)\right]}_{\text{Untergrenze unbedingter Erwartungswert MTR für } t_1}$ |
| 2 Treatments | $\left[K_1-(t_2-t_1)\cdot E\left(\frac{y}{z}\mid w\right)\right]\cdot[1-P(z=t_2\mid w)]+\left[E(y\mid w,z=t_2)-(t_2-t_1)\cdot E\left(\frac{y}{z}\mid w\right)\right]\cdot P(z=t_2\mid w)-$ $\underbrace{\left[K_0\cdot[1-P(z=t_1\mid w)]+E(y\mid w,z=t_1)\cdot P(z=t_1\mid w)\right]}_{\text{Worst-Case-Untergrenze für } t_1=t_{min}}$ |
| $t_1=t_{min}=0$ $t_2=t_{max}$ | $\left[K_1-(t_{max}-t_{min})\cdot E\left(\frac{y}{z}\mid w\right)\right]\cdot[1-P(z=t_{max}\mid w)]+\left[E(y\mid w,z=t_{max})-(t_{max}-t_{min})\cdot E\left(\frac{y}{z}\mid w\right)\right]\cdot P(z=t_{max}\mid w)-$ $\underbrace{\left[K_0\cdot[1-P(z=t_{min}\mid w)]+E(y\mid w,z=t_{min})\cdot P(z=t_{min}\mid w)\right]}_{\text{Worst-Case-Untergrenze für } t_1=t_{min}}$ |

Tabelle 3.23: Vergleich nichtparametrischer Obergrenzen für Treatmenteffekte bei Annahme von CMTR und MTS

| | |
|---|---|
| Allgemein | $\left[K_1-\left(\frac{t_2-t_1}{t_2}\right)\cdot E(y\mid w,z>t_2)\right]\cdot P(z>t_2\mid w)+\left[E(y\mid w,z=t_2)-(t_2-t_1)\cdot E\left(\frac{y}{z}\mid w,z\le t_2\right)\right]\cdot P(z\le t_2\mid w)-$ $\underbrace{\left[K_0\cdot P(z<t_1\mid w)+E(y\mid w,z=t_1)\cdot P(z\ge t_1\mid w)\right]}_{\text{Untergrenze unbedingter Erwartungswert MTS für } t_1}$ |
| 2 Treatments | $\underbrace{E(y\mid w,z=t_2)-E(y\mid w,z=t_1)}_{\text{ETS-Treatmenteffekt}}-\underbrace{(t_2-t_1)\cdot E\left(\frac{y}{z}\mid w\right)}_{\text{CMTR-Treatmenteffekt}}$ |
| $t_1=t_{min}=0$ $t_2=t_{max}$ | $\underbrace{E(y\mid w,z=t_{max})-E(y\mid w,z=t_{min})}_{\text{ETS-Treatmenteffekt}}-\underbrace{(t_{max}-t_{min})\cdot E\left(\frac{y}{z}\mid w\right)}_{\text{CMTR-Treatmenteffekt}}$ |

Tabelle 3.24: Differenz zwischen den Obergrenzen bei Annahme von CMTR und MTS-MTR

| | |
|---|---|
| allgemein | $\left[\frac{t_1}{t_2}\cdot E(y\|w,z>t_2)-E(y\|w,z=t_1)\right]\cdot P(z>t_2\|w)+$ <br> $\left[E(y\|w,z=t_2)-E(y\|w,z=t_1)-(t_2-t_1)\cdot E\left(\frac{y}{z}\|w,z\le t_2\right)\right]\cdot P(t_1\le z\le t_2\|w)+$ <br> $\left[E(y\|w,z=t_2)-E(y\|w,z<t_1)-(t_2-t_1)\cdot E\left(\frac{y}{z}\|w,z\le t_2\right)\right]\cdot P(z<t_1\|w)$ |
| 2 Treatments | $\underbrace{E(y\|w,z=t_2)-E(y\|w,z=t_1)}_{\text{ETS-Treatmenteffekt}}-\underbrace{(t_2-t_1)\cdot E\left(\frac{y}{z}\|w\right)}_{\text{CMTR-Treatmenteffekt}}$ |
| $t_1=t_{min}=0$ <br> $t_2=t_{max}$ | $\left[\underbrace{E(y\|w,z=t_{max})-E(y\|w,z=t_{min})}_{\text{ETS-Treatmenteffekt}}-\underbrace{(t_{max}-t_{min})\cdot E\left(\frac{y}{z}\|w\right)}_{\text{CMTR-Treatmenteffekt}}\right]$ |

## 3.3 Identifikation bei fehlerbehafteten Daten

### 3.3.1 Einführung

Die Berücksichtigung von Fehler-in-Variablen-Problemen und die Verwendung von robusten Methoden sind inzwischen übliche Verfahren bei der Schätzung von Lohnfunktionen. Im Folgenden wird untersucht, wie sich fehlerbehaftete Daten[104] auf die nichtparametrische Identifikation von Wahrscheinlichkeiten und D-Parametern und damit auf die nichtparametrische Identifikation von D-Treatmenteffekten auswirken. Es werden zwei Datenfehlermodelle, Verschmutzung und Korruption, betrachtet, die auch im Bereich der robusten Verfahren verwendet werden. Damit werden Vergleiche mit den Ergebnissen aufgrund der im empirischen Teil verwendeten Quantilregression, einem robusten Verfahren, möglich. Unter Verschmutzung ist ein Datenfehlermodell zu verstehen, bei dem das Auftreten von Datenfehlern unabhängig von den Realisationen der einwandfreien Daten erfolgt und somit die interessierende Verteilung nicht beeinflusst, unter Korruption ein Fehlermodell, bei dem nicht ausgeschlossen wird, dass Datenfehler die zu analysierende Verteilung verändern. Übersicht 3.4 beschreibt die Verwendung dieser beiden Datenfehlermodelle im Rahmen der robusten Methoden.

Übersicht 3.4: Charakterisierung der im Rahmen der robusten Verfahren verwendeten Datenfehlermodelle

| Datenfehlermodelle | |
|---|---|
| Verschmutzung (Contaminated Sampling Model) | Korruption (Corrupted Sampling Model) |
| Einfluss- und begrenzte Einflussfunktionen, (Influence, Bounded Influence Functions) | Bruchpunktanalysen (Breakdown Point) |
| Wie groß ist der Einfluss einer Beobachtung, die zu einer großen Stichprobe hinzugenommen wird, auf eine Schätzfunktion (Gross Error Sensitivity)[105]? | Wie groß darf der Anteil an Datenfehlern maximal sein, ohne dass eine Schätzfunktion über einen bestimmten Wert hinaus verändert wird (Bruchpunkt)? |

[104] Hampel et al. (1986) gehen davon aus, dass ein Anteil an Fehlern zwischen 1% und 10 % bei Daten eher die Regel als die Ausnahme darstellt.

[105] Vgl. Huber (1981), S. 13 zu den Definitionen der Einflussfunktion und des Bruchpunktes, sowie Donoho/Huber (1983) und Hampel et al. (1986) zu alternativen Definitionen des Bruchpunktes.

Der von Horowitz/Manski (1995) vorgestellte Modellrahmen eignet sich nicht nur für die dort verwendeten CPS-Daten mit Ihren Besonderheiten, sondern ist von weit allgemeinerem Interesse. Dies zeigt sich in der Anwendung auf Daten des Sozio-oekonomischen Panels. Hier erhält man als Spezialfall des korrumpierten Stichprobenmodells Ergebnisse aus der Identifikationsanalyse zensierter Stichproben. Des Weiteren wird in Abschnitt 3.3.1 gezeigt, dass die maximal mögliche Differenz der Intervallbreiten für Wahrscheinlichkeiten bei Korruption und Verschmutzung für einen Fehleranteil von 29,29 % 17,16 Prozentpunkte beträgt.

Der Frage, warum beispielsweise zugunsten der Identifikation von Grenzen für den Erwartungswert auf eine robuste Punktschätzung verzichtet werden sollte, wird in Abschnitt 3.3.4 nachgegangen. Anhand der Diskussion der Unterschiede in der prinzipiellen Vorgehensweise wird gezeigt, dass die Identifikationsanalyse ermöglicht, Grenzen für Quantile und den Erwartungswert der interessierenden Verteilung zu identifizieren, während die robusten Methoden lediglich erlauben, den Parameter der identifizierten Verteilung konsistent zu schätzen. Zudem wird deutlich, dass die Identifikationsanalyse ihren Fokus auf ex-post Inferenz legt, während die robusten Methoden insoweit zu konservativ sind, als sie schon ex-ante versuchen, den Einfluss von Fehlern zu begrenzen.

In Abschnitt 3.3.5 werden erstmalig Konfidenzintervalle für die Unter- und Obergrenzen aufgrund der verwendeten Datenfehlermodelle angegeben. Da es bislang noch keine analytischen Grundlagen zur Konstruktion von Konfidenzintervallen für diese Grenzen gibt, wird das Bootstrapverfahren verwendet. Es zeigt sich, dass die Konfidenzintervalle im Vergleich zu der Intervallbreite der Unter- und Obergrenze fast vernachlässigbar schmal ausfallen. Es wurden dabei mit gleichem Ergebnis Bootstrapstichproben vom Umfang 100 und 1000 verwendet.

Im letzten Abschnitt wird am Beispiel des Worst-Case-Szenarios gezeigt, dass die Verwendung des Modellrahmens von Horowitz/Manski (1995) zur Identifikation von Grenzen für D-Treatmenteffekte zu denselben Grenzen wie im Modell zensierter Stichproben führt.

### 3.3.1.1 Fallbeispiele

Anhand von zwei Fallbeispielen sollen die Anwendungsmöglichkeiten der Identifikationsanalyse bei fehlerbehafteten Daten dargestellt werden. Im ersten Fall analysieren Horowitz/Manski (1995) die in Tabelle 3.25 dargestellte Verteilung der Haushaltseinkommen von 60.000 Haushalten im Jahr 1990, die das U.S. Bureau of the Census auf der Grundlage des Current Population Survey (CPS) veröffentlichte. Die CPS-Daten bergen für solche Erhebungen typische Datenfehler. Nach Angaben des U.S. Bureau of the Census verweigerten circa viereinhalb Prozent der Haushalte die Teilnahme an der Erhebung, während circa acht Prozent der Haushalte zwar an der Erhebung teilnahmen, jedoch bei der Frage nach dem Haushaltseinkommen die Antwort verweigerten. Eine zusätzliche Problemquelle stellt die Vorgehensweise des U.S. Bureau dar, bei all den Haushalten, für die aufgrund Antwort- oder Teilnahmeverweigerung keine Angaben zum Haushaltseinkommen vorliegen, ein Verfahren zur Schätzung des Haushaltseinkommens zu verwenden, ohne in der veröffentlichten Tabelle kenntlich zu machen, welche Haushaltseinkommen geschätzt wurden und welche aus den Angaben der Haushalte stammen.

Tabelle 3.25: Verteilung der jährlichen Haushaltseinkommen 1990, CPS, U.S. Bureau of the Census[106]

| Intervall (1000 $) | relative Häufigkeit |
|---|---|
| 0-5 | 0,053 |
| 5-10 | 0,103 |
| 10-15 | 0,097 |
| 15-20 | 0,092 |
| 20-25 | 0,087 |
| 25-30 | 0,083 |
| 30-35 | 0,076 |
| 35-40 | 0,066 |
| 40-45 | 0,060 |
| 45-50 | 0,048 |
| 50-55 | 0,043 |

| Intervall (1000 $) | relative Häufigkeit |
|---|---|
| 55-60 | 0,032 |
| 60-65 | 0,028 |
| 65-70 | 0,023 |
| 70-75 | 0,018 |
| 75-80 | 0,015 |
| 80-85 | 0,013 |
| 85-90 | 0,009 |
| 90-95 | 0,008 |
| 95-100 | 0,006 |
| +100 | 0,039 |

[106] Vgl. Horowitz/Manski (1995), S. 296.

Welche Rückschlüsse lassen sich nun in diesem Fall von der durch das U.S. Bureau veröffentlichten Verteilung der Haushaltseinkommen auf die interessierende[107] Verteilung der Haushaltseinkommen unter Berücksichtigung der Datenfehler und der geschätzten Haushaltseinkommen ziehen?

Das zweite Fallbeispiel verwendet Daten des Deutschen Instituts für Wirtschaftsforschung (DIW). Das DIW ermöglicht auf seiner Homepage zu dem Sozio-oekonomischen Panel (SOEP) jedermann beispielsweise den Zugang[108] zu der Verteilung der Haushaltsnettoeinkommen von 7368 Haushalten im Jahr 1999 in Form der Tabelle 3.26.

Tabelle 3.26: Verteilung der berichteten monatlichen Haushaltsnettoeinkommen, 1999, Soepinfo[109]

| Intervall (1000 DM) | absolute Häufigkeit | relative Häufigkeit |
|---|---|---|
| 0-1 | 100 | 0,0142 |
| 1-2 | 800 | 0,1136 |
| 2-3 | 1399 | 0,1987 |
| 3-5 | 2973 | 0,4222 |
| 5-7 | 1197 | 0,17 |
| 7-9 | 377 | 0,0535 |
| 9-15 | 177 | 0,0251 |
| 15-99 | 18 | 0,00026 |
| Summe | 7041 | 1 |

327 Haushalte machten keine Angaben zum Haushaltsnettoeinkommen.

---

107 Mit interessierender Verteilung ist hier die Verteilung der Haushaltseinkommen gemeint, die gegeben wäre, wenn alle Haushalte ihr Haushaltseinkommen berichten würden.

108 Diese klassierte Verteilung für die Variable "Haushaltsnettoeinkommen" (ph50) ist dem Programm Soepinfo entnommen, das sich auf der frei zugänglichen Internetseite http://www.diw.de/deutsch/sop/soepinfo/ des DIW befindet. Weitere Details zu der Anzahl an Haushalten, die 1998 an der Erhebung teilnahmen, 1999 aber ihre Teilnahme verweigerten, können der Datei "Methodenbericht 1999.pdf", die auf der Internetseite http://www.diw.de/deutsch/sop/service/fragen/ zu finden ist, entnommen werden. Da es an dieser Stelle nur um die prinzipielle Vorgehensweise geht, wird diese Information nicht berücksichtigt.

109 Im Gegensatz zu der Tabelle 3.25 sind in Tabelle 3.26 die absoluten Häufigkeiten angegeben, um den Anteil der Antwortverweigerer, der im Soepinfo nicht explizit ausgewiesen ist, angeben zu können.

Auch hier stellt sich die Frage, wie diese veröffentlichten Angaben verwendet werden können, um die Verteilung der monatlichen Haushaltsnettoeinkommen aller Haushalte analysieren zu können. Zudem werden wir anhand dieses Beispiels zum einen untersuchen, welche Änderungen sich gegenüber den Daten des U.S. Bureau of the Census daraus ergeben, dass das DIW für die 327 Haushalte, die keine Angaben zum Haushaltsnettoeinkommen gemacht haben, keine Schätzungen durchgeführt hat, und deshalb die tatsächlich berichteten Haushaltseinkommen identifiziert sind. Dies sollte, interpretiert als Zusatzinformation, ein Vorteil gegenüber den Daten des U.S. Bureau sein. Zum anderen können die für jedermann zugänglichen Daten aus Tabelle 3.26 mit den exakten SOEP-Daten verglichen werden, die auf Antrag gegen eine geringe Nutzungsgebühr für Forschung und Lehre zugänglich sind.

### 3.3.1.2 Problemstellung

Welche Informationen lassen sich nun aus einer identifizierten aber fehlerbehafteten Verteilung, im Folgenden mit Q bezeichnet, für Wahrscheinlichkeiten und D-Parameter einer interessierenden Verteilung, im Folgenden mit $P_1$ bezeichnet, gewinnen?

Den Ausgangspunkt der Analyse von Horowitz/Manski (1995) stellt die Verteilung der Haushaltseinkommen dar, die das U.S. Bureau of the Census veröffentlicht. Die interessierende Verteilung ist, wenn man von fehlerhaften Antworten der Haushalte absieht[110], die Verteilung der Haushaltseinkommen, die man erhalten würde, wenn man die Angaben zum Haushaltseinkommen derjenigen Haushalte kennen würde, die

- Angaben zum Haushaltseinkommen gemacht haben ($P_{11}$),
- keine Angaben zum Haushaltseinkommen gemacht haben ($P_{10}$).

Die Verteilung der Haushaltseinkommen $P_1$ ergibt sich dann zusammen mit der Wahrscheinlichkeit p, dass ein Haushalt entweder gar nicht an der Erhebung

[110] Im Fall, dass zwar alle Haushalte antworten, einige jedoch falsche Angaben machen, wäre nicht die Verteilung der angegebenen Haushaltseinkommen die interessierende Verteilung, sondern die Verteilung der tatsächlichen Haushaltseinkommen.

teilnimmt oder nur die Antwort verweigert, als Mischung der beiden Verteilungen $P_{11}$ und $P_{10}$:

(3.269) $$P_1 = (1-p)\cdot P_{11} + p\cdot P_{10}$$

Wenn man berücksichtigt, dass das U.S. Bureau of the Census für die Haushalte, die entweder die Teilnahme oder die Antwort verweigern, anstelle der nicht beobachtbaren, latenten Verteilung der Haushaltseinkommen ($P_{10}$) eine durch Imputationsverfahren ermittelte Verteilung ($P_{00}$) verwendet, kann die vom U.S. Bureau veröffentlichte Verteilung der Haushaltseinkommen (Q) als Mischung der beiden Verteilungen $P_{11}$ und $P_{00}$ dargestellt werden:

(3.270) $$Q = (1-p)\cdot P_{11} + p\cdot P_{00}$$

Für den Fall $P_{00} = P_{10}$ entspricht die Verteilung des Haushaltseinkommens, die sich gemäß dem Imputationsverfahren des U.S. Bureau of the Census ergibt ($P_{00}$), der latenten Verteilung der Haushaltseinkommen ($P_{10}$), und Teilnahme- und Antwortverweigerung hätten keinen Einfluss auf die zu analysierende Verteilung. Da sich dieser Fall $P_{00} = P_{10}$ nicht prüfen lässt, stellt sich die Frage, welche Aussagen über die interessierende Verteilung $P_1$ bzw. D-Parameter dieser Verteilung ohne Kenntnisse über die Verteilung $P_{10}$ anhand der identifizierten Verteilung Q getroffen werden können.

Nutzlos für die Analyse der Verteilung $P_1$ ist die Identifikation von Q, falls die Wahrscheinlichkeit p für einen Datenfehler nicht begrenzt werden kann. In diesem Fall muss $p = 1$ verwendet werden, und für (2) ergibt sich $Q = P_{00}$. Aus der identifizierten Verteilung Q kann somit nichts über die interessierende Verteilung $P_1$ gelernt werden, wenn die Obergrenze der Fehlerwahrscheinlichkeit eins beträgt, da die Verteilung $P_1$ nicht von $P_{00}$ abhängt. Im folgenden Abschnitt werden daher Annahmen untersucht, die es ermöglichen, über eine Identifikation von Q die Verteilung von $P_1$ zu analysieren, genauer gesagt, Grenzen für Wahrscheinlichkeiten und D-Parameter der interessierenden Verteilung $P_1$ angeben zu können.

### 3.3.2 Identifizierende Annahmen
#### 3.3.2.1 Verschmutzung und Korruption

Bei robusten Schätzungen wird häufig angenommen, dass Datenfehler unabhängig von den Stichprobenrealisationen der interessierenden Verteilung auftreten. Bei Gültigkeit dieser Annahme führt die Verwendung der Verteilung $P_{11}$ zu Inferenzzwecken zu denselben Ergebnissen wie die Verwendung der eigentlich interessierenden Verteilung $P_1$:

(3.271) $\quad P_1 = P_{11}.$

Horowitz/Manski (1995) verwenden wegen dieses Zusammenhangs mit robusten Verfahren, zurückgehend auf Huber (1981), für Datenfehlermodelle, denen Annahme (3.3) zugrunde liegt, den Begriff des "Contaminated Sampling Model" und für Datenfehlermodelle, die ohne diese Annahme arbeiten, den Begriff des "Corrupted Sampling Model". Contaminated Sampling wird bei der Analyse begrenzter Einflussfunktionen, beispielsweise Huber (1981), verwendet, während Corrupted Sampling in Analysen des Bruchpunktes, z.B. Hampel et al. (1986) und Donoho/Huber (1983) benutzt wird.

Aus Annahme (3.271) folgt direkt, dass die Kenntnis der Verteilung $P_{11}$ die Identifikation der interessierenden Verteilung wesentlich erleichtert, da die Verteilung $P_{11}$ Bestandteil sowohl der identifizierten Verteilung Q – siehe (3.270) – als auch der interessierenden Verteilung $P_1$ – siehe (3.269) – ist.

Während das U.S. Bureau die CPS-Daten so veröffentlicht, dass zwischen geschätzten und berichteten Einkommen nicht unterschieden wird, und die Verteilung von $P_{11}$ somit nicht identifiziert werden kann, ermöglicht die Angabe der Einkommen des DIW – von der Klassierung abgesehen – die Identifikation der Verteilung $P_{11}$, so dass unter der Annahme von Verschmutzung (3.271) auch die Verteilung $P_1$ identifiziert ist und sich in diesem Sinne – wie schon in Abschnitt 3.3.1.1 angedeutet – die Zusatzinformation bezahlt macht.

### 3.3.2.2 Der Einfluss der Fehlerwahrscheinlichkeit

Am Ende des Abschnitts 3.3.1.2 wurde schon gezeigt, dass ohne Obergrenze $p \leq \lambda < 1$ für die Fehlerwahrscheinlichkeit die Identifikation von Q zu $Q = P_{00}$ führt, und damit keine Rückschlüsse auf die interessierende Verteilung $P_1$ möglich sind. Kenntnisse über die Fehlerwahrscheinlichkeit sind somit von essentieller Bedeutung für die Identifikationsanalyse in dem Sinne, dass im Falle der Existenz einer Obergrenze $\lambda < 1$ für p schon die Identifikation von Q genügt, um die Verteilungen $P_{11}$ und $P_1$ beschränken zu können.

Im Fall der CPS-Daten kann die Obergrenze $\lambda$ durch die Angaben des U.S. Bureau konsistent geschätzt werden. Wenn nach Angaben des U.S. Bureau viereinhalb Prozent ihre Teilnahme verweigerten, entsprechen acht Prozent an Antwortverweigerern $0{,}08 \cdot (1 - 0{,}045) = 7{,}6\,\%$ aller kontaktierten Haushalte und eine konsistente Schätzung der Obergrenze $\lambda$ für p führt zu

$$\hat{\lambda} = 4{,}5\,\% + 7{,}6\,\% = 12{,}1\,\%.$$

Im Fall der SOEP-Daten sind – wie im letzten Abschnitt schon angedeutet - andere Informationen gegeben. Während durch die Angaben des U.S. Bureau weder $P_{11}$ noch $P_{00}$, sondern nur die Mischung der beiden Verteilungen, identifiziert sind, stellt die in Tabelle 3.26 identifizierte Verteilung der Haushaltsnettoeinkommen direkt die Verteilung $P_{11}$ dar, d.h.

$$Q = P_{11}. \tag{3.272}$$

Daraus folgt direkt, dass im Fall des verschmutzten Datenmodells, $P_1 = P_{11}$, die interessierende Verteilung $P_1$ identifiziert ist:

$$Q = P_{11} = P_1. \tag{3.273}$$

Somit müssen nun im Unterschied zu den Daten des U.S. Bureau of the Census bei Annahme von Verschmutzung keine Unter- und Obergrenzen für Wahrscheinlichkeiten und D-Parameter gesucht werden.

Verzichtet man auf die Annahme $P_1 = P_{11}$ und lässt bei den SOEP-Daten das korrumpierte Datenmodell zu, ergibt sich auch hier aufgrund $Q = P_{11}$ eine Änderung gegenüber dem Horowitz/Manski-Beispiel. Die interessierende Verteilung $P_1$ kann dann bei Korruption anstatt zweistufig in Form von (3.269) und (3.270) direkt durch (3.274) analysiert werden.

(3.269) $P_1 = (1-p)\cdot P_{11} + p \cdot P_{10}$

(3.270) $Q = (1-p)\cdot P_{11} + p \cdot P_{00}$

(3.274) $P_1 = (1-p)\cdot Q + p \cdot P_{10}$

Da 327 von 7368 Haushalten, also 4,43 Prozent, keine Angaben zum Haushaltsnettoeinkommen gemacht haben, geht die identifizierte Verteilung Q in diesem Fall mit einem "Gewicht" von $1-\lambda = 95{,}57\,\%$ und die latente Verteilung der Haushaltsnettoeinkommen der Antwortverweigerer mit einem "Gewicht" von 4,43 % in die Ermittlung von $P_1$ ein.

Im nächsten Abschnitt wird nun der Frage nachgegangen, wie anhand der betrachteten Datenfehlermodelle Wahrscheinlichkeiten und D-Parameter der interessierenden Verteilung $P_1$ identifiziert werden können.

### 3.3.3 Identifikation von Wahrscheinlichkeiten und D-Parametern

Abschnitt 3.3.3.1 beginnt mit der Identifikation von Wahrscheinlichkeiten bzw. entsprechend den Abschnitten des Kapitels 2 mit der Ermittlung von Unter- und Obergrenzen für Wahrscheinlichkeiten, um dann in Abschnitt 3.3.3.2 diese Grenzen für D-Parameter zu bestimmen. Anhand der Daten des U.S. Bureau of the Census und des Deutschen Instituts für Wirtschaftsforschung (DIW) werden die Konsequenzen besprochen, die sich aus der Anwendung der beiden Datenfehlermodelle "Verschmutzung" und "Korruption" ergeben. Ein wichtiges generelles Ergebnis der nichtparametrischen Identifikationsanalyse unter "Verschmutzung" ist die Identifikation einer Unter- und einer Obergrenze für den Erwartungswert.

### 3.3.3.1 Identifikation von Wahrscheinlichkeiten

Zuerst werden Grenzen bei Annahme von Korruption ermittelt. Unter dieser Annahme müssen Fehler nicht unabhängig von den Stichprobenrealisationen der interessierenden Verteilung auftreten. Es gelten dann die scharfen Unter- $P_1^U(y)$ und Obergrenzen $P_1^O(y)$ für die Wahrscheinlichkeit $Q(y)$[111]:

(3.275) $P_1^U(y) \equiv [0,1] \cap [Q(y) - \lambda]$

(3.276) $P_1^O(y) \equiv [0,1] \cap [Q(y) + \lambda]$

Diese Grenzen lassen sich damit erklären, dass analog zu dem Worst-Case-Szenario in Abschnitt 2 bei der Bestimmung der Untergrenze einer Wahrscheinlichkeit entsprechend dem Anteil an fehlerhaften Daten $\lambda$ Prozent der kleinsten Werte, also ein Anteil in Höhe der Obergrenze des Fehleranteils, durch die Obergrenze $K_1$, bei der Bestimmung der Obergrenze entsprechend $\lambda$ Prozent der größten Werte durch die Untergrenze $K_0$ ersetzt werden. Da Wahrscheinlichkeiten auf $[0,1]$ normiert sind, ergeben sich Unter- bzw. Obergrenze der Wahrscheinlichkeit schließlich als jeweilige Schnittmenge von $[Q(y) - \lambda]$ bzw. $[Q(y) + \lambda]$ mit dem Intervall $[0,1]$. Der Bereich, in dem sowohl die Untergrenze als auch die Obergrenze nicht vom Anteil fehlerbehafteter Daten abhängt, im Folgenden in Analogie zu Abschnitt 2 informativer[112] Bereich genannt, ist demnach direkt von $\lambda$ abhängig und – wie sich zeigen wird – bei Korruption und Verschmutzung identisch.

Informative Bereiche allgemein und für die CPS-Daten:

- Untergrenze allgemein: $[\lambda , 1]$,
  im Fall der CPS-Daten: $[0{,}121 , 1]$ bzw $[8{,}31 , 135]$ [Tsd. US-Dollar]

- Obergrenze allgemein: $[0 , 1 - \lambda]$,
  im Fall der CPS-Daten: $[0 , 0{,}879]$ bzw $[0 , 67{,}39]$ [Tsd. US-Dollar]

---

[111] Vgl. zur Herleitung Horowitz/Manski (1995), Appendix S. 297.

[112] Zum Zusammenhang des informativen Bereiches mit dem Konzept des Bruchpunktes siehe Abschnitt 3.3.4.

Daraus folgt, dass der vertikale Abstand von der Verteilungsfunktion nach oben und nach unten im gemeinsamen informativen Bereich dem Parameter $\lambda$[113] entspricht. Die Intervallbreite für Wahrscheinlichkeiten beträgt damit im informativen Bereich allgemein $2 \cdot \lambda$ und im Fall der CPS-Daten $2 \cdot 0{,}121 = 24{,}2\,\%$.

Auf die CPS-Daten angewendet ergeben sich bei einer Obergrenze von $\lambda = 12{,}1\%$ für die Fehlerwahrscheinlichkeit p folgende Grenzen. Bei der Bestimmung der Untergrenze der Wahrscheinlichkeit $Q(y)$ werden 12,1 % der kleinsten Werte durch $K_1$ ersetzt. $Q(y)$ wird um genau diesen Anteil nach unten verschoben: $Q(y) - 0{,}121$. Bei der Bestimmung der Obergrenze der Wahrscheinlichkeit $Q(y)$ werden 12,1 % der größten Werte durch $K_0$ ersetzt. $Q(y)$ wird dadurch um genau diesen Anteil nach oben verschoben: $Q(y) + 0{,}121$.

In der Abbildung 3.22 werden die Unter- und Obergrenzen der Verteilungsfunktion der Haushaltseinkommen der CPS-Daten bei Annahme der Rechteckverteilung innerhalb der Klassen dargestellt.

Unter der Annahme von Verschmutzung, d.h. Fehler treten unabhängig von den Stichprobenrealisationen der interessierenden Verteilung auf, gelten die Untergrenzen $P_{11}^{U}(y)$ und Obergrenzen $P_{11}^{O}(y)$ für Wahrscheinlichkeiten[114]:

$$(3.277) \quad P_{11}^{U}(y) \equiv [0{,}1] \cap \left[\frac{Q(y) - \lambda}{1 - \lambda}\right]$$

$$(3.278) \quad P_{11}^{O}(y) \equiv [0{,}1] \cap \left[\frac{Q(y)}{1 - \lambda}\right]$$

Diese Grenzen lassen sich entsprechend der Vorgehensweise bei Korruption so erklären, dass bei der Bestimmung der Untergrenze der Wahrscheinlichkeit $Q(y)$ $\lambda$ Prozent der Daten gleich $K_1$ gesetzt werden – $Q(y) - \lambda$ –, diese $\lambda$ Prozent nun allerdings nicht durch Ersetzen der $\lambda$ Prozent kleinsten Werte "ergänzt", sondern gleichmäßig – $(Q(y) - \lambda)/(1 - \lambda)$ – entzogen werden. Die Obergrenze der Wahrscheinlichkeit $Q(y)$ wird entsprechend über $Q(y)/(1 - \lambda)$ bestimmt.

---

[113] Auch wenn das Auge dabei getäuscht wird.

[114] Vgl. zur Herleitung Horowitz/Manski (1995), S. 288.

Abbildung 3.22: Grenzen für die Verteilungsfunktion der jährlichen Haushaltsnettoeinkommen, CPS, Korruption[115]

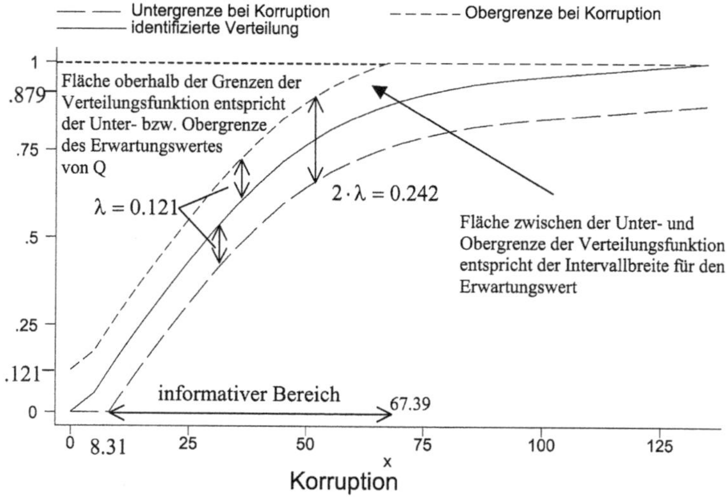


Der informative Bereich bei Verschmutzung entspricht dem bei Korruption, da $(Q(y)-\lambda)/(1-\lambda)$ entsprechend $Q(y)-\lambda$ bei Korruption für $Q(y)>\lambda$ kleiner Null und $Q(y)/(1-\lambda)$ entsprechend $Q(y)+\lambda$ bei Korruption für $Q(y)>1-\lambda$ größer als 1 wird.

Die Differenz zwischen der Ober- und Untergrenze für Wahrscheinlichkeiten beträgt bei Annahme von Verschmutzung und einem Wert von $\lambda = 12{,}1\%$ im informativen Bereich $\frac{Q(y)}{1-\lambda} - \frac{Q(y)-\lambda}{1-\lambda} = \frac{\lambda}{1-\lambda} = \frac{0.121}{0.879} = 13{,}765\%$.

Ein Vergleich der Intervallbreiten unter Korruption und Verschmutzung zeigt, dass sich das Intervall unter Verschmutzung in der Regel deutlich gegenüber dem Intervall bei Korruption verkleinert, in obigem Beispiel hat es sich fast halbiert.

[115] Die Interpretation der Flächen erfolgt in Abschnitt 3.3.2.

Abbildung 3.23: Grenzen für die Verteilungsfunktion der jährlichen Haushaltsnettoeinkommen, CPS, Verschmutzung

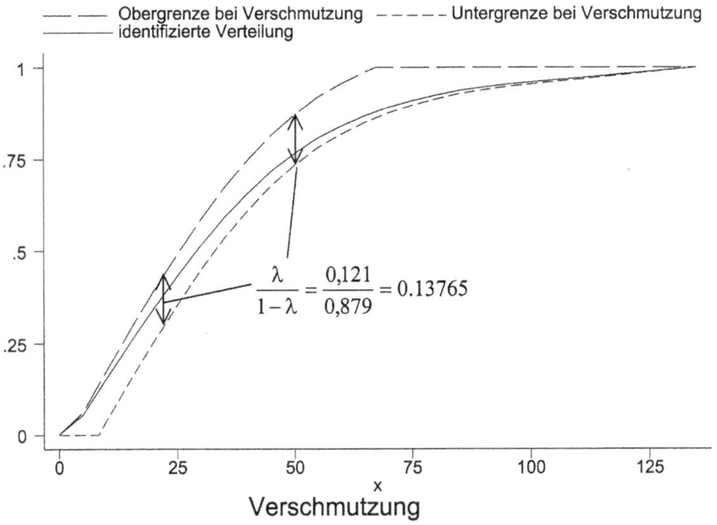


In Ergänzung zu Horowitz/Manski (1995) lässt sich die Verkleinerung des Intervalls, bzw. der maximale Unterschied zwischen Verschmutzung und Korruption exakt angeben. Die Differenz der Intervallbreiten $D(\lambda)$ hängt im informativen Bereich lediglich von der Obergrenze des Fehleranteils $\lambda$ ab und ist gleichzeitig immer höchstens so groß wie $\lambda$:

$$D(\lambda) = \underbrace{[(Q(y)+\lambda)-(Q(y)-\lambda)]}_{\text{Breite bei Korruption}} - \underbrace{\left[\frac{Q(y)}{1-\lambda} - \frac{Q(y)-\lambda}{1-\lambda}\right]}_{\text{Breite bei Verschmutzung}} \tag{3.279}$$
$$= 2\cdot\lambda - \frac{\lambda}{1-\lambda} = \frac{\lambda\cdot(1-2\cdot\lambda)}{1-\lambda} \leq \lambda$$

Durch Ableiten von $D(\lambda)$ erhält man die maximale Differenz der Intervallbreiten für einen Fehleranteil von $\lambda^* = 1 - 0{,}5\cdot\sqrt{2} \approx 29{,}29\,\%$. Daraus ergibt sich eine maximale Differenz der Intervallbreiten im informativen Bereich von $D(0{,}2929) = 0{,}1716$, also 17,16 Prozentpunkten. In Abbildung 3.24 ist die Differenz der Intervallbreiten in Abhängigkeit von $\lambda$ dargestellt.

Bei einem Anteil an fehlerbehafteten Daten von 12,1 % ergibt sich bei den CPS-Daten eine maximale Differenz der Intervallbreiten im informativen Bereich von $D(0{,}121) \approx 10{,}44\,\%$.

Dies stellt nicht die Obergrenze der Intervalldifferenz dar. Aus den Abbildungen 3.22 und 3.23 kann man beispielsweise im nichtinformativen Bereich für ein Haushaltseinkommen von 0 bei Korruption die Intervallbreite $\lambda$ und bei Verschmutzung die Intervallbreite 0 ablesen, so dass an dieser Stelle die Differenz der Intervallbreiten 12,1 % beträgt und größer als im informativen Bereich ist.

Abbildung 3.24: Differenz der Intervallbreiten bei Korruption und Verschmutzung im informativen Bereich

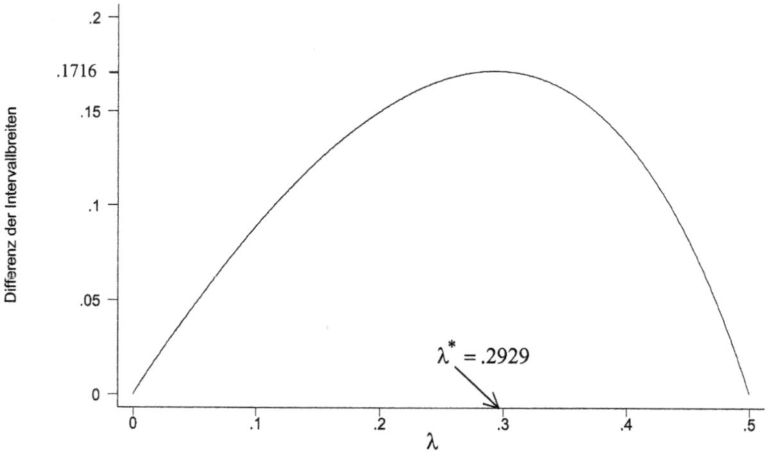


In (3.279) wurde bereits gezeigt, dass die Differenz der Intervallbreiten im informativen Bereich nie größer als $\lambda$ sein kann. Wie im Folgenden gezeigt wird, entspricht die Obergrenze der Fehlerwahrscheinlichkeit $\lambda$ gleichzeitig der maximal möglichen Intervalldifferenz zwischen Korruption und Verschmutzung, die in Abbildung 3.24 als Winkelhalbierende dargestellt werden könnte. Die Winkelhalbierende würde jedoch die Kurve in Abbildung 3.24 zu stark stauchen, so dass sie nicht eingezeichnet wurde. Im nichtinformativen Bereich hängen die Intervallbreiten im Unterschied zum informativen Bereich nicht allein von $\lambda$, sondern zusätzlich noch von der identifizierten Verteilung Q ab, so dass eine allgemeingültige grafische Darstellung nicht möglich ist.

Die Differenz der Intervallbreiten[116] ist im nichtinformativen Bereich in Abhängigkeit von $\lambda$ und $Q(y)$ in Übersicht 3.5 angegeben.

Übersicht 3.5: Differenz der Intervallbreiten im nichtinformativen Bereich

| | | |
|---|---|---|
| $\lambda \geq 0{,}5$: | $0$ | |
| $Q(y) \leq \min(1-\lambda,\lambda)$ | $\lambda - \frac{\lambda}{1-\lambda} \cdot Q(y)$ | , d.h. für $Q(y) \to 0$ maximal $\lambda$ |
| $Q(y) \geq \max(1-\lambda,\lambda)$ | $\frac{\lambda \cdot (Q(y)-\lambda)}{1-\lambda}$ | , d.h. für $Q(y) \to 1$ maximal $\lambda$. |

Dies ergibt sich aus den Bereichen[117], in die $Q(y)$ in Abhängigkeit der Obergrenze $\lambda$ für die Fehlerwahrscheinlichkeit p eingeteilt werden kann.

Übersicht 3.6: Bereiche für die Wahrscheinlichkeit $Q(y)$ in Abhängigkeit von $\lambda$

| | | |
|---|---|---|
| $1-\lambda \leq Q(y) \leq \lambda$ | $\Rightarrow [0,1]$ | Verschmutzung und Korruption |
| $Q(y) \leq \min(1-\lambda;\lambda)$ | $\Rightarrow [0, Q(y)/1-\lambda]$ | Verschmutzung |
| | $[0, Q(y)+\lambda]$ | Korruption |
| $Q(y) \geq \max(1-\lambda;\lambda)$ | $\Rightarrow [(Q(y)-\lambda)/(1-\lambda), 1]$ | Verschmutzung |
| | $[Q(y)-\lambda, 1]$ | Korruption |
| $\lambda \leq Q(y) \leq 1-\lambda$ | $\Rightarrow [(Q(y)-\lambda)/(1-\lambda), Q(y)/(1-\lambda)]$ | Verschmutzung |
| | $[Q(y)-\lambda, Q(y)+\lambda]$ | Korruption |

Dass die Fehlerwahrscheinlichkeit $\lambda$ die maximal mögliche Obergrenze für die Differenz der Intervallbreiten darstellt, wird auch anhand der Abbildungen 3.22 und 3.23 deutlich. Die Intervallbreite für die Wahrscheinlichkeit bei Verschmutzung konvergiert gegen 0, wenn man sich der Unter- bzw. der Obergrenze der

[116] Vgl. Horowitz/Manski (1995), S. 289.
[117] Vgl. Horowitz/Manski (1995), S. 287, zu dieser alternativen Darstellung der Bereiche.

identifizierten Verteilungsfunktion $Q(y)$ nähert, während die Intervallbreite bei Korruption ausgehend von $2 \cdot \lambda$ im informativen Bereich gegen $\lambda$ im nichtinformativen Bereich konvergiert. Zudem ist $\lambda$ aber auch der maximal mögliche Abstand einer Unter- oder Obergrenze von der identifizierten Verteilungsfunktion $Q(y)$. In diesem Sinne müssen Horowitz/Manski (1995) verstanden werden, wenn sie sagen, dass "$P_{11}(y)$ and $P_1(y)$ can not differ from $Q(y)$ by too much".[118] Des Weiteren kann mit einer Obergrenze für p allein, also ohne zusätzliche Informationen, die Hypothese, dass $P_1(y) = P_{11}(y) = Q(y)$ ist, nicht abgelehnt werden. Dies ergibt sich daraus, dass die Grenzen bei Verschmutzung und Korruption allein anhand der identifizierten Verteilungsfunktion $Q(y)$ und der Obergrenze $\lambda$ für p ermittelt wurden und $Q(y)$ somit immer innerhalb des dadurch bestimmten Bereiches liegt.

Welche Grenzen für Wahrscheinlichkeiten ergeben sich nun für die SOEP-Daten? In Abschnitt 3.3.2.2 wurde bereits herausgearbeitet, dass bei Verschmutzung keine Grenzen angegeben werden müssen, da die Verteilung der berichteten Haushaltsnettoeinkommen $P_{11}$ und damit die interessierende Verteilung $P_1$ identifiziert ist, und dass bei Korruption die Verteilung $P_1$ als Mischung der Verteilungen Q und $P_{10}$

$$(3.274) \qquad P_1 = (1-p) \cdot Q + p \cdot P_{10}.$$

resultiert. Dies bedeutet, dass bei der Bestimmung der Grenzen für Wahrscheinlichkeiten die identifizierte Verteilung Q mit $(1-\lambda)$ entsprechend dem Fehleranteil heruntergewichtet wird und für die identifizierte aber latente Verteilung $P_{10}$ bei der Bestimmung

- der Untergrenze $\lambda$ Prozent Werte in Höhe der Obergrenze $K_1$
- der Obergrenze $\lambda$ Prozent Werte in Höhe der Untergrenze $K_0$

hinzugefügt werden. Die Intervallbreite entspricht somit im gesamten, nicht nur im informativen Bereich der Obergrenze $\lambda$ der Fehlerwahrscheinlichkeit p.

---

[118] Vgl. Horowitz/Manski (1995), S. 287.

Dies entspricht den Grenzen für Wahrscheinlichkeiten – dort mit $P(y \in B)$ bezeichnet –, die beispielsweise in Manski (1995) in Zusammenhang mit dem Selektionsproblem dargestellt wurden:[119]

$$
\begin{aligned}
& P(y \in B|z=1) \cdot P(z=1) \\
(3.280) \quad & \leq P(y \in B) \\
& \leq P(y \in B|z=1) \cdot P(z=1) + P(z=0)
\end{aligned}
$$

Somit ergeben sich als Sonderfall bei Korruption die gleichen Grenzen für Wahrscheinlichkeiten wie unter Berücksichtigung des Selektionsproblems, falls, in der Darstellung von Horowitz/Manski (1995), die Verteilung $P_{11}$ identifiziert werden kann. Diese Grenzen für die Verteilungsfunktion der Haushaltsnettoeinkommen sind in Abbildung 3.25 dargestellt.

Abbildung 3.25: Grenzen für die Verteilungsfunktion der Haushaltsnettoeinkommen,

SOEP, Korruption

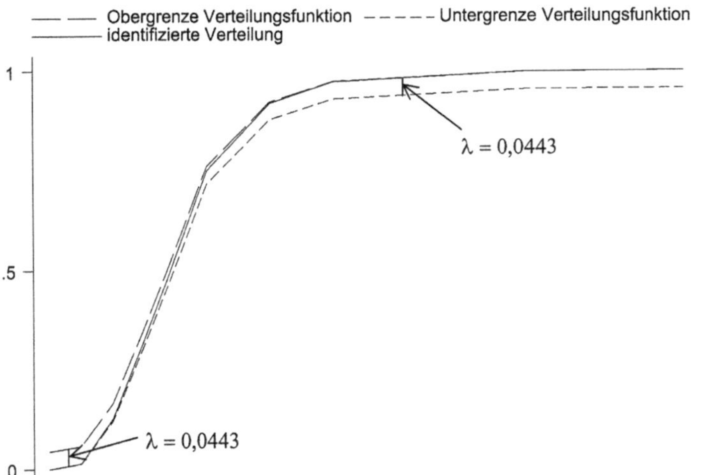


[119] Vgl. auch Manski (1995), S.25.

### 3.3.3.2 Identifikation von D-Parametern

Mit Hilfe der im letzten Abschnitt ermittelten Unter- und Obergrenzen für die Verteilungsfunktion könnte man jetzt beispielsweise Unter- und Obergrenzen für Quantile bzw. die Quantilfunktion einfach durch Inversion dieser Unter- und Obergrenzen bestimmen. Aus der Inversion der Untergrenze (Obergrenze) der Verteilungsfunktion würde man dann die Obergrenze (Untergrenze) der Quantilfunktion erhalten. Entsprechende Inversion ist allerdings bei der Bestimmung von Grenzen für den Erwartungswert nicht möglich. Horowitz/Manski definieren deshalb, um ganz allgemein Grenzen für D-Parameter angeben zu können, zwei Verteilungsfunktionen[120], $L_\lambda$ und $U_\lambda$, in Abhängigkeit einer Obergrenze $\lambda$ für die Fehlerwahrscheinlichkeit p:

(3.281)
$$L_\lambda[-\infty,t] \equiv \begin{cases} Q[-\infty,t]/(1-\lambda) & \text{für } t < r(1-\lambda) \\ 1 & \text{für } t \geq r(1-\lambda) \end{cases}$$

$$U_\lambda[-\infty,t] \equiv \begin{cases} 0 & \text{für } t < r(1-\lambda) \\ (Q[-\infty,t]-\lambda)/(1-\lambda) & \text{für } t \geq r(1-\lambda) \end{cases}$$

Bei Verschmutzung erhält man die scharfen Grenzen der D-Parameter $\tau(\cdot)$ direkt aus den Verteilungen $L_\lambda$ und $U_\lambda$

(3.282) $$\tau(P_{11}) \in [\tau(L_\lambda), \tau(U_\lambda)],$$

während bei Korruption die Untergrenze $K_0$ und die Obergrenze $K_1$ die Intervallbreite explizit beeinflussen

(3.283) $$\tau(P_1) \in [\tau\{(1-\lambda)\cdot L_\lambda + \lambda\cdot K_0\}, \tau\{(1-\lambda)\cdot U_\lambda + \lambda\cdot K_1\}].$$

Damit lassen sich die scharfen Grenzen für den Erwartungswert bei Verschmutzung (3.284) und bei Korruption (3.285) ermitteln.[121]

---

[120] Vgl. Horowitz/Manski (1995), S. 289, zu einer alternativen Bestimmung von Quantilen.

[121] Oder – wie in der Abbildung 3.22 eingezeichnet – als Fläche oberhalb der Grenzen der Verteilungsfunktion, bzw. die Intervallbreite als Fläche zwischen den Grenzen der Verteilungsfunktion.

$$(3.284) \quad E(y_{11}) \in \left[ \int_{-\infty}^{t=r(1-\lambda)} y dL_\lambda \, , \int_{t=r(\lambda)}^{\infty} y dU_\lambda \right]$$

$$(3.285) \quad E(y_1) \in \left[ (1-\lambda) \cdot \int_{-\infty}^{t=r(1-\lambda)} y dL_\lambda + \lambda \cdot K_0 \, , (1-\lambda) \cdot \int_{t=r(\lambda)}^{\infty} y dU_\lambda + \lambda \cdot K_1 \right]$$

Durch die Bestimmung der Grenzen des Erwartungswertes bei Verschmutzung in (3.283) erkennt man direkt, dass aus der Existenz des Erwartungswertes der identifizierten Verteilung Q mit $\int y dQ > -\infty$ $\int y dL_\lambda > -\infty$ und aus $\int y dQ < \infty$ $\int y dU_\lambda < \infty$ folgt, dass die Grenzen des Erwartungswertes endlich sind. Bei Verschmutzung können somit im Gegensatz zu den robusten Verfahren endliche Grenzen für den Erwartungswert angegeben werden. Bei den robusten Verfahren wird die noch unbekannte, nicht realisierte Verteilung Q als Teilmenge

$$(3.286) \quad Q \in \{(1-p) \cdot P_{11} + p \cdot \psi : \psi \in \Psi, p \leq \lambda\}$$

aller möglichen Verteilungen angesehen, die von der Menge der Verteilungen $\Psi$ abhängt, über die weder bei Verschmutzung noch bei Korruption a-priori-Informationen vorliegen. Ohne solche a-priori-Informationen ist die Menge der Verteilungen $\Psi$ und somit auch der Erwartungswert der unbekannten, noch nicht realisierten Verteilung Q nicht beschränkbar.

Die Grenzen für Quantile ergeben sich dann bei Verschmutzung (3.287) und bei Korruption (3.288) aus der entsprechenden Inversion der definierten Verteilungsfunktionen $L_\lambda$ und $U_\lambda$:

$$(3.287) \quad q_{11}(\alpha) \in [r\{\alpha(1-\lambda)\}, r\{\alpha(1-\lambda)+\lambda\}]$$

$$(3.288) \quad q_1(\alpha) \in [r(\alpha-\lambda), r(\alpha+\lambda)]$$

Für die CPS-Daten des U.S. Bureau und die SOEP-Daten des Deutschen Instituts für Wirtschaftsforschung ergeben sich damit die in Tabelle 3.27 zusammengefassten Kenngrößen und Intervalle. Die Abbildungen 3.26-3.28 zeigen die Quantilfunktionen bei Verschmutzung und Korruption für die CPS- und bei Korruption für die SOEP-Daten.

Abbildung 3.26: Grenzen für Quantile des jährlichen Haushaltsnettoeinkommens bei Verschmutzung, CPS

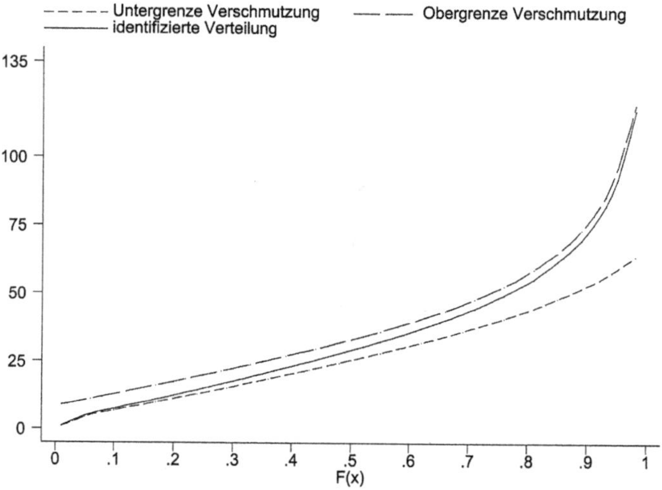


Abbildung 3.27: Grenzen für Quantile des jährlichen Haushaltsnettoeinkommen bei Korruption, CPS

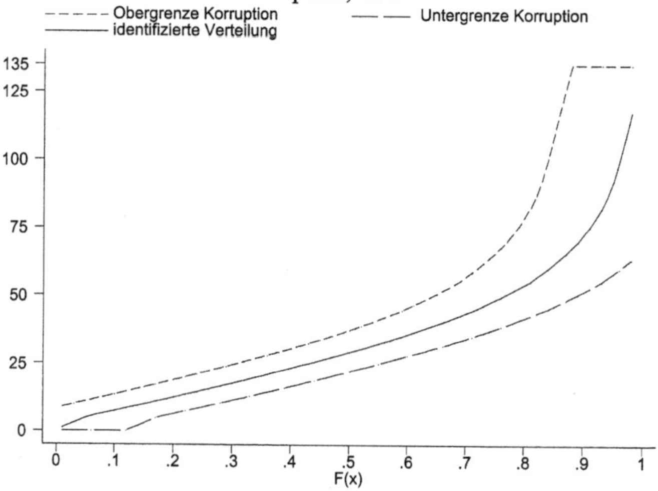

Tabelle 3.27: Kenngrößen und Intervalle, Haushaltsnettoeinkommen

| | CPS | | SOEP | |
|---|---|---|---|---|
| | Verschmutzung | Korruption | Verschmutzung | Korruption |
| Erwartungs-wert(1) | 35,495 | | 4,160 (3,961) | |
| | [27,665 ; 39,716] | [24,318 ; 51,246] | 4,160 | [3,974 ; 4,861] |
| Median(2) | [0,431 ; 0,568] | [0,379 ; 0,621] | 0,50 | [0,4776 ; 0,5223] |
| | 29,1 | | 3,822 (3,600) | |
| | [25,45 ; 33] | [21,96 ; 37,27] | 3,822 | [3,713 ; 3,932] |
| 10%-Quantil(2) | [0 ; 0,113] | [0 ; 0,221] | 0,10 | [0,0955 ; 0,14] |
| | 7,29 | | 1,756 (1,800) | |
| | [6,7 ; 12,73] | [0 ; 13,35] | 1,756 | [1,389 ; 1,797] |
| 25%-Quantil(2) | [0,146 ; 0,285] | [0,129 ; 0,371] | 0,25 | [0,2387 ; 0,2833] |
| | 14,85 | | 2,615 (2,500) | |
| | [13,29 ; 19,77] | [8,69 ; 21,5] | 2,615 | [2,441 ; 2,674] |
| 75%-Quantil(2) | [0,715 ; 0,853] | [0,629 ; 0,871] | 0,75 | [0,7167 ; 0,7612] |
| | 48,44 | | 5,016 (5,000) | |
| | [40.19 ; 51,77] | [37,88 ; 65,65] | 5,016 | [4,952 ; 5,425] |
| 90%-Quantil(2) | [0,886 ; 1] | [0,779 ; 1] | 0,9 | [0,8601 ; 0,9045] |
| | 72,5 | | 6,780 (6,500) | |
| | [53,04 ; 76,03] | [51,63 ; 135] | 6,780 | [6,727 ; 7,861] |

(in runden Klammern stehen die aus dem SOEP-Datensatz ermittelten Kenngrößen, Einkommen jeweils in 1000 $ bzw. 1000 DM angegeben)
(1): 1. Zeile: Erwartungswert, 2. Zeile: Grenzen für den Erwartungswert (2): 1. Zeile: Grenzen für die Wahrscheinlichkeit, 2. Zeile: Quantil, 3. Zeile: Grenzen für das Quantil

Abbildung 3.28: Grenzen der Quantile des Haushaltsnettoeinkommens bei Korruption, SOEP

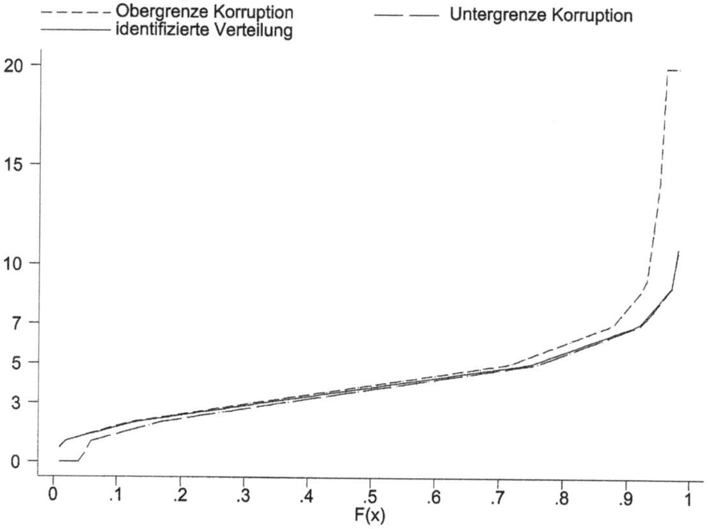


### 3.3.4 Identifikationsanalyse im Vergleich mit robusten Verfahren

Man kann sich nun fragen, warum man – von dem Problem der Beschränkbarkeit des Erartungswertes einmal abgesehen – auf die Punktschätzung von D-Parametern mit Hilfe robuster Verfahren verzichten und stattdessen versuchen soll, mit Hilfe der Identifikationsanalyse lediglich Punktschätzungen für Grenzen der D-Parameter anzugeben. Zudem ist es bislang nicht möglich, Varianzformeln für diese Punktschätzungen der Grenzen anzugeben. In Abschnitt 3.3.5 werden in Anlehnung an Manski/Pepper (2000) unter Verwendung des Bootstrap-Verfahrens Konfidenzintervalle angegeben.

Bevor das Hauptargument von Horowitz/Manski (1995) dargelegt wird, soll ein kurzer systematischer Vergleich der prinzipiellen Vorgehensweisen der Identifikationsanalyse und der robusten Verfahren erfolgen.

Ausgangspunkt ist die allgemeine Darstellung des Identifikationsproblems bei Verschmutzung und Korruption in Abschnitt 3.3.1.2 durch die Beziehungen (3.269) und (3.270).

Übersicht 3.7: Vergleich der Identifikationsanalyse mit robusten Verfahren

| (3.269) $P_1 = (1-p) \cdot P_{11} + p \cdot P_{10}$<br>(3.270) $Q = (1-p) \cdot P_{11} + p \cdot P_{00}$<br>Identifikationsanalyse | Robuste Verfahren |
|---|---|
| Q ist identifiziert | Q ist unbekannt |
| $\tau(P_1)$ ist unbekannt | $\tau(Q)$ wird konsistent geschätzt |
| Ex-post Ermittlung von scharfen Grenzen für $\tau(P_1)$ durch Variation von $P_1$ in den durch (3.269) und (3.270) gesetzten Grenzen. | Ex-ante Begrenzung von $\tau(Q)-\tau(P_1)$ durch Variation von Q in den durch begrenzte Einflussfunktionen gesetzten Grenzen. |
| Grenzen für $\tau(P_1)$ sind identifiziert. Differenz der Ober- und Untergrenze stellt eine Art "Gross Errror Sensitivity" dar.[122] | $\tau(P_1)$ kann nicht identifiziert werden, somit ist $\lvert\tau(Q)-\tau(P_1)\rvert$ ohne Schätzung von $\lambda$ nicht identifizierbar |
| Fokus auf ex-post Inferenz | Fokus auf ex-ante Inferenz |

Als weiteren Nachteil der Identifikationsanalyse könnte man ansehen, dass bei der konsistenten Schätzung von $\tau(Q)$ eine Schätzung der Obergrenze für die Fehlerwahrscheinlichkeit p nicht nötig ist, die Identifikationsanalyse also auch noch eine zusätzliche Größe voraussetzt. Dagegen ist aber einzuwenden, dass ohne eine solche Obergrenze die asymptotische Verzerrung $\lvert\tau(Q)-\tau(P_1)\rvert$ des konsistenten Schätzers weder angegeben werden noch eine Garantie dafür gegeben werden kann, dass dieser Fehler endlich ist. Horowitz/Manski (1995) ziehen daraus das Fazit:

> "The usefulness of a point estimator with unknown and, possibly, unbounded asymptotic bias is not obvious. Moreover, given an upper bound on p, estimation of $\tau(Q)$ yields no information on $\tau(P_1)$ beyond that contained in our tight bounds"[123]

Als weiteren Vorteil für die Identifikationsanalyse nennen Horowitz/Manski (1995)[124], dass:

---

122 Vgl. Horowitz/Manski (1995), S. 294.

123 Horowitz/Manski (1995), S. 283.

124 Horowitz/Manski (1995), S. 283.

> " ... some outcomes that are possible ex ante can be ruled out ex post, after the data have been collected. Identification analysis characterizes the inference that can be made given the knowledge of the empirical distribution of the data."

Sie schließen daraus, dass in diesem Sinne die prinzipielle Vorgehensweise der robusten Verfahren in vielen Fällen konservativer als nötig ist.

### 3.3.5 Bootstrap-Konfidenzintervalle

Wie in Abschnitt 3.3.4 schon angedeutet, wurden bislang keine Varianzschätzer für die Unter- und Obergrenzen von D-Parametern entwickelt und nur indirekt in einer Anwendung bei Manski/Pepper (2000) Bootstrap-Schätzer für einen ähnlichen Zweck verwendet. Deshalb wurden im Folgenden, um erste Eindrücke über die Streuung der Grenzen zu erhalten, Bootstrap-Konfidenzintervalle für die Grenzen der Quantilfunktionen der verwendeten CPS- und SOEP-Daten bestimmt. Es wurden jeweils 1000 Stichproben mit Zurücklegen gezogen und aus diesen Stichproben ein symmetrisches 95 %-Intervall ermittelt. Die Abbildungen 3.29 und 3.30 zeigen, dass die Konfidenzintervalle der Unter- und der Obergrenze im Verhältnis zu der Intervallbreite Obergrenze-Untergrenze sowohl bei Verschmutzung als auch bei Korruption fast vernachlässigbar gering ausfallen. Dabei wurden die Konfidenzintervalle der Unter- und Obergrenze für das 10%-, 20%-, 25%-, 30%-, 40%-, 50%-, 60%-, 70%-, 75%-, 80%- und 90%-Quantil berechnet. Tabelle 3.28 fasst die Ergebnisse zusammen.

Tabelle 3.28: Kenngrößen der Bootstrap-Konfidenzintervalle(1)

| Konfidenz-intervall | Durch-schnittliche Intervallbreite | Minimale Intervallbreite | Maximale Intervallbreite | Durchschnittliche Differenz Obergrenze-Untergrenze |
|---|---|---|---|---|
| Verschmutzung Untergrenze | 1,34302 | 0,68505 | 1,64512 | 11,28308 |
| Verschmutzung Obergrenze | 1,47386 | 1,10508 | 1,92514 | |
| Korruption Untergrenze | 1,24237 | 0,60004 | 1,66513 | 26,38032 |
| Korruption Obergrenze | 1,56602 | 1,06007 | 2,30516 | |

(1)Angaben in 1000 $ bzw. 1000 DM

Abbildung 3.29: Konfidenzintervalle der Ober- und Untergrenzen der Quantilfunktion des Haushaltsnettoeinkommens bei Verschmutzung, CPS

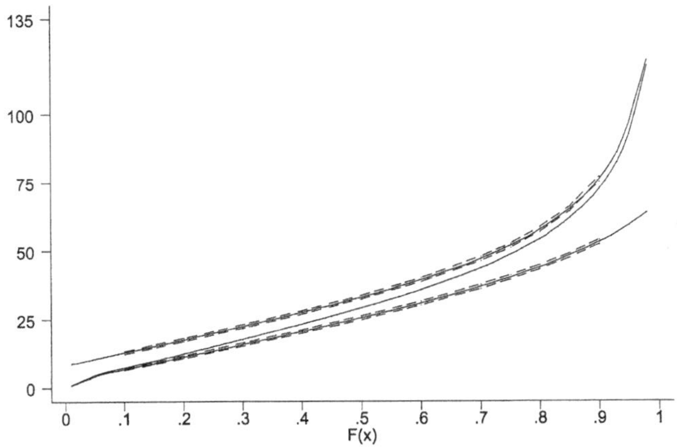


Abbildung 3.30: Konfidenzintervalle der Ober- und Untergrenzen der Quantilfunktion des Haushaltsnettoeinkommens bei Korruption, CPS

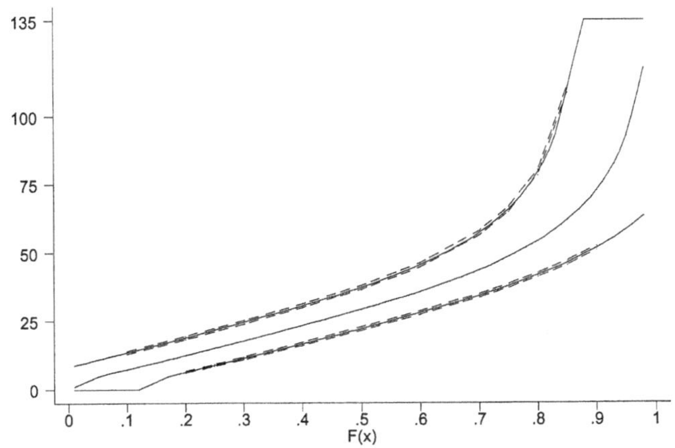

Dieses Ergebnis bestätigt sich erwartungsgemäß für den SOEP-Datensatz, da die Verschmutzung dort mit 4,43 % nur knapp 1/3 der Verschmutzung des CPS-Datensatzes ausmacht. Auf eine zahlenmäßige Darstellung der Grenzen wird angesichts der minimalen Intervallbreiten (im einstelligen DM-Bereich) verzichtet.

Abbildung 3.31: Konfidenzintervalle der Ober- und Untergrenzen der Quantilfunktion des Haushaltsnettoeinkommens bei Korruption, SOEP

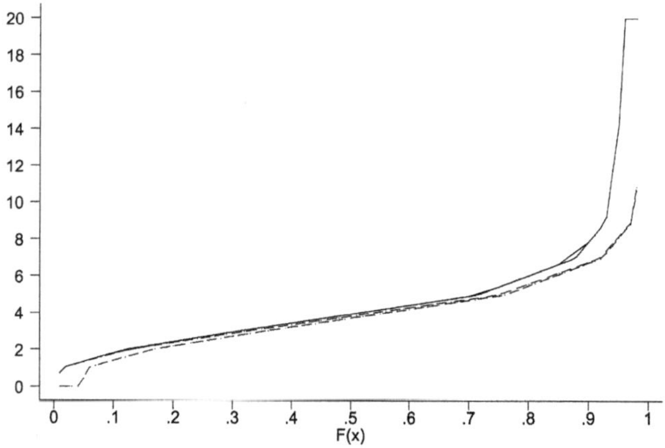


### 3.3.6 Identifikation von D-Treatmenteffekten

Die Konsequenzen, die sich bei der Berücksichtigung von Datenfehlern zur Schätzung von Grenzen für D-Treatmenteffekte ergeben, sollen mit Hilfe der SOEP-Daten[125] am Fall des Worst-Case-Szenarios aus Abschnitt 3.2.2 demonstriert werden. Wie schon in Abschnitt 3.3.3.1 erhält man – auf anderem Weg – Resultate aus der Analyse zensierter Stichproben.

[125] Die CPS-Daten können hier nicht verwendet werden, da die zur Schätzung von D-Treatmenteffekten nötigen Informationen über eine Treatmentvariable nicht gegeben sind.

Ohne Berücksichtigung der Antwortverweigerer gelten die scharfen Grenzen für den Erwartungswert aus Abschnitt 2.2

$$(3.289)\qquad \begin{array}{l} K_0 \cdot P(z \neq t|w) + E(y|w, z = t) \cdot P(z = t|w) \\ \leq \qquad E[y(t)|w] \\ \leq K_1 \cdot P(z \neq t|w) + E(y|w, z = t) \cdot P(z = t|w) \end{array} .$$

Berücksichtigt man nun, dass 4,43 % der in der Stichprobe befindlichen Haushalte aufgrund Antwortverweigerung keine Angaben zum Haushaltseinkommen gemacht haben, werden bei der Bestimmung der Untergrenze (Obergrenze) des Erwartungswertes die $\lambda$ Prozent fehlenden Daten mit $K_0$ ($K_1$) zu dem Anteil der Personen mit $z \neq t$ hinzugenommen und analog zu Abschnitt 3.3.1 die Anteile der Personen mit $z = t$ und $z \neq t$ entsprechend dem Anteil an fehlerhaften Daten $\lambda$ gewichtet.

$$(3.290)\qquad \begin{array}{l} K_0 \cdot [P(z \neq t|w) \cdot (1-\lambda) + \lambda] + E(y|w, z = t) \cdot [P(z = t|w) \cdot (1-\lambda)] \\ \leq \qquad E[y(t)|w] \\ \leq K_1 \cdot [P(z \neq t|w) \cdot (1-\lambda) + \lambda] + E(y|w, z = t) \cdot [P(z = t|w) \cdot (1-\lambda)] \end{array}$$

Daraus folgt für die Unter- und Obergrenze des durchschnittlichen Treatmenteffekts, die sich dann wie in Abschnitt 3.2.2 als Differenz der Untergrenze des Erwartungswertes bei $t_2$ und der Obergrenze bei $t_1$ bzw. der Differenz zwischen der Obergrenze des Erwartungswertes bei $t_2$ und der Untergrenze bei $t_1$ ergeben:

$$(3.291)\qquad \begin{array}{l} E(y|w, z = t_2) \cdot [P(z = t_2|w) \cdot (1-\lambda)] + K_0 \cdot [P(z \neq t_2|w) \cdot (1-\lambda) + \lambda] \\ - E(y|w, z = t_1) \cdot [P(z = t_1|w) \cdot (1-\lambda)] - K_1 \cdot [P(z \neq t_1|w) \cdot (1-\lambda) + \lambda] \\ \leq E[y(t_2)|w] - E[y(t_1)|w] \leq \\ E(y|w, z = t_2) \cdot [P(z = t_2|w) \cdot (1-\lambda)] + K_1 \cdot [P(z \neq t_2|w) \cdot (1-\lambda) + \lambda] \\ - E(y|w, z = t_1) \cdot [P(z = t_1|w) \cdot (1-\lambda)] - K_0 \cdot [P(z \neq t_1|w) \cdot (1-\lambda) + \lambda] \end{array} .$$

Der maximale Unterschied zwischen Ober- und Untergrenze des ATE beträgt dann

$$(3.292)\qquad (K_1 - K_0) \cdot [(1-\lambda) \cdot \{ P(z \neq t_2|w) + P(z \neq t_1|w) \} + 2 \cdot \lambda] ,$$

und ist im Vergleich zu dem maximalen Unterschied aus Abschnitt 3.2.2, ohne Berücksichtigung von Fehlern um den Ausdruck in (3.294) größer geworden.

$$(3.293)\quad (K_1 - K_0)\cdot\left[P(z \neq t_2|w) + P(z \neq t_1|w)\right],$$

$$(3.294)\quad (K_1 - K_0)\cdot\left[(1-\lambda)\cdot\{P(z \neq t_2|w) + P(z \neq t_1|w)\} + 2\cdot\lambda\right]$$

Absolute Obergrenze des Unterschieds bleibt wie in Abschnitt 3.2.2 $2\cdot(K_1 - K_0)$. Während diese Obergrenze nur für den Fall, dass $P(z \neq t_2|w) + P(z \neq t_1|w) = 2$, d.h. für $P(z = t_2|w), P(z = t_1|w) \to 0$ erreicht werden konnte, ergibt sich diese Obergrenze nun offensichtlich auch für einen Fehleranteil von 100 Prozent, $\lambda = 1$. Für einen fehlerfreien Datensatz, mit $\lambda = 0$, erhält man als Spezialfall wieder den maximalen Unterschied in (3.293).

Es bleibt abschließend anzumerken, dass es im Rahmen der bisher entwickelten Identifikationsanalyse, ohne weitere Annahmen zu treffen, bei der Bestimmung von Grenzen für D-Parameter keine Rolle spielt, ob für die 4,43 % Antwortverweigerer Informationen über die Treatmentvariable vorhanden sind oder nicht. Zerlegt man den Anteil der Antwortverweigerer $\lambda$ in einen Anteil an Antwortverweigerer, die den Wert t realisiert haben ($\lambda_{z=t}$), und den Anteil derjenigen, die nicht t realisiert haben ($\lambda_{z\neq t}$), so gilt wegen $\lambda = \lambda_{z=t} + \lambda_{z\neq t}$ beispielsweise für die Untergrenze

$$(3.295)\quad \begin{aligned} & K_0\cdot\left[P(z\neq t)\cdot(1-\lambda)+\lambda\right]+\left[E(y|z=t)\cdot P(z=t)\cdot(1-\lambda)\right] \\ &= K_0\cdot\left[P(z\neq t)\cdot(1-\lambda)+(\lambda_{z\neq t}+\lambda_{z=t})\right]+\left[E(y|z=t)\cdot P(z=t)\cdot(1-\lambda)\right] \\ &= K_0\cdot\left[P(z\neq t)\cdot(1-\lambda)+\lambda_{z\neq t}\right]+\left[E(y|z=t)\cdot P(z=t)\cdot(1-\lambda)+\lambda_{z=t}\cdot K_0\right] \end{aligned}$$

Die Berücksichtigung von Datenfehlern erfolgt für die anderen Annahmen aus Abschnitt 3.2 auf entsprechende Art und Weise und wird deshalb hier nicht weiter dargestellt.

## 3.4 Nichtparametrische Schätzung der Lohndiskriminierung

### 3.4.1 Problemstellung

Ein weit verbreiteter Ansatz zur Analyse des Lohnunterschiedes zwischen zwei Gruppen geht auf die Arbeiten von Oaxaca und Blinder in den 70er Jahren zurück. Sie schlugen vor für beide Gruppen, im Folgenden beispielhaft Männer (m) und Frauen (w), separate Lohnfunktionen (1) und (2) zu schätzen und dabei die Eigenschaft der OLS-Regression zu verwenden, dass die Regressionsgerade durch den Schwerpunkt geht:

$$(1)\ \bar{x}_m = \hat{\bar{x}}_m = \beta_0^m + \beta_1^m \cdot \bar{s}_m$$
$$(2)\ \bar{x}_w = \hat{\bar{x}}_w = \beta_0^w + \beta_1^w \cdot \bar{s}_w$$

Zieht man nun die zweite Gleichung von der ersten ab und ergänzt in (a) Null in Form von $\pm\beta_1^m \cdot \bar{s}_w$, der durchschnittlichen Ausbildung der Frauen, $\bar{s}_w$, bewertet mit der Ertragsrate der Männer, $\beta_1^m$, und in (b) in Form von $\pm\beta_1^w \cdot \bar{s}_m$, der durchschnittlichen Ausbildung der Männer, $\bar{s}_m$, bewertet mit der Ertragsrate der Frauen, $\beta_1^w$, so erhält man zwei verschiedene Varianten (a) und (b), mit denen man die Differenz der Durchschnittlöhne zerlegen kann:[126]

$$(a)\ \bar{x}_m - \bar{x}_w = \underbrace{\left(\beta_0^m - \beta_0^w\right) + \bar{s}_w \cdot \left(\beta_1^m - \beta_1^w\right)}_{\text{Diskriminierung}} + \underbrace{\beta_1^m \cdot \left(\bar{s}_m - \bar{s}_w\right)}_{\text{Ausstattungs-unterschiede}}$$

$$(b)\ \bar{x}_m - \bar{x}_w = \underbrace{\left(\beta_0^m - \beta_0^w\right) + \bar{s}_m \cdot \left(\beta_1^m - \beta_1^w\right)}_{\text{Diskriminierung}} + \underbrace{\beta_1^w \cdot \left(\bar{s}_m - \bar{s}_w\right)}_{\text{Ausstattungs-unterschiede}}$$

Das Prinzip dieser beiden Zerlegungen besteht darin, die Differenz zwischen den durchschnittlichen Löhnen der Männer ($\bar{x}_m$) und den durchschnittlichen Löhnen der Frauen ($\bar{x}_w$) in einen Teil zu zerlegen, der die Differenz der durchschnittlichen Ausbildungsunterschiede $\left(\bar{s}_m - \bar{s}_w\right)$, und einen anderen Teil, der die Differenz der Bildungsertragsraten $\left(\beta_1^m - \beta_1^w\right)$ beinhaltet. Letzterer wird üblicherweise als Diskriminierung auf dem Arbeitsmarkt interpretiert.

---

[126] siehe Kapitel 4 zu alternativen Zerlegungen.

Diese beiden Teile werden je nach Nullergänzung – siehe (a) und (b) – entweder mit den entsprechenden geschätzten Parametern, durchschnittliche Ausbildung bzw. Bildungsertragsrate, der Männer oder der Frauen gewichtet.[127]

Im Folgenden soll nun versucht werden, diese Analyse auf der Grundlage der nichtparametrischen Schätzung von Erwartungswerten und Bildungsertragsraten der bisher vorgestellten Annahmen durchzuführen. Wie sich zeigen wird, ergeben sich sowohl sehr ähnliche Darstellungsformen als auch prinzipielle Unterschiede. Beispielsweise entfällt das Problem der Wahl der Referenzstruktur.

### 3.4.2 Messung der Diskriminierung auf der Basis exogener Treatmentselektion (ETS)

Mit der Annahme von ETS aus Abschnitt 3.1.3.1 ergab sich als Bildungsertragsrate der i-ten Gruppe bezogen auf $t_1$ bzw. $t_2$ Jahre Schulbildung, nun in Analogie zu den Regressionsmodellen mit $\beta$ bezeichnet:

$$(3.296)\quad \beta^{i,ETS}_{t_1,t_2} = E^{ETS}_{i,t_2} - E^{ETS}_{i,t_1} \ .$$

Umgeschrieben erhält man den Erwartungswert der i-ten Gruppe bei $t_2$ Jahren Schulbildung als

$$(3.297)\quad E^{ETS}_{i,t_2} = E^{ETS}_{i,t_1} + \beta^{i,ETS}_{t_1,t_2} \ .$$

Verwendet man nun als Gruppen wieder Männer (m) und Frauen (w), kann die Differenz des Erwartungswertes der Löhne von Männern und der Frauen bei $t_2$ Jahren Schulbildung mit Hilfe eines beliebigen Basiswertes von $t_1$ Jahren Schulbildung und der zugehörigen Bildungsertragsrate $\beta^{i}_{t_1}$ dargestellt werden als:

$$(3.298)\quad E^{ETS}_{m,t_2} - E^{ETS}_{w,t_2} = \underbrace{\left(E^{ETS}_{m,t_1} - E^{ETS}_{f,t_1}\right)}_{(1)} + \underbrace{\left(\beta^{m,ETS}_{t_1,t_2} - \beta^{w,ETS}_{t_1,t_2}\right)}_{(2)} \ .$$

---

[127] siehe auch Kapitel 4 zum Problem der Wahl der Zerlegung.

Die Teile (1) und (2) auf der rechten Seite lassen sich entsprechend dem Ansatz von Oaxaca/Blinder interpretieren. Teil (1) hängt nicht von den Bildungsertragsraten der Männer bzw. Frauen in Bezug auf $t_1$ und $t_2$ Jahre Schulbildung ab und lässt sich damit entsprechend der Differenz der Absolutglieder interpretieren:

$$(3.299) \quad \left(E_{m,t_1}^{ETS} - E_{w,t_1}^{ETS}\right) \hat{=} \left(\beta_0^m - \beta_0^w\right) .$$

Teil (2) in (3.298) lässt sich nun analog zur Differenz der Bildungsertragsraten, die auch als Preise auf dem Arbeitsmarkt interpretiert werden, beim Oaxaca/Blinder-Ansatz deuten:

$$(3.300) \quad \left(\beta_{t_1,t_2}^{m,ETS} - \beta_{t_1,t_2}^{w,ETS}\right) \hat{=} \left(\beta_1^m - \beta_1^w\right) .$$

Der Term der Ausstattungsunterschiede in (a) und (b), $\beta_1^i \cdot (\bar{s}_m - \bar{s}_w)$, fällt nun ganz im Sinne der Betrachtung von Treatmenteffekten weg, da hier die Ausstattungsunterschiede $(\bar{s}_m - \bar{s}_w)$ dadurch beseitigt werden, dass überlegt wird, was der Durchschnittslohn der i-ten Gruppe wäre, wenn alle Personen der i-ten Gruppe dieselbe Anzahl an Schuljahren aufweisen würden. Insoweit beruht die hier betrachtete Zerlegung auf der Grundlage der Annahme von ETS auf einer alternativen Bereinigung der Ausstattungsunterschiede, die dazu führt, dass die gesamte Differenz der Erwartungswerte zwischen Männern und Frauen bei $t_2$ Bildungsjahren als Diskriminierung interpretiert werden muss. Die Differenz zwischen den Erwartungswerten bei $t_2$ Bildungsjahren lässt sich im Fall der Annahme von ETS dann zu einer beliebigen Basis von $t_1$ Bildungsjahren, $t_1 < t_2$, schreiben als (3.301).

Demnach ergibt sich die Diskriminierung bei $t_2$ Bildungsjahren durch Kumulierung aller Preisdifferenzen, beginnend bei $t_1$ Bildungsjahren, wobei $\left(\beta_{r,r+1}^{m,ETS} - \beta_{r,r+1}^{w,ETS}\right)$ positiv oder negativ sein kann, je nachdem ob Männer oder Frauen höhere entsprechende Bildungsertragsraten aufweisen.

Da die Ausstattungsunterschiede durch die Annahme von ETS quasi eliminiert wurden, kann in (a) bzw. (b) $\bar{s}_w = \bar{s}_m$ gesetzt werden und die Preisunterschiede $\left(\beta_1^m - \beta_1^w\right)$ müssen nicht gewichtet werden.

(a') $\overline{x}_m - \overline{x}_w = \left(\beta_0^m - \beta_0^w\right) + \overline{s}_w \cdot \left(\beta_1^m - \beta_1^w\right) + \beta_1^m \cdot \left(\overline{s}_m - \overline{s}_w\right) = \left(\beta_0^m - \beta_0^w\right) + \overline{s} \cdot \left(\beta_1^m - \beta_1^w\right)$

(b') $\overline{x}_m - \overline{x}_w = \left(\beta_0^m - \beta_0^w\right) + \overline{s}_m \cdot \left(\beta_1^m - \beta_1^w\right) + \beta_1^w \cdot \left(\overline{s}_m - \overline{s}_w\right) = \left(\beta_0^m - \beta_0^w\right) + \overline{s} \cdot \left(\beta_1^m - \beta_1^w\right)$

$$\begin{aligned} E_{m,t_2}^{ETS} - E_{w,t_2}^{ETS} &= \left(E_{m,t_1}^{ETS} - E_{w,t_1}^{ETS}\right) + \left(\beta_{t_1,t_2}^{m,ETS} - \beta_{t_1,t_2}^{w,ETS}\right) \\ &= \left(E_{m,t_1}^{ETS} - E_{w,t_1}^{ETS}\right) + \left(\beta_{t_2-1,t_2}^{m,ETS} - \beta_{t_2-1,t_2}^{w,ETS}\right) \\ &\quad + \left(\beta_{t_2-2,t_2-1}^{m,ETS} - \beta_{t_2-2,t_2-1}^{w,ETS}\right) \\ &\quad + \ldots \\ &\quad + \left(\beta_{t_1,t_1+1}^{m,ETS} - \beta_{t_1,t_1+1}^{w,ETS}\right) \\ &= \left(E_{m,t_1}^{ETS} - E_{w,t_1}^{ETS}\right) + \sum_{r=t_1}^{t_{max}-1} \left(\beta_{r,r+1}^{m,ETS} - \beta_{r,r+1}^{w,ETS}\right) \end{aligned} \tag{3.301}$$

Die Verwendung der beiden Referenzgruppen führt nun logischerweise zu der gleichen Zerlegung. Der einzige Unterschied, der dann noch im Vergleich zu (3.298) übrig bleibt, besteht in dem Faktor $\overline{s} = \overline{s}_m = \overline{s}_w$, der als Normierungsfaktor interpretiert werden kann.

Auch die nichtparametrische Zerlegung auf der Grundlage von ETS kann umgeschrieben werden, um einen solchen Normierungsfaktor zu erhalten. Berechnet man, jeweils für Männer und Frauen, die durchschnittliche jährliche Bildungsertragsrate $\overline{\beta}_{t_1,t_2}^{i,ETS}$ als $\overline{\beta}_{t_1,t_2}^{i,ETS} = \frac{\beta_{t_1,t_2}^{i,ETS}}{t_2 - t_1}$ und verwendet diese in der Zerlegung, so erhält man:

$$E_{t_2}^{m,ETS} - E_{t_2}^{w,ETS} = \left(E_{t_1}^{m,ETS} - E_{t_1}^{w,ETS}\right) + \left(t_2 - t_1\right) \cdot \left(\overline{\beta}_{t_1,t_2}^{m,ETS} - \overline{\beta}_{t_1,t_2}^{w,ETS}\right) \; . \tag{3.302}$$

Im Gegensatz zu der traditionellen Zerlegung erhält man hier je nach Wahl von $t_2$ und $t_1$ einen anderen Wert für die Normierung. Setzt man jedoch wie bei der Annahme von CMTR $t_1 = 0$, ergibt sich nochmals eine Vereinfachung

$$E_{t_2}^{m,ETS} - E_{t_2}^{w,ETS} = \left(E_0^{m,ETS} - E_0^{w,ETS}\right) + t_2 \cdot \left(\overline{\beta}_{0,t_2}^{m,ETS} - \overline{\beta}_{0,t_2}^{w,ETS}\right) \; , \tag{3.303}$$

so dass dann $t_2$ als $\bar{s}$ und der erste Ausdruck entsprechend der Differenz der Absolutglieder einer Regression gedeutet werden kann.

Das Problem der Wahl der Referenzgruppe gemäß der Zerlegung nach Oaxaca/Blinder besteht somit nicht mehr. Dadurch, dass zur Messung der Diskriminierung nun jedoch immer die Basisgröße $\left(E_{t_{min}}^{m,ETS} - E_{t_{min}}^{w,ETS}\right)$ variiert werden kann bzw. nicht exogen vorgegeben ist, besteht allerdings insofern ein Wahlproblem, als bei n verschiedenen Bildungsjahren $n \cdot (n-1)/2$ verschiedene Zerlegungen untersucht werden können und man sich aus Praktikabilitätsgründen auf die jeweils wichtigsten beschränken muss.

### 3.4.3 Messung der Diskriminierung auf der Basis alternativer Annahmen

Bei der Verwendung der Annahmen aus den Abschnitten 3.2-3.6 zur nichtparametrischen Messung der Diskriminierung, ergeben sich keine prinzipiellen Unterschiede gegenüber der Zerlegung auf der Basis der Annahme von ETS. Es muss lediglich bei der Darstellung beachtet werden, dass Ober- und Untergrenzen von Erwartungswerten bzw. Bildungsertragsraten verwendet werden.

Die Obergrenze (O) der Bildungsertragsrate der i-ten Gruppe bei Annahme V ergibt sich als Differenz der Obergrenze des Erwartungswertes der i-ten Gruppe bei $t_2$ Bildungsjahren und der Untergrenze (U) des Erwartungswertes bei $t_1$ Bildungsjahren:

$$(3.304) \quad \beta_{t_1,t_2}^{i,O,V} = E_{t_2}^{i,O,V} - E_{t_1}^{i,U,V} \; .$$

Damit ergibt die Differenz der Obergrenzen der Bildungsertragsraten der beiden Gruppen

$$(3.305) \quad \beta_{t_1,t_2}^{m,O,V} - \beta_{t_1,t_2}^{w,O,V} = \left(E_{m,t_2}^{O,V} - E_{w,t_2}^{O,V}\right) - \left(E_{m,t_1}^{U,V} - E_{w,t_1}^{U,V}\right) \; ,$$

und die Differenz der Obergrenzen der Erwartungswerte beider Gruppen bei $t_2$ Bildungsjahren kann geschrieben werden als:

$$(3.306) \quad E_{m,t_2}^{O,V} - E_{w,t_2}^{O,V} = \left(E_{m,t_1}^{U,V} - E_{w,t_1}^{U,V}\right) + \left(\beta_{t_1,t_2}^{m,O,V} - \beta_{t_1,t_2}^{w,O,V}\right) \; .$$

Auch hier ergeben sich weitere Darstellungsformen durch Variation der „Basisgröße" $\left(E_{m,t_1}^{U,V} - E_{w,t_1}^{U,V}\right)$. Diese kann beispielsweise ersetzt werden durch:

$$(3.307)\quad \left(\beta_{t_0,t_1}^{m,U,V} - \beta_{t_0,t_1}^{w,U,V}\right) = \left(E_{m,t_1}^{U,V} - E_{w,t_1}^{U,V}\right) - \left(E_{m,t_0}^{O,V} - E_{w,t_0}^{O,V}\right) ,$$

um zu einer Darstellung bezüglich einer Basisdifferenz der Obergrenzen zu gelangen:

$$(3.308)\quad E_{m,t_2}^{O,V} - E_{w,t_2}^{O,V} = \left(E_{m,t_0}^{O,V} - E_{w,t_0}^{O,V}\right) + \left(\beta_{t_0,t_1}^{m,U,V} - \beta_{t_0,t_1}^{w,U,V}\right) + \left(\beta_{t_1,t_2}^{m,O,V} - \beta_{t_1,t_2}^{w,O,V}\right) .$$

Bei der Interpretation der Differenz $\left(\beta_{t_0,t_1}^{m,U,V} - \beta_{t_0,t_1}^{w,U,V}\right)$ auf der rechten Seite muss beachtet werden, dass es sich bei den beiden Größen nur dann um Untergrenzen der Bildungsertragsraten handelt, wenn der jeweilige Wert der durch die Annahme V vorgegebenen Untergrenze nicht widerspricht.

Allgemein lässt sich dann die Differenz der Obergrenzen der Erwartungswerte zur Basis $t_u$ formulieren:

$$(3.309)\quad \begin{aligned} E_{m,t_u+2\cdot w}^{O,MTR} - E_{w,t_u+2\cdot w}^{O,MTR} &= \left(E_{m,t_u}^{O,V} - E_{w,t_u}^{O,V}\right) \\ &+ \sum_{i=0}^{w} \left[ \begin{aligned} &\left(\beta_{t_u+2\cdot i,t_u+2\cdot i+1}^{U,V,m} - \beta_{t_u+2\cdot i,t_u+2\cdot i+1}^{U,V,w}\right) \\ &+ \left(\beta_{t_u+2\cdot i+1,t_u+2\cdot i+2}^{O,V,m} - \beta_{t_u+2\cdot i+1,t_u+2\cdot i+2}^{O,V,w}\right) \end{aligned} \right] . \end{aligned}$$

Auch eine Darstellung ohne Differenz der Untergrenzen der Bildungsertragsraten ist durch entsprechende Nullergänzung von

$$\pm\left(\beta_{t_u,t_u+i}^{m,O,V} - \beta_{t_u,t_u+i}^{w,O,V}\right)$$

auf der rechten Seite der allgemeinen Form von (3.292) möglich:

$$(3.310)\quad E_{m,t_o}^{O,V} - E_{w,t_o}^{O,V} = \left(E_{m,t_u}^{U,V} - E_{w,t_u}^{U,V}\right) + \left(\beta_{t_u,t_o}^{m,O,V} - \beta_{t_u,t_o}^{w,O,V}\right)$$

$$(3.311)\quad \begin{aligned} E_{m,t_o}^{O,V} - E_{w,t_o}^{O,V} &= \left(E_{m,t_u}^{U,V} - E_{w,t_u}^{U,V}\right) + \left(\beta_{t_u,t_{u+1}}^{m,O,V} - \beta_{t_u,t_{u+1}}^{w,O,V}\right) \\ &+ \sum_{i=1}^{t_o-t_u} \left(\beta_{t_u,t_u+i+1}^{m,O,V} - \beta_{t_u,t_u+i+1}^{w,O,V}\right) - \left(\beta_{t_u,t_u+i}^{m,O,V} - \beta_{t_u,t_u+i}^{w,O,V}\right) . \end{aligned}$$

Neben der Messung der Diskriminierung, die sich bei der Betrachtung der Differenz der Obergrenzen bei t Bildungsjahren von Männern und Frauen ergibt, kann eine Punktschätzung der minimalen bzw. eine maximalen Diskriminierung ermittelt werden.

Die Punktschätzung der minimalen Diskriminierung von Frauen erhält man, wenn anstelle der Differenz der Obergrenzen, die Differenz der Untergrenze der Männer und der Obergrenze der Frauen betrachtet wird:

$$(3.312)\quad E_{m,t_o}^{U,V} - E_{w,t_o}^{O,V} = \underbrace{\left(E_{m,t_u}^{0,V} - E_{w,t_u}^{U,V}\right)}_{\substack{\text{maximale}\\ \text{Basisdifferenz}}} + \underbrace{\left(\beta_{t_u,t_o}^{m,U,V} - \beta_{t_u,t_o}^{w,O,V}\right)}_{\substack{\text{minimale}\\ \text{zusätzliche}\\ \text{Preisdifferenz}}}$$

Entsprechend erhält man die Punktschätzung der Obergrenze der Diskriminierung bei der Ermittlung der Differenz der Obergrenze der Männer und der Untergrenze der Frauen:

$$(3.313)\quad E_{m,t_o}^{O,V} - E_{w,t_o}^{U,V} = \underbrace{\left(E_{m,t_u}^{U,V} - E_{w,t_u}^{O,V}\right)}_{\substack{\text{minimale}\\ \text{Basisdifferenz}}} + \underbrace{\left(\beta_{t_u,t_o}^{m,O,V} - \beta_{t_u,t_o}^{w,U,V}\right)}_{\substack{\text{maximale}\\ \text{zusätzliche}\\ \text{Preisdifferenz}}}$$

Die Obergrenze (Untergrenze) der Diskriminierung erhält man demnach dadurch, dass die Basisdifferenz minimiert (maximiert) wird, damit die zusätzliche Preisdifferenz maximiert (minimiert) wird.

Auch für diese beiden Fälle erhält man eine Darstellung bezüglich $t_{min}$

$$(3.314)\quad E_{m,t_o}^{U,V} - E_{w,t_o}^{O,V} = \left(E_{m,t_u}^{O,V} - E_{w,t_u}^{U,V}\right) + \left(\beta_{t_u,t_o}^{m,U,V} - \beta_{t_u,t_o}^{w,O,V}\right) ,$$

$$(3.315)\quad E_{m,t_o}^{O,V} - E_{w,t_o}^{U,V} = \left(E_{m,t_u}^{U,V} - E_{w,t_u}^{O,V}\right) + \left(\beta_{t_u,t_o}^{m,O,V} - \beta_{t_u,t_o}^{w,U,V}\right) ,$$

und durch entsprechende Nullergänzung eine entsprechende Darstellung

$$(3.316)\quad \begin{aligned} E_{m,t_o}^{U,V} - E_{w,t_o}^{O,V} &= \left(E_{m,t_u}^{O,V} - E_{w,t_u}^{U,V}\right) + \left(\beta_{t_u,t_{u+1}}^{m,U,V} - \beta_{t_u,t_{u+1}}^{w,O,V}\right) \\ &+ \sum_{i=1}^{t_o - t_u} \left(\beta_{t_u,t_u+i+1}^{m,U,V} - \beta_{t_u,t_u+i+1}^{w,O,V}\right) - \left(\beta_{t_u,t_u+i}^{m,U,V} - \beta_{t_u,t_u+i}^{w,O,V}\right) , \end{aligned}$$

$$E_{m,t_o}^{O,V} - E_{w,t_o}^{U,V} = \left(E_{m,t_u}^{U,V} - E_{w,t_u}^{O,V}\right) + \left(\beta_{t_u,t_{u+1}}^{m,O,V} - \beta_{t_u,t_{u+1}}^{w,U,V}\right) + \sum_{i=1}^{t_o - t_u} \left(\beta_{t_u,t_u+i+1}^{m,O,V} - \beta_{t_u,t_u+i+1}^{w,U,V}\right) - \left(\beta_{t_u,t_u+i}^{m,O,V} - \beta_{t_u,t_u+i}^{w,U,V}\right) \tag{3.317}$$

Die nichtparametrische Messung der Lohndiskriminierung in Analogie zur Oaxaca/Blinder-Zerlegung weist sowohl Parallelen als auch Unterschiede auf. Da bei der nichtparametrischen Messung nicht versucht wird, durchschnittliche Preise und durchschnittliche Ausstattungen zu verwenden, entfällt das Referenzgruppenproblem des Oaxaca/Blinder-Ansatzes. Dies wird allerdings dadurch bezahlt, dass man anstelle der Referenzgruppe eine Basisausstattung, d.h. ein Basisbildungsjahr wählen muss und hier entsprechend der jeweils verwendeten Umrechnung in Bildungsjahre und in Analogie zu der Bestimmung nichtparametrischer Obergrenzen des Abschnittes 3.2 viele Möglichkeiten zur Auswahl hat. Dies erlaubt jedoch andererseits wieder eine detailliertere Betrachtung der Diskriminierungsstruktur. Es bleibt abzuwarten, welche zusätzlichen Informationen hieraus in der jeweiligen Anwendung gewonnen werden können.

## Teil II: Empirische Analyse der Entwicklung der Bildungsrenditen in Deutschland

In Teil I der Arbeit wurden in Kapitel 2 die wichtigsten traditionellen Schätzverfahren zur Bestimmung von Bildungsertragsraten dargestellt und kritisch gewürdigt. Auf der Grundlage dieser Kritik wurden dann in Kapitel 3 alternative nichtparametrische Grenzen und Intervalle für Treatmenteffekte, Erwartungswerte und Quantile entwickelt. Dabei wurden, ausgehend vom jeweils schlechtest möglichen Intervall, plausible Annahmen eingeführt, mit denen Schritt für Schritt das Intervall möglicher Punktschätzungen verengt werden kann. In Teil II der Arbeit sollen nun diese nichtparametrischen Ansätze auf Fragestellungen im Rahmen der Humankapitaltheorie und dabei insbesondere auf die Schätzung von Bildungsertragsraten angewandt werden. Dabei richtet sich das Hauptaugenmerk einerseits auf die Analyse der Entwicklung der Renditen und andererseits auf die empirische Evaluation des Ausmaßes der Unterschiede zwischen den alternativen Grenzen und der Vergleich der Annahme von MTS-MTR mit den traditionellen Schätzverfahren.

Trotz teilweise sehr unterschiedlicher Arbeitsmärkte und Bildungssysteme werden bei der Analyse der Lohnstrukturen im internationalen Vergleich immer wieder gemeinsame Entwicklungen festgestellt. Die wichtigsten dieser „stilisierten Fakten“ zur Entwicklung der Lohnstrukturen, insbesondere der Bildungsrenditen, werden zunächst in Abschnitt 4.1 beschrieben und dann in Abschnitt 4.2 im internationalen Vergleich dargestellt. Von Interesse ist dabei die Frage inwieweit die Entwicklung der Lohnstruktur in Deutschland diese stilisierten Fakten nachzeichnet oder ob sich Sonderentwicklungen abzeichnen, verursacht beispielsweise durch die Wiedervereinigung oder die Position des Exportweltmeisters. Anhand von Daten des Sozio-oekonomischen Panels des Deutschen Instituts für Wirtschaftsforschung (DIW) werden in Kapitel 5 eigene empirische Ergebnisse zu diesen Fragen vorgestellt. Nach der Beschreibung der Datenbasis und der Stichprobenselektion in Abschnitt 5.1 wird die Entwicklung der Lohnstruktur in Deutschland in Abschnitt 5.2 zunächst rein deskriptiv, differenziert nach Geschlecht, Kohorten und Bildungsjahren untersucht. Es zeigen sich schon hier große geschlechts-, kohorten- und bildungsspezifische Besonderheiten. So ist die Lohnverteilung der Frauen wesentlich symmetrischer als die der Männer, die jüngste Kohorte der Frauen und der Männer weisen die geringste Lohnspreizung auf und die absolute Streuung der durchschnittlichen realen Bruttostundenlöhne ist bei höheren Bildungsniveaus signifikant größer als bei Haupt- und Realschule sowie Abitur als höchstem Bildungsabschluss.

In Abschnitt 5.3 werden mit den interessantesten in Kapitel 3 behandelten Annahmen nichtparametrische Obergrenzen für Bildungsertragsraten bestimmt. Diese werden sowohl untereinander als auch mit den Punktschätzungen der Bildungsrenditen traditioneller Verfahren verglichen. Dabei bestätigt sich auch empirisch die Überlegenheit der Annahme von MTS-MTR zur Bestimmung von Obergrenzen. Als einzige von sechs Obergrenzen liefert sie über alle Kombinationen von Bildungsjahren hinweg ökonomisch sinnvolle Obergrenzen. Deshalb wird sie als einzige Obergrenze zur nichtparametrischen Analyse der Entwicklung der Lohnstruktur in Abschnitt 5.4 ausgewählt. Hier werden sowohl Ergebnisse zu den beiden Psacharopoulos (1994) entnommenen mikroökonomischen stilisierten Fakten als auch zu der These des Rückgangs der Renditen insbesondere jüngerer Kohorten der Frauen und zum Beitrag der Bildung für die Messung der Lohndiskriminierung vorgestellt. Es zeigen sich weder ein genereller Trend zum Sinken der Bildungsrenditen noch höhere Bildungsrenditen vollzeiterwerbstätiger Frauen. Eindeutig erkennbar dagegen ist, dass die Bildungsrenditen vor allem von Frauen der Jahrgänge 1960-1975 im Vergleich zu den anderen Kohorten drastisch niedriger sind. Ebenfalls eindeutig fällt das Urteil zur Messung der Lohndiskriminierung aus. Hierbei zeigt sich die traditionelle Zerlegung nach Oaxaca/Blinder gegenüber der Verwendung nichtparametrisch geschätzten Obergrenzen im Ergebnis dramatisch überlegen. Die Schwankungen der nichtparametrischen Schätzung sind sehr hoch und bis auf sehr wenige Ausnahmen nicht signifikant.

## 4. Die Entwicklung der Bildungsrenditen im internationalen Vergleich

Eine zentrale Fragestellung sowohl in der akademischen Analyse der unterschiedlichen Entwicklungen der Arbeitsmärkte in Amerika und Europa seit den 80er Jahren, als auch in der politischen Diskussion betrifft die folgende von Krugman formulierte Hypothese[1]:

> "The European unemployment problem and the US inequality problem are two sides of the same coin."
>
> Krugman (1994)

Dieser Hypothese liegt die Auffassung zugrunde, dass die Arbeitsnachfrage in den USA und Europa seit den 80er Jahren denselben autonomen Schocks ausge-

---

[1] Vgl. auch Freeman (1995), Beissinger/Moeller (1998), S. 2, und Krugman (1994), S. 68-81.

setzt war. Die Verschiebung der Qualifikationsstruktur durch technischen Fortschritt, die Tertiärisierung und Globalisierung als die wichtigsten Schocks[2] für die Arbeitsnachfrage sowie ein zunehmendes Angebot an besser ausgebildeten Arbeitskräften auf der Angebotsseite führten demnach in den USA aufgrund der größeren Lohnflexibilität zu höherer Ungleichheit bei einer vergleichsweise günstigen Entwicklung der Arbeitslosigkeit. In Europa und insbesondere in Deutschland stieg die Arbeitslosigkeit aufgrund des vergleichsweise stark regulierten Arbeitsmarktes bei geringerer oder sogar abnehmender Ungleichheit, an. Gerade die Lohnstruktur in Deutschland wird häufig als starr bezeichnet, es wird daher auch von einer zunehmender Lohnkompression in Deutschland gesprochen:

> "... the earnings distribution has continued to become more compressed in Germany."[3]

Zahlreiche empirische Studien haben sich der Beantwortung der Frage gewidmet, ob die Lohnkompression in Deutschland zugenommen hat. Stellvertretend für diese Studien[4] soll Fitzenberger (1999b) genannt werden, der diese Fragestellung unter Verwendung verschiedenster Instrumentarien, von der deskriptiven Beschreibung der Entwicklung der Lohnstruktur über eine detaillierte Kohortenanalyse bis hin zu einem strukturellen Modell der Lohnverhandlungen untersucht. Er verwendet dabei Daten der IAB-Beschäftigtenstichprobe, allerdings nur für den Zeitraum 1975-1990, und kommt zu dem Ergebnis, dass die Charakterisierung der Lohnstruktur in Deutschland durch zunehmende Lohnkompression viel zu undifferenziert ist und nicht nur die Wahl zwischen höherer Lohnungleichheit und höherer Arbeitslosigkeit besteht.[5]

In Abschnitt 4.1 werden einer Arbeit von Psacharopoulos aus dem Jahr 1994 die wichtigsten stilisierten Fakten zur Entwicklung der Bildungsertragsraten im internationalen Vergleich entnommen, da in ihr die empirischen Resultate der wichtigsten weltweiten Studien zu Bildungsrenditen verarbeitet und vergleichend dargestellt werden. Zwei dieser stilisierten Fakten betreffen Entwicklungen, die später anhand der SOEP-Daten im fünften Kapitel für Deutschland einer empirischen Überprüfung unterzogen werden sollen. Abschnitt 4.2 systematisiert und bewertet die Ergebnisse neuerer Forschungsarbeiten.

---

[2] Vgl. Pfeiffer/Falk (1999), S. 61, und Fitzenberger (1999b), S. 5 ff.

[3] Vgl. OECD (1996), S. 63.

[4] Vgl. Steiner/Wagner (1997a, 1997b), Fitzenberger (1999a) sowie Fitzenberger/Franz (1997).

[5] Vgl. auch Beissinger/Moeller (1998).

## 4.1 Stilisierte Fakten

Angesichts der überwältigenden Anzahl und Vielfalt an Studien zu Bildungsertragsraten[6] und deren Entwicklung ist es nötig, sich auf die zentralen Arbeiten zu beschränken. Als Ausgangspunkt zur Darstellung der wichtigsten stilisierten Fakten wird deshalb der in nahezu jeder neueren Veröffentlichung zu Bildungsertragsraten zitierte Überblicksartikel von Psacharopoulos (1994) gewählt, der eine Fortsetzung seiner, um nur die wichtigsten Arbeiten zu nennen, bereits 1981 und 1985 durchgeführten Studien zu Bildungsertragsraten im internationalen Vergleich darstellt[7]. Als zentrale stilisierte Fakten (SF) zu den Bildungsrenditen sind hier zu nennen[8]:

SF1: Mit zunehmendem Pro-Kopf-Einkommen eines Landes sinken tendenziell die Bildungsertragsraten.

SF2: Je höher die durchschnittliche Anzahl an Bildungsjahren eines Landes, umso geringer sind tendenziell die durchschnittlichen Bildungsertragsraten.

SF3: Es lässt sich ein Trend zu sinkenden Bildungsertragsraten im Zeitablauf erkennen.

SF4: Frauen weisen höhere Bildungsertragsraten auf als Männer.

Angesichts der steigenden Zahl der zur Verfügung stehenden Mikro-Datensätze und der europa- und weltweiten Bedeutung der Bildungsthematik lag es nahe, dass die Europäische Kommission ein Projekt startete, um unter anderem die Auswirkungen verschiedener Bildungssysteme auf die Bildungserträge zu untersuchen. Dies wurde Ende 1998 im Rahmen des Projekts „Public Funding and Private Returns to Education (PURE)“ in Auftrag gegeben und schloss 15 europäische Länder ein: Dänemark, Deutschland, Finnland, Frankreich, Griechenland, Großbritannien, Irland, Italien, Niederlande, Norwegen, Österreich, Portu-

---

6 Vgl. auch Psacharopoulos (1994), S. 1326ff.

7 Vgl. Psacharopoulos (1981) und Psacharopoulos (1985).

8 Vgl. zu den Selektionskriterien Psacharopoulos (1994), S. 1326. Psacharopoulos unterscheidet des Weiteren zwischen einer „elaborierten“ Methode zur Bestimmung der Bildungsertragsrate, die darin besteht, den Diskontsatz zu finden, der den Strom der Einkommen aufgrund höherer Bildung den Kosten aufgrund entgangener Einkommen gleichsetzt (vgl. auch Psacharopoulos (1995)), und der Mincer'schen Einkommensfunktion. Letztere unterteilt er dann ergänzend in eine Basis-, bei der die Anzahl der Bildungsjahre, und eine erweiterte Einkommensfunktion, bei der Dummyvariablen für die Bildungsabschlüsse als Bildungsvariable verwendet werden.

gal, Schweden, Schweiz und Spanien. Die Ergebnisse wurden 2001 im Sammelband „Education and Earnings in Europe“[9] veröffentlicht und ergänzen die vergleichende Studie von Psacharopoulos (1994) in idealer Weise. Ein Teil der Arbeiten, deren Ergebnisse im folgenden Abschnitt vor allem mit Blick auf die stilisierten Fakten dargestellt werden, steht in engem Zusammenhang mit dem PURE-Projekt.

Im Mittelpunkt von Kapitel 5 werden eine empirische Analyse der zeitlichen Entwicklung der Bildungsertragsraten allgemein sowie im Vergleich zwischen Frauen und Männern (SF3 und SF4) stehen. Die stilisierten Fakten SF1 und SF2 sind gerade mit Blick auf die angeführte „Krugman-These“ sehr interessant. Länder- und Systemvergleiche können im Rahmen mit dem für die Schätzungen in Kapitel 5 verwendeten SOEP-Datensatz jedoch nicht durchgeführt werden, so dass zur Überprüfung dieser stilisierter Fakten im weiteren die PURE-Studie verwendet wird.

## 4.2 Ergebnisse neuerer empirischer Arbeiten

Die vier stilisierten Fakten werden im folgenden getrennt nach makro- und mikroökonomischen Thesen anhand der in Tabelle 4.1 aufgeführten Studien besprochen. Zwei dieser Studien, Lauer/Steiner (2000) und Trostel et al. (2001) beziehen sich auf alle vier genannten stilisierten Fakten. Die restlichen Studien beschränken sich hauptsächlich auf die Punkte SF3 und SF4, also die Entwicklung der Bildungsertragsraten im engeren Sinne. Im Vergleich zu den mikroökonomischen werden die makroökonomischen Fakten nur kurz anhand der Sekundärliteratur beurteilt, da sich die vorliegende Arbeit auf die Analyse der mikroökonomischen Fakten anhand der SOEP-Daten konzentriert.

9 Vgl. Harmon et al. (2001).

Tabelle 4.1: Ausgewählte Studien zur Entwicklung der Bildungsertragsraten

| Studie | Pro-Kopf-EK und Renditen (SF1) | Bildungsniveau und Renditen (SF2) | Trend der Renditen (SF3) | Vergleich Männer-Frauen (SF4) |
|---|---|---|---|---|
| PURE-Projekt | | | X | X |
| Trostel et al. | X | X | X | X |
| Steiner/Lauer | X | X | X | X |
| Pereira/Martins | | | X | X |
| Boockmann/Steiner | | | X | X |
| Fitzenberger | | | X | X |

Tabelle 4.1 (fortgesetzt):

| Studie | Zeitraum | Daten-satz | Länder | Stich-probe | IV | Kohort en | QR |
|---|---|---|---|---|---|---|---|
| PURE-Projekt (2001) | verschieden | Je nach Land | 15 | Männer und Frauen | Ja | Nein | Ja |
| Trostel et al. (2001) | 1985-1995 | ISSP | 28 | Männer und Frauen | Nein | Nein | Nein |
| Steiner/Lauer (2000) | 1984-1997 | SOEP | Deutsch-land | Männer und Frauen | Ja | Ja | Ja |
| Pereira/Martins (2001a) (PURE) | 1980-1995 | Je nach Land | 15 | Nur Männer | Nein | Nein | Ja |
| Boockmann/ Steiner (2000) | 1984-1997 | Je nach Land | Deutsch-land | Männer und Frauen | Nein | Ja | Nein |
| Fitzenberger (1999b) | 1974-1990 | IAB | Deutsch-land | Männer und Frauen | Nein | Ja | Ja |
| Buchinsky (1995) | 1963-1987 | CPS | USA | Nur Männer | Nein | Nein | Ja |
| Becker/Siebern-Thomas (2001) | 1996-1998 | SOEP | Deutsch-land | Männer und Frauen | Ja | Nein | Nein |
| Ichino/Winter-Ebmer (1999) | 1986 | SOEP | Deutsch-land | Nur Männer | Ja | Nein | Nein |

IV: Instrumentalvariablen, QR: Quantilregression

### 4.2.1 Studien zu den makroökonomischen stilisierten Fakten

Zu den beiden makroökonomischen Fakten SF1 und SF2 finden sich zahlreiche empirische Arbeiten. In Topel (2000) findet sich ein Überblick über die bedeutendsten Studien zum Zusammenhang zwischen Humankapital und ökonomischem Wachstum aus makroökonomischer Sicht. Angesichts der unterschiedlichen Ergebnisse bedeutender Studien wie die von Nelson/Phelps (1966), Lucas (1988), Benhabib/Spiegel (1994), Barro/Sala-i-Martin (1995) und Aghion/Howitt (1998), um nur eine kleine Auswahl zu treffen, lassen sich die beiden bei Psacharopoulos formulierten stilisierten Fakten kaum so eindeutig bestätigen. Ein großes Problem dieser Studien liegt in der Vielfalt an Möglichkeiten zur Definition und Messung der Humankapitalvariablen. Dies erklärt die Unterschiedlichkeit der Ergebnisse.

Eine sehr aktuelle empirische Arbeit zu diesen Zusammenhängen im internationalen Vergleich stellt die Studie von Trostel et al. (2001) dar. Sie untersuchten für 28 Länder (darunter zehn Länder der PURE-Studie) auf der Grundlage vergleichbarer Daten (International Social Survey Programme Data) neben der Entwicklung der Bildungsrenditen im Zeitraum 1985-1995 sowohl den Zusammenhang zwischen Pro-Kopf-Einkommen und Bildungsertragsraten eines Landes als auch zwischen der durchschnittlichen Anzahl an Bildungsjahren und den Bildungsrenditen.[10] Auch ihre Studie kommt zu dem Schluss, dass die von Psacharopoulos (1994) formulierten Zusammenhänge einer detaillierten Analyse nicht standhalten. Dies wird durch die Studie von Lauer/Steiner (2000) bestätigt. Sie finden weder einen Trend zu sinkenden Bildungsertragsraten mit zunehmendem Pro-Kopf-Einkommen eines Landes noch einen systematischen Zusammenhang zwischen der durchschnittlichen Anzahl an Bildungsjahren und der durchschnittlichen Bildungsertragsrate eines Landes. Sie schließen daraus:

> „[...] dass sehr unterschiedliche Bildungssysteme und Arbeitsmarktstrukturen mit ähnlichen Bildungsrenditen vereinbar sind und vice versa.“[11]

---

[10] Sie schlussfolgern dies, obwohl es Probleme bezüglich des Vergleichs der Länder untereinander aufgrund unterschiedlicher Messung der Bildungsjahre und der Einkommen gibt. Trostel et al. (2001) verwenden Daten der Weltbank, so dass angesichts der Tätigkeit von Psacharopoulos für die Weltbank vermutet werden kann, dass in beiden Studien dieselben Daten verwendet wurden. Leider ist in Psacharopoulos (1994) nicht angegeben, welche Datenquellen seinen Grafiken zugrunde liegen.

[11] Vgl. Steiner/Lauer (2000), S. 28.

### 4.2.2 Studien zu den mikroökonomischen stilisierten Fakten

Die zuletzt genannte Problematik der Studien zu den makroökonomischen Fakten trifft im Grundsatz auch auf alle Studien zu den Bildungsrenditen im internationalen Vergleich zu. So nimmt die Darstellung der Unterschiede in den verwendeten Variablen, der Stichprobenselektion und der Spezifikation bei den Arbeiten von Psacharopoulos und anderer vergleichender Studien[12] einen großen Raum ein. Die Besonderheit des bereits eingeführten PURE-Projekts besteht nun darin, dass in allen fünfzehn Ländern – soweit möglich[13] – dieselbe Methodik, derselbe Zeitraum und dieselbe Spezifikation zur Schätzung der Mincer'schen Standardlohnfunktion und damit der Bildungsertragsraten und deren Entwicklung verwendet wurde. Deshalb soll sie auch als Ausgangspunkt dieses Abschnittes dienen. In zwei der fünfzehn Länder wurde bei den Männern, in drei bei den Frauen ein Abwärtstrend, in fünf Ländern ein Aufwärtstrend bei den Männern und Frauen festgestellt. In Österreich und Schweden wurde bei Männern und Frauen ein Abwärtstrend, in Dänemark, Portugal und Italien jeweils ein Aufwärtstrend verzeichnet. Insgesamt ergibt sich damit kein eindeutiger Trend, auch nicht nach Berücksichtigung der geografischen Lage der Länder, da in Dänemark und Schweden entgegengesetzte Trends zu beobachten sind. In elf der Länder weisen Frauen höhere Renditen auf. Mit Abstand die größte Differenz zwischen den Renditen der Männer und Frauen ergibt sich in Irland mit bis zu sieben Prozentpunkten, aber auch in Großbritannien, Deutschland und Griechenland ist der Abstand mit zwei bis vier Prozentpunkten beträchtlich.

Für die achtundzwanzig Länder ergab sich ein geringer Trend zum Sinken der Bildungsertragsraten, der für Deutschland immerhin einen Wert von 0,2 Prozentpunkten pro Jahr ausmacht.[14] Die Bildungsrendite ist nicht in jedem Land am Ende des Betrachtungszeitraums niedriger als am Anfang. Dies bestätigt die Studie von Psacharopoulos. Bekräftigt werden konnte auch der Renditeunterschied zwischen Frauen und Männern. Mit Ausnahme der Niederlande, Neuseeland, Nordirland und Spanien sind die Renditen der Frauen deutlich höher als die der Männer.

---

12 Vgl. Brunello/Comi (2000).

13 Vgl. Harmon et al. (2001), S. 8. Im Unterschied zu den übrigen Ländern standen für Österreich, Griechenland, Italien, Spanien und die Niederlande anstelle von Bruttostundenlöhnen nur Nettostundenlöhne zur Verfügung.

14 Vgl. Wagner/Lorenz (1988), S. 96, Tabelle 1, die zeigt, wie groß die Variation der geschätzten Bildungsertragsraten in Abhängigkeit vom verwendeten Datensatz sein kann.

Die Bildungsertragsraten im engeren Sinne werden in der von Lauer/Steiner (2000) durchgeführten Studie untersucht. Sie untersuchen die Entwicklung der Bildungsertragsraten für Männer und Frauen in der Periode von 1984-1997 für vierzehn europäische Länder, bis auf die Schweiz mit denselben Ländern wie im PURE-Projekt[15], und schließen, dass der durchschnittliche Ertrag bei den Frauen stabil mehr als zwei Prozentpunkte über dem der Männer liegt. Dabei muss aber beachtet werden, dass ihre Stichprobe sowohl teilzeit- als auch vollzeiterwerbstätige Frauen beinhaltet und von ihnen nach Voll- und Teilzeiterwerbstätigkeit getrennte Regressionen ergeben, dass die Renditen der vollzeiterwerbstätigen Frauen etwa 2 Prozentpunkte niedriger sind als die Renditen vollzeiterwerbstätiger Männer. Die in der PURE-Studie festgestellte Stabilität der durchschnittlichen Ertragsrate in der untersuchten Periode wird dahingehend bestätigt, dass in den meisten Ländern die Renditen entweder gesunken oder konstant geblieben sind. Für die Entwicklung in Deutschland zeigte sich für Frauen und Männer eine geringe Abwärtstendenz. Das Selektionsproblem bei Frauen berücksichtigen sie über das zweistufige Heckman-Verfahren. Der Selektionskorrekturterm war in allen Fällen signifikant und führte immer zu Renditen unterhalb der Schätzungen ohne Selektionskorrektur, wobei die Differenz jedoch auf dem 5%-Niveau in keinem der Fälle signifikant war.

Zusätzlich zu den stilisierten Fakten, die wir bereits aufgeführt haben, untersuchen Lauer/Steiner (2001) auch Kohorteneffekte. Sie kommen zu dem Schluss, dass in Deutschland die Bildungsrenditen jüngerer Geburtskohorten insbesondere bei den Frauen deutlich gesunken sind. Dieses Ergebnis wird im fünften Kapitel mit eigenen Untersuchungen und einer leicht unterschiedlichen Kohortendefinition noch näher diskutiert. Ebenfalls interessant für den Vergleich mit den Ergebnissen in Kapitel 5 sind die Instrumentalvariablenschätzungen. Im Gegensatz zu vielen anderen Arbeiten, die Instrumente für die Bildungsvariable verwenden, erhalten Lauer/Steiner mit 5 verschiedenen Modellen Bildungsrenditen für das Jahr 1995, die nicht systematisch über denen der Mincer'schen Standardlohnfunktion liegen.[16] Dabei verwenden sie die vier Instrumente „Bildungsniveau der Mutter oder des Vaters“, „Beschäftigungstyp und Bildungsniveau des Vaters“ allein oder kombiniert sowie Indikatoren für verschiedene Lebensumstände während der Kindheit[17].

---

[15] Dies liegt wie schon abgedeutet daran, dass die Arbeiten an diesem Papier im Rahmen des PURE-Projekts erfolgt sind.

[16] Dies gilt gleichermaßen für Männer und Frauen. Dies zeigt einmal mehr die Sensitivität der Ergebnisse auf die Wahl des Instrumentes.

[17] Bildung des Vaters im Alter des Individuums von 15 Jahren. Indikatoren: Dummyvariablen für die drei Instrumente „Eltern waren überwiegend beschäftigt“,

Pereira/Martins (2001b) verwenden in ihrer Studie denselben Zeitraum, aufgrund ihrer Mitarbeit am PURE-Projekt die dort berücksichtigten fünfzehn Länder und ergänzen die OLS-Regressionen um Quantilsregressionen. Sie betrachten jedoch lediglich vollzeiterwerbstätige Männer, so dass der Punkt SF4 nicht beurteilt werden kann. Sie ziehen aufgrund der Verwendung der Ergebnisse des PURE-Projekts für die einzelnen Länder dieselbe Schlussfolgerung wie Lauer/Steiner, dass kein positiver Trend, allenfalls ein leichtes Sinken der Bildungsertragsraten erkennbar ist. Die im Vergleich zu den Studien von Psacharopoulos zusätzlich zu den Standard-OLS-Regressionen durchgeführten Quantilregressionen verwenden sie, um die Abhängigkeit der Lohnungleichheit vom Bildungsniveau zu untersuchen. Für sieben Länder, zu denen auch Deutschland zählt, ergibt sich, dass zwischen 1980 und 1995 der Ertrag des 10%-Quantils gesunken ist. Sie folgern daraus:

> „[...] the role of education for the less attractive to the labour market has been eroded during the last two decades“[18]

Für die Länder, bei denen der Ertrag beim 10%-Quantil in der Tat stärker sank als beim 90%-Quantil, ist diese Folgerung sicher nahe liegend. In Deutschland sank der Ertrag gemäß ihren Schätzungen am 10%-Quantil von 1984 auf 1995 von 9% auf 8,2%.[19] Berücksichtigt man jedoch, dass der Ertrag beim 90%-Quantil von 8,1% auf 7,2% im gleichen Zeitraum sank, also um 0,1 Prozentpunkte stärker[20], muss man mit der Übertragung dieser Aussage auf die Entwicklung in Deutschland vorsichtig sein. Die Aussage wird durch die Berücksichtigung der Entwicklung beim 90%-Quantil relativiert. Nicht nur in diesem Fall nimmt Deutschland – zusammen mit Frankreich, Italien und Großbritannien – eine Sonderrolle ein. Nur in Griechenland und Deutschland sind die Erträge bei den höheren Lohnquantilen niedriger als bei den unteren.

Umfangreiche Anwendungen von Quantilregressionen auf die Bildungsertragsraten in den USA sind in Buchinsky (1994, 1995) für den Zeitraum von 1963 bis 1987 und in Buchinsky/Leslie (1997) für 1964 bis 1994 zu finden. Seit Beginn der achtziger Jahre ist ein fast stetiges Steigen der Bildungsertragsraten an allen

„Individuum wuchs mit beiden Elternteilen auf“ sowie „Individuum wuchs in ländlichem oder städtischem Gebiet auf“.

[18] Vgl. Pereira/Martins (2001b), S. 46.

[19] Vgl. auch Lorenz/Wagner (1993) und Wagner (1990) zu Studien, die Bildungsertragsraten für Deutschland schätzen.

[20] Vgl. Pereira/Martins (2001b), S. 46. Von 1986 auf 1995 fiel die Ertragsrate beim 90%-Quantil sogar um 0,4 Prozentpunkte stärker als beim 10%-Quantil.

Quantilen zu verzeichnen, wobei die Renditen mit elf bis vierzehn Prozent deutlich über den Renditen in den europäischen Ländern liegen. Zudem zeigt sich eine Zunahme der Ungleichheit sowohl bei der Differenz des 90%- und des 10%-Quantils als auch beim 75%- und 25%-Quantil.

Eine weitere wichtige, in den USA bereits seit über 20 Jahren[21], in Deutschland jedoch erst seit 1995 empirisch untersuchte Fragestellung besteht in der Aufdeckung von Kohorteneffekten, die unterschiedliche Entwicklungen der Bildungsertragsraten verschleiern können. Fitzenberger et al. (1995) untersuchen als erste mit Daten der Bundesanstalt für Arbeit Kohorteneffekte für Männer im Zeitraum 1976-1984. Dieselbe Methodik wird in der bereits erwähnten Arbeit von Fitzenberger (1999b) auf den Zeitraum 1974-1990 ausgedehnt. Fitzenberger kommt unter Berücksichtigung eines makroökonomischen Trends und durch detaillierte Schätzung der Lohnverteilung anhand von Quantilregressionen zu drei wichtigen Ergebnissen.[22] Erstens hat die Lohnungleichheit zwischen Arbeitern mit niedriger und mittlerer Qualifikation trotz einer Zunahme der Ungleichheit der gesamten Lohnverteilung abgenommen. Zweitens hat die Ungleichheit bei mittlerer und höherer Qualifikation[23] zugenommen und drittens stieg sie innerhalb aller drei Qualifikationsniveaus. Boockmann/Steiner (2000) verwenden SOEP-Daten für den Zeitraum 1984-1997, um Kohorteneffekte für Männer und Frauen zu schätzen. Sie finden deutliche geschlechtsspezifische und kohortenspezifische Unterschiede in der Entwicklung der Renditen. Die Bildungsertragsraten fielen in jüngeren Kohorten bei Frauen deutlich und meistens signifikant. Für Männer konnten sie zwar ebenfalls ein Sinken der Bildungsrenditen feststellen, dieses fällt jedoch deutlich geringer und weniger signifikant aus.[24] Die Ursachen der unterschiedlichen Entwicklung bei Männern und Frauen wurden nicht untersucht, die Autoren führen neben der Veränderung der Arbeitsnachfrage als wahrscheinlichste Erklärung die signifikante Zunahme der Erwerbstätigkeit der Frauen an.

---

[21] Vgl. Welch (1979) und Freeman (1979).

[22] Obwohl in dem Modell keine Bildungsertragsraten nach der Mincer'schen Standardeinkommensfunktion geschätzt werden, ist sie wegen der Analyse der Lohnstruktur zur Beurteilung der stilisierten Fakten unverzichtbar.

[23] Bei höherer Qualifikation hängt die Entwicklung entscheidend vom betrachteten Quantil ab. Beim 20%-Quantil stiegen die Löhne weniger, beim 50%-Quantil stärker als bei mittlerer Qualifikation. Vgl. Fitzenberger (1999b), S. 54f.

[24] Im Unterschied zu den bisher angeführten Studien verwenden Boockmann/Steiner nominale Nettostundenlöhne, testen neben der Standardeinkommensfunktion auch Spezifikationen mit Dummyvariablen für Bildungsabschlüsse und verwenden in beiden Varianten Interaktionseffekte zwischen den Bildungsvariablen und der Erfahrungsvariablen.

Der in der empirischen Forschung für Deutschland jüngste Ansatz besteht in der Verwendung von Instrumentalvariablen, um Bildungsrenditen auf der Grundlage der in Kapitel 2 angeführten LATE-Schätzer zu bestimmen. Es finden sich in der Literatur eine Vielzahl von Studien, in denen mit Hilfe von Instrumentalvariablen, wie beispielsweise der Bildung der Eltern, Bildungsertragsraten geschätzt wurden, die signifikant und deutlich über denen der Standardeinkommensfunktion liegen. Dies wurde lange Zeit als Beleg dafür gewertet, dass die Renditen bei Verwendung Mincer'schen Spezifikation nach unten verzerrt sind. Ein mögliche Erklärung liefern, wie in Kapitel 2 schon angesprochen, beispielsweise Card (1995, 1999) und Angrist et al. (1996). Sie vermuten, dass der zum Teil bis zu zehn Prozentpunkte ausmachende Unterschied letztlich auf dem Heterogenitätsproblem beruht, da die LATE-Schätzungen als IV-Schätzungen interpretiert werden können.[25] Mit den jeweiligen Instrumenten werden nur Teilgruppen der Stichprobe erfasst, deren Renditen deutlich über dem Durchschnitt liegen können. Die Ergebnisse der IV-Schätzungen würden demnach nicht im Widerspruch zu den Renditen aufgrund der Standardschätzungen stehen. Becker/Siebern-Thomas (2001) und Ichino/Winter-Ebmer (1999) führen solche LATE-Schätzungen durch und verwenden hierbei Informationen über den familiären Hintergrund als Instrumente. In beiden Studien werden SOEP-Daten verwendet, wobei Ichino/Winter-Ebmer Daten des Jahres 1986 und Becker/ Siebern-Thomas Daten von 1985 und 1995 verwenden. Beide Studien kommen zu dem Ergebnis, dass das Heterogenitätsproblem für die große Bandbreite der geschätzten Renditen bei verschiedenen Instrumenten verantwortlich ist. Becker/Siebern-Thomas ziehen beispielsweise den Schluss, dass Personen aus schwachen sozialen Verhältnissen mit niedrigem Bildungsniveau am stärksten auf das Instrument „Ort der Kindheit“ reagieren, während Personen aus gehobenen Verhältnissen weniger stark auf dieses Instrument reagieren, jedoch dann am stärksten bei höherem Bildungsniveau.[26]

Im folgenden Kapitel 5 werden eigene Schätzungen zur Entwicklung der Lohnstruktur und speziell der Bildungsrenditen vorgestellt. Nach der Darstellung der Datenbasis und der Stichprobenselektion werden in Abschnitt 5.2 deskriptive Analysen zur Entwicklung verschiedener Charakteristika der Lohnverteilung von 1984-2000 gezeigt, da die bisher veröffentlichten Analysen hierzu lediglich das Jahr 1997 einschließen. In Abschnitt 5.3 erfolgt eine Evaluation der nichtparametrisch geschätzten Obergrenzen und in Abschnitt 5.4 der Arbeit werden die stilisierten mikroökonomischen Fakten, kohortenspezifische Entwicklungen so-

[25] Vgl. Angrist et al. (1996).
[26] Vgl. Becker/Siebern-Thomas (2001), S. 21.

wie Instrumentenschätzungen anhand von SOEP-Daten untersucht. Insbesondere werden MTS-MTR-Obergrenzen für die verschiedenen geschätzten Renditen bestimmt und untersucht, inwiefern sich daraus Konsequenzen für die Beurteilung der stilisierten Fakten SF3 und SF4 sowie der Größenordnung der Renditen bei Verwendung der verschiedenen Spezifikationen ableiten lassen.

## 5. Bildungsrenditen in Deutschland

Nachdem im vorangegangenen Kapitel Ergebnisse von Studien zur Entwicklung der Bildungsertragsraten im internationalen Vergleich besprochen wurden, werden im fünften Kapitel eigene Schätzungen zur Entwicklung der Bildungsrenditen in Deutschland vorgestellt. Während die meisten Studien für Deutschland lediglich Daten bis zum Jahr 1997 berücksichtigen, werden in der vorliegenden Studie erstmals Daten einschließlich des Jahres 2000 verwendet, so dass neben einer Überprüfung bisheriger Ergebnisse die Analyse der Entwicklung im Zeitablauf erweitert werden kann. Erstmalig wird ebenfalls eine systematische empirische Evaluation verschiedener nichtparametrischen Obergrenzen sowohl für Renditeschätzungen der Standardlohnfunktion als auch für Instrumentenschätzer vorgenommen. Dabei werden alle Analysen auch kohortenspezifisch durchgeführt, um die Entwicklung der Lohnstruktur so differenziert wie möglich beurteilen zu können.

In Abschnitt 5.1 wird zunächst der Datensatz des Sozio-oekonomischen Panels (SOEP) und die Stichprobenselektion beschrieben. Abschnitt 5.2 analysiert reale Bruttostundenlöhne deskriptiv im Zeitablauf, differenziert nach Geschlecht, Kohorten und Bildungsjahren. Schon hier werden sich deutliche geschlechts-, kohorten- und bildungsspezifische Unterschiede zeigen. In Abschnitt 5.3 werden nichtparametrisch geschätzte Obergrenzen der Renditen im Vergleich untereinander und mit Standardschätzungen evaluiert. Verschiedene nichtparametrische Obergrenzen für die Standardlohnfunktion werden in Abschnitt 5.3.1 verglichen. Es zeigt sich, dass man bei Verwendung der Annahme von MTS-MTR durchweg die mit Abstand niedrigsten, teilweise nur 2 bis 4 Prozentpunkte höhere Punktschätzungen als OLS, und ökonomisch plausibelsten Obergrenzen erhält. In Abschnitt 5.3.2 werden nichtparametrische MIV-MTR-Obergrenzen für Bildungsrenditen geschätzt und mit den entsprechenden IV-Schätzungen verglichen. Diese nichtparametrischen Schätzungen liegen größenordnungsmäßig mit etwa 20 Prozentpunkten zwar deutlich über den MTS-MTR-Obergrenzen für die Renditen der Standardlohnfunktion, jedoch immerhin größtenteils im Rahmen von Instrumentenschätzungen einiger Studien. In dem abschließenden Abschnitt 5.4 werden mit der Annahme von MTS-MTR und Standardschätzungen drei Thesen zu der Lohnstruktur und deren Entwicklung sowie die Lohndiskriminierung von Frauen in Deutschland untersucht. Mit Blick auf die beiden stilisierten Fakten zeigt sich, dass die Bildungsrenditen der Frauen von 1984 bis 1992 von 7,5 Prozent auf knapp über 6 Prozent fast stetig gesunken sind und nach starken Schwankungen von 6,2 Prozent im Jahr 1998 auf wiederum 7,5 Prozent im Jahr 2000 gestiegen sind. Bei den Männern verlief die Entwicklung obwohl gewisse

Parallelen zu den Frauen erkennbar sind, weniger systematisch, jedoch wird wie bei den Frauen mit die höchste Rendite im Jahr 2000 erreicht. Des Weiteren bestätigt sich, dass die Bildungsrenditen der vollzeiterwerbstätigen Frauen fast durchweg um etwa einen halben bis einen Prozentpunkt niedriger als die der Männer sind. Noch niedriger im Vergleich zu den übrigen Kohorten und den Renditen der Männer sind auch die Renditen der jüngsten Kohorte der Frauen. Bei der abschließenden erstmaligen Anwendung der nichtparametrischen Grenzen auf die Messung der Lohndiskriminierung deutet sich eine Überlegenheit des traditionellen, auf OLS-Regressionen basierenden Oaxaca/Blinder-Ansatzes an.

## 5.1 Datenbasis und Stichprobenselektion

Zur Schätzung der Bildungsrenditen werden Daten des Sozio-oekonomischen Panels für den Zeitraum 1984 bis 2000 für Westdeutschland verwendet. Das SOEP stellt eine repräsentative Längsschnittbefragung der in Deutschland lebenden Bevölkerung dar. Dabei wurden in der ersten Welle im Jahr 1984 etwa 12000 Individuen in ca. 6000 Haushalten zu sozio-ökonomischen Themen befragt. 1984 gab es zwei Stichproben, A (Deutsche West) und B (Ausländer). Da sich die Bildungsabschlüsse der Ausländer aus den so genannten „Gastarbeiterländern", die Ende der fünfziger und Anfang der sechziger Jahre nach Deutschland gekommen sind, grundlegend von denen der Stichprobe A unterscheiden, werden diese wie in den meisten Studien von der Analyse ausgeschlossen. Ebenfalls nicht in die Analyse aufgenommen wurden die vier später hinzugekommenen Stichproben C-F (Deutsche OST ab 1990, Zuwanderer ab 1995, Querschnitt 98 ab 1998, Erweiterung 2000), um einen möglichst langen Untersuchungszeitraum und eine möglichst homogene Stichprobe zu erhalten. Es werden des Weiteren nur Vollzeit Erwerbstätige, nichtselbständige Männer und Frauen im Alter von 25 bis 55 Jahren betrachtet, um Einflüsse auszuschließen, die von Ausbildungs- und Verrentungsphasen ausgehen könnten. Als abhängige Variable wird der reale Bruttostundenlohn in Preisen von 1995 verwendet, der aus den Angaben zum Monatsbruttolohn[1] (in DM), der tatsächlich geleisteten Arbeitszeit[2] und dem Verbraucherpreisindex ermittelt wurde.[3] Für die Anzahl der Schuljahre wurden die auf der Basis von Schwarze (1991, 1996) und Helberger

---

1 Dieser bezieht sich auf den Monat, der dem Befragungszeitpunkt voraus ging.

2 Die Ergebnisse ändern sich nur äußerst geringfügig, wenn zur Berechnung anstelle der tatsächlichen die vereinbarte Wochenarbeitszeit verwendet wird (eigene Schätzungen).

3 Vgl. Jacobebbinghaus (2002), S. 215ff., zur Problematik der Berechnung von Stundenlöhnen in verschiedenen Datensätzen, unter anderem auch des SOEP-Datensatzes.

(1988) generierten Werte verwendet.[4] Damit werden folgende Umrechnungen verwendet:

Tabelle 5.1: Umrechung der Bildungsabschlüsse in Bildungsjahreinheiten

| | Höchster Schulabschluß | | | | | Beruflicher Bildungs- und Hochschulabschluss | | | |
|---|---|---|---|---|---|---|---|---|---|
| | Kein | Haupt-schule | Real-schule | FH | Abitur | Lehre Beamten-ausbildung | Berufsfach-schule Fachschule | Fachhoch-schule | Universität Technische Hochschule |
| Bildungs-jahre | 7 | 9 | 10 | 12 | 13 | 1,5 | 2 | 3 | 5 |

Als Kohorten wurden die Jahrgänge 1930-1939 (Kohorte 1), 1940-1949 (Kohorte 2), 1950-1959 (Kohorte 3) und 1960-1975 (Kohorte 4) gebildet.

## 5.2 Zur Entwicklung der Löhne im Zeitverlauf

In den folgenden Abschnitten wird die Entwicklung der Verteilung der realen Bruttostundenlöhne in Deutschland von 1984 bis 2000 anhand von Durchschnittslöhnen, Quantilen sowie Quantilabständen dargestellt. In Abschnitt 5.2.1 wird nach Geschlecht, in Abschnitt 5.2.2 und 5.2.3 zusätzlich nach Kohorten bzw. Bildungsjahren und abschließend in Abschnitt 5.2.4 nach Kohorten und Bildungsjahren differenziert.

### 5.2.1 Diffenzierung nach Geschlecht

Auf der Basis der in Abschnitt 5.1 beschriebenen Selektionskriterien erhält man die in Tabelle 5.1 aufgeführten Fallzahlen für die einzelnen Jahre und die entsprechenden Entwicklungen der durchschnittlichen realen Bruttostundenlöhne für Männer und Frauen, die in Abbildung 5.1 auch grafisch dargestellt sind.

[4] Eine Übersicht zu alternativen Umrechnungen ist in Dworschak (1986), S. 285, zu finden.

Tabelle 5.2: Durchschnittliche reale Bruttostundenlöhne in DM und Fallzahlen nach Jahr und Geschlecht, 1984-2000

| | 1984 | 1985 | 1986 | 1987 | 1988 | 1989 | 1990 | 1991 | 1992 |
|---|---|---|---|---|---|---|---|---|---|
| Männer | 27.59<br>1679 | 27.46<br>1547 | 28.52<br>1494 | 29.67<br>1532 | 30.36<br>1481 | 30.61<br>1502 | 31.47<br>1467 | 31.49<br>1433 | 31.78<br>1397 |
| Frauen | 21.37<br>509 | 21.95<br>502 | 22.31<br>518 | 22.97<br>525 | 24.00<br>510 | 23.98<br>535 | 24.39<br>535 | 24.49<br>546 | 24.95<br>556 |

| | 1993 | 1994 | 1995 | 1996 | 1997 | 1998 | 1999 | 2000 |
|---|---|---|---|---|---|---|---|---|
| Männer | 32.51<br>1386 | 32.36<br>1361 | 32.37<br>1340 | 33.18<br>1329 | 32.58<br>1313 | 32.41<br>1256 | 33.12<br>1268 | 33.56<br>1232 |
| Frauen | 25.40<br>574 | 25.88<br>562 | 26.32<br>549 | 26.80<br>544 | 26.78<br>551 | 26.59<br>513 | 27.10<br>507 | 27.44<br>494 |

Abbildung 5.1: Zeitliche Entwicklung der durchschnittlichen realen Bruttostundenlöhne vollzeiterwerbstätiger Männer und Frauen in Deutschland von 1984-2000

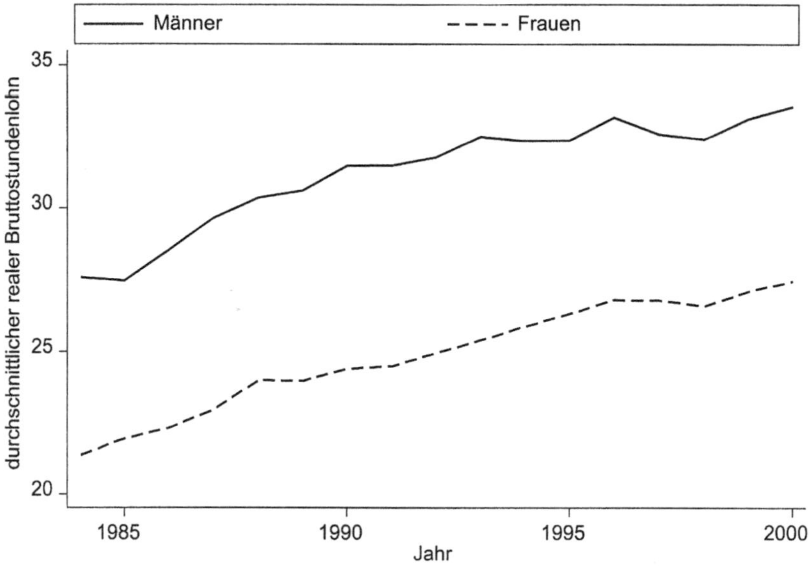

Während die Fallzahl bei den Männern aus verschiedenen Gründen (Panelsterblichkeit, Zunahme der Arbeitslosigkeit, Veränderung der Altersstruktur) kontinuierlich abgenommen hat und im Jahr 2000 nur noch ca. 73% im Vergleich zum Jahr 1984 beträgt, hat die Zahl der vollzeiterwerbstätigen Frauen wegen der kohortenbedingt steigenden Erwerbsbeteiligung der Frauen bis 1993 um gut zwölf Prozent zugenommen und ist auf Grund konjunktureller Effekte bis zum Jahr 2000 wieder auf das Ausgangsniveau zurückgefallen. Der durchschnittliche reale Bruttostundenlohn der Männer ist im Gesamtzeitraum um 1,23 Prozent gestiegen. Die Frauen konnten hier einen leicht höheren Anstieg um 1,57 Prozent durchschnittlich jährlich verzeichnen. Dies macht zwar über den gesamten Zeitraum immerhin 7 Prozentpunkte mehr für die Frauen aus. Angesichts des Unterschiedes von 6 DM pro Stunde im Jahr 2000 und einem immer noch um 22 Prozent höheren Durchschnittslohn der Männer ist eine Angleichung noch in weiter Ferne. Bei einer konstant um 0,34 Prozentpunkte höheren jährlichen Wachstumsrate der Frauen würde die Angleichung der Durchschnittslöhne noch 60 Jahre dauern. Bis 1996 verlief der Anstieg der Löhne monoton, von 1996 bis zum Jahr 2000 mussten Männer und Frauen erstmals auch teilweise leichte reale Einbußen hinnehmen.

Betrachtet man zusätzlich zu den Durchschnittslöhnen die Entwicklung der Quantile der Lohnverteilung, dargestellt in den Abbildungen 5.2 und 5.3, sind mehrere Auffälligkeiten festzustellen:

- Der Median der Frauen liegt in jedem Jahr wesentlich dichter am arithmetischen Mittel als bei den Männern. Dies deutet auf eine symmetrischere, weniger linkssteile Verteilung der realen Bruttostundenlöhne als bei den Männern hin. Dies zeigt sich auch bei Betrachtung von Kerndichteschätzungen der Lohnverteilungen der Männer und Frauen, auf deren Wiedergabe jedoch verzichtet wird.

- Die Entwicklung der unteren Quantile (hier 10% und 25%), des Medians und des Durchschnitts verläuft bei den Männern durchgehend deutlich flacher als bei den Frauen. Vollzeiterwerbstätige Frauen holen demnach im Bereich geringerer Stundenlöhne stärker auf. Bei den oberen Quantilen ist der Aufholprozess der Frauen schwächer. In Tabelle 5.2 sind die durchschnittlichen Wachstumsraten in Prozent für die verschiedenen Kenngrößen der Lohnverteilung ausgewiesen.

Tabelle 5.3: Durchschnittliche jährliche Wachstumsraten der realen Bruttostundenlöhne in Prozent, 1984-2000, für ausgewählte Kenngrößen der Lohnverteilung

| | 10%-Quantil | 25%-Quantil | Median | Arithm. Mittel | 75%-Quantil | 90%-Quantil |
|---|---|---|---|---|---|---|
| Frauen | 1,91 | 1,71 | 1,47 | 1,57 | 1,47 | 1,58 |
| Männer | 0,73 | 1,15 | 1,29 | 1,23 | 1,42 | 1,39 |

- Die Lohnspreizung, gemessen anhand verschiedener Quantilsabstände in Tabelle 5.3, ist bei den Männern bis auf zwei Ausnahmen wesentlich größer als bei den Frauen. Bei den Abständen 50%-10% und 25%-10% wurde das Maximum im Jahr 2000 und das Minimum im Jahr 1984 erreicht. Die Betrachtung der Wachstumsraten der Abstände in Tabelle 5.4 zeigt, dass die Lohnspreizung bei den Männern im unteren und mittleren Bereich der Lohnverteilung wesentlich stärker zunimmt als bei den Frauen. Diese verzeichnen die größte Zunahme der Lohnspreizung im oberen Bereich und dort auch stärker als bei den Männern. Dies beruht vor allem auf der Veränderung der relativen Position des 90%-Quantils.

Tabelle 5.4: Minimale und maximale Bandbreiten der Quantilsabstände in DM im Zeitraum 1984-2000

| | 90%-10%-Quantil | 90%-75%-Quantil | 90%-50%-Quantil | 50%-10%-Quantil | 25%-10%-Quantil | 75%-25%-Quantil |
|---|---|---|---|---|---|---|
| Frauen | 17-22 | 5-8 | 10-14 | 7-10 | 3-5 | 9-11 |
| Männer | 22-30 | 8-11 | 14-19 | 7-11 | 3-5 | 11-15 |

Tabelle 5.5: Durchschnittliche jährliche Wachstumsraten ausgewählter Quantilsabstände in Prozent, 1984-2000

| | 90%-10%-Quantil | 90%-75%-Quantil | 90%-50%-Quantil | 50%-10%-Quantil | 25%-10%-Quantil | 75%-25%-Quantil |
|---|---|---|---|---|---|---|
| Frauen | 1,33 | 2,06 | 1,80 | 0,69 | 0,95 | 1,01 |
| Männer | 1,88 | 1,27 | 1,56 | 2,45 | 3,26 | 1,91 |

Im nächsten Abschnitt wird sich zeigen, ob die gerade beschriebene generelle Entwicklung der Reallöhne auf alle Kohorten gleichermaßen zutrifft oder ob sich besondere kohortenspezifische Entwicklungen beobachten lassen, die z.B. mit der gestiegenen Erwerbsbeteilung der Frauen zusammenhängen.

Abbildung 5.2: Zeitliche Entwicklung der Verteilung der realen Bruttostundenlöhne vollzeiterwerbstätiger Männer in Deutschland

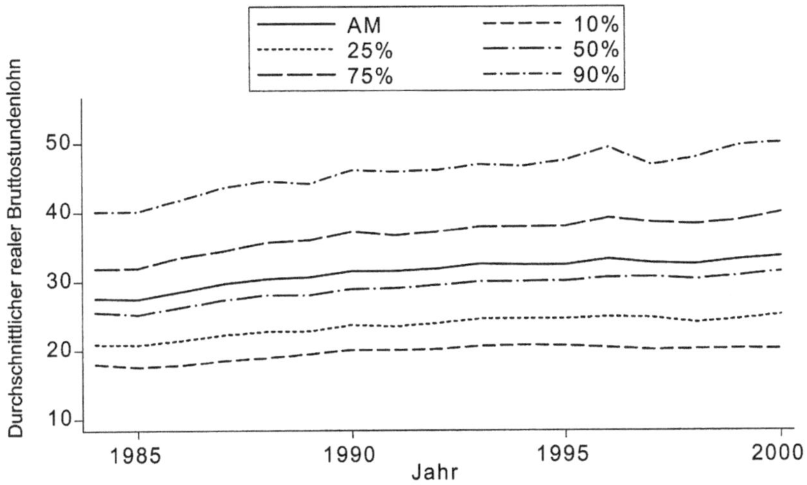


Abbildung 5.3: Zeitliche Entwicklung der Verteilung der realen Bruttostundenlöhne vollzeiterwerbstätiger Frauen in Deutschland

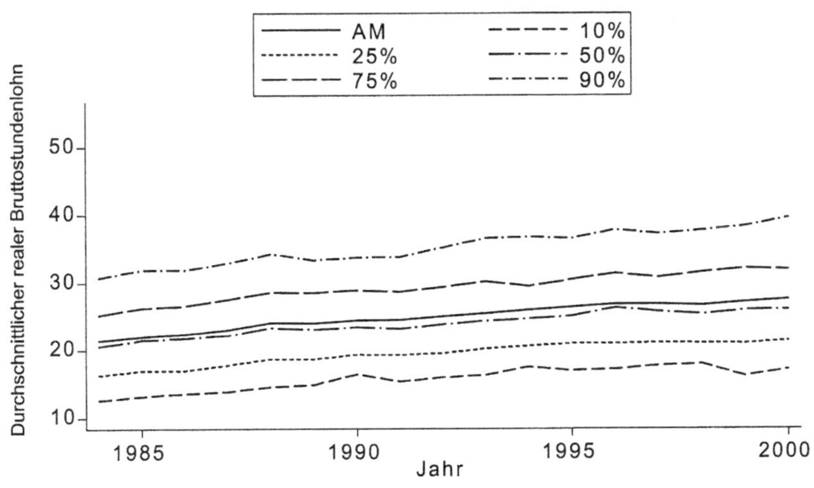

### 5.2.2 Differenzierung nach Geschlecht und Kohorten

In den Tabellen 5.5 und 5.6 und den Abbildungen 5.4 bis 5.6 wird die Betrachtung weiter verfeinert, indem die Entwicklung der durchschnittlichen realen Bruttostundenlöhne nach den vier Geburtsjahrgangskohorten 1930-1939 (Kohorte 1), 1940-1949 (Kohorte 2), 1950-1959 (Kohorte 3) und 1960-1975 (Kohorte 4) dargestellt wird.

Tabelle 5.6: Durchschnittliches jährliches Wachstum der durchschnittlichen realen Bruttostundenlöhne in Prozent nach Kohorten und Vergleichszeiträumen[5]

| Kohorte | Frauen | | | Männer | | |
|---|---|---|---|---|---|---|
| | 1985-1992 | 1985-2000 | 1995-2000 | 1985-1992 | 1985-2000 | 1995-2000 |
| 1 | 0,15 | - | - | 2,20 | - | - |
| 2 | 2,80 | 2,01 | 1,64 | 3,02 | 1,86 | 1,07 |
| 3 | 2,69 | 2,03 | 1,07 | 4,03 | 2,78 | 1,56 |
| 4 | 2,13 | 1,88 | 1,18 | 3,70 | 2,82 | 1,73 |

Bei der Differenzierung nach Kohorten fallen folgende Besonderheiten auf:

- Während im vorigen Abschnitt festgestellt werden konnte, dass die Reallöhne der Frauen durchschnittlich jährlich um 0,34 Prozentpunkte stärker gestiegen sind, zeigt sich bei der Differenzierung nach Kohorten, dass die durchschnittlichen realen Bruttostundenlohnsätze der Männer in allen Kohorten bei fast allen Vergleichszeiträumen deutlich stärker als die der Frauen zunahmen. Dies ist auf die unterschiedliche Zusammensetzung und die unterschiedliche Änderung der Kohorten zurückzuführen.
- Am stärksten, fast durchweg einen Prozentpunkt pro Jahr mehr im Vergleich zu den Kohorten 1 und 2, stiegen bei den Männern die Durchschnittslöhne der Kohorten 3 und 4, unabhängig davon, welchen Vergleichszeitraum man zugrunde legt. Dies spiegelt bei den Männern hauptsächlich den Einfluss der Berufserfahrung auf die Entwicklung der Löhne wider.

[5] Wie Tabelle 5.6 zeigt, sind für die Kohorte 1 die Fallzahlen 1993 und 1994 so gering, dass angesichts der Bedeutung des Endzeitpunktes 1992 gewählt wurde. Als Anfangszeitpunkt wurde 1985 gewählt, da hier die ersten Beobachtungen für die Kohorte 4 auftreten.

- Bei den Frauen dagegen sind die Unterschiede zwischen den Kohorten gering, die zweite Kohorte weist im Gegensatz zu den Männern für jeden Vergleichszeitraum sogar mit die höchste Wachstumsrate auf. Verantwortlich hierfür sind hauptsächlich Sondereffekte, wie beispielsweise die im Vergleich zu den Männern vor allem bei der zweiten und dritten Kohorte der Frauen ausbildungsbedingte stärkere Tarifgebundenheit der Löhne.

Abbildung 5.4: Zeitliche Entwicklung der durchschnittlichen realen Bruttostundenlöhne in Deutschland nach Geschlecht und Kohorten von 1984-2000

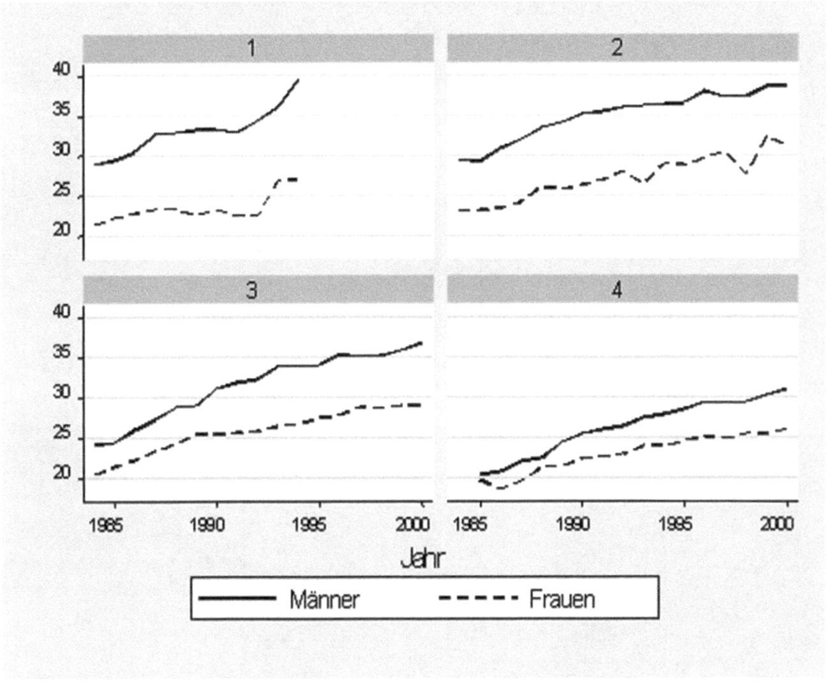


- Betrachtet man zusätzlich die Quantile der Lohnverteilung in den Abbildungen 5.5 und 5.6, zeigt sich, dass die Lohnspreizung bei den Frauen im Vergleich zu den Männern in allen Kohorten wesentlich geringer ausfällt.

- Bei der jüngsten Kohorte der Frauen ist von Beginn der Unterschied zwischen arithmetischem Mittel und Median der realen Bruttostundenlöhne verschwindend gering. Überhaupt weist diese Kohorte die geringste Lohnspreizung und die stabilste Struktur im Zeitablauf auf. Diese Gleichheit von Median und arithmetischem Mittel stellt ein für Einkommens- bzw. Lohnverteilungen untypisches Charakteristikum dar. Auch hier könnte wieder die bei Frauen immer noch stärkere Tarifgebundenheit der Löhne die entscheidende Rolle spielen. Hierzu besteht jedoch weiterer Forschungsbedarf.

Abbildung 5.5: Zeitliche Entwicklung der Verteilung der realen Bruttostundenlöhne in Deutschland nach Kohorten, Männer, 1984-2000

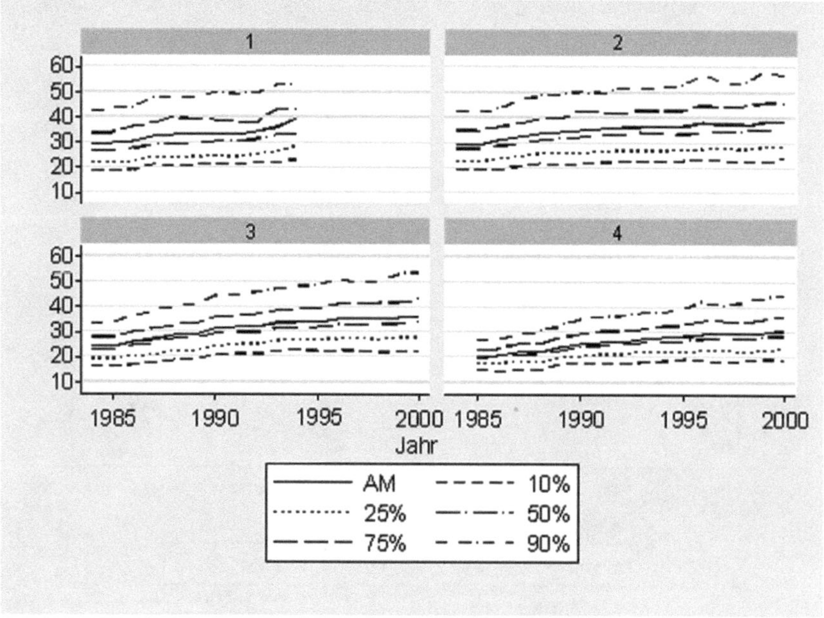

Abbildung 5.6: Zeitliche Entwicklung der Verteilung der realen Bruttostundenlöhne in Deutschland nach Kohorten, Frauen, 1984-2000

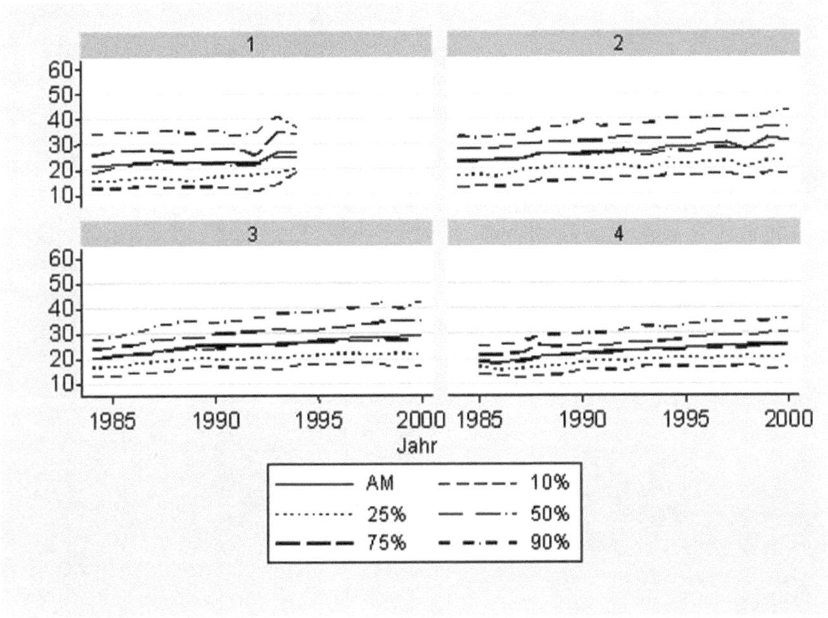


- Für Männer und Frauen gleichermaßen gilt, dass die Lohnspreizung bei der Kohorte 4 am geringsten und bei Kohorte 1 bzw. 2 am größten ist. Je älter demnach die Kohorte, desto stärker die Lohnspreizung.

Tabelle 5.7: Fallzahlen und durchschnittliche reale Bruttostundenlöhne in DM nach Jahr, Kohorte und Geschlecht

| | Kohorte und Geschlecht | | | | | | | |
|---|---|---|---|---|---|---|---|---|
| | Kohorte 1 (1930-1939) | | Kohorte 2 (1940-1949) | | Kohorte 3 (1950-1959) | | Kohorte 4 (1960-1975) | |
| Jahr | m | w | m | w | m | w | m | w |
| 1984 | 28.93 | 21.40 | 29.55 | 23.10 | 24.17 | 20.53 | - | - |
| | 542 | 124 | 550 | 123 | 546 | 250 | - | - |
| 1985 | 29.51 | 22.25 | 29.29 | 23.16 | 24.43 | 21.45 | 20.46 | 19.77 |
| | 465 | 117 | 515 | 126 | 523 | 224 | 44 | 35 |
| 1986 | 30.56 | 22.84 | 30.95 | 23.46 | 26.09 | 22.34 | 20.82 | 18.68 |
| | 399 | 109 | 486 | 139 | 513 | 209 | 96 | 61 |
| 1987 | 32.68 | 23.32 | 32.11 | 24.31 | 27.30 | 23.36 | 22.06 | 19.63 |
| | 371 | 97 | 495 | 138 | 523 | 201 | 143 | 89 |
| 1988 | 32.88 | 23.37 | 33.56 | 26.19 | 28.83 | 24.31 | 22.46 | 21.29 |
| | 324 | 86 | 454 | 135 | 516 | 179 | 187 | 110 |
| 1989 | 33.27 | 22.62 | 34.25 | 25.86 | 29.12 | 25.40 | 24.41 | 21.43 |
| | 276 | 77 | 454 | 139 | 510 | 165 | 262 | 154 |
| 1990 | 33.37 | 23.42 | 35.23 | 26.33 | 31.21 | 25.41 | 25.50 | 22.43 |
| | 231 | 62 | 422 | 125 | 495 | 168 | 319 | 180 |
| 1991 | 32.97 | 22.54 | 35.54 | 27.00 | 31.87 | 25.56 | 26.05 | 22.64 |
| | 180 | 54 | 410 | 130 | 458 | 154 | 385 | 208 |
| 1992 | 34.36 | 22.50 | 36.06 | 28.10 | 32.22 | 25.83 | 26.39 | 22.92 |
| | 142 | 34 | 384 | 136 | 460 | 150 | 411 | 236 |
| 1993 | 36.03 | 26.89 | 36.28 | 26.52 | 33.78 | 26.50 | 27.50 | 23.95 |
| | 92 | 23 | 378 | 143 | 452 | 155 | 464 | 253 |
| 1994 | 39.50 | 27.06 | 36.32 | 29.01 | 33.89 | 26.69 | 27.94 | 23.95 |
| | 43 | 12 | 359 | 130 | 423 | 141 | 536 | 279 |
| 1995 | - | - | 36.62 | 28.78 | 34.11 | 27.49 | 28.51 | 24.64 |
| | - | - | 340 | 122 | 432 | 146 | 568 | 281 |
| 1996 | - | - | 38.06 | 29.88 | 35.38 | 27.84 | 29.50 | 25.16 |
| | - | - | 285 | 110 | 418 | 139 | 626 | 295 |
| 1997 | - | - | 37.31 | 30.52 | 35.13 | 28.82 | 29.20 | 24.92 |
| | - | - | 247 | 87 | 411 | 138 | 655 | 326 |
| 1998 | - | - | 37.39 | 27.69 | 35.19 | 28.68 | 29.41 | 25.48 |
| | - | - | 194 | 72 | 384 | 129 | 678 | 312 |
| 1999 | - | - | 38.65 | 32.45 | 35.90 | 28.98 | 30.31 | 25.42 |
| | - | - | 168 | 59 | 388 | 123 | 712 | 325 |
| 2000 | - | - | 38.63 | 31.22 | 36.87 | 29.00 | 31.07 | 26.13 |
| | - | - | 128 | 58 | 363 | 123 | 741 | 313 |

### 5.2.3 Differenzierung nach Geschlecht und Bildungsjahren

Differenziert man nicht zusätzlich zum Geschlecht nach Kohorten sondern nach der Anzahl der Bildungsjahre, zeigt sich eine weitere deutliche Heterogenität in der Entwicklung der Durchschnittslöhne. Abbildung 5.7 für die Männer und Abbildung 5.8 für die Frauen zeigen, dass sich die Durchschnittslöhne bei 9, 10,5, 11,5 und 12 Bildungsjahren im Zeitablauf wesentlich stabiler entwickelten als bei 13, 15 und 18 Bildungsjahren. Die größere Streuung könnte zwar bei 13 Bildungsjahren noch auf geringe Fallzahlen zurückzuführen sein. Bei 15 und 18 Bildungsjahren dagegen sollten die Fallzahlen insgesamt – siehe Tabelle 5.7 – groß genug sein. Hier wird die größere absolute Streuung innerhalb der Gruppe der Männer oder Frauen mit 13 oder mehr Bildungsjahren im Vergleich zu niedrigeren Bildungsjahren spürbar. Auch dies kann neben der Ausreißerempfindlichkeit der Durchschnittslöhne wieder auf die größere Gebundenheit niedrigerer Ausbildungsabschlüsse an Tarif- bzw. Gehaltsstrukturen interpretiert werden.

Abbildung 5.7: Zeitliche Entwicklung der durchschnittlichen realen Bruttostundenlöhne in Deutschland nach der Anzahl der Bildungsjahre, Männer, 1984-2000

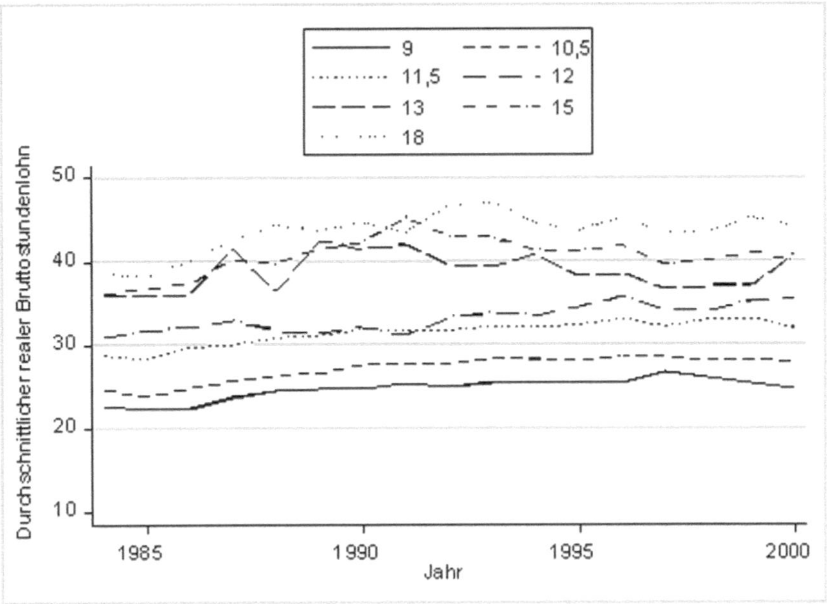

Abbildung 5.8: Zeitliche Entwicklung der durchschnittlichen realen Bruttostundenlöhne in Deutschland nach der Anzahl der Bildungsjahre, Frauen, 1984-2000

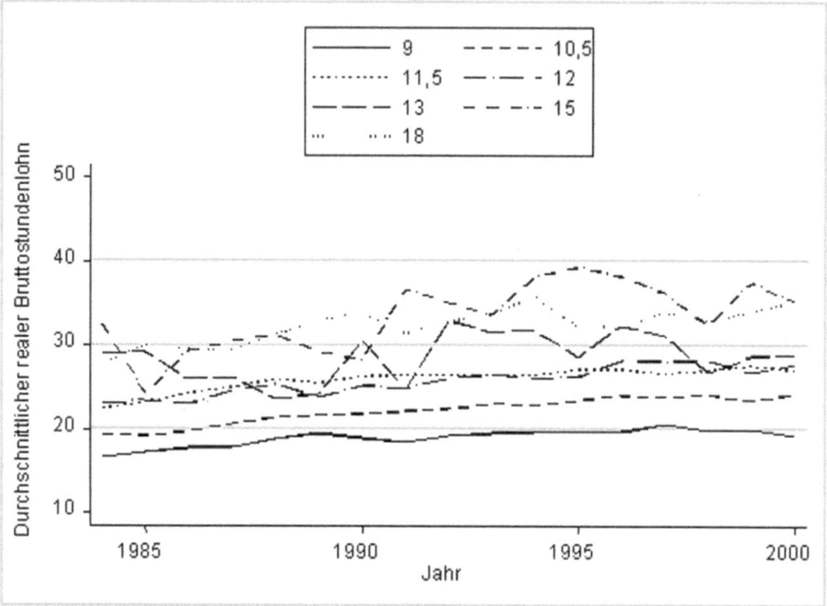


Die Differenzierung nach Bildungsjahren ist auch mit Blick auf die Schätzung von Obergrenzen für die Bildungsertragsraten interessant, da bei den im dritten Kapitel entwickelten Annahmen wie MTR, CMTR und MTS-MTR jeweils vorausgesetzt wird, dass die Lohnvariable monoton mit der Treatmentvariable, d.h. der Anzahl an Bildungsjahren, steigt. Während dies mit vier Ausnahmen (beispielsweise 11,5 - 12 Jahre 1991 und 13 - 15 Jahre 1987) für die Männer gilt, wird bei den Frauen öfters gegen die Monotonieannahme verstoßen. Dies sollte sich bei der späteren Schätzung der Obergrenzen der entsprechenden Renditen darin wiederspiegeln, dass diese verhältnismäßig nahe an oder sogar unter den entsprechenden Punktschätzungen der Renditen bei Annahme von exogener Treatmentselektion (ETS) liegen.

### 5.2.4 Differenzierung nach Geschlecht, Kohorten und Bildungsjahren

In Abschnitt 4.2 wurden die Arbeiten von Steiner/Lauer (2000) und Fitzenberger (1999b) besprochen und dabei festgehalten, dass beide Studien deutlich gesunkene Bildungsrenditen jüngerer Kohorten der Frauen feststellen. Dieses Ergebnis deutete sich bei den Auswertungen in Abschnitt 5.2.2 bereits insoweit an, als die Lohnverteilung mit der geringsten Spreizung bei Kohorte 4 der Frauen zu beobachten war. Differenziert man nun nach Kohorten und Bildungsjahren, sollte sich für die Kohorte 4 ergeben, dass die Unterschiede zwischen verschiedenen Bildungsniveaus im Vergleich zu den anderen Kohorten relativ gering sind. Dies bestätigt sich in Abbildung 5.9, in der die Entwicklung der durchschnittlichen realen Bruttostundenlöhne für ausgewählte Bildungsjahre und Kohorten dargestellt ist. Der Übersicht halber wird hierbei nur die Kohorte 3 der Kohorte 4, den jüngeren Geburtsjahrgängen, gegenübergestellt. Vergleicht man Abbildung 5.9 mit den Abbildungen 5.7 und 5.8, in denen lediglich nach Bildungsjahren differenziert wurde, so fällt auf, dass die Entwicklung der Durchschnittslöhne in den einzelnen Kohorten auch bei 15 und 18 Bildungsjahren bis auf einzelne Ausreißer relativ stabil verläuft. In Tabelle 5.8 sind für ausgewählte Jahre Fallzahlen und Durchschnittslöhne nach Bildungsjahren angegeben.

Abbildung 5.9: Zeitliche Entwicklung der durchschnittlichen realen Bruttostundenlöhne in Deutschland nach ausgewählten Bildungsjahren, Geschlecht und Kohorten

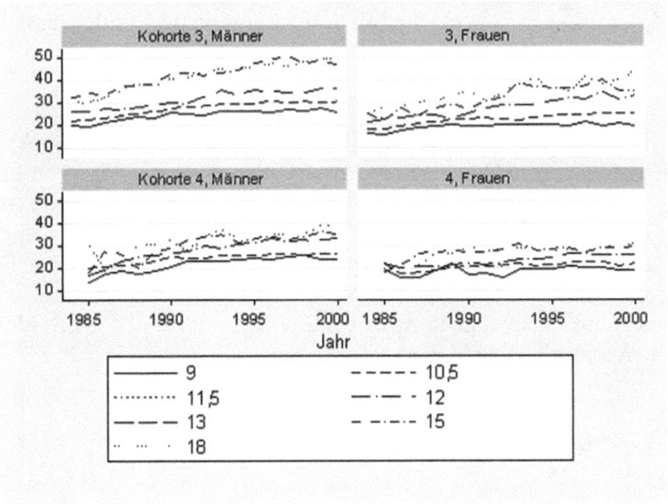

Es ist deutlich sichtbar, dass sowohl bei den Männer als auch bei den Frauen die Lohnspreizung bei der Kohorte 3 wesentlich größer ist. Bei den Männern ist dies auf die Bildungsjahre 15 und 18 zurückzuführen, bei den Frauen ebenfalls, jedoch nicht ganz so deutlich ausgeprägt. Dies deutet bereits an, dass die Bildungsrenditen insbesondere bei Frauen jüngerer Kohorten relativ gering ausfallen werden.

### 5.2.5 Zwischenfazit

Die deskriptive Analyse der Entwicklung der Lohnstruktur brachte mehrere bemerkenswerte Ergebnisse. Ein Vergleich der durchschnittlichen jährlichen Wachstumsraten ohne Differenzierung nach Kohorten ergab mit 1,57 Prozent eine höhere Wachstumsrate der Frauen im Vergleich zu 1,23 Prozent für die Männer. Dieses Bild ändert sich aufgrund von Struktureffekten, falls nach Kohorten differenziert wird. Dann weisen die Männer bis auf die zweite Kohorte bei allen Vergleichszeiträumen eine höhere Wachstumsrate auf. Eindeutig und unabhängig von der Differenzierung nach Kohorten sind die Charakteristika der Lohnverteilungen der Männer und Frauen. Die Lohnspreizung ist generell bei den Frauen weitaus geringer und nimmt auch weniger stark zu im Vergleich zu den Männern. Dabei ist die größte Zunahme der Lohnspreizung bei den Frauen im Unterschied zu den Männern im oberen Bereich der Lohnverteilung zu beobachten. Neben der geringeren Lohnspreizung ist bei den Frauen der auch wieder bei allen Kohorten zu bebachtende minimale Unterschied zwischen dem Durchschnitt und dem Median auffällig, der auf eine im Vergleich zu den Männern sehr viel symmetrischere Verteilung der realen Bruttostundenlöhne hindeutet.

Das mit Blick auf die Analyse der Bildungsrenditen wichtigste Ergebnis ist der Differenzierung nach Bildungsjahren zu entnehmen. Hier ist bei den Frauen ein häufigerer Verstoß gegen die Monotonieannahme insofern festzustellen als bei den höheren Bildungsniveaus, z.B. 13, 15, 18 Bildungsjahren die Durchschnittslöhne nicht immer mit der Anzahl der Bildungsjahre steigen. Das sollte sich bei der nichtparametrischen Schätzung der Obergrenzen darin widerspiegeln, dass diese entsprechend niedrig im Vergleich zu den OLS-Schätzungen ausfallen, vereinzelt sogar kleiner sein können.

Tabelle 5.8: Durchschnittliche reale Bruttostundenlöhne nach Kohorten, Jahr und Bildungszeit, Männer für ausgewählte Jahre

| Kohorte | Jahr und Bildungszeit – 1988: 7 | 8.5 | 9 | 10 | 10.5 | 11 | 11.5 | 12 | 13 | 13.5 | 14 | 14.5 | 15 | 16 | 17 | 18 | Gesamt |
|---|---|---|---|---|---|---|---|---|---|---|---|---|---|---|---|---|---|
| 1 | | | 24.12 | 23.15 | 28.55 | 32.16 | 33.07 | 39.91 | 49.73 | 43.53 | 37.39 | | 46.46 | 40.94 | | 53.47 | |
| | | | 44 | 1 | 134 | 53 | 25 | 10 | 5 | 1 | 7 | | 10 | 2 | | 32 | 324 |
| 2 | | | 29.52 | 22.19 | 27.77 | 31.53 | 36.80 | 35.34 | 42.76 | 30.52 | 40.89 | 35.80 | 48.04 | 37.61 | 28.58 | 45.95 | |
| | | | 22 | 2 | 181 | 64 | 63 | 21 | 8 | 1 | 7 | 7 | 14 | 6 | 2 | 56 | 454 |
| 3 | 16.94 | 21.58 | 23.91 | 27.63 | 25.25 | 26.43 | 28.79 | 28.18 | 25.32 | 30.12 | 31.49 | 30.73 | 37.70 | 35.19 | 26.07 | 39.43 | |
| | 6 | 1 | 27 | 5 | 171 | 56 | 87 | 23 | 7 | 10 | 12 | 10 | 24 | 11 | 3 | 63 | 516 |
| 4 | 18.67 | 15.46 | 17.50 | 20.98 | 21.96 | 23.69 | 23.58 | 25.10 | 22.68 | 25.97 | 28.03 | 21.93 | 20.07 | 18.73 | | 29.75 | |
| | 1 | 1 | 11 | 3 | 88 | 9 | 38 | 11 | 3 | 2 | 1 | 4 | 7 | 2 | | 6 | 187 |
| Gesamt | 7 | 2 | 104 | 11 | 574 | 182 | 213 | 65 | 23 | 14 | 27 | 21 | 55 | 21 | 5 | 157 | 1481 |

| Kohorte | Jahr und Bildungszeit – 2000: 7 | 8.5 | 9 | 10 | 10.5 | 11 | 11.5 | 12 | 13 | 13.5 | 14 | 14.5 | 15 | 16 | 17 | 18 | Gesamt |
|---|---|---|---|---|---|---|---|---|---|---|---|---|---|---|---|---|---|
| 2 | | | 37.32 | | 30.18 | 34.86 | 37.35 | 50.48 | 42.53 | 44.44 | 46.48 | 38.47 | 48.75 | 48.93 | 25.24 | 54.48 | |
| | | | 1 | | 49 | 19 | 15 | 9 | 2 | 1 | 4 | 2 | 3 | 2 | 1 | 20 | 128 |
| 3 | 17.39 | 17.36 | 25.86 | | 30.34 | 33.63 | 36.70 | 36.05 | 36.59 | 34.38 | 45.82 | 38.31 | 46.66 | 48.40 | 40.72 | 49.87 | |
| | 1 | 1 | 12 | | 113 | 40 | 58 | 16 | 8 | 9 | 9 | 9 | 22 | 8 | 6 | 51 | 363 |
| 4 | 22.76 | | 23.82 | 22.95 | 26.16 | 31.12 | 29.06 | 32.89 | 42.97 | 35.13 | 31.97 | 29.80 | 35.28 | 44.12 | 39.00 | 37.92 | |
| | 3 | | 24 | 4 | 214 | 77 | 125 | 62 | 15 | 16 | 10 | 34 | 37 | 36 | 2 | 82 | 741 |
| Gesamt | 4 | 1 | 37 | 4 | 376 | 136 | 198 | 87 | 25 | 26 | 23 | 45 | 62 | 46 | 9 | 153 | 1232 |

## 5.3 Empirische Evaluation nichtparametrischer Obergrenzen für traditionelle Renditeschätzungen

In den folgenden beiden Abschnitten werden verschiedene nichtparametrischen Schätzungen der Obergrenzen von Bildungsrenditen vorgestellt und mit den Standardschätzungen verglichen. In Abschnitt 5.3.1 werden die wichtigsten nichtparametrischen Obergrenzen für ausgewählte Bildungsniveaus für Männer und Frauen betrachtet und mit den Schätzungen der Standardeinkommensfunktion verglichen. Es wird sich zeigen, dass allein die Annahme von MTS-MTR fast durchweg Obergrenzen für Bildungsrenditen liefert, die in einem ökonomisch sinnvollen Rahmen bleiben. Des weiteren wird sich zeigen, dass nicht nur die Obergrenzen sondern auch die ETS-Punktschätzungen der Renditen in Abhängigkeit davon, welche Bildungsjahre miteinander verglichen werden, stark schwanken. Dies wirft Zweifel an der Angemessenheit der Standardlohnfunktion bzw. der Verwendung einer einzigen Bildungsrendite zur Beurteilung der Entwicklung der Lohnstruktur auf. Abschnitt 5.3.2 vergleicht die nichtparametrischen Instrumentalvariablenschätzungen bei Annahme von MIV-MTR mit traditionellen IV-Schätzungen. Auch hier ergeben sich deutliche Unterschiede der MIV-MTR-Obergrenzen in Abhängigkeit der miteinander verglichenen Bildungsjahre, die traditionelle Instrumentenschätzungen in Frage stellen und andererseits die Verwendung so genannter LATE-Schätzungen bestärkt.

### 5.3.1 Obergrenzen für die Standardeinkommensfunktion

In Tabelle 5.9 werden die auf der Basis verschiedener Annahmen nichtparametrisch geschätzten Obergrenzen beispielhaft für zwei Jahre, 1988 und 1998, für verschiedene Kombinationen von Bildungsjahren nur für Männer dargestellt, da sich durch die Betrachtung der Obergrenzen für Frauen und für die übrigen Jahre an dem Vergleich der Obergrenzen inhaltlich nichts ändert.

Wie schon theoretisch in Kapitel 3 beim Vergleich der Annahmen abgeleitet, sind die Obergrenzen im Worst-Case-Fall am höchsten, mit teilweise weit über 100% so hoch, dass aus ökonomischer Perspektive von keiner sinnvollen Obergrenze gesprochen werden kann. Die nichtparametrischen Obergrenzen bei Annahme von MTR, CMTR und MTS stellen demgegenüber eine deutliche Verbesserung dar. Mit größtenteils über dreißig Prozent liegen jedoch auch sie immer noch deutlich über den meisten geschätzten Bildungsrenditen, selbst bei Verwendung von Instrumentalvariablen. Dabei muss bei den Annahmen von MTS und MTS-MTR beachtet werden, dass sich bei Annahme von MTS in

$$(3.181)\quad \begin{aligned} &K_1 \cdot P(z > t_2|w) + E[y|w, z = t_2] \cdot P(z \le t_2|w) \\ &- K_0 \cdot P(z < t_1|w) - E[y|w, z = t_1] \cdot P(z \ge t_1|w) \end{aligned}$$

und bei Annahme von MTS-MTR in

$$(3.216)\quad \begin{aligned} \Delta_{t_1,t_2} = &\left[ \sum_{u<t_1} [E(y \mid w, z = t_2) - E(y \mid w, z = u)] \cdot P(z = u|w) \right] \\ &+ [E[y|w, z = t_2] - E(y|w, z = t_1)] \cdot P(t_1 \le z \le t_2|w) \\ &+ \left[ \sum_{u>t_2} [E(y \mid w, z = u) - E(y \mid w, z = t_1)] \cdot P(z = u|w) \right] \end{aligned}$$

für die Obergrenze der Rendite mit $t_1 = t_{min}$ und $t_2 = t_{max}$ die ETS-Punktschätzung $E[y|w, z = t_{max}] - E[y|w, z = t_{min}]$ ergibt, siehe Tabelle 5.9, Spalte ETS und MTS-MTR für $t_1 = 9$ und $t_2 = 18$. Je weiter die betrachteten Bildungsjahre $t_1$ und $t_2$ auseinanderliegen, umso näher liegt die Obergrenze tendenziell an der ETS-Punktschätzung und desto kleiner wird tendenziell die Obergrenze bei MTS und MTS-MTR.

Auch die Obergrenzen, geschätzt unter Verwendung des Roy-Modells (Abschnitt 3.2.6) mit einem Diskontsatz r von 5 Prozent und dem Parameter a entsprechend des Abstandes der jeweils betrachteten Bildungsjahre, sind nur in Einzelfällen unter 30 Prozent.[5] Bei einem höheren Diskontsatz, z.B. 10 Prozent, steigen die Obergrenzen in der Regel um etwa 2-4 Prozentpunkte. Bei einem niedrigeren Abzinsungsfaktor sinken sie entsprechend.

Fast durchgehend unter 20%, und damit immerhin im Rahmen vieler Instrumentalvariablenschätzungen, liegt die Obergrenze auf der Basis der Kombina-

---

[5] Ginther (2000) erhält mit Daten des National Longitudinal Survey of the Youth (NLSY) deutlich höhere Grenzen. Ihre Studie unterscheidet sich jedoch in einigen Punkten. Sie schätzt zwei binäre Treatmenteffekte, Bildungsjahre größer als 12 und Bildungsjahre größer als 15, beschränkt ihre Stichprobe auf 29 bis 37 jährige vollzeiterwerbstätige Männer und trimmt die Stichprobe, da Löhne über 100.000$ zensiert sind. Als Parameter a verwendet sie in beiden Fällen acht Jahre, um auch hier eine Obergrenze zu verwenden. Aus demselben Grund verwendet sie Abzinsungsfaktoren von 5 und 10 Prozent. Aus der Darstellung der Roy-Obergrenzen in Abschnitt 3.2.6 ist klar ersichtlich, dass aus größeren Werten für a und r ceteris paribus größere Obergrenzen resultieren.

tion von MTR und MTS. Einzige Ausnahmen mit Renditen bis zu 37 Prozent stellen in Tabelle 5.9 die Fälle dar, in denen $t_1$ und $t_2$ nur ein halbes Jahr auseinanderliegen.[6] Dafür gibt es neben möglichen ökonomischen Gründen folgende theoretische Erklärung. Mit der im vorliegenden Fall verwendeten Kodierung folgt aus einem Abstand von einem halben Jahr zwischen $t_1$ und $t_2$ dass es sich um zwei aufeinanderfolgende Bildungsjahreinheiten handelt.

Für diesen Fall vereinfacht sich bei der Punktschätzung der Bildungsrendite in der Darstellung (3.216) $P(t_1 \leq z \leq t_2|w)$ zu $P(z = t_1) + P(z = t_2)$. Je größer aber dieser Term, umso näher ist man wie im Fall der Annahmen von MTS und MTS-MTR an der ETS-Punktschätzung, da in (3.216) der Teil $[E[y|w, z = t_2] - E(y|w, z = t_1)] \cdot P(t_1 \leq z \leq t_2|w)$ für $P(t_1 \leq z \leq t_2|w) = 1$ der ETS-Punktschätzung entspricht. Da dieser Anteil für aufeinanderfolgende Bildungsjahre $t_1$ und $t_2$ jedoch vergleichsweise gering ist, sind die Renditen tendenziell größer.

$$\begin{aligned} \Delta_{t_1,t_2} = & \left[ \sum_{u<t_1} [E(y \mid w, z = t_2) - E(y \mid w, z = u)] \cdot P(z = u|w) \right] \\ & + [E[y|w, z = t_2] - E(y|w, z = t_1)] \cdot P(t_1 \leq z \leq t_2|w) \\ & + \left[ \sum_{u>t_2} [E(y \mid w, z = u) - E(y \mid w, z = t_1)] \cdot P(z = u|w) \right] \end{aligned} \quad (3.216)$$

Allein daraus sollten jedoch keine derartig großen Unterschiede resultieren. Neben den schon im vorigen Abschnitt bei der Differenzierung nach Bildungsjahren formulierten Zweifeln an der Monotonie des Durchschnittslohnsatzes im gesamten Bereich der Bildungsvariablen deuten die sehr unterschiedlich hohen jährlichen Renditen der ETS-Punktschätzungen darauf hin, dass auch die bei der Schätzung der Standardeinkommensfunktion meistens unterstellte Linearität der Einkommensfunktion in Frage zu stellen ist. Dies kann daran liegen, dass gewisse Sprungstellen im Ausbildungssystem begründet sind, oder daran, dass es unter Umständen sehr problematisch ist, verschiedene Bildungsabschlüsse in Bildungsjahre umzurechnen. Die Verwendung von generierten Bildungsjahren

[6] Dieselbe Argumentation gilt natürlich auch für aufeinanderfolgende Bildungseinheiten mit einem Jahr Differenz. Da jedoch im Bereich zwischen 10 und 14,5 Bildungsjahren, in dem die höchsten Renditen zu verzeichnen sind, immer ein halbes Jahr Differenz codiert ist, sind die Renditen hier größer als zwischen den aufeinanderfolgenden Bildungseinheiten 17 und 18 Jahren.

wird mit ähnlichen Argumenten ja auch schon von Psacharopoulos selbst sowie anderen Autoren kritisiert und stattdessen die Verwendung von Dummyvariablen für die Bildungsabschlüsse empfohlen.[7]

Tabelle 5.9: Ausgewählte Obergrenzen für Bildungsrenditen in Prozent, Männer, 1988 und 1998, im Vergleich mit OLS- und ETS-Punktschätzungen

| Jahr | $t_1$ | $t_2$ | ETS | OLS | Roy | WORST | MTR | CMTR | MTS | MTS-MTR |
|---|---|---|---|---|---|---|---|---|---|---|
| 1988 | 9 | 10,5 | 4,7 | 6,3 | 75,1 | 144,5 | 91,7 | 52,8 | 65,8 | 13,0 |
| 1998 | 9 | 10,5 | 4,4 | 5,3 | 75,2 | 173,0 | 121,8 | 58,4 | 64,0 | 12,8 |
| 1988 | 9 | 11 | 9,7 | 6,3 | 62,8 | 131,8 | 102,2 | 43,3 | 42,1 | 12,4 |
| 1998 | 9 | 11 | 9,0 | 5,3 | 62,0 | 144,6 | 112,7 | 46,9 | 43,5 | 11,7 |
| 1988 | 9 | 11,5 | 9,1 | 6,3 | 50,7 | 104,3 | 89,7 | 38,4 | 25,3 | 10,6 |
| 1998 | 9 | 11,5 | 9,1 | 5,3 | 51,7 | 113,3 | 95,4 | 40,6 | 27,9 | 10,0 |
| 1988 | 9 | 12 | 8,7 | 6,3 | 43,5 | 92,2 | 82,3 | 35,6 | 19,8 | 9,8 |
| 1998 | 9 | 12 | 8,7 | 5,3 | 44,9 | 97,6 | 85,9 | 37,2 | 20,8 | 9,0 |
| 1988 | 9 | 15 | 8,0 | 6,3 | 25,8 | 46,4 | 43,7 | 30,2 | 10,2 | 7,5 |
| 1998 | 9 | 15 | 7,0 | 5,3 | 25,2 | 49,6 | 46,8 | 30,2 | 9,5 | 6,7 |
| 1988 | 9 | 18 | 6,3 | 6,3 | 18,9 | 30,1 | 30,0 | 29,0 | 6,3 | 6,3 |
| 1998 | 9 | 18 | 5,3 | 5,3 | 18,0 | 32,4 | 32,1 | 28,9 | 5,5 | 5,3 |
| 1988 | 10,5 | 11 | 24.6 | 6,3 | 148,6 | 450,9 | 314,8 | 94,6 | 173,1 | 37,0 |
| 1998 | 10,5 | 11 | 22,9 | 5,3 | 168,0 | 493,9 | 344,8 | 109,1 | 185,7 | 36,6 |
| 1988 | 10,5 | 11,5 | 15.5 | 6,3 | 78,5 | 222,5 | 177,2 | 56,6 | 65,6 | 20,3 |
| 1998 | 10,5 | 11,5 | 16,2 | 5,3 | 90,3 | 240,9 | 185,5 | 62,3 | 75,5 | 20,1 |
| 1988 | 10,5 | 12 | 7.5 | 6,3 | 56,3 | 159,0 | 133,3 | 45,3 | 41,2 | 15,5 |
| 1998 | 10,5 | 12 | 13,0 | 5,3 | 64,6 | 167,0 | 136,4 | 48,1 | 45,4 | 14,7 |
| 1988 | 10,5 | 15 | 9.1 | 6,3 | 27,2 | 53,4 | 47,9 | 31,6 | 14,1 | 8,6 |
| 1998 | 10,5 | 15 | 7,9 | 5,3 | 28,2 | 56,7 | 50,6 | 31,5 | 13,9 | 7,8 |
| 1988 | 10,5 | 18 | 6.9 | 6,3 | 21,2 | 31,0 | 29,7 | 29,6 | 7,9 | 6,7 |
| 1998 | 10,5 | 18 | 5,8 | 5,3 | 20,8 | 33,2 | 31,5 | 29,4 | 7,4 | 5,6 |
| 1988 | 11 | 11,5 | 6,5 | 6,3 | 120,0 | 505,3 | 322,5 | 99,1 | 211,7 | 28,8 |
| 1998 | 11 | 11,5 | 9,5 | 5,3 | 150,3 | 547,2 | 335,3 | 108,1 | 238,6 | 26,7 |
| 1988 | 11,5 | 12 | 6,7 | 6,3 | 86,0 | 530,9 | 329,7 | 111,5 | 233,5 | 32,3 |
| 1998 | 11,5 | 12 | 6,6 | 5,3 | 116,6 | 547,3 | 318,9 | 114,6 | 255,4 | 26,9 |
| 1988 | 11,5 | 15 | 7,3 | 6,3 | 25,6 | 76,3 | 51,5 | 37,1 | 33,8 | 9,0 |
| 1998 | 11,5 | 15 | 5,6 | 5,3 | 28,3 | 79,5 | 52,1 | 36,2 | 34,9 | 7,6 |
| 1988 | 11,5 | 18 | 5,6 | 6,3 | 21,6 | 39,9 | 28,9 | 32,3 | 17,6 | 6,6 |
| 1998 | 11,5 | 18 | 4,2 | 5,3 | 22,0 | 41,9 | 29,4 | 31,6 | 17,7 | 5,2 |

In Tabelle 5.10 werden für das Jahr 1995 ausgewählte CMTR-Obergrenzen zusammen mit den Punktschätzungen der Quantilregressionen berichtet, da für die Quantile der Bildungsrenditen bislang noch keine MTS-MTR-Obergrenzen entwickelt wurden und die Worst-Case-, MTS- und MTR-Obergrenzen für die

[7] Vgl. Psacharopoulos (1994).

Quantile größenordnungsmäßig wie im Fall der durchschnittlichen Rendite deutlich über 50 Prozent liegen.

Tabelle 5.10: Quantilregressionen und CMTR-Obergrenzen für Quartile und Median der Bildungsrenditen in Prozent, 1995, Männer

| Jahr | $t_1$ | $t_2$ | CMTR 1. Quartil | CMTR Median | CMTR 3. Quartil | QREG 1. Quartil | QREG Median | QREG 3. Quartil |
|---|---|---|---|---|---|---|---|---|
| 1995 | 9 | 15 | 26.32 | 29.92 | 32.31 | 4.5 | 5.6 | 6.2 |
| 1995 | 9 | 18 | 25.82 | 29.81 | 32.30 | | | |
| 1995 | 10.5 | 15 | 26.32 | 29.95 | 32.30 | | | |
| 1995 | 10.5 | 18 | 25.75 | 29.94 | 32.29 | | | |
| 1995 | 11.5 | 15 | 26.32 | 29.95 | 32.30 | | | |
| 1995 | 11.5 | 18 | 25.81 | 29.93 | 32.30 | | | |

Die Obergrenzen sind im Vergleich zu den MTS-MTR-Obergrenzen für die durchschnittliche Rendite zwar durchweg mit ca. 30 Prozent dreimal so hoch, dafür im Zeitablauf sehr stabil. Dies wird auch durch Bootstrap-Konfidenzintervalle mit 500 Wiederholungen bestätigt. Ein für alle Kombinationen von Bildungsjahren gültiges Phänomen ist das konstruktionsbedingte Ansteigen der Obergrenzen der Renditen bezüglich der Quartile in Tabelle 5.10, die sich auch in der Ordnung der Renditen der Quantilregression widerspiegelt. Da die Betrachtung der Obergrenzen für die Quantile aufgrund CMTR in den anderen Jahren und bei den Frauen keine weiteren Erkenntnisse liefert, wird auf eine ausführliche Darstellung dieser Grenzen verzichtet.

Im nächsten Abschnitt werden nichtparametrische Obergrenzen unter Verwendung monotoner Instrumentalvariablen, kombiniert mit monotonen Responsefunktionen (MIV-MTR), geschätzt und mit gewöhnlichen Instrumentenschätzern verglichen. Es wird sich zeigen, dass die Anzahl der Bildungsjahre des Vaters als Instrument höhere Obergrenzen liefert als wenn die Treatmentvariable selbst als Instrument verwendet. Dies entspricht, wie in Abschnitt 3.2.5.3 gezeigt wurde, der Annahme von MTS-MTR.

### 5.3.2 Obergrenzen für Instrumentalvariablenschätzungen

Instrumentschätzungen der Standardlohnfunktion, die Bildungsrenditen von teilweise weit über 10 Prozent ergaben, wurden einige Zeit als Beleg dafür gewertet, dass die Anzahl der Bildungsjahre keineswegs exogen ist und daher OLS-Schätzungen der Standardlohnfunktion die Renditen systematisch deutlich unterschätzen. In diesem Abschnitt werden Ergebnisse von OLS- und IV-Regressionen vorgestellt und mit Schätzungen der MIV-MTR-Obergrenzen verglichen. Als Instrument für die Anzahl der Bildungsjahre einer Person wird dabei entweder die Anzahl der Bildungsjahre des Vaters oder der Mutter verwendet.

In den Abbildungen 5.10 und 5.11 sind die IV-Schätzungen und die entsprechenden OLS-Schätzungen für Männer bzw. Frauen dargestellt.[8] Es zeigt sich bei den Schätzungen für die Männer, dass die IV-Schätzungen mit der Anzahl der Bildungsjahre der Mutter als Instrument in der Mehrzahl der Fälle nicht über den OLS-Schätzungen der Bildungsrenditen liegen. Die IV-Schätzungen der Renditen mit dem Instrument, Anzahl der Bildungsjahre des Vaters, sind zwar mit Ausnahme der beiden letzten Jahr höher als die OLS-Schätzungen, jedoch nur teilweise signifikant höher, z.B. 1985-1987, und selbst dann beträgt der Unterschied meist nur etwa einen Prozentpunkt. Es fällt schwer, eine Erklärung für dieses Ergebnis zu geben, das bereits von Lauer/Steiner (2001) berichtet wird. Auch sie geben keine Erklärung, warum in Deutschland der Unterschied zwischen den IV- und OLS-Schätzungen so gering ist.

Abbildung 5.10: Zeitliche Entwicklung der OLS- und IV-Schätzungen der Bildungsrenditen, Männer, 1984-2000

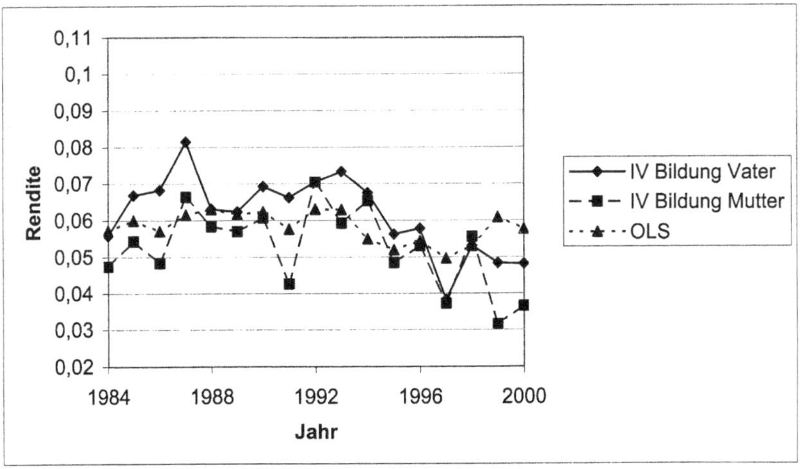


8 Es wurden auch IV-Schätzungen mit der Bildung des Vaters und der Mutter als Instrument durchgeführt. Diese Schätzungen unterscheiden sich nur geringfügig von den hier mit der Bildung des Vaters als alleinigem Instrument durchgeführten. Die Ergebnisse der OLS-Regressionen unterscheiden sich ebenfalls, allerdings nur minimal, von denen des vorigen Abschnittes, da nur die Beobachtungen verwendet wurden, für die auch Beobachtungen der Instrumente vorhanden waren.

Die Schätzungen für die Frauen schwanken stark. Ein möglicher Grund dafür könnte eine geringere Korrelation des Instruments mit der Bildungsvariablen sein. In Tabelle 5.11 sind deshalb die partiellen Korrelationskoeffizienten zwischen der Anzahl an Bildungsjahren und den Instrumenten angegeben. Da diese Korrelationskoeffizienten bei den Männern im Zeitablauf sehr stabil blieben, ist hier wegen stellvertretend für die übrigen Jahre nur der Wert des Jahres 2000 angegeben. Bei den Frauen zeigt sich ein leicht anderes Bild. Bis 1992 war der partielle Korrelationskoeffizient mit dem Instrument Bildung der Mutter deutlich geringer, stieg aber fast stetig von 1993 bis 2000 und war 2000 mit 0,27 deutlich höher als 1992 mit 0,1. Es ist allerdings fraglich, ob dies allein die Ursache für die teils extremen Schwankungen sein kann. Selektionseffekte dürften dabei die Hauptursache darstellen. Hier zeigt sich weiterer Forschungsbedarf.

Tabelle 5.11: Partielle Korrelationskoeffizienten zwischen der Anzahl an Bildungsjahren und den Instrumenten

| | Frauen 1987 | Frauen 1989 | Frauen 1992 | Frauen 1996 | Frauen 2000 | Männer 2000 |
|---|---|---|---|---|---|---|
| Bildung Vater | 0,27 | 0,22 | 0,22 | 0,21 | 0,21 | 0,31 |
| Bildung Mutter | 0,13 | 0,14 | 0,10 | 0,21 | 0,27 | 0,21 |

Abbildung 5.11: Zeitliche Entwicklung der OLS- und IV-Schätzungen der Bildungsrenditen, Frauen, 1984-2000

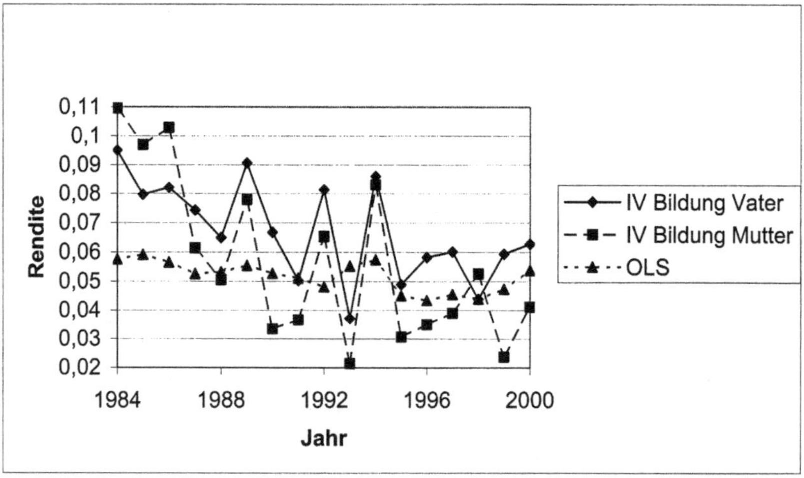

In den Abbildungen 5.12a und 5.12b sind Schätzungen der MIV-MTR-Obergrenzen für Männer mit der Anzahl an Bildungsjahren des Vaters als Instrument dargestellt.

Abbildung 5.12a: Zeitliche Entwicklung der MIV-MTR-Obergrenzen, Männer, 1984-2000

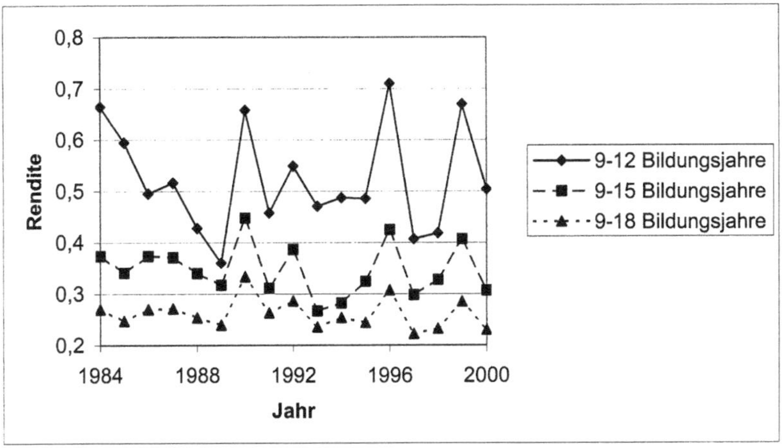


Abbildung 5.12b: Zeitliche Entwicklung der MIV-MTR-Obergrenzen, Männer, 1984-2000

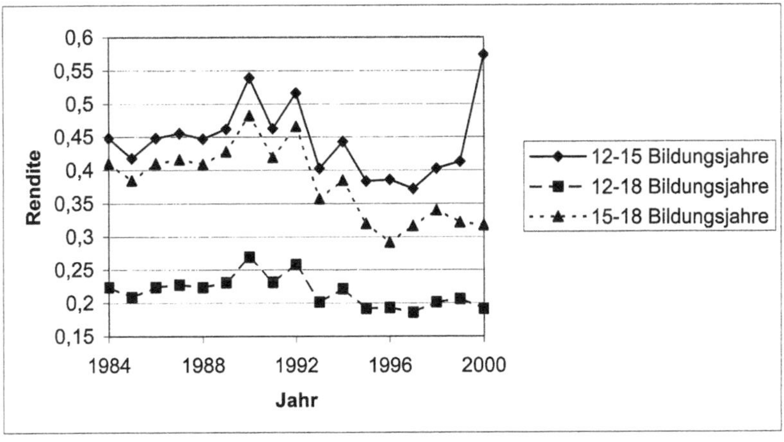

Die Obergrenzen mit der Anzahl an Bildungsjahren der Mutter als Instrument liegen durchweg über diesen Obergrenzen und werden daher nicht abgebildet. Es zeigt sich durchgehend, dass die Obergrenzen umso niedriger sind je größer der Unterschied in Bildungsjahreinheiten ist. Aber selbst die niedrigsten Obergrenzen sind bis auf wenige Ausnahmen durchweg dreimal so hoch wie die entsprechenden OLS- und IV-Schätzungen und je nach gewähltem Vergleich steigt dieses Verhältnis bis auf das 10-fache an.

Dasselbe Bild zeigt sich mit Ausnahme des Vergleichs von 12 und 18 Bildungsjahren bei den Frauen. Aber auch hier sind die Obergrenzen mindestens doppelt so hoch, so dass als Fazit festgehalten werden kann, dass mit der Annahme von MIV-MTR keine mit der Annahme von MTS-MTR vergleichbaren Grenzen angegeben werden können.

Abbildung 5.13a: Zeitliche Entwicklung der MIV-MTR-Obergrenzen, Frauen, 1984-2000

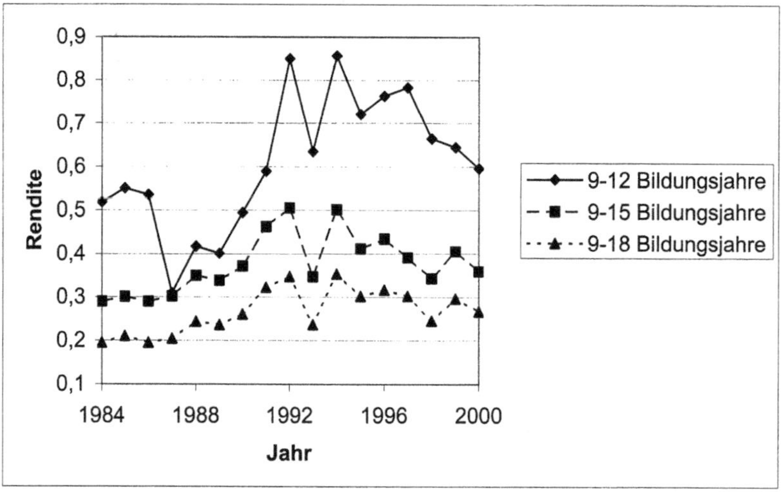

Abbildung 5.13b: Zeitliche Entwicklung der MIV-MTR-Obergrenzen, Frauen, 1984-2000

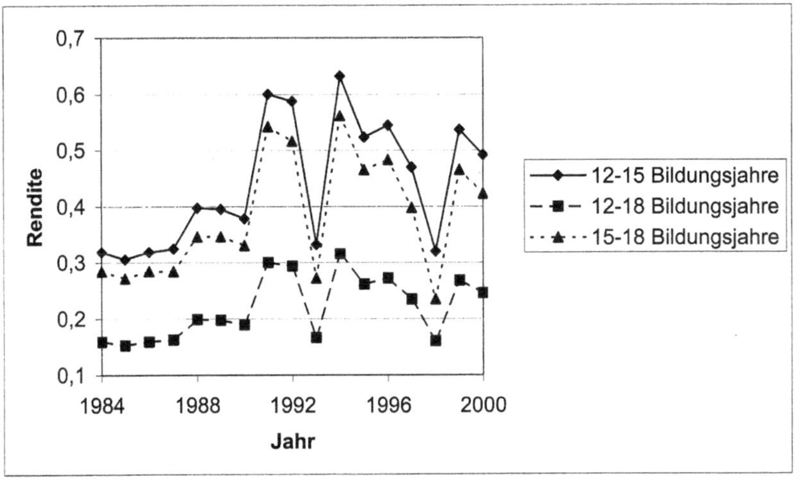


Nachdem nun auch empirisch eindeutig die Überlegenheit der Annahme von MTS-MTR zur Bestimmung von Obergrenzen gezeigt werden konnte, werden nur die nichtparametrischen Obergrenzen dieser Annahme im letzten Abschnitt 5.4 neben den traditionellen Verfahren zur Analyse der Lohnstrukturen verwendet.

## 5.4 Empirische Evaluation charakteristischer Strukturmerkmale der Entwicklung der Bildungsrenditen in Deutschland mit Hilfe nichtparametrisch geschätzter Obergrenzen

In den folgenden Abschnitten werden traditionelle Verfahren zusammen mit den nichtparametrischen Verfahren zur Schätzung der Obergrenzen auf die Untersuchung der beiden im vierten Kapitel formulierten mikroökonomischen stilisierten Fakten sowie einer kohortenspezifischen Analyse der Entwicklung der Renditen angewendet. Die nichtparametrisch geschätzten Obergrenzen bei Annahme von MTS-MTR werden abschließend auf ihre Eignung zur Messung der Lohndiskriminierung im Vergleich mit dem traditionellen Oaxaca/Blinder-Ansatz überprüft.

### 5.4.1 Zur These im Zeitablauf fallender Bildungsrenditen

Da die Annahme von MTS-MTR die aus ökonomischer Sicht bei weitem realistischsten Obergrenzen liefert, konzentriert sich die Untersuchung des Verlaufs der Bildungsrenditen und deren nichtparametrisch geschätzten Obergrenzen im Folgenden auf diese Annahme. In Abbildung 5.14 sind für die Vergleiche der am häufigsten auftretenden Bildungsjahre nichtparametrisch geschätzte Obergrenzen bei Annahme von MTS-MTR zusammen mit OLS-Schätzungen der Bildungsrenditen für Männer dargestellt.

Abbildung 5.14: Zeitliche Entwicklung ausgewählter nichtparametrischer Obergrenzen der Bildungsrenditen bei Annahme von MTS-MTR im Vergleich mit OLS, Männer, 1984-2000

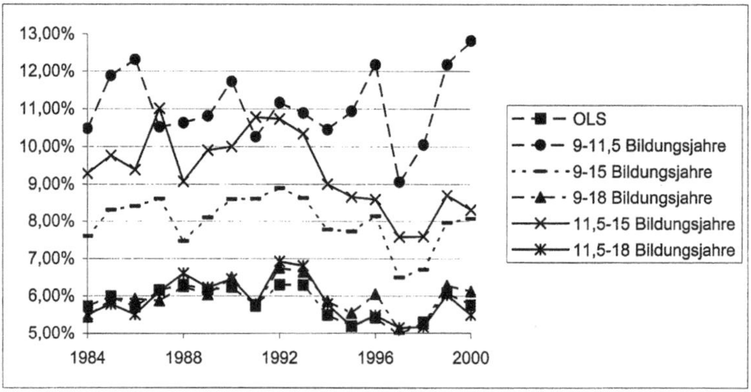

In den Abbildungen 5.14 und 5.15 sind für die Frauen und Männer OLS- und Quantilregressionen zusätzlich zu den nichtparametrischen Grenzen in Abbildung 5. abgebildet. Es zeigt sich, dass die Bildungsrenditen der Frauen von 1984 bis 1992, 1986 ausgenommen, stetig und insgesamt um immerhin fast 1,5 Prozentpunkte gefallen sind. Seit 1992 ist dagegen kein eindeutiger Trend mehr zu erkennen. Im Jahr 2000 liegt die Bildungsrendite sogar wieder leicht über dem Niveau von 1984. Bei den Männern ist ein ähnlicher Verlauf von 1988 bis 1994 zu sehen. In diesem Zeitraum sanken die Bildungsrenditen, allerdings bei größeren Schwankungen im Vergleich mit den Frauen, von leicht über 7,5 Prozent auf 6,5 Prozent. Im Jahr 2000 liegen sie nach zwischenzeitlichen Schwankungen 2000 wieder bei knapp 7,5 Prozent. Die größere Lohnspreizung der Männer zeigt sich beim Vergleich der Quantilregressionen sehr deutlich. Während die Renditeschätzungen mit OLS- und Medianregression sehr eng beieinander liegen, sind die Renditeschätzungen des dritten Quartils mit nur einer Ausnahme 1990 systematisch höher und die des ersten Quartils systematisch niedriger.

Abbildung 5.15: Zeitliche Entwicklung der Bildungsrenditen, OLS- und Quantilregressionen, Männer, 1984-2000

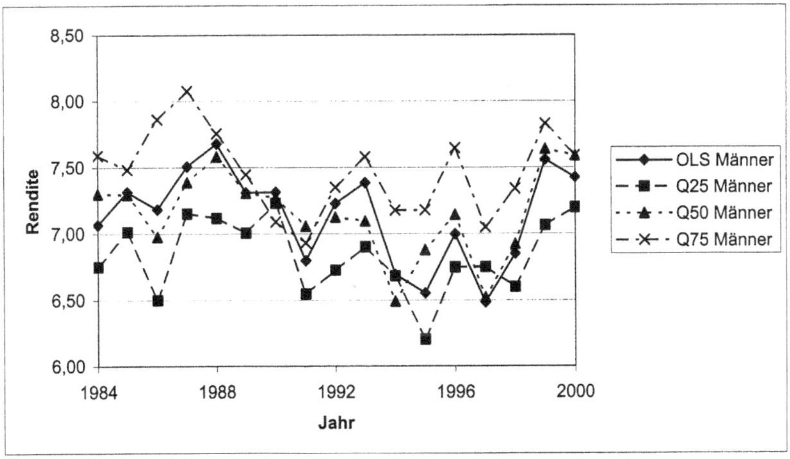


Bei den Frauen zeigt sich ein leicht abweichendes Bild. Tendenziell liegen zwar auch hier die Schätzungen der OLS- und Medianregressionen eng beieinander, die Schätzungen für das erste Quartil weisen jedoch häufig die höchsten und die Schätzungen für das dritte Quartil die niedrigsten Renditen auf.

Abbildung 5.16: Zeitliche Entwicklung der Bildungsrenditen, OLS- und Quantilregressionen, Frauen, 1984-2000

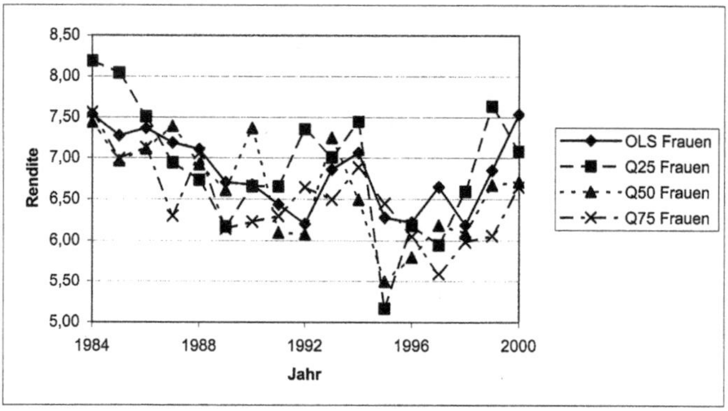


Es bleibt festzuhalten, dass weder mit den nichtparametrischen noch mit den traditionellen Verfahren ein stabiler Trend zu sinkenden Bildungsrenditen erkennbar ist.

Zusätzlich zu den Punktschätzungen der Obergrenzen wurden Bootstrap-Konfidenzintervalle geschätzt. Mit Ausnahme der in Tabelle 5.12 aufgeführten Fälle sind alle Obergrenzen für die Jahre 1988 und 1998 signifikant von Null verschieden. Ursache für die Nichtsignifikanz der Obergrenzen in den angeführten vier Fällen ist, dass der durchschnittliche reale Bruttostundenlohn bei 14,5 Bildungsjahren sehr viel geringer ist als bei 11,5, 12 und 13 Jahren, so dass es aufgrund des deutlichen Verstoßes gegen die Monotonieannahme zum einen zu kleineren Obergrenzen selbst im Vergleich zur OLS-Punktschätzung kommt, zum anderen die Streuung der geschätzten Rendite auch aufgrund der kleinen Fallzahlen bei 14,5 Bildungsjahren größer ist. Da dies für die gesamte Periode 1984-2000 gilt, werden nur Beispiele für 1988 und 1998 angeführt.

Tabelle 5.12: Beispiele für nicht signifikant von Null verschiedene Obergrenzen der Bildungsrenditen bei Annahme von MTS-MTR, 1988 und 1998, Männer

| Jahr | $t_1$ | $t_2$ | ETS | OLS | MTS-MTR | Intervall |
|---|---|---|---|---|---|---|
| 1988 | 13 | 14,5 | -11,2 | 6,3 | 7,2 | [-0,4 ; 14,7] |
| 1998 | 11,5 | 14,5 | -2,9 | 5,3 | 1,7 | [-1,1 ; 3,8] |
| 1998 | 12 | 14,5 | -4,8 | 5,3 | 1,5 | [-1,4 ; 4,3] |
| 1998 | 13 | 14,5 | -13,6 | 5,3 | 1,7 | [-3,2 ; 6,6] |

In Ergänzung zu Tabelle 5.12 sind in Tabelle 5.13 nochmals Beispiele für durchschnittliche Bildungsrenditen bei Verwendung von MTS-MTR angeführt, die höchstens 10 Prozent betragen. Im Fall der jährlichen Rendite von 10,5 auf 18 Bildungsjahren sieht man sogar, dass bei Verletzung der Monotonieannahme die ETS-Punktschätzung über der MTS-MTR-Obergrenze liegen kann.

Tabelle 5.13: Obergrenzen der Bildungsrenditen bei Annahme von MTS-MTR, die höchstens 10 Prozent betragen, im Vergleich mit ETS- und OLS-Schätzungen

| Jahr | $t_1$ | $t_2$ | ETS | OLS | MTS-MTR |
|---|---|---|---|---|---|
| 2000 | 10,5 | 15 | 7,9 | 5,8 | 8,3 |
| 2000 | 10,5 | 18 | 6,1 | | 5,9 |
| 2000 | 11,5 | 15 | 5,0 | | 8,3 |
| 2000 | 11,5 | 18 | 4,3 | | 5,5 |

Angesichts der Abbildung 5.14 liegt die Vermutung nahe, dass zwischen den OLS-Schätzungen der Bildungsrenditen und den nichtparametrisch geschätzten Obergrenzen ein systematischer Zusammenhag besteht. In Tabelle 5.14 sind deshalb die empirischen Korrelationskoeffizienten für die in Abbildung 5.10 verwendeten Renditen angegeben. Bis auf den Vergleich zwischen 9 und 11,5 Bildungsjahren ist die positive Korrelation mit mindestens 0,69 als hoch zu bezeichnen.

Tabelle 5.14: Korrelationskoeffizienten zwischen den OLS- und MTS-MTR-Schätzungen, Männer, 1984-2000

| | 9-11,5 Bildungsjahre | 9-15 Bildungsjahre | 9-18 Bildungsjahre | 11,5-15 Bildungsjahre | 11,5-18 Bildungsjahre |
|---|---|---|---|---|---|
| OLS | 0,32* | 0,69* | 0,82* | 0,73* | 0,90* |

Bevor im nächsten Abschnitt die Entwicklung der Kohorten untersucht wird, bleibt zum einen festzuhalten, dass ein systematischer Zusammenhang zwischen den OLS-Punktschätzungen und den MTS-MTR-Obergrenzen besteht. Die Bandbreite des Korrelationskoeffizienten von 0,32 bis 0,90 deutet aber an, dass abhängig von den miteinander verglichenen Bildungsjahren, mehr oder weniger stark abweichende Entwicklungen möglich sind. Zum anderen liegen die MTS-MTR-Obergrenzen für die durchschnittliche jährliche Rendite in vielen Fällen deutlich unter Instrumentalvariablenschätzungen und in Einzelfällen – siehe Tabelle 5.13 – aufgrund des nicht in jedem Falle monotonen Verlaufs der Durchschnittslöhne sogar unter den ETS-Punktschätzungen.

## 5.4.2 Zur These höherer Bildungsrenditen für Frauen

Bei der deskriptiven Analyse der Lohnverteilungen, differenziert nach Geschlecht und Bildungsjahren, in Abschnitt 5.2.3 wurde bereits vermutet, dass die Bildungsrenditen der vollzeiterwerbstätigen Frauen niedriger als die der Männer sein müssten. Diese Vermutung wird durch die in Abbildung 5.17 dargestellte Entwicklung der mit OLS- und Medianregressionen geschätzten Bildungsrenditen eindeutig bestätigt. An dieser Aussage ändert auch die Betrachtung der nichtparametrisch geschätzten Obergrenzen nichts, auf die im nächsten Abschnitt bei der Kohortenanalyse noch näher eingegangen wird und die deshalb hier nicht abgebildet werden.

Abbildung 5.17: Zeitliche Entwicklung der Bildungsrenditen, OLS- und Medianregressionen, Frauen und Männer, 1984-2000

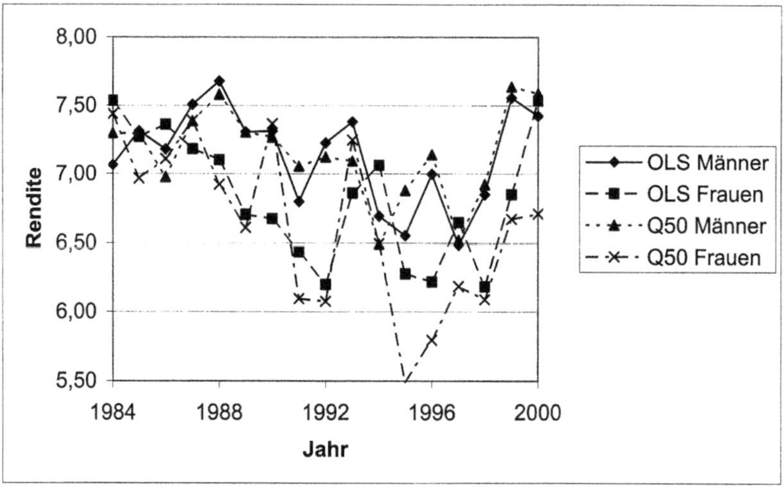


Im nächsten Abschnitt wird die Entwicklung der Bildungsrenditen differenziert nach Kohorten untersucht. Auch hier sollte sich die bereits in Abschnitt 5.2.4 geäußerte Vermutung bestätigen, dass die niedrigsten Bildungsrenditen bei der jüngsten Kohorte der Frauen zu beobachten sein sollte. Bei dieser Kohortenanalyse werden auch wieder nichtparametrisch geschätzte Obergrenzen vorgestellt.

### 5.4.3 Zur These drastisch gesunkener Bildungsrenditen von Frauen jüngerer Kohorten

Beispielhaft für die in Tabelle 5.15 aufgeführte Entwicklung der MTS-MTR- und OLS-Grenzen der vier Kohorten, sind in den Abbildungen 5.18a und 5.18b die Verläufe der Renditen für 10,5-15 und 10,5-18 Bildungsjahre dargestellt.

Abbildung 5.18a: Zeitliche Entwicklung nichtparametrischer Obergrenzen der Bildungsrenditen bei Annahme von MTS-MTR im Vergleich mit OLS nach Kohorten, Männer, 1984-2000

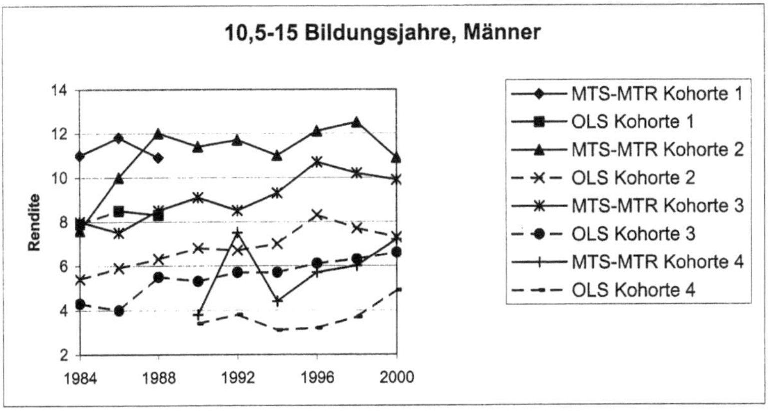


An den in den vorangegangenen Abschnitten beobachteten, konstruktionsbedingten Phänomenen in Bezug auf die Obergrenzen kann sich auch durch Differenzierung nach Kohorten nichts ändern. Daher ist auch hier zu sehen, dass die Obergrenzen für 10,5-18 Bildungsjahre wesentlich geringer und näher bei den OLS-Renditen liegen. Damit ist auch der nahezu parallele Verlauf in Abbildung 5.18b der MTS-MTR-Obergrenzen und der OLS-Renditen zu erklären. Klar bestätigt im Hinblick auf die Rangordnung der Renditen innerhalb der Kohorten wird das Ergebnis von Steiner/Lauer (2000), dass die jüngeren Kohorten schlechter abschneiden. Allerdings ist hier seit 1996 eine relative Verbesserung der Kohorte 4 und 3 gegenüber der Kohorte 2 zu erkennnen, die in Steiner/Lauer (2000) noch nicht festzustellen war, da sie nur Daten bis 1997 verwendet haben. Diese Aussage ist aber insofern zu relativieren als sie auf der einfachst möglichen Spezifikation der Mincer'schen Lohnfunktion beruht.

Abbildung 5.18b: Zeitliche Entwicklung nichtparametrischer Obergrenzen der Bildungsrenditen bei Annahme von MTS-MTR im Vergleich mit OLS nach Kohorten, Männer, 1984-2000

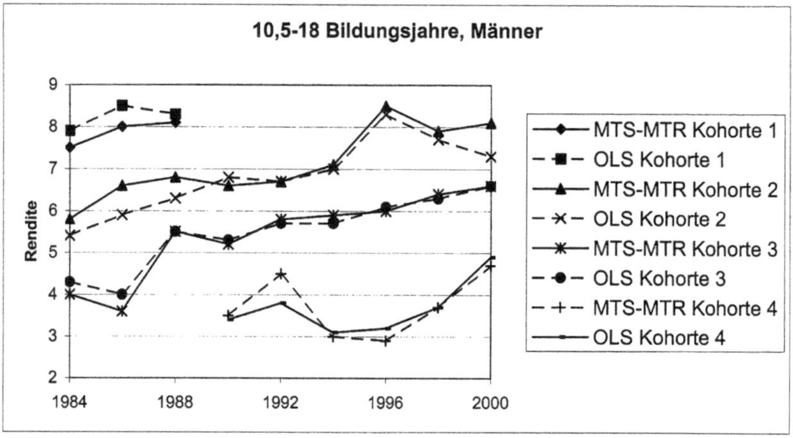


Abbildung 5.19a: Zeitliche Entwicklung nichtparametrischer Obergrenzen der Bildungsrenditen bei Annahme von MTS-MTR im Vergleich mit OLS nach Kohorten, Frauen, 1984-2000

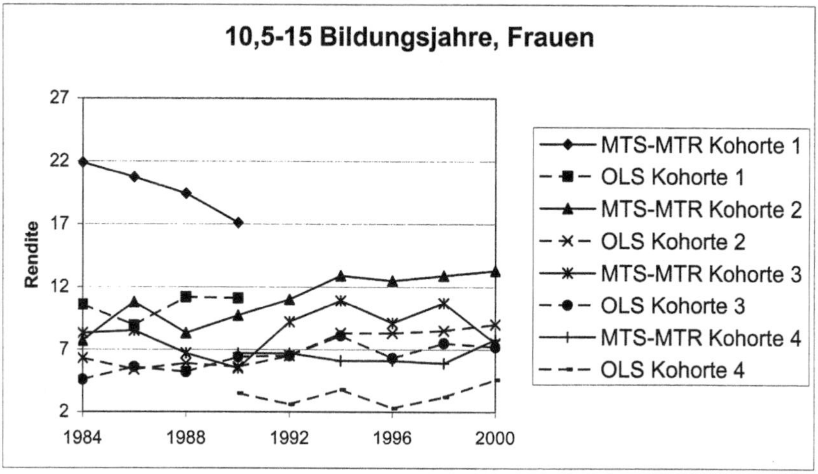

Abbildung 5.19b: Zeitliche Entwicklung nichtparametrischer Obergrenzen der Bildungsrenditen bei Annahme von MTS-MTR im Vergleich mit OLS nach Kohorten, Frauen, 1984-2000

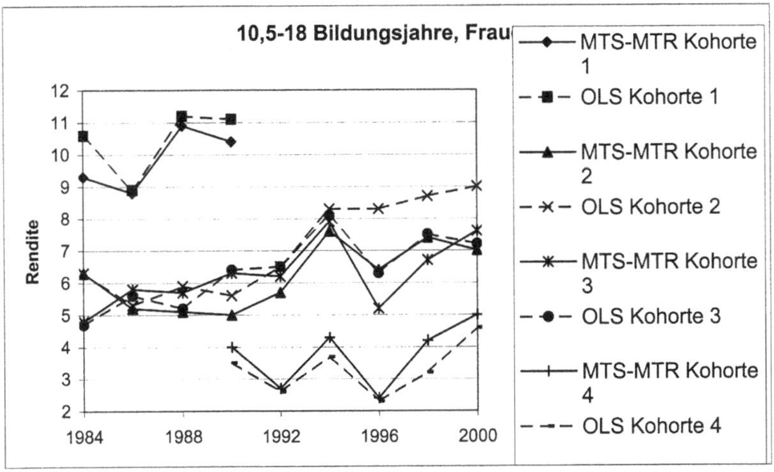


Abbildung 5.20: Zeitliche Entwicklung der Bildungsrenditen, OLS-Regression, Frauen und Männer nach Kohorten, 1984-2000

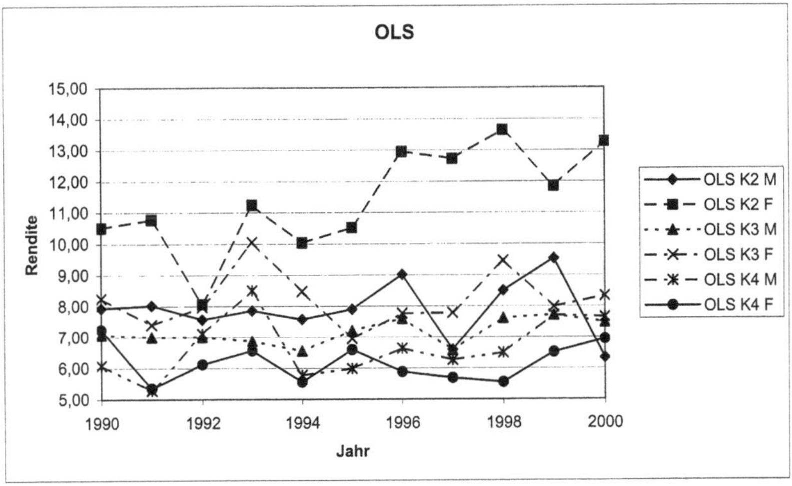

Abbildung 5.21: Zeitliche Entwicklung der Bildungsrenditen, Medianregression, Frauen und Männer nach Kohorten, 1984-2000

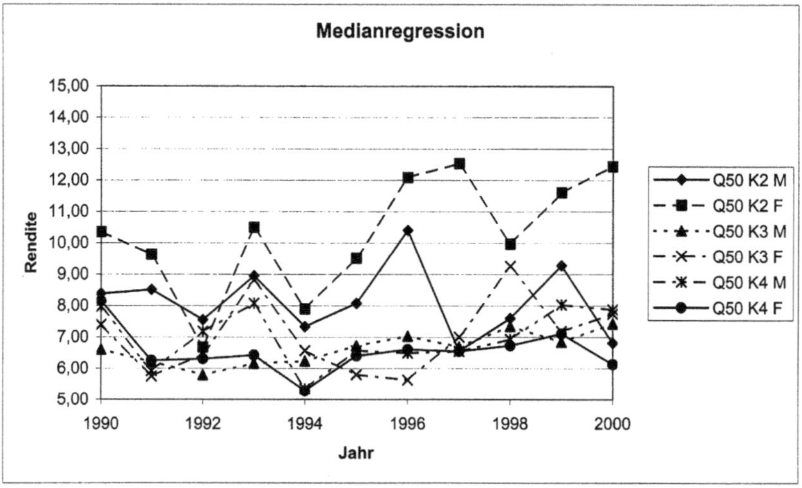


Abbildung 5.22: Zeitliche Entwicklung der Bildungsrenditen, Quantilregression für das 1. Quartil, Frauen und Männer nach Kohorten, 1984-2000

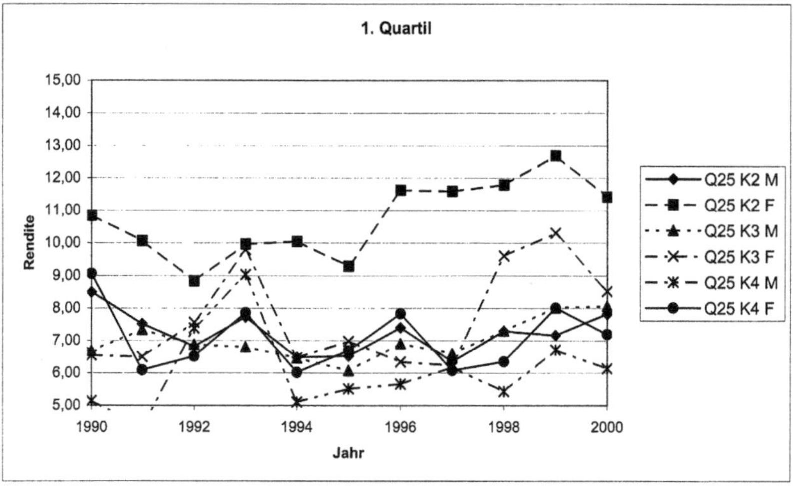

Abbildung 5.23: Zeitliche Entwicklung der Bildungsrenditen, Quantilregression für das 3. Quartil , Frauen und Männer nach Kohorten, 1984-2000

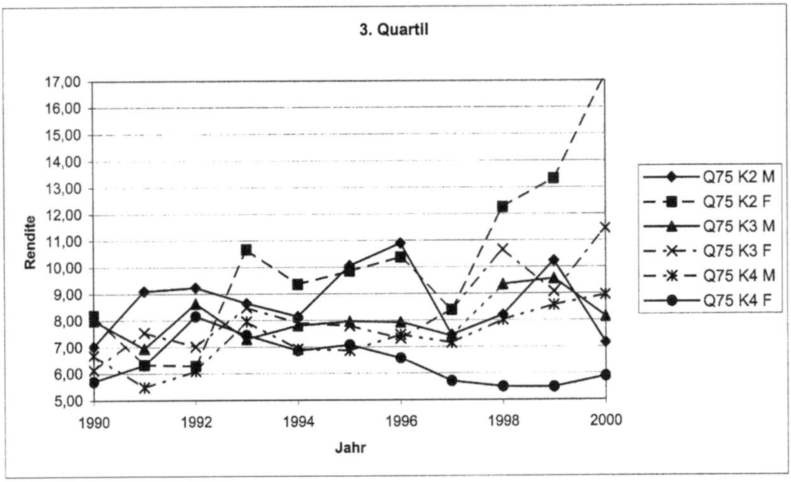


## 5.4.4 Zur nichtparametrischen Messung der Lohndiskriminierung von Frauen

Abschließend wird der in Abschnitt 3.4.3 vorgeschlagene Ansatz zur Messung der Lohndiskriminierung mit nichtparametrisch geschätzten Obergrenzen einem empirischen Test unterzogen. In Tabelle 5.16 sind die Ergebnisse dieser Schätzungen beispielhaft dargestellt. Dabei wurde für den Ansatz von Oaxaca/Blinder die in den empirischen Studien üblicherweise gewählte Variante a aus Abschnitt 3.4.1 verwendet.

$$\text{(a)}\quad \bar{x}_m - \bar{x}_w = \left(\beta_0^m - \beta_0^w\right) + \bar{s}_w \cdot \left(\beta_1^m - \beta_1^w\right) + \beta_1^m \cdot \left(\bar{s}_m - \bar{s}_w\right)$$

Als nichtparametrischer Ansatz wurde die Annahme von MTS-MTR ausgewählt, die sich in der empirischen Anwendung gegenüber den anderen Anwendungen als überlegen herausgestellt hat. Dies ergibt mit der Zerlegung in (3.305):

$$\text{(3.305)}\quad \begin{aligned} &\beta_{t_1,t_2}^{m,O,MTS-MTR} - \beta_{t_1,t_2}^{w,O,MTS-MTR} \\ &= \left(E_{m,t_2}^{O,MTS-MTR} - E_{w,t_2}^{O,MTS-MTR}\right) - \left(E_{m,t_1}^{U,MTS-MTR} - E_{w,t_1}^{U,MTS-MTR}\right) \end{aligned}$$

Tabelle 5.15: MTS-MTR-Obergrenzen und OLS-Schätzungen, nach Kohorten und Jahren, Männer

| Jahr | $t_1$ | $t_2$ | Kohorte 1 | | Kohorte 2 | | Kohorte 3 | | Kohorte 4 | |
|---|---|---|---|---|---|---|---|---|---|---|
| | | | MTS-MTR | OLS | MTS-MTR | OLS | MTS-MTR | OLS | MTS-MTR | OLS |
| 1984 | | | 10.2 | 7.9 | 4.8 | 5.4 | 7.3 | 4.3 | - | - |
| 1986 | | | 11.3 | 8.5 | 7.0 | 5.9 | 7.3 | 4.0 | - | - |
| 1988 | | | 10.4 | 8.3 | 7.9 | 6.3 | 7.1 | 5.5 | - | - |
| 1990 | | | - | - | 9.4 | 6.8 | 7.8 | 5.3 | 5.6 | 3.4 |
| 1992 | | 15 | - | - | 9.9 | 6.7 | 8.5 | 5.7 | 6.7 | 3.8 |
| 1994 | | | - | - | 8.8 | 7.0 | 8.8 | 5.7 | 4.5 | 3.1 |
| 1996 | | | - | - | 10.0 | 8.3 | 10.8 | 6.1 | 5.8 | 3.2 |
| 1998 | | | - | - | 8.9 | 7.7 | 9.6 | 6.3 | 4.6 | 3.7 |
| 2000 | | | - | - | 3.9 | 7.3 | 9.9 | 6.6 | 6.9 | 4.9 |
| 1984 | 9 | | 7.6 | 7.9 | 4.3 | 5.4 | 4.2 | 4.3 | - | - |
| 1986 | | | 8.3 | 8.5 | 5.1 | 5.9 | 4.1 | 4.0 | - | - |
| 1988 | | | 8.2 | 8.3 | 4.9 | 6.3 | 5.1 | 5.5 | - | - |
| 1990 | | | - | - | 6.0 | 6.8 | 5.0 | 5.3 | 4.8 | 3.4 |
| 1992 | | 18 | - | - | 6.3 | 6.7 | 6.3 | 5.7 | 4.4 | 3.8 |
| 1994 | | | - | - | 6.2 | 7.0 | 6.2 | 5.7 | 3.3 | 3.1 |
| 1996 | | | - | - | 7.7 | 8.3 | 6.9 | 6.1 | 3.5 | 3.2 |
| 1998 | | | - | - | 6.3 | 7.7 | 6.6 | 6.3 | 3.2 | 3.7 |
| 2000 | | | - | - | 3.9 | 7.3 | 7.1 | 6.6 | 4.9 | 4.9 |
| 1984 | | | 11.0 | 7.9 | 7.6 | 5.4 | 8.0 | 4.3 | - | - |
| 1986 | | | 11.8 | 8.5 | 10.0 | 5.9 | 7.5 | 4.0 | - | - |
| 1988 | | | 10.9 | 8.3 | 12.0 | 6.3 | 8.5 | 5.5 | - | - |
| 1990 | | | - | - | 11.4 | 6.8 | 9.1 | 5.3 | 3.8 | 3.4 |
| 1992 | | 15 | - | - | 11.7 | 6.7 | 8.5 | 5.7 | 7.5 | 3.8 |
| 1994 | | | - | - | 11.0 | 7.0 | 9.3 | 5.7 | 4.4 | 3.1 |
| 1996 | | | - | - | 12.1 | 8.3 | 10.7 | 6.1 | 5.7 | 3.2 |
| 1998 | | | - | - | 12.5 | 7.7 | 10.2 | 6.3 | 6.0 | 3.7 |
| 2000 | | | - | - | 10.9 | 7.3 | 9.9 | 6.6 | 7.2 | 4.9 |
| 1984 | 10.5 | | 7.5 | 7.9 | 5.8 | 5.4 | 4.0 | 4.3 | - | - |
| 1986 | | | 8.0 | 8.5 | 6.6 | 5.9 | 3.6 | 4.0 | - | - |
| 1988 | | | 8.1 | 8.3 | 6.8 | 6.3 | 5.5 | 5.5 | - | - |
| 1990 | | | - | - | 6.6 | 6.8 | 5.2 | 5.3 | 3.5 | 3.4 |
| 1992 | | 18 | - | - | 6.7 | 6.7 | 5.8 | 5.7 | 4.5 | 3.8 |
| 1994 | | | - | - | 7.1 | 7.0 | 5.9 | 5.7 | 3.0 | 3.1 |
| 1996 | | | - | - | 8.5 | 8.3 | 6.0 | 6.1 | 2.9 | 3.2 |
| 1998 | | | - | - | 7.9 | 7.7 | 6.4 | 6.3 | 3.7 | 3.7 |
| 2000 | | | - | - | 8.1 | 7.3 | 6.6 | 6.6 | 4.7 | 4.9 |
| 1984 | | | 12.1 | 7.9 | 7.0 | 5.4 | 8.7 | 4.3 | - | - |
| 1986 | | | 13.4 | 8.5 | 8.6 | 5.9 | 7.9 | 4.0 | - | - |
| 1988 | | | 12.5 | 8.3 | 11.9 | 6.3 | 9.0 | 5.5 | - | - |
| 1990 | | | - | - | 11.3 | 6.8 | 9.8 | 5.3 | 4.8 | 3.4 |
| 1992 | 11.5 | 15 | - | - | 11.6 | 6.7 | 9.4 | 5.7 | 8.8 | 3.8 |
| 1994 | | | - | - | 10.4 | 7.0 | 9.8 | 5.7 | 5.2 | 3.1 |
| 1996 | | | - | - | 11.7 | 8.3 | 11.5 | 6.1 | 5.9 | 3.2 |
| 1998 | | | - | - | 11.9 | 7.7 | 10.6 | 6.3 | 5.7 | 3.7 |
| 2000 | | | - | - | 10.3 | 7.3 | 9.8 | 6.6 | 7.1 | 4.9 |

Tabelle 5.15 fortgesetzt:

| | | | | | | | | | | |
|---|---|---|---|---|---|---|---|---|---|---|
| 1984 | | | 7.6 | 7.9 | 5.2 | 5.4 | 3.8 | 4.3 | - | - |
| 1986 | | | 8.3 | 8.5 | 5.3 | 5.9 | 3.1 | 4.0 | - | - |
| 1988 | | | 8.5 | 8.3 | 5.9 | 6.3 | 5.3 | 5.5 | - | - |
| 1990 | | | - | - | 5.8 | 6.8 | 5.0 | 5.3 | 4.0 | 3.4 |
| 1992 | 11.5 | 18 | - | - | 5.8 | 6.7 | 5.9 | 5.7 | 4.7 | 3.8 |
| 1994 | | | - | - | 6.1 | 7.0 | 5.7 | 5.7 | 3.2 | 3.1 |
| 1996 | | | - | - | 7.7 | 8.3 | 5.8 | 6.1 | 2.7 | 3.2 |
| 1998 | | | - | - | 6.8 | 7.7 | 6.0 | 6.3 | 3.2 | 3.7 |
| 2000 | | | - | - | 7.4 | 7.3 | 6.1 | 6.6 | 4.3 | 4.9 |

Weiter wurden in Tabelle 5.16 stellvertretend für den Gesamtzeitraum die vier Jahre 1985, 1990, 1995 und 2000 ausgewählt, da die Betrachtung der übrigen Jahre nichts an den Schlussfolgerungen ändert. Während beim Oaxaca/Blinder-Ansatz zwischen 1,6 und 6,2 Prozent der Lohndifferenz durch die Bildungsvariable erklärt werden können, schwanken die nichtparametrischen Schätzungen sehr stark und sind in der Regel hochgradig insignifikant.[9] Nicht selten ergeben sich dabei sogar negative Werte, z.B. regelmäßig aber insignifikant bei 14,5 Bildungsjahren, die inhaltlich einen entsprechend geschätzten Lohnvorteil der Frauen andeuten. Die Ergebnisse dieser ersten empirischen Prüfung lassen die vorgeschlagene nichtparametrische Messung der Lohndiskriminierung wenig erfolgsversprechend erscheinen. Es wäre jedoch zu früh, die Forschungsbemühungen hier abzubrechen. Die Einbeziehung weiterer Kontrollvariablen wie in Ginther (2000) mag hier einen Fortschritt ermöglichen.[10]

Tabelle 5.16: Erklärung der Lohndifferenz zwischen Frauen und Männern in Prozent, MTS-MTR und Oaxaca/Blinder

| Jahr | Bildungsjahr | Oaxaca/ Blinder | MTS-MTR | Jahr | Bildungsjahr | Oaxaca/ Blinder | MTS-MTR |
|---|---|---|---|---|---|---|---|
| | 9 | | 11.8 | | 9 | | 10.0 |
| | 10 | | 206.9 | | 10 | | 969.6* |
| | 10.5 | | 5.8 | | 10.5 | | -1.5 |
| | 11 | | 5.1 | | 11 | | 2.5 |
| | 11.5 | | -9.0 | | 11.5 | | -27.3 |
| 1985 | 12 | 2.8 | -0.6 | 1990 | 12 | 4.2 | -12.3 |
| | 13 | | -11.5 | | 13 | | -10.8 |
| | 13.5 | | 6.1 | | 13.5 | | 4.9 |
| | 14 | | 9.4* | | 14 | | 1.5 |
| | 14.5 | | -11.7 | | 14.5 | | -6.8 |
| | 15 | | 6.7* | | 15 | | 2.2 |
| | 16 | | -9.7 | | 16 | | -8.9 |

[9] Es wurden jeweils Bootstrap-Konfidenzintervalle mit 500 Replikationen geschätzt.

[10] Vgl. Ginther (2000), S. 108f.

Tabelle 5.16 fortgesetzt:

| | | | | | | | |
|---|---|---|---|---|---|---|---|
| 1995 | 9 | 6.2 | 27.2 | 2000 | 9 | 1.6 | 15.6 |
| | 10 | | -226.4 | | 10 | | 246.6* |
| | 10.5 | | -9.2 | | 10.5 | | -32.1 |
| | 11 | | 3.3 | | 11 | | 23.1 |
| | 11.5 | | -21.6 | | 11.5 | | -18.6 |
| | 12 | | -0.1 | | 12 | | -1.6 |
| | 13 | | 2.9 | | 13 | | 11.6 |
| | 13.5 | | -21.4 | | 13.5 | | -2.6 |
| | 14 | | 0.4 | | 14 | | 4.6 |
| | 14.5 | | -31.9 | | 14.5 | | -22.9 |
| | 15 | | -7.7 | | 15 | | -4.3 |
| | 16 | | -4.3 | | 16 | | 2.5 |

## 6. Schlussbemerkungen

Die vorliegende Studie stellt erstmals ausführlich die nichtparametrische Schätzung von Treatmenteffekten und hier speziell von Bildungsrenditen theoretisch und empirisch dar. Ausgangspunkt der Kritik an den traditionellen Verfahren zur Schätzung von Bildungsrenditen bildet dabei die implizit bei der Schätzung der Standardlohnfunktion verwendete Annahme exogener Treatmentselektion (ETS). Inhaltlich bedeutet dies, dass sämtliche Standardverfahren, wie z.B. OLS- oder Quantilregressionen, unterstellen, dass die Rendite eines zusätzlichen Bildungsjahres unabhängig von der betrachteten Zahl an Bildungsjahren ist. Nicht zuletzt die Vielzahl empirischer Studien, die auf der Standardlohnfunktion basieren und dabei Vergleiche von Bildungsrenditen ermöglichen, zeigten jedoch, dass dieses traditionelle Konzept durchaus als erfolgreiches arbeitsmarkttheoretisches Modell bezeichnet werden kann. Dennoch wurde bereits seit der Einführung der Mincer'schen Standardlohnfunktion für die Operationalisierung der Bildungsvariablen neben der Anzahl an Bildungsjahren auch die Verwendung von Dummyvariablen für Bildungsabschlüsse vorgeschlagen, da dies eine differenziertere Schätzung der Renditen erlaubt. Studien, die Dummyvariablen verwenden, zeigen im Ergebnis dann auch, dass es tatsächlich große Unterschiede in den jährlichen Bildungsrenditen gibt. Ein Grund für die Bevorzugung der Anzahl der Bildungsjahre als Regressor in der Mehrzahl der Studien dürfte neben der noch einfacheren Interpretierbarkeit und Darstellung das scheinbar geringere Problem der Vergleichbarkeit mit Studien anderer Länder sein. Scheinbar deshalb, weil die bessere Vergleichbarkeit nur durch eine vorgeschaltete Umrechnung der Bildungsabschlüsse in Bildungsjahre erreicht wird. Unterschiede in den internationalen Bildungssystemen werden so verschleiert. Es gibt also gute Gründe, anstelle oder neben der Anzahl der Bildungsjahre Dummyvariablen für die Bildungsabschlüsse zu verwenden.

Allerdings implizieren auch die Schätzungen mit Dummyvariablen exogene Treatmentselektion. Im dritten Kapitel, dem theoretischen Teil der Arbeit, wurden deshalb zunächst ausführlich die Grundlagen der Identifikationsanalyse dargestellt, um die Bedeutung der Annahme exogener Treatmentselektion für die Identifikation der Treatmenteffekte allgemein und der Identifikation der Bildungsrenditen im Speziellen herauszuarbeiten. Es wird gezeigt, dass mit der Annahme exogener Treatmentselektion das Problem der kontrafaktischen Situation formal sehr elegant, aber mit der ökonomisch unplausiblen Konstruktion einer Vergleichssituation gelöst wird. Die daran anschließend eingeführten nichtparametrischen Annahmen verzichten allesamt auf die Annahme von ETS. Als Referenzpunkt zur Beurteilung der Identifikationskraft dieser nichtparametrischen Annahmen dient das Worst-Case-Szenario, in dem auf jede Annahme bezüglich der nicht identifizierten Größen verzichtet wird. Dies führt dazu, dass die Bildungsrendite nicht mehr identifizierbar ist und nur noch Punktschätzungen für ihre Unter- bzw. Obergrenze angegeben werden können. Schritt für Schritt werden dann Annahmen eingeführt, die weit weniger restriktiv und ökonomisch plausibler erscheinen als die Annahme exogener Treatmentselektion. Jedoch ist es mit keiner dieser nichtparametrischen Annahmen möglich, die Bildungsrendite zu identifizieren, lediglich das Intervall für die möglichen Punktschätzungen der Bildungsrendite wird mehr oder weniger stark verengt. In dem abschließenden Vergleich dieser nichtparametrischen Annahmen wird theoretisch herausgearbeitet, dass die Identifikationskraft der Kombination der Annahme monotoner Treatmentselektion und der Annahme monotoner Responsefunktionen, die Annahme von MTS-MTR am größten ist. Der empirischen Anwendung bleibt es vorbehalten, das relative Ausmaß der Verbesserung der Grenzen für die Bildungsrenditen bei den verschiedenen Annahmen zu bewerten. Dabei stellt sich heraus, dass allein mit dieser MTS-MTR-Annahme Obergrenzen für die Bildungsrendite geschätzt werden können, die durchweg innerhalb eines ökonomisch sinnvollen Rahmens bleiben. Auch im Vergleich mit der Annahme monotoner Instrumentalvariablen und monotoner Responsefunktionen, MIV-MTR, zeigt sich die MTS-MTR-Annahme überlegen.

Wie bereits erwähnt wurde, führt die Verwendung von Dummyvariablen für Bildungsabschlüsse in der Regel zu großen Unterschieden in den jährlichen Renditen. Da die Unterschiede zwischen den Bildungsabschlüssen durch die Umrechnung in Bildungsjahre nicht gänzlich verloren gehen – siehe Tabelle 5.1 –, ist es nur natürlich, dass die nichtparametrischen Obergrenzen der Bildungsrenditen und die ETS-Punktschätzungen in Abhängigkeit der verglichenen Bildungsjahre ähnlich stark differieren. Erstmals wird daher in der vorliegenden Arbeit die Angemessenheit einer einzigen, durch Standardverfahren geschätzten, Bildungsrendite zur Beurteilung der Lohnstruktur und deren Entwicklung aus einer neuen Blickrichtung stark in Zweifel gezogen.

Neben der Anwendung nichtparametrischer Obergrenzen werden erstmalig für deutsche Daten zwei Fehlermodelle auf die Schätzung nichtparametrischer Grenzen für Erwartungswert und Quantile des Haushaltsnettoeinkommens angewendet. Anhand zweier Datensätze (SOEP und CPS) wird gezeigt, dass die prinzipielle Vorgehensweise einiger robuster Verfahren, sich bereits vor der Stichprobenrealisation gegen mögliche Ausreißer beispielsweise in Form entsprechender Verlustfunktionen zu schützen, in vielen Fällen zu konservativ ist. Diese Vorgehensweise lässt nämlich die Informationen über mögliche Ausreißer unberücksichtigt, die durch die realisierte Stichprobe gewonnen werden können. So ergibt sich beispielsweise selbst bei Annahme von Korruption und einem Anteil an Antwortverweigerern von 4,3% ein Intervall für den Median von lediglich 220 DM. Dies ist angesichts der Rundungsproblematik bei Einkommensbefragungen angenehm klein. Erstmals werden in der vorliegenden Arbeit auch Bootstrap-Konfidenzintervalle für diese nichtparametrisch bestimmten Intervalle geschätzt. Diese bewegen sich bei den SOEP-Daten im einstelligen DM-Bereich.

Darüber hinaus wurden im empirischen Teil der Arbeit erstmals Daten des Sozio-oekonomischen Panels bis zum Jahr 2000 zur Analyse der Bildungsrenditen verwendet. Gerade die Erweiterung des Beobachtungszeitraums um drei Jahre gegenüber den bisherigen Studien kann den sich dort berichteten Trend zu sinkenden Renditen relativieren. Sowohl bei den Männern als auch bei den Frauen kehrten die Bildungsrenditen nach teilweise deutlichem Rückgang in den 90er Jahren bis zum Jahr 2000 wieder auf das Ausgangsniveau zurück, unabhängig davon, ob mit OLS- bzw. Medianregressionen oder mit nichtparametrischen Obergrenzen geschätzt. Es beleibt abzuwarten, ob dies eine Zunahme der Streuung der Bildungsrenditen oder eine Umkehrung des Trends bedeutet. Ebenfalls relativiert werden muss die These höherer Bildungsrenditen von Frauen. Diese Aussage trifft lediglich auf teilzeiterwerbstätige Frauen zu. Betrachtet man vollzeiterwerbstätige Frauen, so liegen die Renditen der Männer sogar systematisch über denen der Frauen. Eindeutige Resultate erhält man auch bei der Kohortenanalyse. Schon die deskriptive Analyse der Entwicklung der Lohnstruktur bringt zu Tage, dass die Lohnstruktur der Frauen über alle Kohorten hinweg symmetrischer und weniger gespreizt ist als die der Männer und sich daran auch im Zeitablauf nichts ändert. Die geringste Lohnspreizung ist dabei sowohl bei den Männer als auch bei den Frauen in der jüngsten Kohorte festzustellen. Dies spiegelt sich bei der Analyse der Bildungsrenditen darin wider, dass auch hier jeweils die jüngsten Kohorten die niedrigsten Werte aufweist. Dabei ist der Rückstand bei der jüngsten Kohorte der Frauen gegenüber den anderen Kohorten mit etwa vier bis knapp unter sechs Prozentpunkten noch drastischer als bei den Männern mit etwa zwei bis vier Prozentpunkten. Bestätigt werden kann in der vorliegenden Studie auch ein Ergebnis des PURE-Projekts für Deutschland, dass hier Instrumentenschätzungen mit der Bildung der Eltern als Instrument im Gegensatz zu mehreren internationalen Studien nur zu einer geringen Erhöhung der geschätzten Bildungsrenditen im Vergleich zu den entsprechenden OLS-Schätzungen führen.

Nicht bewährt hat sich in der abschließenden empirischen Evaluation die Anwendung nichtparametrisch geschätzter Obergrenzen für die Messung der Lohndiskriminierung. Obwohl sich dies in der Theorie durchaus ansprechend darstellt, da Diskriminierung hier im Unterschied zu den traditionellen Zerlegungsverfahren in Abhängigkeit des betrachteten Bildungsniveaus gemessen werden kann, zeigen die empirischen Ergebnisse, dass die nichtparametrischen Obergrenzen zu schwankend sind, um Lohndiskriminierung signifikant messen zu können.

Die Ergebnisse der vorliegenden Arbeit lassen gleichzeitig in mehrfacher Hinsicht ergänzenden Forschungsbedarf erkennen. Die nichtparametrischen Verfahren sollten durch Bestimmung von MTS-MTR-Grenzen für Quantile erweitert werden. Die CMTR-Obergrenzen führen hierbei in der empirischen Anwendung wie bei der Bestimmung von Grenzen für den Erwartungswert nur zu unbefriedigenden Ergebnissen. Noch größerer Forschungsbedarf besteht jedoch sicherlich im empirischen Bereich hinsichtlich der stilisierten Fakten. Hier stellen sich dringliche Fragen wie beispielsweise die Frage nach den Ursachen der so niedrigen Bildungsrenditen jüngerer Kohorten, insbesondere bei den Frauen. Diese Fragen können jedoch nur im Rahmen einer erweiterten Methodik untersucht werden. Dabei ist vor allem auch an detaillierte Schätzungen von Arbeitsnachfragemodellen zu denken.

**Literaturverzeichnis**

AGHION, P./HOWITT, P. (1998): Endogenous Growth Theory, Cambridge, MA: MIT Press.

ANGRIST, J.D./IMBENS, G.W./RUBIN, D.B. (1996): Identification of Causal Effects Using Instrumental Variables, in: Journal of the American Statistical Association, 91(434), S. 444-472.

ANGRIST, J.D./KRUEGER, A. (1991): Does Compulsory School Attendance Affect Schooling and Earnings?, in: Quarterly Journal of Economics, 106, S. 979-1014.

ASHENFELTER, O./KRUEGER, A. (1994): Estimates of the Economic Return to Schooling for a New Sample of Twins, in: American Economic Review 84, S. 1157-1173.

BARRO, R.J./SALA-I-MARTIN, X. (1995): Technological Diffusion, Convergence, and Growth, NBER Working Paper 5151.

BAUMERT, J./BOS, W./LEHMANN, R. (2000): TIMSS/III. Dritte Internationale Mathematik- und Naturwissenschaftsstudie – Mathematische und naturwissenschaftliche Bildung am Ende der Schullaufbahn, Opladen: Leske + Budrich.

BAUMERT, J./KLIEME, E./NEUBRAND, M./PRENZEL, M./SCHIEFELE, U./SCHNEIDER, W./STANAT, P./TILLMANN, K.-J./WEISS, M. (2001): PISA 2000. Basiskompetenzen von Schülerinnen und Schülern im internationalen Vergleich, Opladen: Leske + Budrich.

BECKER, G.S. (1962): Investment in Human Capital: A Theoretical Analysis, in: Journal of Political Economy, 70, S. 9-49.

BECKER, S./SIEBERN-THOMAS, F. (2001): Returns to Education in Germany – A Variable Treatment Intensity Approach, European University Institute, Department of Economics, EUI Working Paper ECO No. 2001-09.

BEISSINGER, T./MOELLER, J. (1998): Wage Flexibility and Employment Performance: A Microdata Analysis of Different Age-Education Groups in German Industries, University of Regensburg Discussion Papers, No. 307.

BENHABIB, J./SPIEGEL, M.M. (1994): The Role of Human Capital in Economic Development – Evidence from Aggregate Cross-country Data, in: Journal of Monetary Economics, 34, S. 143-173.

BLINDER, A.S. (1973): Wage Discrimination: Reduced Form and Structural Estimates, in: Journal of Human Resources, 8(4), S. 436-455.

BLUNDELL, R./COSTA DIAS, M. (2002): Alternative Approaches to Evaluation in Empirical Microeconomics, Centre for Microdata Methods and Practice Working Paper, No. CWP 10/02.

BLUNDELL, R./DUNCAN, A./MEGHIR, C. (1998): Estimating Labour Supply Responses Using Tax Policy Reforms, in: Econometrica, 66, S. 827-861.

BLUNDELL, R./MACURDY, T.E. (1999): Labor Supply: A Review of Alternative Approaches, in: Ashenfelter, O.C./Card, D. (Hrsg.): Handbook of Labor Economics, 3A, Amsterdam: Elsevier Science, S. 1559-1695.

BOOCKMANN, B./STEINER, V. (2000): Cohort Effects and the Returns to Education in West Germany, ZEW Discussion Paper No. 00-05.

BOUND, J./JAEGER, D.A./BAKER, R.M. (1995): Problems With Instrumental Variables Estimation When the Correlation Between the Instruments and the Endogenous Explanatory Variable Is Weak, in: Journal of the American Statistical Association, 90(430), S. 443-450.

BRUNELLO, G./COMI, S. (2000): Education and Earnings Growth: Evidence from 11 European Countries, IZA Discussion Paper Series, No. 140.

BUCHINSKY, M. (1994): Changes in the U.S. Wage Structure 1963-1987: Application of Quantile Regression, in: Econometrica, 62(2), S. 405-458.

BUCHINSKY, M. (1995): Quantile Regression, Box-Cox Transformation Model, and the U.S. Wage Structure, 1963-1987, in: Journal of Econometrics, 65, S. 109-154.

BUCHINSKY, M./LESLIE, P. (1997): Educational Attainment and the Changing U.S. Wage Structure: Some Dynamic Implications, Brown University, Department of Economics, Working Paper, No. 97-13.

CARD, D. (1995): Earnings, Schooling, and Ability Revisited, in: Research in Labor Economics, 14, S. 23-48.

CARD, D. (1999): The Causal Effect of Education on Earnings, in: Ashenfelter, O./Card, D. (Hrsg.): Handbook of Labor Economics, Volume 3A, S. 1801-1863.

CARD, D. (2001): Estimating the Return to Schooling: Progress on Some Persistent Econometric Problems, in: Econometrica, 69(5), S. 1127-1160.

CARD, D./Robins, P.K. (1998): Do Financial Incentives Encourage Welfare Recipients To Work?, in: Research in Labor Economics 17, S. 1-56.

CHAMBERLAIN, G. (1994): Quantile Regression, Censoring, and the Structure of Wages, in: Sims, C. (Hrsg.): Advances in Econometrics: Sixth World Congress, Cambridge, UK: Cambridge University Press, S. 171-209.

CLEMENTS, N./HECKMAN, J.J./SMITH, J.A. (1994): Making the Most Out of Social Experiments: Reducing the Intrinsic Uncertainty in Evidence From Randomized Trials With an Application to the National JTPA Experiment, National Bureau of Economic Research, Technical Working Paper, No. 149.

COCHRAN, W. (1977): Sampling Techniques, New York: Jon Wiley & Sons.

COCHRAN, W./MOSTELLER, F./TUKEY, J. (1954): Statistical Problems of the Kinsey Report on Sexual Behavior in the Human Male, Washington: American Statistical Association.

DE LA FUENTE, A./DONÉNECH, R. (2000): Human Capital in Growth Regressions: How Much Difference Does Data Quality Make?, OECD Economics Department Working Papers, No. 262.

DENNY, K.J./HARMON, C.P. (2001): Ireland, in: Harmon, C.P./Walker, I./Westergaard-Nielsen, N. (Hrsg.): Education and Earnings in Europe – A Cross Country Analysis of the Returns to Education, Cheltenham: Edward Elgar, S. 146-156.

DONOHO, D.L./HUBER, P.J. (1983): The Notion of Breakdown Point, in: Bickel, P.J./Doksum, K./Hodges, J.L. (Hrsg.): A Festschrift for Erich L. Lehmann, Belmont: Wadsworth, S. 157-184.

DWORSCHAK, F. (1986): Struktur von Arbeitseinkommen: Methodische und inhaltliche Probleme von Regressionsanalysen mit Querschnittsdaten für Mikrosimulationsmodelle, Idstein: Schulz-Kirchner.

FITZENBERGER, B. (1999a): Heterogeneous Labor in a Structural Empirical Model of Wage Bargaining in West Germany, Dresdner Beiträge zur Volkswirtschaftslehre, Nr. 6/99.

FITZENBERGER, B. (1999b): Wages and Employment Across Skill Groups – An Analysis for West Germany, ZEW Economic Studies, Band 6.

FITZENBERGER, B./FRANZ, W. (1997): Flexibilität der qualifikatorischen Lohnstruktur und Lastverteilung der Arbeitslosigkeit: Eine ökonometrische Analyse für Westdeutschland, ZEW Discussion Paper, No. 97-32.

FITZENBERGER, B./HUJER, R./MACURDY, T.E./SCHNABEL, R. (1995): The Dynamic Structure of Wages in Germany 1976-1984, A Cohort Analysis, Centre for International Labor Economics, Universität Konstanz, Discussion Paper, No. 22.

FITZENBERGER, B./PREY, H. (1998): Beschäftigungs- und Verdienstwirkungen von Weiterbildungsmaßnahmen im ostdeutschen Transformationsprozeß: Eine Methodenkritik, in: Pfeiffer, F./Pohlmeier, W. (Hrsg.): Qualifikation, Weiterbildung und Arbeitsmarkterfolg, ZEW Wirtschaftsanalysen, Band 31, S. 39-95.

FRANZ, W. (1999): Arbeitsmarktökonomik, Berlin: Springer.

FREEMAN, R.B. (1979): The Effect of Demographic Factors on the Age-Earnings Profile in the United States, in: Journal of Human Resources, 14, S. 289-318.

FREEMAN, R.B. (1995): Are Your Wages Set in Bejing, in: Journal of Economic Perspectives, 9(3), S. 15-32.

GARFINKEL, I./MANSKI, C.F./MICHALOPOULOS, C. (1992): Micro-Experiments and Macro Effects, in: Manski, C.F./Garfinkel, I. (Hrsg.): Evaluating Welfare and Training Programs, Cambridge, MA: Harvard University Press, S. 253-273.

GINTHER, D.K. (2000): Alternative Estimates of the Effect of Schooling on Earnings, in: The Review of Economics and Statistics, 82(1), S. 103-116.

GREENE, W.H. (1984): Reverse Regression: The Algebra of Discrimination, in: Journal of Business and Economic Statistics, 2(2), S. 117-120.

GRILICHES, Z. (1977): Estimating the Returns to Schooling: Some Econometric Problems, in: Econometrica, 45(1), S. 1-22.

GRONAU, R. (1974): Wage Comparisons – A Selectivity Bias, in: Journal of Political Economy, 82, S. 1119-1144.

HAMPEL, F.R./RONCHETTI, E.M./ROUSSEEUW, P.J./STAWEL, W.A. (1986): Robust Statistics. The Approach Based on Influence Functions, New York: John Wiley & Sons.

HARMON, C.P./WALKER, I./WESTERGAARD-NIELSEN, N. (2001): Education and Earnings in Europe – A Cross Country Analysis of the Returns to Education, Cheltenham: Edward Elgar.

HAUSMAN, J.A./TAYLOR, W.E. (1981): Panel Data and Unobservable Individual Effects, in: Econometrica, 49(6), S. 1377-1398.

HECKMAN, J.J. (1974): Shadow Prices, Market Wages and Labor Supply, in: Econometrica, 42, S. 679-694.

HECKMAN, J.J. (1979): Sample Selection Bias as a Specification Error, in: Econometrica, 48, S. 153-161.

HECKMAN, J.J./HONORE, B.E. (1990): The Empirical Content of the Roy Model, in: Econometrica, 58(5), S. 1121-1149.

HECKMAN, J.J./HOTZ, V.J. (1989): Choosing Among Alternatives Nonexperimental Methods for Estimating the Impact of Social Programs, in: Journal of the American Statistical Association, 84, S. 862-874.

HECKMAN, J.J./ROBB, R. (1985): Alternative Methods for Evaluating the Impact of Interventions, in: Heckman, J.J./Singer, B. (Hrsg.): Longitudinal Analysis of Labor Market Data, Cambridge: Cambridge University Press, S. 156-245.

HECKMAN, J.J./ROBB, R. (1986): Alternative Methods for Solving the Problem of Selection Bias in Evaluating the Impact of Treatments on Outcomes, in: Wainer, H. (Hrsg.): Drawing Inferences from Self-Selected Samples, New York: Springer, S. 63-107.

HECKMAN, J.J./TOBIAS, J.L./VYTLACIL, E. (2000): Simple Estimators for Alternate Treatment Parameters in a Latent Variable Framework with an Application to Estimating the Returns to Schooling, NBER Working Paper, No. W7950.

HECKMAN, J.J./VYTLACIL, E. (1999): Local Instrumental Variables and Latent Variable Models for Identifying and Bounding Treatment Effects, in: Proceedings of the National Academy of Sciences, 96, S. 4730-4734.

HECKMAN, J.J./VYTLACIL, E. (2001a): Instrumental Variables, Selection Models, and Tight Bounds on the Average Treatment Effect, in: Lechner, M./Pfeiffer, F. (Hrsg.): Econometric Evaluations of Active Labor Market Policies in Europe, ZEW Economic Studies, Band 13, S. 1-15.

HECKMAN, J.J./VYTLACIL, E. (2001b): Local Instrument Variables, in: Hsiao, C./Morimune, K./Powell, J. (Hrsg.): Nonlinear Statistical Inference: Essays in Honor of Takeshi Amemiya, New York: Cambridge University Press.

HELBERGER, C. (1988): Eine Überprüfung der Linearitätsannahme der Humankapitaltheorie, in: Bodenhöfer, H.-J. (Hrsg.): Bildung, Beruf, Arbeitsmarkt, Berlin: Duncker & Humblot, S. 151-170.

HOROWITZ, J.L./MANSKI, C.F. (1995): Identification and Robustness with Contaminated and Corrupted Data, in: Econometrica, 63(2), S. 281-302.

HUBER, P.J. (1981): Robust Statistics, New York: John Wiley & Sons.

HÜBLER, O. (1998): Berufliche Weiterbildung und Umschulung in Ostdeutschland – Erfahrungen und Perspektiven, in: Pfeiffer, F./Pohlmeier, W. (Hrsg.): Qualifikation, Weiterbildung und Arbeitsmarkterfolg, ZEW Wirtschaftsanalysen, Band 31, S. 97-132.

ICHINO, A./WINTER-EBMER, R. (1999): Lower and Upper Bounds of Returns to Schooling: An Exercise in IV Estimation with Different Instruments, in: European Economic Review, 43, S. 889-901.

IMBENS, G.W. (2001): Some Remarks on Instrumental Variables, in: Lechner, M./Pfeiffer, F. (Hrsg.): Econometric Evaluations of Active Labor Market Policies in Europe, ZEW Economic Studies, Band 13, S. 17-42.

JACOBEBBINGHAUS, P. (2002): Die Lohnverteilung in Haushaltsdatensätzen und in amtlich erhobenen Firmendaten, in: Wirtschaft und Statistik 3/2002, S. 209-221.

KOENKER, R./BASSETT, G. (1978): Regression Quantiles, in: Econometrica, 46(1), S. 33-49.

KOOPMANS, T. (1949): Identification Problems in Economic Model Construction, in: Econometrica, 17, S. 125-144.

KRUGMAN, P. (1994): Past and Prospective Causes of High Unemployment, in: Federal Reserve Bank of Kansas City Economic Review, Fourth Quarter, S. 68-81.

LAUER, C./STEINER, V. (2000): Returns to Education in West Germany. An Empirical Assessment, ZEW Discussion Paper, No. 00-04.

LAUER, C./STEINER, V. (2001): Germany, in: Harmon, C.P./Walker, I./Westergaard-Nielsen, N. (Hrsg.): Education and Earnings in Europe – A Cross Country Analysis of the Returns to Education, Cheltenham: Edward Elgar, S. 102-128.

LEAMER, E.E. (1981): Is it a Demand Curve, or is it a Supply Curve? Partial Identification Through Inequality Constraints, in: The Review of Economics and Statistics, 63(3), S. 319-327.

LECHNER, M. (1998): Mikroökonometrische Evaluationsstudien: Anmerkungen zu Theorie und Praxis, in: Pfeiffer, F./Pohlmeier, W. (Hrsg.): Qualifikation, Weiterbildung und Arbeitsmarkterfolg, ZEW Wirtschaftsanalysen, Band 31, S. 13-38.

LECHNER, M. (1999): Nonparametric Bounds on Employment and Income Effects of Continuous Vocational Training in East Germany, in: The Econometrics Journal, 2, S. 1-28.

LEE, L.-F. (1978): Unionism and Wage Rates: A Simultaneous Equations Model with Qualitative and Limited Dependent Variables, in: International Economic Review, 19(2), S. 415-433.

LEE, M. (2002): Panel Data Econometrics, San Diego: Academic Press.

LORENZ, W./WAGNER, J. (1993): A Note on Returns to Human Capital in the Eighties: Evidence from Twelve Countries, in: Jahrbücher für Nationalökonomie und Statistik, 211(1-2), S. 60-72.

LUCAS, R. (1988): On the Mechanics of Economic Development, in: Journal of Monetary Economics, 22, S. 3-42.

MADDALA, G.S. (1983): Limited-dependent and Qualitative Variables in Econometrics, Cambridge, UK: Cambridge University Press.

MANSKI, C.F. (1989): Anatomy of the Selection Problem, in: Journal of Human Resources, 24(3), S. 343-360.

MANSKI, C.F. (1990): Nonparametric Bounds on Treatment Effects, in: The American Economic Review, 80(2), S. 319-323.

MANSKI, C.F. (1993a): Identification of Endogenous Social Effects: The Reflection Problem, in: Review of Economic Studies, 60, S. 531-542.

MANSKI, C.F. (1993b): The Selection Problem in Econometrics and Statistics, in: Maddala, G.S./Rao, C.R./Vinod, H.D. (Hrsg.): Handbook of Statistics, 11: Econometrics, Amsterdam: North-Holland, S. 73-84.

MANSKI, C.F. (1994a): Analog Estimation of Econometric Models, in: Engle, R.F./McFadden, D.L. (Hrsg.): Handbook of Econometrics, IV, Amsterdam: North-Holland, S. 2559-2582.

MANSKI, C.F. (1994b): The Selection Problem, in: Sims, C. (Hrsg.): Advances in Econometrics: Sixth World Congress, Cambridge, UK: Cambridge University Press, S. 143-170.

MANSKI, C.F. (1995): Identification Problems in the Social Sciences, Cambridge, MA: Harvard University Press.

MANSKI, C.F. (1996): Learning about Treatment Effects from Experiments with Random Assignment of Treatments, in: The Journal of Human Resources, 31, S. 707-733.

MANSKI, C.F. (1997a): Monotone Treatment Response, in: Econometrica, 65(6), S. 1311-1334.

MANSKI, C.F. (1997b): The Mixing Problem in Programme Evaluation, in: The Review of Economic Studies, 64, S. 537-553.

MANSKI, C.F. (2000): Identification Problems and Decisions under Ambiguity: Empirical Analysis of Treatment Response and Normative Analysis of Treatment Choice, in: Journal of Econometrics, 95, S. 415-442.

MANSKI, C.F. (2001): Nonparametric Identification Under Response-Based Sampling, in: Hsiao, C./Morimune, K./Powell, J.L. (Hrsg.): Nonlinear Statistical Inference – Proceedings of the Thirteenth International Symposium in Economic Theory and Econometrics: Essays in Honor of Takeshi Amemiya, New York: Cambridge University Press, S. 241-258.

MANSKI, C.F./NAGIN, D. (1998): Bounding Disagreements about Treatment Effects: A Case Study of Sentencing and Recidivism, in: Sociological Methodology, 28, S. 99-137.

MANSKI, C.F./PEPPER, J.V. (2000): Monotone Instrumental Variables: With an Application to the Returns to Schooling, in: Econometrica, 68(4), S. 997-1010.

McFADDEN, D. (1989): Testing for Stochastic Dominance, in: Fomby, T./Seo, T.K. (Hrsg.): Studies in the Economics of Uncertainty, New York: Springer, S. 113-134.

MINCER, J. (1958): Investment in Human Capital and Personal Income Distribution, in: Journal of Political Economy, 66(4), S. 281-302.

MINCER, J. (1962): On-the-Job Training: Costs, Returns, and Some Implications, in: Journal of Political Economy, 70(10), S. 50-79.

MINCER, J. (1974): Schooling, Experience and Earnings, New York: Columbia University Press.

NELSON, R./PHELPS, E. (1966): Investment in Humans, Technological Diffusion, and Economic Growth, in: American Economic Review, 56, S. 69-75.

OAXACA, R.L. (1973): Male-Female Wage Differentials in Urban Labor Markets, in: International Economic Review, 14(3), S. 693-709.

OECD (1996): Earnings Inequality, Low-Paid Employment and Earnings Mobility, in: Employment Outlook, S. 59-108.

OECD (1997): Recent Labour Market Developments ans Prospects, in: Employment Outlook, S. 1-25.

PEREIRA, P.T./MARTINS, P.S. (2001): Portugal, in: Harmon, C.P./Walker, I./Westergaard-Nielsen, N. (Hrsg.): Education and Earnings in Europe – A Cross Country Analysis of the Returns to Education, Cheltenham: Edward Elgar, S. 213-233.

PEREIRA, P.T./MARTINS, P.S. (2001): Returns to Education and Wage Equations, IZA Discussion Paper Series, No. 298.

PFEIFFER, F./FALK, M. (1999): Der Faktor Humankapital in der Volkswirtschaft – Berufliche Spezialisierung und technologische Leistungsfähigkeit, ZEW Wirtschaftsanalysen, Band 35.

POWELL, J.L. (1984): Least Absolute Deviations Estimation for the Censored Regression Model, in: Journal of Econometrics, 25, S. 303-325.

POWELL, J.L. (1986): Censored Regression Quantiles, in: Journal of Econometrics, 32, S. 143-155.

PSACHAROPOULOS, G. (1981): Conceptions and Misconceptions on Human Capital Theory, in: Clement, W. (Hrsg.): Konzept und Kritik des Humankapitalansatzes, Berlin: Duncker & Humblot, S. 9-15.

PSACHAROPOULOS, G. (1985): Returns to Education: A Further International Update and Implication, in: Journal of Human Resources, 20(4), S. 583-597.

PSACHAROPOULOS, G. (1994): Returns to Investment in Education: A Global Update, in: World Development, 22(9), S. 1325-1343.

PSACHAROPOULOS, G. (1995): The Profitability of Investment in Education: Concepts and Methods, Human Capital Development and Operations Policy Working Papers, No. 63.

PUHANI, P.A. (2000): The Heckman Correction for Sample Selection and Its Critique – A Short Survey, in: Journal of Economic Surveys, 14, S. 53-68.

RAMSER, H.J. (1987): Verteilungstheorie, Berlin: Springer.

ROMER, P. (1990): Endogenous Technological Change, in: Journal of Political Economy, 98, S. 71-102.

ROSENBAUM, P./RUBIN, D.B. (1983): The Central Role of the Propensity Score in Observational Studies for Causal Effects, in: Biometrika, 70, S. 41-55.

ROY, A.D. (1951): Some Thoughts on the Distribution of Earnings, in: Oxford Economic Papers, 3, S. 135-146.

RUBIN, D.B. (1974): Estimating Causal Effects of Treatments in Randomized and Nonrandomized Studies, in: Journal of Educational Psychology, 66, S. 688-701.

SCHMIDT, C.M. (2000): Arbeitsmarktpolitische Maßnahmen und ihre Evaluierung: Eine Bestandsaufnahme, in: Vierteljahrshefte zur Wirtschaftsforschung, 69(3), S. 425-437.

SCHULTZ, T.W. (1960): Capital Formation by Education, in: Journal of Political Economy, 68(6), S. 571-583.

SCHWARZE, J. (1991): Ausbildung und Einkommen von Männern – Einkommensfunktionsschätzungen für die ehemalige DDR und die Bundesrepublik Deutschland, in: Mitteilungen aus der Arbeitsmarkt- und Berufsforschung, 24, S. 63-69.

SCHWARZE, J. (1996): Generated Years of Education, in: http://www.diw.de/deutsch/sop/ service/doku/yearsed.pdf.

SPENCE, M. (1973): Job Market Signalling, in: The Quarterly Journal of Economics, 87, S. 355-374.

STEINER, V./LAUER, C. (2000): Private Erträge von Bildungsinvestitionen in Deutschland, ZEW Discussion Paper, No. 00-18.

STEINER, V./PUHANI, P.A. (1996): Die Entwicklung der Lohnstruktur im ostdeutschen Transformationsprozeß, ZEW Discussion Paper, No. 96-03.

STEINER, V./WAGNER, K. (1997a): East-West German Wage Convergence – How far have we got?, ZEW Discussion Paper, No. 97-25.

STEINER, V./WAGNER, K. (1997b): Relative Earnings and the Demand for Unskilled Labor in West German Manufacturing, ZEW Discussion Paper, No. 97-17.

STIGLER, S. (1986): The History of Statistics, Cambridge, MA: Harvard University Press.

TOPEL, R.H. (2000): Labor Markets and Economic Growth, in: Ashenfelter, O.C./Card, D. (Hrsg.): Handbook of Labor Economics, 3C, Amsterdam: Elsevier Science, S. 2943-2984.

TROSTEL, P./WALKER, I./WOOLLEY, P. (2002): Estimates of the Economic Return to Schooling for 28 Countries, in Labour Economics, 9(1), S. 1-16.

WAGENHALS, G. (2000): Arbeitsangebotseffekte des Steuer- und Transfersystems in der Bundesrepublik Deutschland, in: Jahrbücher für Nationalökonomie und Statistik, 220(2), S. 191-213.

WAGNER, J. (1990): An International Comparison of Sector Wage Differentials, in: Economics Letters, 34, S. 93-97.

WAGNER, J./LORENZ, W. (1988): The Earnings Function Under Test, in: Economics Letters, 27, S. 95-99.

WEISS, A. (1995): Human Capital vs. Signalling Explanations of Wages, in: The Journal of Economic Perspectives, 9(4), S. 133-154.

WELCH, F.R. (1979): Effects of Cohort Size on Earnings: The Baby Boom Babies' Financial Bust, in: Journal of Political Economy, 87(5), S. 65-97.

WILLIS, R.J. (1986): Wage Determinants: A Survey & Reinterpretation of Human Capital Earnings Functions, in: Ashenfelter, O.C./Layard, R. (Hrsg.): Handbook of Labor Economics, 1, Amsterdam: North-Holland, S. 525-602.

WILLIS, R.J./ROSEN, S. (1979): Education and Self-Selection, in: Journal of Political Economy, 87(5), S. 7-36.

WORKING, E.J. (1927): What Do Statistical "Demand Curves" Show?, in: Quarterly Journal of Economics, 41(1), S. 212-235.

## HOHENHEIMER VOLKSWIRTSCHAFTLICHE SCHRIFTEN

Band 1 Walter Deffaa: Anonymisierte Befragungen mit zufallsverschlüsselten Antworten. Die Randomized-Response-Technik (RRT). Methodische Grundlagen, Modelle und Anwendungen. 1982.

Band 2 Thomas Michael Baum: Staatsverschuldung und Stabilisierungspolitik in der Demokratie. Zur neoinstitutionalistischen Kritik der keynesianischen Fiskalpolitik. 1982.

Band 3 Klaus Schröter: Die wettbewerbspolitische Behandlung der leitungsgebundenen Energiewirtschaft. Dargestellt am Beispiel der Fernwärmewirtschaft der Bundesrepublik Deutschland. 1986.

Band 4 Hugo Mann: Theorie und Politik der Steuerreform in der Demokratie. 1987.

Band 5 Max Christoph Wewel: Intervallarithmetische Dependenzanalyse in der Ökonometrie. Ein konjekturaler Ansatz. 1987.

Band 6 Heinrich Pascher: Die U.S.-amerikanische Deregulation Policy im Luftverkehrs- und Bankenbereich. 1987.

Band 7 Harald Lob: Die Entwicklung der französischen Wettbewerbspolitik bis zur Verordnung Nr. 86-1243 vom 01. Dezember 1986. Eine exemplarische Untersuchung der Erfassung der Behinderungsstrategie auf der Grundlage des Konzepts eines wirksamen Wettbewerbs. 1988.

Band 8 Ulrich Kirschner: Die Erfassung der Nachfragemacht von Handelsunternehmen. Eine Analyse der ökonomischen Beurteilungskriterien und der wettbewerbsrechtlichen Instrumente im Bereich der Verhaltenskontrolle.1988.

Band 9 Friedhelm Herb: Marktwirtschaftliche Innovationspolitik. 1988.

Band 10 Claus Schnabel: Zur ökonomischen Analyse der Gewerkschaften in der Bundesrepublik Deutschland. Theoretische und empirische Untersuchungen von Mitgliederentwicklung, Verhalten und Einfluß auf wirtschaftliche Größen. 1989.

Band 11 Jan B. Rittaler: Industrial Concentration and the Chicago School of Antitrust Analysis. A Critical Evaluation on the Basis of Effective Competition. 1989.

Band 12 Thomas Märtz: Interessengruppen und Gruppeninteressen in der Demokratie. Zur Theorie des Rent-Seeking. 1990.

Band 13 Andreas Maurer: Statistische Verfahren zur Ermittlung von oligopolistischen Strukturen. 1990.

Band 14 Peter Mendler: Zur ökonomischen und politisch-institutionellen Analyse öffentlicher Kredithilfen. 1992.

Band 15 Heinrich J. Engelke: Die Interpretation der Rundfunkfreiheit des Grundgesetzes: Eine Analyse aus ökonomischer Sicht. 1992.

Band 16 Thomas Fischer: Staat, Recht und Verfassung im Denken von Walter Eucken. Zu den staats- und rechtstheoretischen Grundlagen einer wirtschaftsordnungspolitischen Konzeption. 1993.

Band 17 Stefan Elßer: Innovationswettbewerb. Determinanten und Unternehmensverhalten. 1993.

Band 18 Reinhard Scharff: Regionalpolitik und regionale Entwicklungspotentiale. Eine kritische Analyse. 1993.

Band 19 Karin Beckmann: Probleme der Regionalpolitik im Zuge der Vollendung des Europäischen Binnenmarktes. Eine ökonomische Analyse. 1995.

Band 20 Bernd Nolte: Engpaßfaktoren der Innovation und Innovationsinfrastruktur. Eine theoretische und empirische Analyse für ländliche Wirtschaftsräume in Baden-Württemberg. 1996.

Band 21 Klaus-Rainer Brintzinger: Die Nationalökonomie an den Universitäten Freiburg, Heidelberg und Tübingen 1918 - 1945. Eine institutionenhistorische, vergleichende Studie der wirtschaftswissenschaftlichen Fakultäten und Abteilungen südwestdeutscher Universitäten. 1996.

Band 22 Steffen Binder: Die Idee der Konsumentensouveränität in der Wettbewerbstheorie. Teleokratische vs. nomokratische Auffassung. 1996.

Band 23 Alexander Burger: Deregulierungspotentiale in der Gesetzlichen Rentenversicherung. Reformnotwendigkeiten versus Reformmöglichkeiten. 1996.

Band 24 Burkhard Scherer: Regionale Entwicklungspolitik. Konzeption einer dezentralisierten und integrierten Regionalpolitik. 1997.

Band 25 Frauke Wolf: Lorenzkurvendisparität. Neuere Entwicklungen, Erweiterungen und Anwendungen. 1997.

Band 26 Hans Pitlik: Politische Ökonomie des Föderalismus. Föderative Kompetenzverteilung im Lichte der konstitutionellen Ökonomik. 1997.

Band 27 Stephan Seiter: Der Beitrag Nicholas Kaldors zur Neuen Wachstumstheorie. Eine vergleichende Studie vor dem Hintergrund der Debatte über den Verdoorn-Zusammenhang. 1997.

Band 28 André Schmidt: Ordnungspolitische Perspektiven der europäischen Integration im Spannungsfeld von Wettbewerbs- und Industriepolitik. 1998.

Band 29 Bernd Blessin: Innovations- und Umweltmanagement in kleinen und mittleren Unternehmen. Eine theoretische und empirische Analyse. 1998.

Band 30 Oliver Letzgus: Die Ökonomie internationalen Umweltschutzes. 1999.

Band 31 Claudia Hafner: Systemwettbewerb versus Harmonisierung in Europa. Am Beispiel des Arbeitsmarktes. 1999.

Band 32 Jürgen Kulle: Ökonomie der Musikindustrie. Eine Analyse der körperlichen und unkörperlichen Musikverwertung mit Hilfe von Tonträgern und Netzen. 1998.

Band 33 Michael Ganske: Intertemporale Aspekte von Staatsverschuldung und Außenhandel. 1999.

Band 34 Margit Ströbele: Die Deregulierungswirkungen der europäischen Integration. Das Beispiel der Sondermärkte. 1999.

Band 35 Marion Benesch: Devisenmarktinterventionen in Theorie und Praxis. Eine umfassende Analyse ihrer Zielsetzungen, Wirkungsweisen und wirtschaftspolitischen Bedeutung. 1999.

Band 36 Torsten Gruber: Unterschiedliche geldpolitische Transmissionsmechanismen und Stabilitätskulturen als mögliche Ursachen geldpolitischer Spannungen in der Europäischen Währungsunion. 2000.

Band 37 Bertram Melzig-Thiel: Arbeit in der Informationsgesellschaft. Chancen und Risiken neuer Informations- und Kommunikationstechnologien für die Beschäftigung. 2000.

Band 38 Annette Fritz: Die Entsorgungswirtschaft im Spannungsfeld zwischen Abfallpolitik und Kartellrecht. Eine industrieökonomische Branchenstudie. 2001.

Band 39 Harald Strotmann: Arbeitsplatzdynamik in der baden-württembergischen Industrie. Eine Analyse mit amtlichen Betriebspaneldaten. 2002

Band 40 Dietrich Benner: Qualitätsungewißheit bei Gütern mit Vertrauenseigenschaften. Entwicklung und Anwendung eines entscheidungstheoretisch fundierten Analyserahmens. 2002.

Band 41 Jürgen M. Schechler: Sozialkapital und Netzwerkökonomik. 2002.

Band 42 Kay-Uwe May: Haushaltskonsolidierung durch Ausgabekürzungen. Restriktionen und Strategien. 2002.

Band 43 Peter Kühnl: Der Wechselkurs als Zwischenziel der Geldpolitik im Aufholprozess. Die monetärkeynesianische Entwicklungsstrategie der Berliner Schule vor dem Hintergrund der makroökonomischen Entwicklung ausgewählter Länder Mittel- und Osteuropas. 2003.

Band 44 Steffen Wirth: Nichtparametrische Analyse von Bildungsertragsraten. Neuere Entwicklungen und Anwendungen. 2003.

FSC
www.fsc.org
MIX
Papier | Fördert
gute Waldnutzung
FSC® C083411

Kolibri 360 GmbH
Ferdinand-Jühlke-Straße 7
99095 Erfurt, Deutschland
produktsicherheit@kolibri360.de

Druck:
CPI Druckdienstleistungen GmbH
im Auftrag der
Kolibri 360 GmbH
Ferdinand-Jühlke-Str. 7
99095 Erfurt